PARA ONDE VAI A IGREJA CATÓLICA?

Dados Internacionais de Catalogação na Publicação (CIP)
(Câmara Brasileira do Livro, SP, Brasil)

Sell, Carlos Eduardo
  Para onde vai a Igreja Católica? : uma análise sociológica / Carlos Eduardo Sell. – Petrópolis, RJ : Vozes, 2025.

  Bibliografia.
  ISBN 978-85-326-7040-3

  1. Igreja Católica – Aspectos sociais 2. Igreja Católica – História 3. Religião e sociologia I. Título.

24-243868   CDD-306.6

Índices para catálogo sistemático:
1. Religião e sociologia   306.6

Cibele Maria Dias – Bibliotecária – CRB-8/9427

CARLOS EDUARDO SELL
PARA ONDE VAI A IGREJA CATÓLICA?

Uma análise sociológica

EDITORA VOZES

Petrópolis

2025, Editora Vozes Ltda.
Rua Frei Luís, 100
25689-900 Petrópolis, RJ
www.vozes.com.br
Brasil

Todos os direitos reservados. Nenhuma parte desta obra poderá ser reproduzida ou transmitida por qualquer forma e/ou quaisquer meios (eletrônico ou mecânico, incluindo fotocópia e gravação) ou arquivada em qualquer sistema ou banco de dados sem permissão escrita da editora.

CONSELHO EDITORIAL	**PRODUÇÃO EDITORIAL**
Diretor	Aline L.R. de Barros
Volney J. Berkenbrock	Anna Catharina Miranda
	Eric Parrot
Editores	Jailson Scota
Aline dos Santos Carneiro	Marcelo Telles
Edrian Josué Pasini	Mirela de Oliveira
Marilac Loraine Oleniki	Natália França
Welder Lancieri Marchini	Priscilla A.F. Alves
	Rafael de Oliveira
Conselheiros	Samuel Rezende
Elói Dionísio Piva	Verônica M. Guedes
Francisco Morás	
Teobaldo Heidemann	
Thiago Alexandre Hayakawa	
Secretário executivo	
Leonardo A.R.T. dos Santos	

Diagramação: Editora Vozes
Revisão gráfica: Bianca V. Guedes
Capa: Nathália Figueiredo

ISBN 978-85-326-7040-3

Este livro foi composto e impresso pela Editora Vozes Ltda.

Para Daiane e Lívia
amores em plenitude

Sumário

Introdução 11
  1 O que significa compreender a Igreja Católica enquanto instituição 11
  2 O que Max Weber tem a dizer sobre a Igreja Católica 13
  3 Plano da obra: como pensar sobre a Igreja Católica hoje 14
      3.1 A "eclesiologia católica" de Max Weber 15
      3.2 A Igreja Católica no mundo 16
      3.3 A Igreja Católica no Brasil 19
  4 Minha perspectiva 23
Referências 24

Capítulo 1 – O contexto da secularização na chave da multiplicidade 27
  1 A secularização em Weber: entre o histórico e o estrutural 29
  2 A secularização na sociologia da religião: entre o declínio
  e a individualização 34
  3 A secularização no cenário global: de regra à exceção ou da
  uniformidade à multiplicidade? 39
      3.1 As múltiplas vias da secularização 40
      3.2 Múltiplos secularismos 42
      3.3. Múltiplas secularidades 43
  4 Secularização, unidade e diversidade 46
Referências 47

Capítulo 2 – O catolicismo segundo Max Weber 54
  1 Uma visão protestante? 56
  2 Sistemática do catolicismo 60
      2.1 O catolicismo como doutrina da lei natural 61
      2.2 O catolicismo como instituição dispensadora da graça 64
      2.3 O catolicismo como forma de vida extramundana: o papel
      do monasticismo 67
      2.4 O catolicismo como forma de vida intramundana: o papel
      dos sacramentos 70
  3 Catolicismo e Modernidade 73
      3.1 Catolicismo e capitalismo: entre complacência e ambivalência 74
      3.2 Catolicismo e desencantamento do mundo: a magia sacramental .. 77
  4 A sociologia weberiana do catolicismo: síntese final 81
Referências 83

Capítulo 3 – Igreja Católica: a continuidade institucional do carisma de Jesus ... 87
1 A dominação carismática em Weber: *status questionis* 88
   1.1 Dominação carismática na sociologia política 88
   1.2 Dominação carismática na sociologia das comunidades paulinas .. 90
2 Como se formou a Igreja? 91
   2.1 Nível teórico-metodológico: a tipologia de Wolfgang Schluchter .. 92
   2.2 Nível histórico-empírico: a institucionalização das
      comunidades paulinas 94
3 A atualidade do modelo carisma-instituição 104
Referências. 106

Capítulo 4 – Uma Igreja em saída: o perfil do pontificado de Francisco 110
1 Perspectiva histórica: etapas da era Francisco 111
   1.1 A biopolítica de Francisco: a batalha de *Amoris laetitia* 112
   1.2 A pastoralidade de Francisco: uma Igreja sinodal 113
2 As linhas de força do pontificado de Francisco 115
   2.1 Campo eclesiológico: sinodalidade 115
   2.2 Campo moral: um ponto de inflexão? 118
   2.3 Campo político-social: a casa comum e a fraternidade universal .. 122
3 Conclusão: da restabilização à variação 126
Referências. 128

Capítulo 5 – Um papa populista?: A visão sociopolítica de Francisco 135
1 Anatomia do populismo 136
2 Bergoglio e o peronismo 139
   2.1 Raízes biográficas: catolicismo argentino e Guarda de Ferro 139
   2.2 Raízes intelectuais: cultura popular e Pátria-Grande 141
3 Anatomia do populismo papal 143
   3.1 Povo-fiel, povo-cultura e povo-pobre 143
   3.2 O governo do povo contra o individualismo liberal 145
   3.3 Os movimentos populares contra a economia que mata 146
   3.4 Diálogo e amizade social 148
4 O magistério social de Francisco na tradição do Ensino Social da Igreja . 148
Referências. 150

Capítulo 6 – O giro decolonial no Sínodo da Amazônia 155
1 A controvérsia 156
   1.1. Etapas 157
   1.2 Atores e posicionamentos 161
2 O que está em jogo? 163
   2.1 O giro democrático: uma nova rodada 164
   2.2 O giro decolonial: um ponto de inflexão 168
3 A Igreja Católica em nível global: nem uniformidade, nem fragmentação ..172
Referências. 174

Capítulo 7 – Democracia na Igreja?: O Caminho Sinodal da Alemanha 180
  1 Contexto histórico: o Caminho Sinodal como mandato carismático ... 181
  2 A natureza sociopolítica da Igreja Católica 184
  3 Estratégias discursivas. 186
    3.1 O governo dos leigos 187
    3.2 O governo episcopal 189
    3.3 Balanço 192
  4 Modelos de Igreja e isomorfismo institucional 193
    4.1 Monocracia *versus* policracia 193
    4.2. O isomorfismo institucional 195
  5 A Igreja Católica contra a gaiola de ferro da Modernidade? 196
  Referências. 197

Capítulo 8 – A nova correlação de forças na Igreja Católica do Brasil: Teologia da Libertação, carismáticos e conservadores em disputa 203
  1 A segunda geração das forças católicas e suas dinâmicas de evolução interna. 205
    1.1 Teologia da Libertação: crise teórica e burocratização 205
    1.2 Renovação Carismática Católica: ciberativismo de massas e formação de vanguardas 208
    1.3 Conservadores: os novos movimentos e a inclusão liminar do tradicionalismo católico 211
  2 A luta simbólica entre as forças católicas: reposicionamentos e estratégias discursivas. 213
    2.1 A oficialização da Teologia da Libertação: de nova forma de ser Igreja a magistério papal. 214
    2.2 A hegemonia emergente da Renovação Carismática Católica 216
    2.3 O tradicionalismo católico como contrapoder e seus mecanismos de institucionalização da desconfiança 217
  3 O que há de novo debaixo do Sol? 219
  Referências. 221

Capítulo 9 – A crise da Teologia da Libertação: condicionantes macroestruturais .. 228
  1 Um marco teórico em perspectiva weberiana 229
    1.1 A Modernidade e a diferenciação de suas esferas de valor 229
    1.2 A lógica social da Igreja Católica e do Catolicismo da Libertação . 231
  2 A dinâmica processual de mudança do Catolicismo da Libertação no Brasil. 233
    2.1 O acoplamento entre Igreja institucional e Catolicismo da Libertação 234
    2.2 O desacoplamento entre Igreja institucional e Catolicismo da Libertação 236
    2.3 O reposicionamento do Catolicismo da Libertação 239
  3 Uma fórmula da contingência: o futuro a Deus pertence 243
  Referências. 245

Capítulo 10 – Uma nova geração de padres em Santa Catarina: reflexões metodológicas 253
   1 Perfil geral do clero em Santa Catarina 255
   2 Perfil etário do clero em Santa Catarina 256
   3 Perfil etário-eclesiástico do clero de Santa Catarina 258
   4 Discussão dos resultados: sociologia das gerações e processos de socialização 260
      4.1 Gerações etárias 261
      4.2 Gerações históricas 263
   5 Compreender a nova geração de padres: aprendizados e desafios metodológicos 264
   Referências.. 265

Capítulo 11 – O perfil social e eclesial dos bispos: um estudo a partir do caso de Santa Catarina 269
   1 Abordagens teóricas: história e sociologia......................... 270
   2 O episcopado em Santa Catarina no contexto dos ciclos históricos da Igreja Católica no estado.. 272
      2.1 Ciclo da institucionalização eclesiástica (1908-1965) 273
      2.2 Ciclo da modernização: o Aggiornamento conciliar e ascensão da Teologia da Libertação (1965-1992)....................... 275
      2.3 Ciclo da reestabilização institucional (1992 até o presente) 278
   3 Os bispos em Santa Catarina: bases socioculturais e carreiras eclesiásticas... 280
      3.1 Condições socioculturais 282
      3.2 Carreiras eclesiásticas.. 284
   4 Os bispos ao longo das gerações: continuidades e mudanças.......... 288
   Referências.. 290

Epílogo – No limiar da nova aurora..................................... 301
   1 A Igreja que Francisco sonhou 301
   2 A Igreja que Francisco deixou 304
      2.1 A visão dos fiéis católicos 304
      2.2 A visão dos padres 309
      2.3 A visão dos bispos... 313
      2.4 Conclusão: as tensões entre a base e a cúpula da Igreja 316
   3 Francisco preparou a sua sucessão? 316
      3.1 A composição do Colégio dos Cardeais 317
      3.2 O perfil teológico dos cardeais 319
   4 O grande dilema: a Igreja e a modernidade......................... 324
   Referências.. 327

Lista dos textos originais 331

Introdução

Este livro procura compreender a Igreja Católica na atualidade. Ele investiga essa organização religiosa tanto em nível global quanto no Brasil, além de apresentar, a partir de alguns estudos de caso, reflexões sobre o perfil geracional e sócio-eclesial do clero católico (padres e bispos). O que acontece, hoje, com a Igreja e quais são as forças que lutam para desenhar o futuro do catolicismo: eis o que se procura compreender. Para realizar essa tarefa, adota-se, de maneira crítica e atualizada, os parâmetros da sociologia de Max Weber. Nessas três assertivas encontra-se condensado todo o conteúdo deste livro. Resta-nos, pois, a tarefa de desdobrá-las, explicitando seus objetivos e suas teses centrais.

1 O que significa compreender a Igreja Católica enquanto instituição

Por que "Igreja Católica" e não "catolicismo"? Nas últimas décadas, a reflexão social sobre a religião matriz do Brasil[1] vem sendo feita sob uma *chave* predominantemente *cultural* (Sofiatti; Moreira, 2018). Por esse viés, essa vertente do cristianismo é compreendida de maneira plural, pois, além da riqueza do catolicismo popular, cujas raízes remontam ao período colonial, temos ainda suas formas modernas, em especial o catolicismo político da libertação e o catolicismo espiritual da Renovação Carismática Católica (RCC), sem esquecer ainda o cada vez mais agressivo neoconservadorismo católico. Pela óptica cultural, portanto, falar em catolicismo implica reconhecer suas múltiplas faces, ou seja, que catolicismo é, ao fim e ao cabo, sinônimo de catolicismos.

Embora essa visão esteja correta em reconhecer a diversidade interna das tendências católicas (Teixeira, 2005), uma ênfase muito forte na pluralidade corre o risco de deixar em segundo plano seu princípio de unidade e de articulação (Sanchis, 1992). É como se cada tipo de catolicismo coexistisse um ao lado do

---

1. Para uma visão global sobre a sociologia da religião no Brasil, veja-se o levantamento e a análise de Burity (2020).

outro, cada um deles operando de acordo com sua lógica específica. É claro que entrecruzamentos e conflitos[2] não deixam de ser considerados, mas o principal ponto de conexão e de referência que entrelaça essa diversidade acaba ficando oculto. E esse ponto de unidade não poderia ser outro senão a Igreja institucional, com todo seu aparato hierárquico, clérigos, ordens religiosas, múltiplas formas de engajamento pastoral dos leigos, seus ritos, sua moral, sua teologia, suas práticas oficiais e assim por diante. De fato, não faz sentido colocar a Igreja enquanto instituição ao lado de suas tendências internas (Igreja libertadora *versus* Igreja institucional, por exemplo), confundindo a parte com o todo. Ademais, a Igreja enquanto organização social de tipo religioso não pode permanecer um ponto cego da análise ou ser reduzida a uma área neutra, ou a um espaço vazio, que os demais segmentos do catolicismo tentam ocupar para consolidar ou modificar suas posições de poder.

Restabelecer a centralidade da *chave institucional* na explicação do catolicismo não significa, de maneira inversa, reduzir toda a análise à compreensão da Igreja Católica, como se essa religião se esgotasse no seu aparato eclesiástico (Steil; Toniol, 2013). Não é que catolicismo seja sinônimo de Igreja Católica. Mas é imperativo reconhecer que as várias tendências internas do catolicismo precisam ser postas na sua relação, seja próxima, seja distante, de competição, conflito, harmonia ou indiferença, com a institucionalidade católica. Ao mesmo tempo, a lógica institucional do aparato eclesiástico da Igreja e seus atores centrais (bispos, padres, religiosos, teólogos, leigos engajados etc.) precisa ser compreendida analiticamente em suas propriedades intrínsecas. Identificar e compreender sua lógica de funcionamento, bem como analisar os diversos elementos da Igreja Católica como organização social, é um dos principais objetivos deste livro.

Evidentemente, isso não significa ignorar que análises institucionais da Igreja Católica sempre existiram, em diferentes graus e formas, na produção acadêmica brasileira. Vamos encontrá-la, por exemplo, na chamada sociologia religiosa (Gabriel Le Bras), que foi bastante influente em nosso país nos anos de 1950 e 1960 (Basaglia, 2013). Uma atenção mais específica à Igreja enquanto instituição também pode ser localizada nos trabalhos que analisaram o papel dessa organização na resistência à ditadura militar (Mainwaring, 1989), mas eles acabaram

---

22. A literatura sobre a romanização (Aquino, 2013), por exemplo, trata do conflito entre a Igreja institucional e o catolicismo popular.

perdendo2. Aspaço para outros enfoques e preocupações. A partir do avanço do pentecostalismo, o interesse dos cientistas sociais foi movendo-se cada vez para o estudo desse segmento religioso e para as disputas públicas que ele motivou, restando uma sociologia do catolicismo e da Igreja Católica em plano bastante secundário. De modo geral, foram os intelectuais orgânicos ligados à própria Igreja que acabaram realizando a tarefa de reflexão sobre essa instituição[3]. É por isso que este livro pretende ser uma sociologia da Igreja Católica. Já é hora de retomar essa tarefa.

2 O que Max Weber tem a dizer sobre a Igreja Católica

Mas por que a partir de Max Weber? Tendo em vista a centralidade do político, até pouco tempo era Karl Marx que ocupava o lugar central na pesquisa sobre a Igreja Católica realizada no Brasil (Montero, 1999). Nesse ponto, a reflexão sociológica andou *pari passu* com a Teologia da Libertação (TdL), ambas preocupadas em pensar o papel político conservador ou transformador da religião no contexto do capitalismo e da luta de classes (Andrade, 1991). Mas, sem negar suas contribuições (Löwy, 1998), à medida que se busca ir além do político para captar o caráter intrínseco do religioso, a premissa crítica de que a religião é o ópio do povo, com seu ateísmo latente, acaba revelando suas limitações analíticas. Não surpreende, pois, que Max Weber, autor para quem a religião ocupa um lugar central para entender a realidade cultural como doação de sentido, acabe por impor-se paulatinamente na discussão. Esse pensador também está na raiz de um dos principais paradigmas de interpretação da relação entre religião e Modernidade da atualidade: a teoria da secularização (Pierucci, 1998). Estes já seriam motivos mais do que suficientes para justificar por que Max Weber é fundamental para entender qualquer fenômeno que diga respeito ao mundo religioso. Mas será que isso inclui a Igreja Católica? Não seria esse pensador, antes de tudo, um teórico do protestantismo?

Ainda que seja verdade que são a Reforma e seus desdobramentos que se encontram no centro de sua análise da racionalização, nem por isso Weber deixa de apresentar-nos amplos elementos teóricos sobre a Igreja Católica enquanto instituição social e política (Tyrell, 2003). Até hoje, apesar de todos os aperfeiçoamentos e acréscimos que sofreu, a tipologia weberiana Igreja/seita continua sendo

---

[3]. No Brasil, um bom exemplo disso são os diversos trabalhos de Pedro Ribeiro de Oliveira, cuja produção é discutida em Procópio (2020).

uma referência fundamental para a sociologia (Iannaccone, 1988). Ademais, sua caracterização da Igreja como instituição dispensadora da graça está em ampla sintonia com a compreensão católica da Igreja como mistério/sacramento, conforme expressa no Concílio Vaticano II (via Constituição Dogmática *Lumen Gentium*), em cujos textos podemos ler que "a Igreja, em Cristo, é como que o sacramento, ou sinal, e o instrumento da íntima união com Deus e da unidade de todo o gênero humano" (Santa Sé, 1964). Weber também elaborou sua compreensão da Igreja com base em sua sociologia da dominação carismática (Bienfait, 2008). E, embora a dicotomia carisma/instituição não deva ser lida de maneira dicotômica, ela é essencial para entender como a Igreja organiza-se em torno de um aparato hierárquico que é constitutivo de sua identidade.

Dito isso, importa ressaltar que a sociologia de Max Weber não se esgota apenas nos seus textos clássicos: é do "paradigma Weber" que se fala aqui (Albert, 2009). Ou, para dizê-lo de outra forma: é o *espírito*, não tanto a *letra*, que realmente importa. Deparei-me com essa ideia pela primeira vez em 2012, quando estive em Heidelberg e conheci um grupo de pesquisadores dedicados a atualizar Max Weber. Para eles, não se trata apenas de interpretar o que esse autor disse no *passado*, mas de perguntar-nos o que ele ainda pode dizer-nos no *presente*. Desde então me filiei a essa proposta e procurei sempre contribuir teórica e empiricamente com o paradigma Weber (Sell, 2014).

A tarefa que daí resulta é uma reconstrução crítica da sociologia compreensiva. Por esse motivo, não hesitei em servir-me de outras referências para dialogar com e ao mesmo tempo complementar à sociologia weberiana, em especial a teoria dos campos de Pierre Bourdieu, ou mesmo a teoria da diferenciação social de Niklas Luhmann, sem esquecer Norbert Elias, Antônio Gramsci, Carl Schmitt, Pierre Rosanvallon ou mesmo o neoinstitucionalismo, entre outras abordagens. Essa abertura é mais uma das virtudes da sociologia de tipo weberiano, pois ela é suficientemente complexa para se conectar com reflexões que lhe sejam afins.

3 Plano da obra: como pensar sobre a Igreja Católica hoje

Vejamos agora a lógica argumentativa que perpassa os trabalhos aqui reunidos, pois, longe de representarem uma massa desconexa de textos, existe um fio condutor interligando todo o conjunto.

3.1 A "eclesiologia católica" de Max Weber

A *parte teórica* deste livro inicia-se com a discussão sobre um dos principais legados de Max Weber para a sociologia da religião na contemporaneidade: a teoria da secularização ("Capítulo 1 – O contexto da secularização na chave da multiplicidade"). Tendo em vista que essa abordagem é hoje fortemente criticada por estar ligada – assim se alega – aos pressupostos da teoria da modernização (eurocentrismo), procurei apresentar uma compreensão aberta e multifacetada dela. A secularização é um conceito que aponta para a condição intrínseca do religioso no contexto moderno, condição que é marcada pela relação de tensão entre a esfera religiosa e as demais esferas sociais. Mas existem diferentes caminhos para uma realidade secular, na qual uma vida pautada pela religião tornou-se opcional (Taylor, 2010). Ao mesmo tempo, a secularização não é uma realidade unívoca a que se chega por diversos caminhos, pois também suas formas histórico-concretas são diferentes entre si: é nesse sentido que podemos falar da multiplicidade da secularização.

Os estudos seguintes reconstroem os parâmetros teóricos da sociologia weberiana do catolicismo. O primeiro deles ("Capítulo 2 – O catolicismo segundo Max Weber") demonstra que, no plano sistemático, Weber analisa o catolicismo em nível cultural (teologia), em nível institucional (organização sacramental), como forma de vida extramundana (monasticismo) e ainda como forma de vida intramundana orientada pelos sacramentos. Trata-se de uma abordagem ampla que recobre os planos da cultura, da ordem (macro) e da ação (micro). Já no plano histórico, Weber reflete sobre o papel ambivalente do catolicismo na gênese do espírito do capitalismo, ao mesmo tempo em que considera essa versão do cristianismo como uma importante etapa da racionalização ocidental, embora os sacramentos e os sacerdotes ainda representem, quando comparados com o protestantismo ascético, uma forma encantada de religiosidade.

O texto seguinte lida com a dicotomia weberiana carisma/instituição. Com efeito, uma análise do processo de institucionalização das comunidades paulinas ("Capítulo 3 – Igreja Católica: a continuidade institucional do carisma de Jesus") permite-nos compreender a teoria weberiana em sua devida complexidade, evitando uma leitura maniqueísta do par conceitual carisma/instituição. Para Weber, a Igreja Católica é fruto de um complexo processo de rotinização e objetivação (despersonalização) do carisma que vai desembocar na teoria do *ex opere operato*, ou seja, na fixação de um carisma sacerdotal de cargo. Essa teoria, por sinal, tem profundas raízes teológicas, pois é extraída da controvérsia entre Rudolf Sohm e Adolf von Harnack sobre as origens do cristianismo, tema que alimentou uma vasta discussão sobre o catolicismo primitivo (Neufeld, 1981). Para Weber, a Igreja Católica representa o melhor exemplo de um processo bem-sucedido de transformação do carisma puro em carisma institucional. Não se trata, portanto, de uma oposição em que um elemento exclui o outro. Impressiona, por sinal, como a visão weberiana sobre a natureza da Igreja Católica está muito próxima da eclesiologia latina de São Cipriano (Kasper, 2012, p. 118) e de Santo Agostinho (Ratzinger, 2011), pensadores nos quais ele vê uma etapa fundamental do processo de formação da Igreja como instituição[4]: apesar de suas *fontes* protestantes, a eclesiologia (teoria sobre a Igreja) de Weber não deixa de ser, pelo menos quanto a seu *conteúdo*, profundamente católica.

3.2 A Igreja Católica no mundo

Estabelecidos os parâmetros teóricos, na parte *empírica* do trabalho procurei ir além de outro limite da literatura sociológica que discute o catolicismo: o nacionalismo metodológico. Ao invés de circunscrever minha análise ao campo ou à esfera católica no Brasil, busquei refletir sobre a Igreja Católica a partir de sua identidade universal. Esse tipo de reflexão é bastante comum em outros cenários intelectuais (EUA, França, Alemanha, Itália etc.)[5], mas no Brasil poucos cientistas sociais, a não ser aqueles ligados à Igreja (cf. Passos, 2014), costumam enfrentar esse desafio.

Nessa linha, os dois primeiros capítulos da segunda parte do livro analisam o pontificado do Papa Francisco. O primeiro fá-lo de um ângulo mais geral, identificando as principais etapas e os eixos centrais desse pontificado. O segundo capítulo vai a um ponto mais específico e discute a influência do populismo latino-americano no magistério social do pontífice de origem argentina. Nesses capítulos, argumento que as raízes teológico-filosóficas de Francisco são essenciais para entender as linhas de seu governo, muito em particular suas críticas à globalização neoliberal. Mas, ao contrário do que seus críticos afirmam, sua visão política de raiz populista, cuja marca mais característica é seu antiliberalismo, não

---

4. Conforme ele argumenta em sua fala no I Congresso alemão de sociologia, realizado em Frankfurt, em 1912, intitulada "O direito natural-estoico-cristão e o direito natural-profano". O texto está disponível em Weber (2021, p. 169-180).

5. Para o caso dos Estados Unidos, conferir a vasta produção indicada em Faggioli (2020). Para a França: cf. Hervieu-Léger (2023); para a Itália: cf. Marzano (2018); para a Alemanha: cf. Kaufmann (1986).

está em contradição com o comunitarismo da doutrina social da Igreja ("Capítulo 5 – Um papa populista? A visão sociopolítica de Francisco").

Do dito acima não significa que devamos reduzir o atual papado a um simples reflexo da Teologia do Povo, desconsiderando ainda como o papa evolui e amadurece sua visão de mundo ao longo de seu pontificado. Por esse motivo, preocupei-me em refletir sobre três pontos centrais da "Igreja em Saída", o belo "programa de governo" (Exortação Apostólica *Evangelii Gaudium*) que o Papa Francisco tenta concretizar à frente da Igreja, a saber: uma hermenêutica inclusiva da moral católica (Encíclica *Amoris Laetitia*), o estímulo ao papel ativo de todos os fiéis batizados nas instâncias de decisão da Igreja (sinodalidade) e a crítica à globalização econômica e à tecnocracia entendidas como causas da degradação ambiental (Encíclicas *Laudato Si'* e *Fratelli Tutti*). Esses três eixos possuem uma clara orientação reformista, pois o papa lidera uma Igreja profundamente abalada em sua credibilidade pelo abuso de menores, de tal maneira que permanecer estático não é uma opção ("Capítulo 4 – Uma Igreja em saída: o perfil do pontificado de Francisco").

Ainda assim, meu entendimento é que essa linha programática não deve ser exageradamente contraposta aos pontificados de João Paulo II e Bento XVI, que, seguindo uma orientação estabilizadora, representam uma outra forma de compreensão das tarefas legadas pelo Concílio Vaticano II. Esse ponto pode parecer óbvio, mas é preciso deixar mais claro teoricamente que a leitura – não pouco difundida – de que os dois papados anteriores seriam uma espécie de reversão conservadora do Vaticano II (restauração), enquanto Francisco representa a retomada do caminho interrompido (o espírito conciliar), constitui na verdade uma visão redutora que perde de vista o terreno comum no qual ambas as perspectivas movem-se (Borghesi, 2022). Eles não estão em mundos totalmente opostos, como alegam tanto a ultradireita católica por um lado, quanto a ultraesquerda, por outro. Nenhum deles está aquém ou além das longas margens abertas pelo Concílio. A mesma hermenêutica conciliar da reforma, ou, mais precisamente, "da renovação na continuidade do único sujeito-Igreja" (Bento XVI, 2005), aplica-se aos três papas. Isso, obviamente, não significa nivelar suas diferenças, pois enquanto para os dois papas que antecederam Francisco o acento estava na *estabilidade*, para o atual Pontífice é a *renovação* que se encontra no centro de seus esforços[6]. É a partir desses parâmetros que procuro aproximar-me de Francisco.

---

6. Nesse ponto, acompanho a hermenêutica de Kasper (2012, p. 36) que afirma que "não é possível

Como a sinodalidade é uma dimensão essencial do pontificado de Francisco, uma análise dos Sínodos que aconteceram durante seu governo é fundamental. Eles também demonstram que os rumos da Igreja Católica não dependem apenas de seus órgãos centrais, mas também do que acontecem em outras instâncias, níveis e regiões dessa organização global. Os dois Sínodos analisados neste livro – um deles sobre a Amazônia e o outro que ocorre na Alemanha – representam, cada um a seu modo, agendas cuja pretensão é renovar estruturalmente os rumos da Igreja. Nesse sentido, eles opõem-se, por exemplo, à Igreja Católica nos Estados Unidos (Borghesi, 2021), que, juntamente com a da África (cf. Luigi, 2024), tem tido comunidades eclesiais com maiores resistências ao governo do Papa Francisco. Mas enquanto a América Latina tem mais facilidade em caminhar em sintonia com o papa de origem argentina, a relação entre Francisco e a Alemanha é permeada de tensões. Afinal, o que esses dois sínodos propõem? E o que eles dizem-nos sobre a Igreja Católica hoje?

O Sínodo sobre a Amazônia (2019) reveste-se de uma importância particular, pois, mesmo que não tenha realizado os sonhos das alas reformistas mais radicais da Igreja, ele apresenta fortes elementos de uma visão pós-colonial ("Capítulo 6 – O giro decolonial no Sínodo da Amazônia"). De fato, a Igreja da região amazônica, liderada hoje pelo Cardeal Leonardo Steiner (arcebispo metropolitano de Manaus), formado na linha de Dom Pedro Casaldáliga (1928-2020), representa um dos principais laboratórios das novas tendências progressistas do catolicismo latino-americano; o Sínodo realizado sobre aquela região, longe de circunscrever-se a ela, colocou-se a meta de "Amazonizar a Igreja". Conforme o diagnóstico crítico dessa assembleia sinodal, o neocolonialismo é enfrentado não tanto com a defesa de um projeto de futuro orientado pelo progresso (socialismo), mas pelo resgate da lógica dos povos ancestrais/originários e de sua religiosidade, por meio dos quais se pretende achar as forças capazes de ancorar a luta da ecologia integral contra o paradigma tecnocrático e antropocêntrico da civilização moderno-ocidental. No lugar da inculturação entra a interculturalidade. Contra a Modernidade técnica, o resgate de uma crítica de fundo pré-moderno. Será esse o futuro do pensamento progressista no catolicismo latino-americano?

A mesma pretensão de influir sobre a Igreja universal encontra-se no *Caminho Sinodal* da Alemanha. Embora não seja uma assembleia sinodal con-

---

entender o Vaticano II como ruptura nem como início de uma nova Igreja".

vocada pelo papa, ele acaba cruzando-se com o Sínodo sobre a Sinodalidade, convocado pelo Pontífice para 2023 e 2024 e, apesar de suas advertências de que a Igreja não é um parlamento[7], enfrenta uma discussão central para o catolicismo atual: em que medida é possível reformar a estrutura institucional da Igreja segundo modelos democráticos? Quase não existem análises empíricas sobre como a participação é compreendida e vivida no meio eclesial; por isso, nesse capítulo procuro mostrar quais são as visões sobre o lugar da democracia na Igreja e os modelos de reforma eclesial que, a partir dela, as forças em conflito na Alemanha propõem ("Capítulo 7 – Democracia na Igreja? O *Caminho Sinodal* da Alemanha"). Minha conclusão é que a devastadora crise da Igreja na Alemanha criou uma estrutura de oportunidades políticas para que atores reformistas retomem tendências já há muito tempo latentes naquela comunidade eclesial. O Caminho Sinodal encontra-se investido de uma legitimidade carismática e as tendências sociais do isomorfismo institucional, que tendem a igualar o formato das organizações sociais modernas, ajudam a explicar por que a democracia exerce tamanho poder de atração sobre as elites eclesiásticas reformistas alemãs.

3.3 *A Igreja Católica no Brasil*

Quando o assunto é Igreja Católica no Brasil, a tendência de insulamento empírico no estudo das tendências internas do catolicismo desdobra-se na fragmentação teórica. É como se cada segmento interno da Igreja Católica representasse não apenas uma realidade empiricamente independente, mas, em correspondência com isso, fosse também um mundo teórico à parte, com abordagens, conceitos e bibliografias que muitas vezes não conversam entre si. As tentativas de conferir unidade teórica a essas reflexões ainda carecem de referências paradigmáticas comuns e de uma terminologia uniforme.

Para superar essa fragmentação, a sociologia da religião de Max Weber pode oferecer pistas heurísticas valiosas. Nela podemos encontrar uma ampla gama de formas típicas de religiosidade que descrevem muito bem o complexo de oposições do orbe católico[8]. Assim, o catolicismo popular, centrado na devoção aos santos,

---

7. Como disse Francisco em várias ocasiões, como no retorno da Roma de sua viagem à Mongólia, em setembro de 2023 (cf. "Um parlamento é diferente [...]", 2023).
8. Essas referências foram extraídas do capítulo de sociologia de religião de *Economia e sociedade*. Trata-se, na verdade, de um escrito por Weber ainda antes da I Guerra Mundial e que os atuais editores das novas obras completas de Weber (MWG – *Max Weber Gesamtausgabe*) denominaram

aponta para uma *religiosidade mágico-animista* (Weber, 2001, p. 48), mas não está excluído de que ele revista-se de uma *forma comunisto-revolucionária* (Weber, 2001, p. 48). Na RCC, por sua vez, deparamo-nos com uma *religiosidade congregacional pneumático-entusiástica* (Weber, 2001, p. 46), por sinal já existente no cristianismo primitivo. O Catolicismo da Libertação parece explicar-se como *religiosidade escatológico-messiânica* (Weber, 2001, p. 82), enquanto o diversificado mundo do conservadorismo católico oscila entre uma *religiosidade ritualista-devocional*[9] *de fuga do mundo* (tradicionalistas) e uma *religiosidade pneumática de ascetismo intramundano* (mais presente nos novos movimentos religiosos)[10]. A respeito da Igreja Católica enquanto instituição, considerada em termos dos caminhos de salvação, ela pertence, por oposição às religiões nas quais ela é "obra pessoal do salvado", àquele gênero de religiões nas quais a salvação não depende do indivíduo, pois, nesse caso, "a salvação é alcançada pelas obras realizadas por um deus encarnado e que se revertem em favor de seus adeptos como graça *ex opere operato*, por isso operada como graça dispensada diretamente pela magia" (Weber, 2001, p. 107). Como explica Weber, "esse é o ponto de vista da *Igreja Católica* que constitui seu caráter de instituição da graça e que foi fixado em um desenvolvimento de séculos, terminado sob Gregório, o Grande, oscilando na prática entre uma concepção mais mágica e outra mais ético-soteriológica" (Weber, 2001, p. 109).

Com base nessas orientações, na terceira parte do livro analisei as principais tendências internas da Igreja Católica do Brasil. Mas realizei-o sem perder o foco na dimensão institucional que as articula, ou seja, mantive a Igreja enquanto organização no centro da análise. Para entender qual a relação entre as tendências católicas, por um lado, e a Igreja enquanto organização sócio-religiosa, por outro lado, creio que se deva prestar atenção a dois fatores. Em primeiro lugar, no modo como o aparato eclesiástico procura regular essas tendências, de modo que elas sejam incorporadas sem colocar em risco a pretensão de monopólio de mediação institucional/sacramental da Igreja. Em segundo lugar, cabe verificar em que medida essas tendências estão em afinidade eletiva com a natureza sacramental/

---

de "comunidades religiosas" (Weber, 2001). O próprio autor denominou esse escrito de sua "*Sistemática religiosa*" (*Religionsystematik*).

9. Sobre a religiosidade ritualista, veja-se Weber (2001, p. 42). A respeito da religiosidade devocional, Weber cita como exemplo o culto a Maria e ao Sagrado Coração de Jesus (Weber, 2001, p. 116).

10. A distinção entre as diversas formas de ascetismo (intramundano e extramundano) e misticismo (intramundano e extramundano) é desenvolvida por Weber nesse mesmo capítulo de *Economia e sociedade* (Weber, 2001, p. 13-132). As diversas formas de relação com o mundo, dentre as quais está a "fuga do mundo", é elaborada no tópico "As religiões culturais e o mundo" (Weber, 2001, p. 152).

hierárquica da instituição católica, o que ajuda a explicar por que elas recebem maior ou menor apoio das elites dirigentes católicas.

Do ponto de vista empírico, procurei demonstrar que o aparelho eclesiástico da Igreja Católica no Brasil é atravessado por e ao mesmo tempo precisa lidar com uma realidade interna cada vez mais plural, fator que também contribui para modificar a posição das tendências no campo do poder católico ("Capítulo 8 – A nova correlação de forças na Igreja Católica do Brasil: Teologia da Libertação, carismáticos e conservadores em disputa"). Hoje as tendências internas mais importantes da Igreja Católica da atualidade são todas oriundas dos anos de 1960-1970: o movimento da TFP (Tradição Família e Propriedade) surge em 1960, a Renovação Carismática Católica chega ao Brasil em 1969 e a Teologia da Libertação tem seu ano inaugural em 1971. Mas ao invés de entender a correlação de forças entre essas tendências internas a partir da ideia de ruptura, como se o mundo estivesse sempre começando novamente, procurei mostrar que as transformações ora em curso representam um aprofundamento diferenciado do ciclo interno de desenvolvimento de cada uma dessas vertentes. Enquanto o Catolicismo da Libertação passa por um processo de revisão teórica e modificação de seus destinatários sociais, a RCC adentrou em um novo ciclo institucional caracterizado por um amplo trabalho de massas e para formação de vanguardas. Já os grupos neotradicionalistas, que em parte voltaram à oficialidade institucional, ou multiplicaram-se em novos grupos e organizações, especializaram-se no ativismo digital. Analisando a correlação de forças entre essas tendências, procuro mostrar que o Catolicismo da Libertação ainda ocupa a posição dominante, mas vê sua liderança hegemônica ser paulatinamente abalada nas bases pela ampla difusão de uma nova semântica religiosa produzida pela RCC e pelos novos movimentos, ao mesmo tempo em que se vê diretamente desafiada em sua legitimidade pelo contrapúblico das agressivas redes neotradicionalistas.

Tenho por meta continuar acompanhando e aprofundando o que acontece em cada um desses segmentos, mas por ora me concentrei especialmente no Catolicismo da Libertação, tendência que marcou a Igreja Católica no Brasil a partir do *aggiornarmento* do Concílio Vaticano II. Como disse certa vez Mainwaring (1989, p. 265), "a Igreja brasileira era provavelmente a mais progressista do mundo". Mas esse cenário mudou, por isso no centro de minha análise encontra-se a tentativa de entender os fatores e as consequências da perda de hegemonia – ainda que não de importância – do Catolicismo da Libertação ("Capítulo 9 – A crise da Teologia da Libertação: condicionantes macroestruturais") na Igreja Católica do Brasil.

Minha principal hipótese é a de que os mecanismos estruturais que favoreceram o alinhamento entre a Igreja institucional e as redes intelectuais, eclesiais e sociopolíticas do Catolicismo da Libertação foram abalados por mudanças internas na esfera política, na esfera religiosa e, é claro, também no interior da própria esfera católica. A premissa da qual parto é que a legalidade própria da esfera religiosa (Weber), ou as regras específicas do campo religioso (Bourdieu), acabaram impondo-se paulatinamente. Em fórmula bastante simples: a autonomia da religião enquanto religião fez valer o seu peso.

Os dois capítulos finais são *estudos de caso* realizados com base na realidade empírica da Igreja Católica em *Santa Catarina*, mas suas reflexões vão muito além dessa realidade específica. Essas investigações possuem uma importância fundamental na economia discursiva desse livro, pois seu foco de análise são os principais atores do aparelho eclesiástico católico: os padres e os bispos. Observar com atenção o que está acontecendo com o universo de quase 500 bispos do Brasil e mais de 30 mil padres de nosso país é vital para saber para onde se move e como é a Igreja Católica nessas terras.

Por isso, um dos capítulos ("Capítulo 10 – Uma nova geração de padres em Santa Catarina: reflexões metodológicas") busca aprofundar a reflexão sobre a transição geracional dos padres católicos, pois os presbíteros mais jovens do clero brasileiro passaram por processos de socialização primária (familiar) e secundária (seminários, paróquias, dioceses etc.) que modificaram seu perfil e levaram a uma tendência de ressacralização do sacerdote. Nesse capítulo, chamo a atenção para o fato de que o conceito sociológico de "geração" não diz respeito apenas a faixas etárias, mas a contextos histórico-vivenciais. A elite do clero católico (o episcopado), por sua vez, é escolhida em idade mais avançada e permanece bastante tempo no cargo, o que evidentemente significa que se trata de um segmento que requer uma abordagem específica para ser entendido. Tomando novamente o caso de Santa Catarina como base ("Capítulo 11 – O perfil social e eclesial dos bispos: um estudo a partir do caso de Santa Catarina"), confirmo as conclusões de pesquisas que mostram como as bases sociais dessa elite política advêm dos estratos sociais mais populares, mas seu perfil teológico-eclesiástico, a despeito de alguns padrões reconhecíveis de seleção (experiência administrativa, ortodoxia etc.), varia fortemente em função dos ciclos eclesiais vividos pela Igreja.

Sem pretender esgotar o assunto, este livro pretende desenvolver abordagens teóricas e apresentar algumas agendas temáticas que apontam para a construção de uma sociologia da Igreja Católica. Nesse caminho, uma série de temas ou objetos de pesquisas permanecem ainda praticamente inexplorados no campo das ciências sociais, como a evolução e as mudanças das ordens e congregações religiosas, o perfil e o papel dos leigos nas diversas instâncias da pastoral católica (catequese, conselhos de pastoral e assim por diante), ou mesmo um acompanhamento sociológico mais atento das práticas religiosas e do modo como são vivenciados hoje os ritos (sacramentos) católicos: batismo, eucaristia, confissão, unção dos enfermos etc. A ação política da Conferência Nacional dos Bispos do Brasil (CNBB) na sociedade civil e a atuação política dos bispos, por exemplo, que já foram temas importantes de pesquisa, hoje praticamente saíram de moda, pelos menos na sociologia. E como atuam os bispos ligados à RCC? Além dos problemas psicológicos e da conduta sexual dos padres, o que mais sabemos desses agentes do sagrado? Qual é hoje a influência dos debates sobre gênero nas ordens religiosas femininas? E o que dizer do assim chamado católico praticante, que vive a sua fé com fidelidade, ainda que não ligado a um dos muitos movimentos da Igreja? Portanto, quem deseja fazer uma sociologia da Igreja Católica que inclua o, mas não se restrinja ao, cenário nacional, possui uma vasta agenda de questões à espera de elucidação. Tantas perguntas e tão poucas respostas. Meu intuito é que este livro possa ajudar nessa busca.

4 Minha perspectiva

Escrevi este livro enquanto leigo interessado no rumo da comunidade eclesial à qual pertenço. Para essa motivação, muito contribuiu minha ligação com a Faculdade Católica de Santa Catarina (Facasc), que me proporcionou um contato mais especializado com a teologia, o que foi fundamental para aprofundar as questões aqui abordadas. Por essa convivência e aprendizado, minha mais profunda gratidão. Porém, sem negar esse *sentire cum Ecclesia*, devo advertir que a perspectiva aqui adotada é inteiramente sociológica – afinal, meu lar reflexivo é a universidade pública brasileira (Universidade Federal de Santa Catarina). Por isso, ao propor uma reflexão sobre a Igreja Católica enquanto instituição, não pretendo regredir à sociologia pastoral ou à eclesiástica, mas simplesmente contribuir para uma sociologia *tout court*. Aliás, essa perspectiva nem poderia ser diferente para quem, como eu, orienta-se pelo modelo do controle dos valores (*Werturteilfreiheit*) de Max Weber. Com efeito, creio que o melhor serviço que posso realmente prestar à Igreja é cooperar com a verdade, o que significa que devo fazê-lo a partir do que a ciência social, sem pretensão de qualquer absoluto, ainda assim nos pode oferecer. Ou, em termos mais pessoais, o que posso fazer é colocar à disposição apenas meus poucos dons e talentos. Nesse caminho, sinto-me inspirado por pensadores sociais de vulto, como Charles Taylor, Hans Joas e Margareth Archer, alguns exemplos de intelectuais católicos que também se sentem movidos por essa verdade tão antiga e tão nova, que, como aquele grandioso bispo de Hipona, também eu "tão tarde conheci e tão tarde amei".

Referências

"Um parlamento é diferente de um Sínodo. Não esqueçam que o protagonista do Sínodo é o Espírito Santo", afirma o Papa Francisco. *Revista IHU On-Line*, São Leopoldo, 5 set. 2023. Disponível em: https://www.ihu.unisinos.br/categorias/632092-um-parlamento-e-diferente-de-um-sinodo-nao-esquecam-que-o-protagonista-do-sinodo-e-o-espirito-santo-afirma-o-papa-francisco. Acesso em: 17 maio. 2024.

ALBERT, Gert. *Weber-Paradigma*. Handbuch Soziologische Theorien. Wiesbaden: Werlg fur Sozialwissenschaften, 2009.

ANDRADE, Paulo F. C. *Fé e eficácia*: o uso da sociologia na Teologia da Libertação. São Paulo: Loyola, 1991.

AQUINO, Maurício. O conceito de romanização do catolicismo brasileiro e a abordagem histórica da Teologia da Libertação. *Horizonte: Revista de Estudos de Teologia e Ciências da Religião*, Belo Horizonte, v. 11, n. 32, p. 1485-1505, 2013.

BASAGLIA, Claudete C. P. Sociologia das religiões: um campo de estudos, uma pluralidade de olhares. *Estudos de Sociologia*, Campinas, v. 18, n. 34, 2013.

BENTO XVI. *Discurso do Papa Bento XVI aos cardeais, arcebispos e prelados da Cúria Romana na apresentação dos votos de natal*. 22 dez. 2005. Roma: Santa Sé, 2005. Disponível em: https://www.vatican.va/content/benedict-xvi/pt/speeches/2005/december/documents/hf_ben_xvi_spe_20051222_roman-curia.html. Acesso em: 17 maio. 2024.

BIENFAIT, Agathe. Amtscharisma und Amtsethos. Das Zusammenspiel von Personalisierung und Versachlichung. *In*: STACHURA, Mateusz; BIENFAIT, Agathe; ALBERT, Bienfait; SIGMUND, Steffen. (eds.) *Der Sinn der Institutionen*. Wiesbaden: Verlag für Sozialwissenschaften, 2008.

BORGHESI, Massimo. *Francesco*. La Chiesa tra ideologia *teocon* e "ospedale da campo". Milano: Jaca, 2021.

BORGHESI, Massimo. *Il dissidio cattolico*: la reazione a papa Francesco. Milano: Jaca, 2022.

BURITY, Joanildo. Sociologia da religião no Brasil: artesania, fronteiras e horizontes. *BIB – Revista Brasileira de Informação Bibliográfica em Ciências Sociais*, São Paulo, n. 93, p. 1-25, 2020.

ELIAS, Norbert. *Introdução à sociologia*. Lisboa: ed. 70, 1980.

ELIAS, Norbert. *O processo civilizador 2*: formação do Estado e civilização. São Paulo: Companhia das Letras, 1993.

FAGGIOLI, Massimo. *The Liminal Papacy of Pope Francis*: Moving Toward Global Catholicity. Maryknoll: Orbis, 2020.

HERVIEU-LÉGER, Danièle. *Catholicisme, la fin d'un monde*. Paris: Bayard, 2003.

IANNACCONE, Laurence R. A formal model of church and sect. *American Journal of Sociology*, Chicago, v. 94, p. S241-S268, 1988.

KASPER, Walter. *A Igreja Católica*. Essência, realidade, missão. São Leopoldo: Unisinos, 2012.

KAUFMANN, Franz-Xaver. Religion und Modernität. *In*: Berger, J. (ed.). *Die Moderne-Kontinuitäten und Zäsuren*. Göttingen: Schwartz, 1986.

LÖWY, Michael. Marx e Engels como sociólogos da religião. *Lua Nova*, São Paulo, n. 43, p. 157-170, 1998.

MAINWARING, Scott. *A Igreja Católica e a política no Brasil* (1916-1985). São Paulo: Brasiliense, 1989.

MARZANO, Marco. *La Chiesa immobile*: Francesco e la rivoluzione mancata. Bari: Laterza, 2018.

MONTERO, Paula. Religiões e dilemas da sociedade brasileira. *In*: MICELI, Sérgio. (org.). *O que ler na ciência social brasileira* (1970-1995). 2. ed. São Paulo: Sumaré, 1999.

NEUFELD, Karl H. Frühkatholizismus-systematisch. *Gregorianum*, v. 62, n. 3, p. 431-466, 1981.

PASSOS, João D. *Concílio Vaticano II*: reflexões sobre um carisma em curso. São Paulo: Paulus, 2014.

PIERUCCI, Antônio F. Secularização em Max Weber: da contemporânea serventia de voltarmos a acessar aquele velho sentido. *Revista Brasileira de Ciências Sociais*, São Paulo, v. 13, n. 37, p. 43-73, 1998.

PROCÓPIO, Carlos E. P. Pedro Ribeiro de Oliveira: uma trajetória de fé e política. *Caminhos – Revista de Ciências da Religião*, Goiânia, v. 18, n. 3, p. 1175-1177, 2020.

RATZINGER, Josef. *Volk und Haus Gottes in Augustins Lehre von der Kirche*. Freiburg: Basel, 2011.

SANCHIS, Pierre. *Catolicismo*: unidade religiosa e pluralismo cultural. Rio de Janeiro: Loyola, 1992.

SANDRI, Luigi. Bênçãos para os homossexuais, a África contra o papa. *Revista IHU On-Line*, São Leopoldo, 16 jan. 2024. Disponível em: https://www.ihu.unisinos.br/categorias/636048-bencaos-para-os-homossexuais-a-africa-contra-o-papa. Acesso em: 17 maio 2024.

SANTA SÉ. *Constituição dogmática "Lumen gentium" sobre a Igreja*. 21 nov. 1964. Roma: Santa Sé, 1964. Disponível em: https://www.vatican.va/archive/hist_councils/ii_vatican_council/documents/vat-ii_const_19641121_lumen-gentium_po.html. Acesso em: 17 maio 2024.

SELL, Carlos E. Weber no século XXI: desafios e dilemas de um paradigma weberiano. *Dados*, Rio de Janeiro, v. 57, n. 1, p. 35-71, 2014.

SOFIATI, Flávio M.; MOREIRA, Alberto S. Catolicismo brasileiro: um painel da literatura contemporânea. *Religião e Sociedade*, Rio de Janeiro, v. 38, n. 2, p. 277-301, 2018.

STEIL, Carlos; TONIOL, Rodrigo. O catolicismo e a Igreja Católica no Brasil à luz dos dados sobre religião no censo de 2010. *Debates do NER*, Porto Alegre, v. 14, n. 24, p. 223-243, 2013.

TAYLOR, C. *Uma era secular*. São Leopoldo: Unisinos, 2010.

TEIXEIRA, Faustino. Faces do catolicismo brasileiro contemporâneo. *Revista USP*, São Paulo, n. 67, p. 14-23, 2005.

TYRELL, Hartmann. Katholizismus und katholische Kirche. *In*: LEHMANN, Hartmut; QUÉDRAOGO, Jean-Martin. (eds.). *Max Weber Religionssoziologie in interkuluturller perspektive*. Göttingen: Vandenhoeck & Ruprecht, 2003.

WEBER, Max. Wirtschaft Und Gesellschaft. Religiose Gemeinschaften. *In*: KIPPENBERG, Hans G.; NIEMEIER, Jutta; SCHILM, Petra. (eds.). *Max Weber Gesamtausgabe*. V. I/22-2. Tübingen: Mohr Siebeck, 2001.

WEBER, Max. Wirtschaft und Gesellschaft. Herrschaft. *In*: HANKE, Edith; KROLL, Thomas. (eds.). *Max Weber Gesamtausgabe*. V. I/22-4. Tübingen: Mohr Siebeck, 2009.

WEBER, Max. Wirtschaft und Gesellschaft. Soziologie. Unvollendet. 1919-1920. *In*: BORCHARDT, Knut; HANKE, Edith; SCHLUCHTER, Wolfgang. (eds.). *Max Weber Gesamtausgabe*. V. I/23. Tübingen: Mohr Siebeck, 2013.

WEBER, Max. Asketischer Protestantismus und Kapitalismus. Schriften und Reden (1904-1911). *In*: SCHLUCHTER, Wolfgang; BUBE, Ursula. (eds.). *Max Weber Gesamtausgabe*. V. I/9. Tübingen: Mohr Siebeck, 2014.

WEBER, Max. O direito natural estoico-cristão e o direito natural-profano. *In*: ZANON, Breilla V. B.; SOBOTKA, Emil A.; SOUZA, Luiz G. C.; FLEURY, Lorena C.; CHAGURI, Mariana M. (orgs.). *A atualidade de Max Weber e a presença de Marianne Weber*. Porto Alegre: Fundação Fênix, 2021.

ZANON, Breilla V. B.; SOBOTKA, Emil A.; SOUZA, Luiz G. C.; FLEURY, Lorena C.; CHAGURI, Mariana M. (orgs.). *A atualidade de Max Weber e a presença de Marianne Weber*. Porto Alegre: Fundação Fênix, 2021.

Capítulo 1
O contexto da secularização na chave da multiplicidade

Com o conceito de secularização, defrontamo-nos com um problema fundamental da sociologia contemporânea: a relação entre religião e Modernidade. Mas no pensamento de Max Weber, a religião, mais do que objeto da sociologia da religião como área especializada, é *locus* metodológico estratégico para pensar sobre a condição moderna. Ocorre que tal centralidade reflete-se de maneira desigual nos desdobramentos da sociologia weberiana contemporânea. A teoria das modernidades múltiplas de orientação *culturalista* de Shmuel Eisenstadt (2000) conferiu bastante destaque à questão, mas na sua vertente *estruturalista* – representada hoje por Thomas Schwinn (2013) – só agora esse tema começa a merecer uma atenção mais detalhada. No debate sobre a natureza da Modernidade no Brasil, a situação não é muito distinta e, a despeito de algumas incursões importantes (como em Ortiz, 2006 e Tavolaro, 2005), a variável religião vem sendo pouco explorada para entender as profundas transformações sociais e culturais de nosso país.

Levar em conta o papel da religião no contexto social não é uma exigência que decorre apenas de razões teóricas imanentes, mas um clamor que brota da realidade. Como pensar a condição da Modernidade no Brasil sem considerar a imensa transformação de seu perfil religioso que, de maioria católica (em 1872 eles eram 99%), talvez hoje já represente menos de 50% de sua população? (Alves *et alii*, 2017; cf. tb. Alves, 2018). Tal dado impõe a necessidade de um diálogo entre teoria sociológica e sociologia da religião. No entanto, no Brasil, tal área tem reforçado cada vez mais suas características endógenas e a principal categoria macrossociológica a considerar os vínculos entre Modernidade e religião – a secularização – vem perdendo centralidade nas discussões. Meu objetivo, neste capítulo, é trazer o conceito de volta ao debate.

Nos anos de 1990, o tema ainda foi o foco de uma instrutiva controvérsia. De um lado, Antônio Flávio Pierucci (1997a; 1997b; 1999) centrou seu fogo contra o que denominou de teóricos da "volta do sagrado", estudiosos que, segundo ele, estariam a ver no dinamismo da esfera religiosa brasileira uma negação das teses da secularização (Pierucci, 1998). De outro lado, tais estudiosos negaram-se a assumir a condição revisionista a eles atribuída (Negrão, 2005), além de criticarem os vínculos estreitos entre a concepção weberiana da secularização e a sociologia da modernização (Velho, 1998; Montero, 1999; 2003). Apesar da defesa da centralidade da categoria (Mariano, 2012), a crítica ao caráter teleológico do paradigma da secularização não foi ainda suficientemente respondida e, na prática, o debate sobre a secularização, ainda que não totalmente ausente, vem sendo sutilmente sobrepujado por novas perspectivas (como as da laicidade e do secularismo), estreitando-se fortemente na direção do político. Impulsionados pelos crescentes conflitos entre grupos religiosos e seculares na esfera pública (Pompa, 2012), que se acentuaram dramaticamente nos últimos anos, os pesquisadores brasileiros rapidamente voltaram suas lentes para o acompanhamento etnográfico das disputas em curso e deixaram em segundo plano o debate sobre a secularização. O fato é que, de Weber, a discussão sociológica foi sendo quase inadvertidamente remetida aos braços de Durkheim e sua luta por uma moral laica (Weiss, 2013). Atualmente, é cada vez mais a dinâmica da concorrência (intrar)religiosa que vem despertando o interesse dos analistas[11], deslocando a discussão do eixo "religião/sociedade" para a polaridade "religião/política".

Diante de tal cenário, o clamor levantado por Pierucci (1998) bem poderia ser novamente levantado: de volta à secularização. Se entendermos, provisoriamente, a secularização como um conceito que conserva um nexo interno entre religião e Modernidade (Dutra, 2016), essa categoria é fundamental para o desenho de uma sociologia comparativa capaz de determinar os elementos de unicidade e pluralidade da realidade contemporânea. Mas, caso queira cumprir tal desiderato, a teoria da secularização precisa assumir e responder aos desafios que lhe são colocados por uma realidade social cada vez mais globalizada e por uma sociologia de orientação cosmopolita, desvinculando-se dos pressupostos da teoria

---

11. No Brasil, balanços gerais da esfera religiosa no Brasil costumam acompanhar os dados do censo. Assim, se, em relação aos dados de 2000, a secularização ainda foi o centro do debate (Teixeira; Menezes, 2006), no levantamento posterior (Teixeira; Menezes, 2013) a concorrência assumiu a dianteira nas análises.

da modernização. Não se trata de simplesmente dispensar o conceito (Montero, 2003), mas de perguntar-se de que modo ele pode-se reconfigurá-lo diante desse novo cenário. Ancorando-se na dualidade unicidade/variedade, proposta por Eisenstad, este capítlo (1) reexamina a concepção da secularização em Weber, (2) sistematiza o estado da arte sobre o tema na sociologia da religião contemporânea e, ao fim, (3) discute criticamente algumas tentativas de sua atualização.

1 A secularização em Weber: entre o histórico e o estrutural

Exposições *históricas* sobre o vocábulo "secularização" (Marramao, 1999), em regra, seguem o mesmo padrão: começam pela genealogia do conceito e examinam, a seguir, sua introdução no léxico das ciências humanas. Essa trajetória, contudo, corre o sério risco de ser lida de maneira *linear*, sem maior atenção para as reconfigurações e mutações que o conceito sofre ao longo dessa trajetória. Evitando essa armadilha, Herman Lübbe (1965) recorda que o tema da secularização é alvo de disputa política e seu conteúdo é determinado em função de diferentes necessidades teóricas e pragmáticas: ele não permanece inalterado e sofre reconfigurações semânticas a depender dos interesses em jogo. Essa indicação fornece uma preciosa pista para caracterizar dois momentos fundamentais da inserção desse conceito no âmbito da sociologia, que são o fim do século XIX (momento de fundação da sociologia) e o cenário posterior à II Guerra Mundial (momento de autonomização da sociologia da religião como área especializada do saber sociológico). Fundamental é prestar atenção às continuidades e às descontinuidades que a noção sofre em cada uma dessas passagens, pois enquanto no primeiro momento o conceito de secularização é utilizado primordialmente como instrumento pelo qual a sociologia pensa o *moderno*, no pós-guerra a secularização torna-se instrumento para pensar a *religião* (Sell, 2015).

Quando nos reportamos ao momento de gênese da sociologia, é praticamente consenso entre os intérpretes que Max Weber é a principal figura responsável tanto pela (a) introdução desse léxico nas ciências humanas quanto (b) pela sua fixação como instrumento teórico central para a compreensão da condição moderna. Menos consensual, contudo, é o *modo* pelo qual Max Weber realiza essa introdução. Para Pierucci (1998), por exemplo, Weber apenas reproduz as premissas jurídicas contidas na história do conceito. Já Borutta (2010), em direção contrária, sustenta que o conceito está fortemente impregnado da cosmovisão anticatólica da intelectualidade liberal protestante, dominante no meio acadêmico da Alemanha guilhermina. A maioria dos historiadores, contudo, enfatiza o fato de que, em Weber, o conceito é esvaziado de suas conotações ideológicas e neutralizado para fins de análise descritiva dos processos sociais[12].

Se, quanto a esse ponto, não reina acordo, bem mais polêmico ainda é o assunto quando se trata de examinar como o legado weberiano foi relido e tornou-se a fonte matricial das mais diversas teorias da secularização que desenvolverão no *interior* de uma área específica da investigação social: a sociologia da religião. De fato, o que, no decorrer do pós-guerra, será denominado "teoria da secularização" não é uma criação direta de Max Weber – que, por sinal, em sua *Religionsystematik* (como ele também chamou o capítulo de sociologia da religião de *Economia e sociedade*, escrito por volta de 1910), emprega o termo apenas duas vezes e, mesmo assim, de maneira bastante secundária. O termo também não está presente em nenhum dos textos metodológicos centrais de sua sociologia comparada das religiões, como sua *Observação preliminar* (*Vorbemerkung*), a *Introdução* (*Einführung*) e a *Consideração intermediária* (*Zwischenbetrachtung*), entre outros, e está longe da centralidade que ocupam as categorias "racionalidade" e "desencantamento do mundo" em sua sociologia global. Uma teoria da secularização *nos moldes* de uma sociologia da religião tematicamente restrita só pode ser identificada nesse autor por meio de um procedimento que é essencialmente reconstrutivo, advindo daí a inevitável pergunta: o que significa, *em Weber*, a ideia de secularização?

A reconstrução *a posteriori* de uma teoria weberiana da secularização segue basicamente dois procedimentos: o filológico (indutivo) e o sistemático (dedutivo). Pelo primeiro, inventaria-se o uso do termo "secularização" e procura-se, a partir daí, derivar o sentido da ideia de secularização. No procedimento sistemático, por sua vez, a recorrência do termo não é ignorada, mas é do conjunto da obra e de suas intenções que uma teoria da secularização é extraída.

Do ponto de vista filológico, Pierucci (1998), de maneira modelar, inventariou cuidadosamente as passagens em que Weber utiliza-se do termo "secularização". Tal levantamento fê-lo constatar que a noção é empregada a maior parte das vezes em sua sociologia do direito, razão pela qual Pierucci sustenta que estaria aí o núcleo duro do conceito. Como argumento adicional, sugere o intérprete,

---

12. Nas palavras de Lübbe (1965, p. 68): "Weber utiliza esse conceito, como mais tarde o farão os sociólogos americanos antes citados [por Lübbe], com uma completa indiferença valorativa e como uma categoria científica operativa".

Weber apenas preserva a raiz etimológica do conceito, que é de natureza jurídica. Disso Pierucci (1998, p. 63) conclui que:

> É tamanha a desproporção entre a quantidade concentrada de ocasiões em que Säkularisation/Säkularisierung/säkularisiert/säkularisierend aparecem no ensaio de sociologia do direito e, de outro lado, suas esporádicas e rarefeitas aparições noutros textos e contextos teóricos da obra weberiana, que tudo se passa como se aí se expressasse uma tácita intenção de indicar que o objeto designado é, no seu cerne, naquilo que realmente conta, jurídico-político. Em minha pesquisa pude constatar empiricamente nos escritos de Weber uma dominância do sentido original do nome, antiguidade de sentido que não se apaga, não se retrai, está sempre ali, sempre despontando.

Contudo, a mera predominância (quantitativa) da passagem em certo contexto da obra de Weber não nos permite, por si só, derivar daí o significado fundante (qualitativo) do conceito. Martin Riesebrodt (2001, p. 116), outro autor a examinar o termo, chega à conclusão contrária e prefere derivar o conteúdo exatamente dos escritos em que Weber a menciona fora da sociologia do direito, a começar por seu artigo sobre *As seitas americanas e o espírito do capitalismo* (1906), no qual, aliás, o conteúdo semântico do conceito é muito mais claro. Realmente, se observarmos o modo como Weber utiliza-se do conceito de secularização nesse escrito, veremos que ele aproxima-se da forma como a noção é empregada nos modernos estudos da sociologia da religião. Nas palavras de Weber, "um exame detalhado revela o constante progresso do processo característico de 'secularização' a que, nos tempos modernos, *sucumbem* todos os fenômenos que se originaram em concepções religiosas" (Weber, 1988, p. 212; sem itálico no original). E, mais à frente, mostrando as raízes religiosas do associativismo americano, temos nova sentença, com o seguinte teor: "estamos interessados no fato de que a moderna posição dos clubes e sociedades seculares, com recrutamento por eleição, é em grande parte um produto do processo de secularização" (Weber, 1988, p. 217). Mas, nessa passagem, explica Monod (2002, p. 106), diferentemente da anterior, Weber emprega o termo secularização como transferência, e não como ruptura: "o interesse de Weber dirige-se muito menos ao declínio das concepções religiosas que à *continuidade de função*" dos clubes em relação às seitas.

Logo, estudos que seguem o método léxicográfico não são conclusivos e, dado que Weber nunca definiu explícita e indubitavelmente o significado de secularização, todos os inventários do termo acabam privilegiando algum uso dele ou acabam tendo que apelar para alguma unidade de análise mais abrangente da qual acabam derivando seu significado. O procedimento indutivo transfigura-se, afinal, em método dedutivo. O que podemos esperar, então, do método sistemático?

Esse procedimento metodológico sustenta que uma teoria weberiana da secularização não se restringe à mera definição do conceito e, mesmo que não esteja explicitamente formulada, pode ser deduzida de suas análises sócio-históricas de longo alcance, a começar pela sua descrição da transição entre conduta puritana e *ethos* profissional. O problema é que muitos desses estudos acabam nivelando as diferenças entre os conceitos centrais da sociologia weberiana, em especial as noções de racionalização (Sell, 2013), desencantamento do mundo (Pierucci, 2003) e secularização, como se cada um dos termos, em Weber, fosse sinônimo.

Tanto o método filológico quanto o método sistemático possuem limitações. O primeiro, ao restringir a discussão ao termo isoladamente considerado, encurtando o alcance da discussão. O segundo, ao alargar de tal modo seu sentido que ele acaba ficando indeterminado.

Fugindo das aporias a que levam os dois procedimentos descritos acima, Wolfgang Schluchter (1988, p. 506-534) apresenta-nos uma versão de secularização que, sem deixar de partir do texto de Weber, não se restringe ao procedimento de determinação do conteúdo do conceito em si mesmo e, ao mesmo tempo, não descuida da dimensão sistemática da noção (ou seja, de sua relação com o conjunto da obra). A versão da teoria da secularização defendida por ele toma como ponto de partida a teoria da diferenciação social elaborada por Weber em sua *Consideração intermediária* (*Zwischenbetrachtung*). Ao retomar esse escrito, Schluchter não se apoia na dimensão histórico-diacrônica do conceito, mas na sua dimensão histórico-estrutural. Não se trata de privilegiar a descrição dos processos de gênese da Modernidade (a partir da religião) e nem dos influxos históricos do moderno sobre o caráter da religião, mas de deslocar nossa atenção para o *status* ou o lugar do religioso no cenário atual da Modernidade diferenciada segundo distintas esferas de valor e ordens de vida. Prosseguindo nessa direção, Thomas Schwinn (2013) descreve como, nos moldes weberianos, as relações entre religião e Modernidade são pensadas a partir da ideia de conflito. Ao descrever a legalidade intrínseca das ordens de vida e das esferas de valor, Weber demonstra como a religião encontra-se em uma relação de tensão (*Spannung*) com as ordens econômica e política e, ao mesmo tempo, de competição com as esferas estética, erótica e intelectual. Nesse ponto, um retorno ao escrito weberiano será especialmente útil.

Que é de tensão que se trata é o próprio Weber que nos sinaliza, ao afirmar, logo no início do texto, que seu objetivo consiste em "examinar em detalhe as tensões existentes entre a religião e o mundo" (Weber, 1989, p. 211). Ele tem consciência de que "a religião da fraternidade sempre se chocou com as ordens e os valores deste mundo e, quanto mais coerentemente suas exigências foram levadas à prática, tanto mais agudo foi o choque" (Weber, 1989, p. 214). Para ele, "a tensão entre a religião fraternal e o mundo foi mais evidente na esfera econômica" (Weber, 1989, p. 214), mas sem esquecer que "as religiões que sustentaram uma ética da salvação fraternal coerente estão em tensão igualmente aguda em relação às ordens políticas do mundo" (Weber, 1989, p. 215). Weber conclui que "a ética religiosa da fraternidade situa-se em tensão dinâmica com qualquer comportamento consciente-racional que siga suas próprias leis" (Weber, 1989, p. 222). Tal tensão, por sinal, não existe apenas na esfera político-econômica: "em proporções não menores, essa tensão também ocorre entre a ética religiosa e as forças de vida 'deste mundo' cujo caráter é essencialmente não racional ou basicamente antirracional" (Weber, 1989, p. 222). O que temos aqui, portanto, é um segundo complexo de instituições, cuja lógica de tensão com a religião é de outra natureza: trata-se de uma relação marcada pela competição. Ao referir-se à esfera artística e à esfera erótica, o que Weber demonstra é a "afinidade psicológica" (Weber, 1989, p. 224) que ambas possuem com a experiência religiosa. É justamente esse caráter que faz com que, à medida que se tornem autônomas, elas colidam com as pretensões religiosas. No entanto, é em relação à esfera intelectual que o *locus* atribuído por Max Weber à religião em condições modernas fica mais transparente (Weber, 1989, p. 227):

> A tensão entre religião e o conhecimento intelectual destaca-se com clareza sempre que o conhecimento racional, empírico, funcionou coerentemente por meio do desencantamento do mundo e sua transformação em um mecanismo causal. A ciência encontra, então, as pretensões do postulado ético de que o mundo é um cosmo ordenado por Deus e, portanto, *significativo* e eticamente orientado [...]. Todo aumento do racionalismo na ciência empírica leva a religião, cada vez, do reino racional para o irracional: mas somente hoje a religião torna-se *o poder* supra-humano irracional ou antirracional.

Nessa passagem, dois processos ficam patentemente claros. Por um lado, (1) a religião perde seu papel central como força que define o sentido do mundo; processo que, por sua vez, (2) altera a natureza da esfera religiosa que se retira para o reino do irracional ou antirracional.

Para Weber, o deslocamento da esfera religiosa do centro para a periferia da ordem social é um *elemento constitutivo* da vida moderna e ocidental, vale também dizer, da primeira Modernidade (princípio de unidade). Porém, isso não significa que a análise weberiana não contemple o fenômeno sob óticas diversas. O tema da secularização vem articulado analiticamente de modo *múltiplo* e pode ser entendido tanto como (1) *processo histórico* (versão dinâmica) proporcionado pela própria religião (fator interno), quanto como (2) resultado de outras variáveis sociais da Modernidade que afetam a esfera religiosa (fator externo). Por esse segundo ângulo, a secularização é descrita como *diferenciação social*, condição que coloca a religião em tensão constante com as demais esferas culturais, ordens sociais e modos de vida autônomos da Modernidade. Em suma, em Weber o tema de secularização é descrito tanto no registro *histórico/diacrônico* quanto *estrutural/sincrônico*. Em ambos os casos, trata-se sempre da reflexão sobre a relação entre religião e Modernidade, seja em relação ao problema da *gênese*, seja em relação ao problema da *especificidade* do mundo moderno.

2 A secularização na sociologia da religião: entre o declínio e a individualização

Embora a análise weberiana da relação religião/Modernidade comporte múltiplas perspectivas, seu legado foi ambíguo e foi a filosofia, e não a sociologia, a que melhor explorou a dimensão mais ampla (histórica) da tese da secularização. O célebre debate entre Karl Löwith (1953) e Hans Blumenberg (1966) evidencia duas formas distintas de entender o *caráter da Modernidade*, a depender do papel de suas raízes religiosas: como transferência ou como ruptura. O que estava em jogo, como dirá o segundo autor, era a própria legitimidade dos tempos modernos. Quanto à sociologia, o tema da secularização vai encontrar abrigo na área cada vez compartimentalizada da pesquisa setorial sobre *religião*. Assim, enquanto na filosofia a religião é pensada como veículo para a definição do *moderno*, na sociologia, por sua vez, é o moderno que se torna o veículo para a definição do *religioso*. Qual é, nessa segunda área de estudos, o estado da arte desse debate?

Em Pierucci, o debate sobre a secularização ainda é apresentado em termos radicalmente dualistas: secularização *vs.* volta do sagrado, afirmação e negação. Atualmente, tal cenário está bastante mudado. Com o lento emergir e consolidação de um novo paradigma nos estudos sociológicos sobre religião, a controvérsia sobre a secularização sofreu importantes deslocamentos. A chamada teoria do mercado religioso tornou-se o principal algoz das vertentes da secularização e, centrando-se apenas no pluralismo concorrencial, decretou essa querela como sepultada (Stark, 1999). Do outro lado, os dois principais paradigmas da sociologia da religião (a teoria da secularização e a teoria da individualização[13]), apesar das suas diferenças, ainda mantêm o problema no centro do debate, embora advoguem entendimentos diferentes sobre o fenômeno: para o primeiro, secularização é sinônimo de perda de relevância do religioso (versão ortodoxa) e, pelo menos para uma parte dos teóricos do segundo paradigma, a secularização pode ser definida alternativamente como a privatização da crença (versão heterodoxa). Portanto, ainda que defensores e críticos da secularização mantenham entre si uma relação de disputa teórica, as divergências tornaram-se menos antagônicas e é preciso considerar, além dos distanciamentos, as aproximações e convergências entre essas duas grandes narrativas[14] da secularização (Lehmann, 2004; Zepeda, 2010). É a partir dessa estratégia que pretendo *caracterizar* as principais tendências que podem ser vislumbradas nesta já longa controvérsia.

Para seus críticos mais contumazes, a tese da secularização não passa de mito ou ideologia (Hadden, 1987), enquanto seus partidários insistem que não se trata de *uma* teoria, mas de um paradigma (Tschannen, 1991), ou, ainda, de uma família de teorias (Gorski, 2003). Tal diversidade, contudo, não impediu que seus defensores tenham se esforçado por definir até uma plataforma comum de conceitos: Bryan Wilson (1966; 1982; 1985), por exemplo, propõe diferenciação, racionalização e societalização; Tschannen (1991) propõe diferenciação, racionalização e mundanização. No entanto, tais exemplos já nos bastam para mostrar que, a despeito do esforço realizado por seus teóricos para explicitar suas convergências, as tentativas de fixar um núcleo compartilhado de conceitos ainda não lograram êxito. Uma via alternativa seria tentar definir o paradigma da secularização a partir de sua proposição *empírica* básica, como o faz, por exemplo, Peter Berger (1967, p. 119): "a secularização é o processo pelo qual setores da sociedade e da cultura são subtraídos à dominação das instituições e dos símbolos religiosos". No entanto, essa formulação diz-nos muito pouco sobre como o paradigma

---

13. Para essa divisão em três vertentes, parti da sistematização de Pickel (2010).
14. Acompanhando Koschorke (2013, p. 237-260), emprego aqui o termo "narrativa", mais amplo que teoria, modelo ou até mesmo paradigma, remetendo à noção de "metanarrativa" já empregada por Lyotard.

da secularização (e seus diversos autores) sustenta *teoricamente* tal enunciado, ou seja, ela permanece no nível descritivo e não toca na dimensão especificamente causal-explicativa do problema.

Inspirando-me na análise de Mouzelis (2012), penso que essa pergunta pode ser respondida se diferenciarmos novamente duas dimensões no que diz respeito ao aspecto propriamente teórico (causal-explicativo) das diversas correntes ou autores que tratam da secularização: sua dimensão externa e sua dimensão interna. O que chamo de *dimensão externa* diz respeito à variável societária (ou independente) adotada por essas teorias, ou seja, em regra, sua própria concepção de Modernidade.

No tocante ao primeiro aspecto, embora muitos teóricos (Norris; Inglehart, 2004; Pollack, 2012) prefiram apostar nos fatores da *modernização* como causa da secularização (industrialização, urbanização, escolarização etc.), para a maioria dos estudiosos do paradigma da secularização é a categoria da *diferenciação* que constitui o aspecto macrossocial central.

Mas, apesar de, em regra, adotarem a tese da diferenciação como eixo externo de suas teorias, existem diferenças importantes no modo como os teóricos da secularização descrevem esse conceito. Para alguns, tal diferenciação tem um caráter *funcional*, enquanto outros limitam-se a adotar a expressão apenas com seu adjetivo *social*, dispensando o aspecto funcionalista da noção (interdependência de parte e totalidade social). Existe também outra diferença importante. Enquanto determinados teóricos adotam um viés estritamente sociológico, outros entendem essa diferenciação do ponto de vista politológico. No primeiro caso, a perda de centralidade da esfera religiosa deve-se exclusivamente à sua transformação em esfera autônoma da vida social e, de maneira correlata, ao fato de que as esferas autonomizadas passam a operar com lógicas intrínsecas que são indiferentes ou mesmo opostas ao aspecto religioso. No segundo caso, tal processo não pode ser pensado de maneira desarticulada de variáveis políticas, em especial a laicização do Estado, ou seja, o sistema político é considerado o agente promotor desse processo. A primeira variação, portanto, é *sociocêntrica*, enquanto a segunda variante é *estatocêntrica* e, neste segundo caso, somente um poder político capaz de autolegitimar-se, sem referência a fundamentos religiosos, abre caminho para a autonomização das esferas sociais. Para uma terceira posição, por sua vez, a secularização não é o *efeito* produzido pela transformação da religião em esfera específica da vida social, mas a própria separação em si mesma. Diferenciação e secularização são consideradas, portanto, como sinônimas (Yamane, 1997; Luhmann, 2002; Casanova, 2006).

Em se tratando da *dimensão interna* (ou especificamente religiosa), o cenário é ainda mais variado. Teóricos da secularização recorrem a diversos conceitos para tipificar a perda de relevância da religião na vida social, como bem descreve a lista elaborada por Dobbelaere (1981): racionalização, mundanização, autonomização, privatização, generalização, pluralização, declínio da prática religiosa, colapso da visão religiosa de mundo, descrença, cientifização, sociologização etc. Esse dado é importante pelo fato de que, na visão dos seus partidários, o paradigma da secularização não pode ser considerado linear e determinista, já que ele caracteriza-se justamente pelo esforço de pensar a condição do religioso na Modernidade de maneira *multidimensional*.

Passemos, agora, à posição contrária. A gênese e a *crítica* das teorias da secularização são fenômenos praticamente concomitantes, pois, no mesmo período em que Bryan Wilson (1966) e Peter Berger (1967), entre outros, consolidavam a tese da perda de relevância da religião, Thomas Luckmann (1967), por outro lado, contestava essa visão e proclamava que, longe de levar ao desaparecimento ou ao declínio, a Modernidade provocava, ao contrário, a mutação do religioso. Para ele, a religião seria uma constante antropológica e na Modernidade o desejo da transcendência foi rearticulado em novas roupagens: a religião tornou-se invisível, quer dizer, espraiou-se para além das organizações religiosas formais. Luckmann rejeita o socientrismo de Durkheim (religião = sociedade) e radica o religioso na natureza humana (essencialismo antropológico), ainda que conserve do autor francês a hipótese da necessidade funcional da religião. Luckmann pode ser considerado a matriz das teorias que, posteriormente, pensarão sobre o fenômeno da secularização de maneira alternativa, ou seja, que operam com a equação "secularização = privatização do religioso" ou, posto de outra forma, que advogam a passagem de formas tradicionais/institucionais de religiosidade para uma "religiosidade implícita/invisível".

Mas, antes de demonstrar esse ponto, é preciso acentuar que, comparados com os teóricos que se reconhecem como partidários do paradigma weberiano da secularização, nas suas versões contrárias não predomina a tentativa de fixação de parâmetros formais ou metodológicos comuns. Tais tendências são muito menos articuladas e sua referência comum é basicamente *negativa*, pois seus proponentes definem-se, em geral, pela oposição à narrativa convencional que identifica a secularização como perda de relevância da religião. Embora muita tinta já tenha sido gasta na tentativa de unificar as narrativas ortodoxas da secularização, menos esforço tem sido feito no sentido de reconhecer os elementos de unidade *teórico-formal* de suas abordagens contrárias. Minha proposta é classificar as críticas à narrativa tradicional da secularização em duas grandes variantes: (a) teorias da reversão e (b) teorias da mutação.

As *teorias da reversão* apostam basicamente na identificação de processos sociais que desmentem empiricamente os prognósticos do paradigma da secularização. De um lado, estariam processos *intra*rreligiosos como a crescimento pentecostal, a vitalidade do islamismo e a proliferação de novos movimentos religiosos. Em adição a esse aspecto, alega-se também que a própria Modernidade alterou-se em sua natureza e que, portanto, tais processos *extra*rreligiosos também se refletem na revitalização da crença. O raciocínio é que a Pós-Modernidade (Martelli, 1995), segunda ou alta Modernidade (ou qualquer outro nome que se queira adotar para a condição social atual), implica como consequência tendências de "dessecularização" (Berger, 1999). Termos como "volta dos deuses" (Riesebrodt, 2000), "retorno do sagrado" (Bell, 1977), "desprivatização do religioso" (Casanova, 1994) ou até mesmo "vingança de Deus" (Kepel, 1991), entre outros, procuram, então, descrever esse novo estado de coisas.

Diversamente, as *teorias da mutação* apostam em outra leitura: a versão weberiana da secularização está equivocada não porque foi desmentida pela (inesperada) dinâmica dos fatos, mas porque eles foram interpretados de maneira incorreta. Seguindo o caminho já aberto por Luckmann, afirma-se estar em curso um processo de *adaptação* das formas de crer e praticar a religião a partir de possibilidades criadas pela própria Modernidade. Seguindo aqui uma sugestão dada por Gorski (2000), tal modelo poderia ser ainda diferenciado segundo duas linhas de argumentação que separam, de um lado, a *transformação* do religioso (surgimento de uma religião difusa) e, de outro lado, a *privatização* das crenças e das práticas religiosas. Creio, contudo, que essa distinção acaba sendo redundante, pois a principal transformação da qual se trata é justamente esse processo de subjetivação do crer. Mais importante é prestar atenção ao fato de que, para determinado grupo de críticos da tese ortodoxa, a privatização da crença assume o posto de teoria *alternativa da secularização* (opondo-se a ela), mas para um segundo grupo de críticos a privatização do religioso pode ser lida com uma *conceituação alternativa de secularização*, quer dizer, como um modo distinto de definir esse processo. Portanto, na sua versão ortodoxa (predominante), a privatização é pensada como fenômeno causado *pela* secularização, enquanto na versão heterodoxa (minoritária) ela é interpretada como fenômeno equivalente. Trata-se, neste caso, de uma interessante reapropriação e ressemantização do conteúdo do conceito. Não devemos esquecer, é claro, que nem todos os teóricos do paradigma da privatização do religioso adotam e reformulam o conteúdo do conceito de secularização dessa forma (tornando-os praticamente sinônimos), mas esse é o caso de uma importante parcela deles, como ilustram, entre outros, os trabalhos de Hérvieu-Léger (1986; 1993; 1999), Charles Taylor (2007) e Hans Joas (2012).

Ao longo de seu desenvolvimento como área aplicada de investigação, a sociologia da religião revelou-se como um campo polarizado entre duas grandes narrativas que disputam a validade da matriz weberiana, bem como a interpretação sobre o lugar e o peso do religioso em condições modernas. Por outro lado, e apesar das suas diferenças, cada uma das posições também evidencia que na sociologia a questão da secularização foi reduzida ao tema da *natureza da religião* em condições modernas, deixando em segundo plano o tema da *natureza da Modernidade* na sua relação com o religioso. De teoria do moderno (a partir do religioso), a secularização transmutou-se em teoria do religioso (a partir do moderno).

3 A secularização no cenário global: de regra à exceção ou da uniformidade à multiplicidade?

Além da premissa acima identificada, o debate sobre Modernidade e religião parece esconder ainda outro consenso: seja como perda de relevância, seja como privatização, na transição do tradicional para o moderno, as sociedades confluem para o mesmo destino: a secularização. Com o giro cosmopolita hoje vigente nas ciências sociais, tal premissa foi posta sob a suspeita do eurocentrismo: longe de regra, a secularização não passaria, pois, de uma excepcionalidade. Sob esse signo, até mesmo um teórico de incontestável prestígio como Jürgen Habermas descreveu essa nova situação como "pós-secular", entendendo-a como uma nova consciência das sociedades seculares (Habermas, 2007, p. 69):

O que tentamos aqui, adotando o ponto de vista do *observador* sociológico, é responder à pergunta do porquê podemos chamar de "pós-seculares" sociedades amplamente secularizadas. Nessas sociedades, a religião mantém uma relevância pública, ao mesmo tempo em que vai perdendo terreno a certeza secularista de que, no curso de uma modernização acelerada, a religião desaparecerá em escala mundial.

Tal indagação coloca a controvérsia da secularização sob um novo prisma e põe em questão a seguinte pergunta: afinal, a secularização é um fenômeno necessário ou contingente? Dito de outro modo: secularização e Modernidade são fenômenos intrinsecamente relacionados, ou trata-se apenas de uma particularidade histórica da primeira Modernidade (europeia)? Posto nesses termos, o debate sobre a secularização desloca-se do eixo temporal tradição/Modernidade/Pós-Modernidade, no qual se tem movido até agora, para contemplar uma nova dimensão analítica: uma nova díade entra em cena e diz respeito ao ocidental/extraocidental, exigindo um descentramento da análise. Meu pressuposto é que essa nova perspectiva não implica nem defesa incondicional nem a rejeição *in totum* da teoria da secularização (em suas diferentes versões). Na trilha do trabalho de Eisenstadt, uma teoria que assuma o pressuposto de que a secularização é uma condição intrínseca da Modernidade está posta diante do problema de discriminar tanto os elementos de *unidade* quanto de *diferença* ou *variedade* desse fenômeno. Perseguindo essa pista de trabalho, este último tópico tipifica e avalia teoricamente três tentativas que, assumindo esse *global turn*, buscam repensar a temática da secularização sob a ótica de suas variações: (1) a histórico-processualista; (2) a político-construtivista e (3) a sociológico-institucionalista.

3.1 As múltiplas vias da secularização

No debate sobre a secularização, Europa e Estados Unidos alternam o posto de regra ou de exceção (Demerath III, 1998; Torpey, 2010). De qual caso devemos partir para confirmar ou refutar o processo de secularização: do velho ou do novo mundo? A concentração desse debate nas sociedades do quadrante norte do planeta já revela sua limitação geográfica e fragiliza ainda mais a tese da universalidade da secularização. Até agora, as versões heterodoxas da secularização, apesar de mais recentes, são as que têm reagido com maior atraso diante desse desafio. Seja apelando para a ideia de globalização, seja mesmo incorporando a tese das modernidades múltiplas (Casanova, 2011), seus partidários, além de reiterar a necessidade de ampliar o escopo empírico das análises, limitam-se a apregoar a necessidade de renovação teórica, sugerindo não mais que vagas pistas nessa direção.

No campo da versão ortodoxa da secularização, já conhecemos a alegação de que a perda de relevância da religião deve ser concebida como um fenômeno multidimensional, o que permitiria tratar o fenômeno de maneira particularizada, com especial atenção para os diferentes espaços sociais em que ele se manifesta. Os ortodoxos também alegam que são os únicos a levar em conta as variações históricas do processo de secularização. Ciente disso, Gert Pickel (2010) propõe um modelo que denomina de sensível ao contexto. Seguindo essa pista, estudos comparativos buscam identificar semelhanças e diferenças entre contextos históricos na tentativa de isolar os fatores que favorecem ou obstaculizam a secularização (Halikiopoulou, 2012).

Dentre os estudos empíricos que se destacam, Demerath III (2007), por exemplo, propõe-se a entender as diferentes dinâmicas da secularização levando em consideração o contexto político (imperialismo, colonialismo e descolonização), distinguindo ainda entre fatores internos e externos ao processo. Outro trabalho referencial, em se tratando de *padrões de secularização*, vem sendo desenvolvido por David Martin, cuja trajetória, por sinal, é marcada por fortes oscilações. De crítico (Martin, 1965), ele passou a advogar uma teoria geral da secularização (Martin, 1978) para, ao fim, voltar a relativizar essa abordagem (Martin, 2005). Esse trajeto também é marcado pela busca de incorporação de novos casos empíricos ao seu estudo, contemplando a América Latina e a África (Martin, 2002) e, mais recentemente, os países do leste europeu (Martin, 2006). Para ele, a variedade dos processos de secularização está condicionada por dois fatores. O primeiro é de ordem política e diz respeito aos diferentes tipos de relação entre religião e política, aspecto que pode favorecer ou dificultar a dinâmica da secularização. Além dos fatores políticos, Martin também considera a importância dos elementos religiosos em si mesmos, investigando o papel da constelação histórico-confessional de determinada região ou país. A partir desses dois conjuntos de fatores, ele fornece uma descrição tipológica de diferentes modelos de secularização, que denomina assim: latino, americano, escandinavo, estatista de direita e estatista de esquerda. No entanto, se examinarmos sua tipologia com mais cuidado, veremos que, na prática, Martin resume-se a três grandes constelações: a católica, a protestante e a comunista (entendida como religião política).

O trabalho de Martin é ilustrativo quanto ao que estamos chamando aqui de múltiplas *vias* da secularização. O que esse enfoque considera variável é (1) o ponto de partida histórico (religioso e político), (2) o *modus operandi* e o (3) ponto de chegada (que permanece indeterminado, a depender dos fatores em jogo) do processo de secularização. A multiplicidade é entendida como possibilidade de variação em cada uma dessas dimensões, mas a definição do que possa ser a secularização em si mesma permanece uniforme. O modelo enfatiza somente a diferença entre os caminhos (vias) ou dinâmicas que nos conduzem, apesar de tudo, a um único e mesmo resultado, cuja variação, no máximo, é entendida como mais ou menos intenso ou bem-sucedido.

3.2 Múltiplos secularismos

Se, ao consideramos a multiplicidade de vias históricas mediante as quais se desenrola o processo de secularização, ainda nos movemos no interior do paradigma ortodoxo, ao falarmos de "múltiplos secularismos" já estamos em um ambiente epistemológico completamente diferente. A elevação do conceito de *secularismo* ao centro do debate contemporâneo deve-se principalmente aos trabalhos de Talal Asad, autor que desenvolve uma antropologia da religião (Asad, 1993) assumindo pressupostos retirados do construtivismo nietzschiano/foucaultiano (Asad, 2003, p. 16). Combinando o enfoque genealógico e a teoria da governamentalidade, Asad tornou-se um dos autores mais discutidos no campo dos estudos sociais da religião contemporânea.

Na constelação conceitual proposta pelo antropólogo, três são os termos-chave (secularismo, secular e religioso), mas a relação entre eles não é simétrica: de um lado, temos a díade *religião/secular*, oposição que é resultado de uma doutrina política ou ideologia – o *secularismo* – que postula a separação entre instituições políticas (razão pública) e religião (razão privada). Observe-se que o "secular" é o objeto a ser explicado (efeito), operação que nos remete ao "secularismo" como sua causa. Divergindo das clássicas teorias da secularização, Asad não centra sua análise na categoria "religião", considerada por ele uma construção moderna que nada tem de universal, mas no termo *secular*, definido como uma categoria epistêmica. Fundamental no procedimento genealógico de Asad é mostrar que a dissociação secular/religioso é resultado de um terceiro fator. Esse sujeito oculto é desvelado por meio do procedimento desconstrutivo.

Essa opção tem consequências diretas para as análises histórico-empíricas do autor, que, servindo-se da teoria da governamentalidade, têm por escopo mostrar como foi engendrada, no Ocidente, essa construção discursiva. Opondo-se ao otimismo liberal, Asad sustenta que distinção secular/religioso está ligada ao surgimento do Estado-nação e à necessidade de pacificar os conflitos religiosos: trata-se, portanto, de um dispositivo disciplinar (mecanismo de controle) pela qual o poder soberano se impõe. A ideia de Europa (identidade), por sua vez, é fruto da construção do islamismo como o outro oposto à civilização (diferença).

Apesar de incorporar elementos dos estudos pós-coloniais e propor um olhar descentrado sobre o tema do secularismo (e do islamismo), o trabalho de Asad é criticado justamente pela ausência de trabalhos empíricos realizados fora dos limites do Ocidente. Mas isso não impediu que, a partir dos impulsos fornecidos pelo seu trabalho, surgisse uma série de estudos buscando mostrar como, em diferentes contextos históricos, as fronteiras entre secular/religioso foram sendo definidas discursivamente (politicamente). Não é meu propósito aqui resenhar essas pesquisas, mas chamar a atenção para o fato de que elas trouxeram à baila a possibilidade de esquadrinhar *múltiplos secularismos* (Warner; Van Antwerpen; Calhoun, 2010), levando em consideração casos como o da Turquia (Borovali; Boyraz, 2014). Nesse ponto, os trabalhos antropológicos estão na dianteira da sociologia.

Em Asad não é apenas o termo "secularização" que não encontra espaço: o tema, em si mesmo, é completamente dissolvido. A transição processual de uma realidade de predomínio do religioso para um mundo secular é considerada um pseudoproblema, pois essa díade, como vimos, nada mais seria do que reflexo do discurso político. Assim, embora o enfoque dos múltiplos secularismos amplie nossas possibilidades de pensar sobre o registro das relações entre religião e política para além do conceito de laicidade (a versão francesa do secularismo) – conceito excessivamente centrado na dimensão jurídica de regulação do religioso (Portier, 2011) –, o resultado é o estreitamento da problemática sociológica da secularização na direção do político. Como produto final, a teoria dos múltiplos secularismos fornece apenas mais uma sociologia política do Estado laico/secular como fruto de uma construção político-discursiva.

3.3. *Múltiplas secularidades*

Para fugir tanto da ortodoxia paralisante do modelo padrão quanto do reducionismo político-construtivista da teoria da governamentalidade, alguns analistas têm buscado inspiração no modelo das variações da modernidade de Shmuel Eisenstadt, a começar pela sociologia *cultural* das modernidades seculares proposta por Monika Wolhrab-Sahr e Marian Buchardt (2012), cujo objetivo consiste em absorver a discussão sobre secularidades no contexto da teoria das modernidades múltiplas. Tendo em vista essa meta, as autoras introduzem um novo conceito no debate. Para elas, o termo *secularismo* fica reservado (como já em Asad) apenas para a construção ideológica, enquanto a *secularidade* (seu conceito central) é definida como o conjunto de significados culturais que determina a diferença entre espaços religiosos e não religiosos. O que as autoras desejam, portanto, é explicar a ancoragem cultural pela qual são construídos os arranjos que produzem a diferenciação entre a religião e as demais esferas da sociedade. Na visão de Wolhrab-Sahr e Buchardt, o conceito de secularidade seria mais amplo que o de secularismo, pois vai além da relação Estado-sociedade para voltar à relação clássica entre religião e as demais instâncias sociais, ou seja, ao binômio religião/sociedade. Ao mesmo tempo, o modelo preserva de Asad o pressuposto de que tais arranjos são fruto de conflitos políticos. Ademais, Wolhrab-Sahr e Buchardt explicam que a secularidade inclui o aspecto da diferenciação social, diluindo o construtivismo discursivo de matiz foucaltiana. Portanto, com Wolhrab-Sahr e Buchardt, a temática do secularismo é reconectada com o domínio social, reabilitando o lugar das esferas sociais na análise sociológica.

A partir dessas premissas teóricas, as autoras propõem uma tipologia das formas de secularidade que leva em consideração contextos políticos que estariam confrontados com os seguintes problemas: como conciliar (1) liberdade ou unidade social, (2) o grau de heterogeneidade religiosa e seus potenciais conflitivos, (3) integração social/cultural com desenvolvimento ou (4) como garantir a independência política? É a depender das soluções dadas a esses quatro dilemas que podemos identificar quatro padrões de secularidade: (1) secularidade como garantia dos direitos e das liberdades individuais, (2) secularidade como balanceamento e pacificação da diversidade religiosa, (3) secularidade como busca da integração social ou nacional e sua compatibilização com o desenvolvimento e (4) secularidade como busca do desenvolvimento autônomo de esferas sociais específicas.

Ao introduzir as categorias institucionais e as práticas sociais em seu modelo, Wolhrab-Sahr e Buchardt não apenas evitam o reducionismo discursivo, mas também reconduzem o tema da secularidade/laicidade ao seio da sociologia.

Fundamental é o fato de que a diferenciação social, um dos eixos da ideia weberiana de secularização, volta a ocupar o lugar analítico principal. Menos casuística, a tipologia proposta por elas também oferece elementos que nos permitem realizar análises comparativas (generalização), evitando a mera descrição de contextos particulares (ideografia). Porém, mesmo descentrando o lugar do Estado e recuperando o papel das esferas sociais em sua análise, a proposta das múltiplas secularidades não escapa do reducionismo político que tem marcado a atual discussão sobre a relação religião/modernidade. Ainda que inovadora, sua tipologia também é, ao fim e ao cabo, uma sociologia política da secularidade/laicidade, e não uma ampla teoria sociológica da secularização.

Também para Thomas Schwinn a proposta da multiplicidade da modernidade é a referência central, mas ele prefere levá-la a uma direção diferente daquela encontrada em Shmuel Einsenstad, cuja leitura estava centrada nas diferenças culturais (civilizações). Colocando no centro de sua análise a teoria weberiana das esferas de valor, ordens sociais e poderes de vida, Schwinn privilegia a dimensão estrutural da modernidade: religião, economia, política, direito, erotismo, arte e ciência, entre outras, são esferas que se encontram em múltiplas combinações, a depender do contexto histórico-geográfico analisado. São essas combinações que respondem pela variedade de cenários modernos.

Como analista social cuja preocupação central é desenvolver um paradigma de orientação weberiana, é preciso lembrar, contudo, que suas análises extrapolam o campo da sociologia da religião *stricto sensu*, que ele critica abertamente por limitar o tema da secularização à questão da relevância/irrelevância da religião. Propugnando uma visão alternativa, ele entende que o aspecto central da teoria weberiana da secularização não é a hipótese da persistência ou não da crença, mas sua permanente *tensão* com as demais esferas autonomizadas da modernidade (princípio de unidade), tese que já encontramos em Wolfgang Schluchter. Não se trata, pois, de uma escolha binária entre dois cenários (diferenciação/moderno *vs.* desdiferenciação/não moderno), mas de considerar as múltiplas possibilidades que, em diversos cenários sociais concretos (constelações sociais), existem entre religião e as demais esferas do mundo social (princípio da diversidade). É a partir dessa plataforma *institucional* que seria possível comparar as variedades regionais nas quais as fronteiras, combinações e oposições entre a esfera da religião e as demais esferas sociais são moldadas. Portanto, sem deixar de ser uma sociologia do conflito, Schwinn consegue ir além do policitismo e do culturalismo que ainda encontramos no modelo de Wahlrab-Sahr e Buchardt. Ele restabelece a pluralidade (sem dominância) das lógicas sociais, sem aderir aos vínculos de uma teoria da modernização.

4 Secularização, unidade e diversidade

Em Max Weber, o deslocamento da religião do centro para a periferia da ordem social é elemento constitutivo da condição moderna (princípio de unidade). Ao mesmo tempo, tal temática foi analisada por ele a partir de diversos ângulos, incluindo tanto a perspectiva histórica quanto a estrutural (princípio de diversidade). No campo da sociologia da religião, o debate em torno da relevância ou irrelevância da religião no mundo moderno representa *uma* importante linha de desenvolvimento da pesquisa de Weber, ainda que não a esgote completamente. No entanto, atualmente tal querela é censurada por assumir inadvertidamente os pressupostos da teoria da modernização, acirrando ainda mais as críticas ao conceito. Defrontando-se com essa crítica, o presente capítulo buscou desvincular a discussão sobre a secularização da dualidade tradição/modernidade para situá-la no horizonte da díade unidade/multiplicidade (proposta por Shmuel Eisenstadt), evitando assim a armadilha da convergência. A partir desse exercício, assim entendemos, abre-se a possibilidade de contemplar a(s) variedade(s) da secularização segundo registros plurais, incluindo suas variações históricas, arranjos políticos, cenários culturais e configurações socioinstitucionais. Lida dessa forma, a teoria da secularização de orientação weberiana apresenta-se ainda como um instrumento válido não só para a análise da pluralidade do religioso em condições modernas, mas também como recurso analítico relevante para determinar tanto os elementos de unidade quanto de multiplicidade da própria modernidade. Sociologia da religião e teoria social recuperam, assim, seu laço intrínseco.

Permanece como desafio, contudo, determinar qual o núcleo duro do conceito *weberiano* de secularização sem incorrer em reducionismos que essencializam o histórico, o político, o cultural e o institucional. No presente momento, o *global turn* que impulsiona as ciências sociais vem acompanhado de um forte *political turn*, enfraquecendo um olhar *sociológico* multidimensional que se situe para além da alternativa do monismo ou da fragmentação. Nesse contexto, a retomada do conceito de secularização precisa contemplar a variável laicidade ou secularismo como uma das suas dimensões, mas sem se reduzir a elas. Da mesma forma, um conceito de secularização capaz de responder aos desafios da pluralização das experiências do moderno não pode reduzir-se apenas ao elemento institucional (autonomia e conflito entre as esferas de valor), sem deixar de considerar a individualização crescente das práticas religiosas (no sentido positivo dado à noção por Charles Taylor). Numa releitura crítico/criativa da tese de secularização, Weber pode nos ajudar a enfrentar essas preocupações.

Referências

ACQUAVIVA, Sabino; STELLA, Renato. *Fine di un'ideologia*: la secolarizzazione. Roma: Borla, 1989.

ALVES, José E. D. Transição religiosa – católicos abaixo de 50% até 2022 e abaixo do percentual de evangélicos até 2032. *Revista IHU On-Line*, São Leopoldo, 6 dez. 2018. Disponível em: https://www.ihu.unisinos.br/categorias/188-noticias-2018/585245-transicao-religiosa-catolicos-abaixo-de-50-ate-2022-e-abaixo-do-percentual-de-evangelicos-ate-2032. Acesso em: 17 maio 2024.

ALVES, José E. D.; CAVENAGHI, Suzana M.; BARROS, Luís F. W.; CARVALHO, Angelita A. Distribuição espacial da transição religiosa no Brasil. *Tempo Social*, São Paulo, v. 29, n. 2, p. 215-242, 2017.

ASAD, Talal. *Genealogies of Religion*. Discipline and Reasons of Power in Christianity and Islam. Baltimore: Johns Hopkins University, 1993.

ASAD, Talal. *Formations of the Secular*: Christianity, Islam, Modernity. Stanford: Stanford University, 2003.

BELL, Daniel. The Return of the Sacred? *British Journal of Sociology*, London, v. 28, n. 4, p. 419-449, 1977.

BELLAH, Robert. *The Broken Covenant*: American Civil Religion in Time of Trial. New York: Seabury, 1975.

BERGER, Peter. *The Sacred Canopy*: Elements of a Sociological Theory of Religion. New York: Anchor Doubleday, 1967.

BERGER, Peter. The Desecularization of the World: A Global Overview. *In*: Idem (ed.). *The Desecularization of the World*: Resurgent Religion and World Politics. Washington: The Ethics and Public Policy Center, 1999.

BERZANO, Luigi. *Differenziazione e religione negli anni Ottanta*. Turim: G. Giappechelli, 1990.

BLUMENBERG, Hans. *Die Legitimität der Neuzeit*. Frankfurt am Main: Suhrkamp, 1966.

BOROVALI, Murat; BOYRAZ, Cemil. Turkish Secularism and Islam: A Difficult Dialogue with the Alevis. *Philosophy & Social Criticism*, London, v. 40, n. 4-5, p. 479-488, 2014.

BORUTTA, Manuel. *Antikatholizismus*: Deutschland und Italien im Zeitalter der europaischen Kulturkämpfe. Göttingen: Vandenhoeck & Ruprecht, 2010.

BRUCE, Steve. (ed.) *Religion and Modernization*: Sociologists and Historians Debate the Secularization Thesis. Oxford: Clarendon, 1992.

BRUCE, Steve. *A House Divided*: Protestantism, Schism and Secularization. London: Routledge, 1990.

BRUCE, Steve. *God is Dead*: Secularization in the West. Oxford: Blackwell, 2002.

BRUCE, Steve. *Religion in the Modern World*. Oxford: Oxford University, 1996.

BRUCE, Steve. *Secularization*: In Defence of an Unfashionable Theory. Oxford: Oxford University, 2011.

CARROLL, Anthony. The Importance of Protestantism in Max Weber's Theory of Secularisation. *European Journal of Sociology*, Cambridge (UK), v. 50, n. 1, p. 61-95, 2009.

CASANOVA, José. *Public Religions in the Modern World*. Chicago: University of Chicago, 1994.

CASANOVA, José. Secularization Revisited: A Reply to Talal Asad. *In*: SCOTT, David; HISCHKING, Charles. (eds.). *Powers of the Secular Modern*: Talal Asad and His Interlocutors. Stanford: Stanford University, 2006.

CASANOVA, José. Cosmopolitanism, the Clash of Civilizations and Multiple Modernities. *Current Sociology*, London, v. 59, n. 2, p. 252-267, 2011.

CHAVES, Mark. Secularization as Declining Religious Authority. *Social Forces*, London, v. 72, n. 3, p. 749-774, 1994.

CHRISTIANO, Kevin; SWATOS JR., William. Secularisation Theory: The Course of a Concept. *Sociology of Religion*, London, v. 60, n. 3, p. 209-228, 1999.

DAVIE, Grace. *Europe*: The Exceptional Case: Parameters of Faith in the Modern World. London: Orbis, 2002.

DAVIE, Grace. *Religion in Britain Since 1945*: Believing Without Belonging. Oxford: Blackwell, 1994.

DEMERATH III, Nicolas J. Excepting Exceptionalism: American Religion in Comparative Relief. *Annals of the American Academy of Political and Social Science*, v. 558, n. 1, p. 28-39, 1998.

DEMERATH III, Nicolas J. Secularization and Sacralization. *In*: BECKFORD, James A.; DEMERATH III, Nicolas J. (eds.). *The Sage Handbook of the Sociology of Religion*. London: Sage, 2007.

DOBBELAERE, Karel. *Secularization*: A Multi-Dimensional Concept. London: Sage, 1981.

DOMINGUES, José M. *Modernidade global e civilização contemporânea*: para a renovação da teoria crítica. Belo Horizonte: UFMG, 2013.

DUTRA, Roberto. A universalidade da condição secular. *Religião e Sociedade*, Rio de Janeiro, v. 36, n. 1, p. 151-174, 2016.

EISENSTADT, Shmuel. N. 2000. Multiple modernities. *Daedalus*, v. 129, n. 1, p. 1-29, 2000.

GANGULY, Sumit. The Crisis of Indian Secularism. *Journal of Democracy*, Washington, v. 14, n. 4, 11-25, 2003.

GAUCHET, Marcel. *Le désenchantement du monde*. Une histoire politique de la religion. Paris: Gallimard, 1985.

GORSKI, Philip. Historicizing the Secularization Debate: Church, State, and Society in Late Medieval and Early Modern Europe. *American Sociological Review*, Washington, v. 65, n. 1, p. 138-167, 2000.

GORSKI, Philip. Historizing the Secularisation Debage: An Agenda for Research. *In*: DILLON, Michele. (ed.). *Handbook of the Sociology of Religion*. Cambridge (UK): Cambridge University, 2003.

GRAF, Friedrich W. *Die Wiederkehr der Götter*: Religion in der modernen Kultur. München: Beck, 2004.

HABERMAS, Jürgen. *Entre naturalismo e religião*: estudos filosóficos. Rio de Janeiro: Tempo Brasileiro, 2007.

HADDEN, J. K. 1987. Toward Desacralizing Secularization Theory. *Social Forces*, London, v. 65, n. 3, p. 587-611, 1987.

HALIKIOPOULOU, Daphne. Patterns of Secularization: Church, State and Nation in Greece and the Republic of Ireland. *Contemporary Sociology*, London, v. 41, n. 3, p. 385-385, 2012.

HERVIEU-LÉGER, Danièle. *Vers un nouveau christianisme?* Introduction à la sociologie du christianisme occidental. Paris: Latour-Marbourg, 1986.

HÉRVIEU-LÉGER, Danièle. *La religion pour memoire*. Paris: Cerf, 1993.

HERVIÉU-LÉGER, Danièle. *Le pèlerin et le converti*: la religion en mouvement. Paris: Flammarion, 1999.

HUGHEI, Michael. The Idea of Secularisation in the Works of Max Weber: A Theoretical Outline. *Qualitative Sociology*, v. 2, n. 1, p. 85-111, 1979.

JELLINECK, Georg. Die Erklärung der Menschen- und Bürgerrechte. *In*: SCHNUR, Roman. (ed.). *Zur Geschichte der Erklärung der Menschenrechte*. Darmstadt: Wissenschaftliche Buchgesellschaft, 1895.

JOAS, Hans. *Glaube als Option*. Freiburg: Herder, 2012.

KEPEL, Gilles. *La revanche de Dieu*: chrétiens, juifs et musmulmans à la reconquête du monde. Paris: Seuil, 1991.

KOSCHORKE, Albrecht. Säkularisierung und Wiederkehr der Religion: zu zwei Narrativen der europäischen Moderne. *In*: WILLEMS, Ulrich; POLLACK, Detlef; BASU, Helene; GUTMAN, Thomas; SPOHN, Ulrike. (eds.). *Moderne und Religion*. Kontroversen um Modernität und Säkularisierung. Berlin: W. Gruyter, 2013.

LEHMANN, Hartmut. *Säkularisierung*. Der europäische Sonderweg in Sache Religion. Göttingen: Wallstein, 2004.

LÖWITH, Karl. *Weltegeschichte und Heilsgeschehen*. Die theologischen Voraussezungen der Geschitsphilosophie. Stuttgart: Kohlhammer, 1953.

LÜBBE, Hermann. *Säkularisierung*: Geschichte eines ideenpolitischen Begriffs. München: K. Alber, 1965.

LUCKMANN, Thomas. *The Invisible Religion*: The Transformation of Symbols in Industrial Society. London: Collier-Macmillan, 1967.

LUHMANN, Niklas. *Die Religion der Gesellschaft*. Frankfurt: Suhrkampf, 2002.

MARIANO, Ricardo. Sociologia da religião e seu foco na secularização. *In*: PASSOS, João D.; USARSKI, Frank. (orgs.). *Compêndio de ciência da religião*. São Paulo: Paulinas, 2013.

MARRAMAO, Giacomo. *Die Säkularisierung der westlichen Welt*. Frankfurt am Main: Insel, 1999.

MARTELLI, Stefano. *A religião na sociedade pós-moderna*: entre secularização e dessecularização. São Paulo: Paulinas, 1995.

MARTIN, David. Towards Eliminating the Concept of Secularisation. *In*: GOULD, Jay. (ed.). *Penguin Survey of the Social Sciences*. Baltimore: Penguin, 1965.

MARTIN, David. *A General Theory of Secularization*. Oxford: Blackwell, 1978.

MARTIN, David. *Tongues of Fire*: the Explosion of Protestantism in Latin America. Oxford: Blackwell, 1990.

MARTIN, David. *Pentecostalism*: The World Their Parish. Malden: Blackwell, 2002.

MARTIN, David. *On Secularization*: Toward a Revised General Theory. Burlington: Ashgate, 2005.

MARTIN, David. Comparative Secularisation Norh and South. *In*: FRANZMAN, Mannuel; GÄRTNER, Christel; KÖCK, Nichola. (eds.). *Religiosität in der säkularisierten Welt*. Göttingen: VS Verlag, 2006.

MONOD, Jean-Claude. *La querelle de la sécularization*: de Hegel à Blumenberg. Paris: Vrin, 2002.

MONTERO, Paula. Religiões e dilemas da sociedade brasileira. *In*: MICELI, Sérgio. (org.). *O que ler na ciência social brasileira* (1970-1995). V. II: sociologia. São Paulo: Associação Nacional de Pós-Graduação e Pesquisa em Ciências Sociais, 1999.

MONTERO, Paula. Max Weber e os dilemas da secularização: o lugar da religião no mundo contemporâneo. *Novos Estudos*, São Paulo, v. 65, p. 34-44, 2003.

MONTERO, Paula. Controvérsias religiosas e esfera pública: repensando as religiões como discurso. *Religião e Sociedade*, Rio de Janeiro, v. 32, n. 1, p. 15-30, 2012.

MOUZELIS, Nicos. Modernity and the Secularization Debate. *Sociology*, London, v. 46, n. 2, p. 207-223, 2012.

NEGRÃO, Lísias Nogueira. Nem "jardim encantado", nem "clube dos intelectuais desencantados". *Revista Brasileira de Ciências Sociais*, São Paulo, v. 20, n. 59, p. 23-36, 2005.

NORRIS, Pippa; INGLEHART, Ronald. *Sacred and Secular*: Religion and Politics Worldwide. New York: Cambridge University, 2004.

ORTIZ, Renato. *Mundialização*: saberes e crenças. São Paulo: Brasiliense, 2006.

PICKEL, Gert. Säkularisierung, Individualisierung oder Marktmodell? *Kölner Zeitschrift für Soziologie und Sozialpsychologie*, v. 62, n. 2, p. 219-245, 2010.

PIERUCCI, Antonio F. Interesses religiosos dos sociólogos da religião. *In*: ORO, Ari P.; STEIL, Carlos A. (orgs.). *Globalização e religião*. Petrópolis: Vozes, 1997a.

PIERUCCI, Antonio F. A propósito do auto-engano em sociologia da religião. *Novos Estudos*, São Paulo, n. 49, p. 99-118, 1997b.

PIERUCCI, Antonio F. Secularização em Max Weber: da contemporânea serventia de voltarmos a acessar aquele velho sentido. *Revista Brasileira de Ciências Sociais*, São Paulo, v. 13, n. 37, p. 43-73, 1998.

PIERUCCI, Antonio F. Sociologia da religião: área impuramente acadêmica. *In*: MICELI, Sérgio. (org.). *O que ler na ciência social brasileira* (1970-1995). v. I: antropologia. São Paulo: Associação Nacional de Pós-Graduação e Pesquisa em Ciências Sociais, 1999.

PIERUCCI, Antônio F. *O desencantamento do mundo*: todos os passos do conceito em Max Weber. São Paulo: ed. 34, 2003.

POLLACK, Detlef. *Säkularisierung*: ein moderner Mythos? Tübingen: Mohr Siebeck, 2012.

POLLACK, Detlef; MÜLLER, Olaf; PICKEL, Gert. (eds.). *The Social Significance of in the Enlarged Europe*: Secularization, Individualization and Pluralization. Aldershot: Ashgate, 2012.

POMPA, Cristina. Introdução ao dossiê "Religião e espaço público": repensando conceitos e contextos. *Religião e Sociedade*, Rio de Janeiro, v. 32, n. 1, p. 157-166, 2012.

PORTIER, Philipe. A regulação estatal da crença nos países da Europa Ocidental. *Religião e Sociedade*, Rio de Janeiro, v. 31, n. 2, p. 11-28, 2011.

RIESEBRODT, Martin. *Die Rüccker der Religionen*. Fundamentalismus und der 'Kampf der Kulturen'. München: C. H. Beck, 2000.

RIESEBRODT, Martin. Religiöse Vergemeinschaftungen. *In*: KIPPENBERG, Hans G.; RIESEBRODT, Martin. (eds.). *Meine, Religionsystematik'*. Tübingen: Mohr Siebeck, 2001.

SCHLUCHTER, Wolfgang. *Die Zukunft einer Religion*. Religion und Lebensführung. v. II. Frankfurt am Main: Suhrkamp Verlag, 1988.

SCHWINN, Thomas. Zur Neubestimmung des Verhältnisses von Religion und Moderne. Säkularisierung, Differenzierung und multiplen Modernitäten. *Kölner Zeitschrift für Soziologie und Sozialpsychologie*, n. 53, p. 73-98, 2013.

SELL, Carlos E. *Max Weber e a racionalização da vida*. Petrópolis: Vozes, 2013.

SELL, Carlos E. Weber no século XXI: desafios e dilemas de um paradigma weberiano. *Dados*, Rio de Janeiro, v. 57, n. 1, p. 35-71, 2014.

SELL, Carlos E. A secularização como sociologia do moderno: Max Weber, a religião e o Brasil no contexto global. *Revista Brasileira de Ciências Sociais*, São Paulo, v. 3, n. 6, p. 11-46, 2015.

SHINER, L. The Concept of Secularization in Empirical Research. *Journal for the Scientific Study of Religion*, v. 6, n. 2, p. 207-220, 1967.

SOUZA, Jessé. *Max Weber e a singularidade da cultura ocidental*. A modernização seletiva: uma reiinterpretação do dilema brasileiro. Brasília: UnB, 2000.

STARK, Rodney. Secularization, R.I.P. *Sociology of Religion*, Oxford, v. 60, n. 3, p. 249-273, 1999.

TAVOLARO, Sérgio B. F. Existe uma modernidade brasileira? Reflexões em torno de um dilema sociológico brasileiro. *Revista Brasileira de Ciências Sociais*, São Paulo, v. 20, n. 59, p. 5-22, 2005.

TAYLOR, Charles. *A Secular Age*. Cambridge (USA): Harvard University, 2007.

TEIXEIRA, Faustino; MENEZES, Renata. (orgs.). *As religiões no Brasil*: continuidades e rupturas. Petrópolis: Vozes, 2006.

TEIXEIRA, Faustino; MENEZES, Renata. (orgs.). *Religiões em movimento*. Petrópolis: Vozes, 2013.

TORPEY, John. A Post Secular Age? Religion and the Two Excepcionalisms. *Social Research*, Baltimore, v. 77, n. 1, p. 269-296, 2010.

TSCHANNEN, Oliver. The Secularization Paradigm: A Systematization. *Journal for the Scientific Study of Religion*, v. 30, n. 4, p. 395-415, 1991.

VELHO, Otávio. O que a religião pode fazer pelas ciências sociais? *Religião e Sociedade*, Rio de Janeiro, v. 19, n. 1, p. 9-17, 1998.

WALLIS, Roy; BRUCE, Steve. Secularization: The Orthodox Model. *In*: BRUCE, Steve. (ed.). *Religion and Modernization*: Sociologists and Historians Debate the Secularization Thesis. Oxford: Oxford University, 1992.

WARNER, Michael; VAN ANTWERPEN, Jonathan; CALHOUN, Craig. (eds.). Varieties of Secularism in a Secular Age. Cambridge (USA): Harvard University, 2010.

WEBER, Max. *Die protestantischen Sekten und der Geist des Kapitalismus*. Gesammelte Aufsätze zur Religionsoziologie. Tübingen: Mohr Siebeck, 1988.

WEBER, Max. Zwischenbetrachtung. Die Wirtschaftsethik der Weltreligionen. Konfuzianismus und Puritanismus (Schriften 1915-1920). *In*: SCHMIDT-GLINZER, Helwig; KOLONKO, Petra. (eds.). *Max Weber Gesamtausgabe*. V. I/19. Tübingen: Mohr Siebeck, 1989.

WEISS, Raquel. O sagrado e a moralidade laica na teoria moral durkheimiana. *Revista Pós Ciências Sociais*, São Luís, v. 10, n. 19, p. 47-68, 2013.

WILSON, Bryan. *Religion in Secular Society*. London: Watts, 1966.

WILSON, Bryan. *Religion in Sociological Perspective*. Oxford: Oxford University, 1982.

WILSON, Bryan. Secularization. *In*: HAMMOND, P. E. (ed.). *The Sacred in A Secular Age*. Berkeley: University of California, 1985.

WOHLRAB-SAHR, Monika; BUCHARDT, Marian. Multiples Secularities: Toward A Cultural Sociology of Secular Modernities. *Comparative Sociology*, v. 11, n. 6, p. 875-909, 2012.

YAMANE, David. Secularization on Trial: In Defense of a Neo-Secularization Paradigm. *Journal for the Scientific Study of Religion*, v. 36, n. 1, p. 109-122, 1997.

ZEPEDA, José J. Secularização ou ressacralização? O debate sociológico contemporâneo sobre a teoria da secularização. *Revista Brasileira de Ciências Sociais*, São Paulo, v. 25, n. 73, p. 129-141, 2010.

Capítulo 2
O catolicismo segundo Max Weber

Constitui fato notável que em Max Weber, justamente um dos fundadores da sociologia no qual a religião ocupa o papel mais destacado, não encontremos uma obra dedicada exclusivamente ao catolicismo. Um dos motivos para essa lacuna é conhecido e apresentado pelo próprio autor. Ao buscar ampliar seus estudos para além da esfera protestante, seus planos deslocaram-se do interesse pela sua história pregressa para suas versões não cristãs (ou extraocidentais). Em parte, isso se deve ao fato de que esse trabalho histórico já havia sido feito, com notável maestria, pelo seu colega Ernst Troeltsch, que "liquidou muitas questões que ainda me tocava discutir e o fez de uma forma que eu, não sendo teólogo, não teria sido capaz de fazer" (Weber, 2004, p. 276). Mas isso não significa que tal projeto tivesse sido simplesmente abandonado. Encontramos uma clara confirmação desse dado no esboço que ele apresentou ao seu projeto de pesquisa comparada das religiões universais que, além dos três volumes que hoje conhecemos, deveria contemplar ainda um estudo sobre o islamismo e outro sobre o cristianismo[15]. Planos à parte, o fato é que o estado final dos escritos legados por Weber concentra-se primordialmente na conexão entre o judaísmo antigo e o protestantismo ascético (Schluchter; Graf, 2005) e deixa praticamente de fora todo o período no intervalo desses universos religiosos: um tratado específico apenas sobre o catolicismo acabou nunca sendo escrito.

Dessa lacuna não devemos concluir que um trabalho de reconstrução sistemático-exegética impossibilite traçar as linhas de uma sociologia weberiana do catolicismo. As referências de Weber à Igreja Católica e à sua história são fartas e fornecem material de sobra para essa tarefa, a começar pelo seu estudo seminal, depois reunido sob o nome de *A ética protestante e o "espírito" do capitalismo*, redi-

---

15. Trata-se do escrito intitulado "Neuiegkeiten aus dem Verlag von J.C.B. Mohr (Paul Siebeck) und der H. Lappp'schen Buchhandlung" ("Novidades da Editora de J. C. B. Mohr (Paul Siebeck) e da Livraria de H. Lappp'schen") (Weber, 2008, p. 382-383).

gido em 1904 e 1905 e depois revisado em 1920, escrito sobre o qual se concentra este capítulo[16]. A partir desse texto, pretende-se aprofundar a discussão sobre o lugar do catolicismo na teoria weberiana, tema em regra considerado secundário em seu pensamento (Stark, 1968; Zöller, 1996). Por essa razão, há que se precaver, logo de início, do *signo negativo* em que, geralmente, a questão é colocada. O tema do catolicismo, em Weber, não pode ser compreendido como se ele representasse um pseudoevento, ou seja, como se, em comparação com o protestantismo, essa vertente do cristianismo significasse apenas um entrave em relação à formação do mundo moderno. A sociologia weberiana do catolicismo não se elucida sob a mera perspectiva da interdição ou do déficit e não pode ser reduzida à oposição entre catolicismo e modernidade, impondo-nos a tarefa de indagar analiticamente pela sua positividade.

Por outro lado, a busca de uma abordagem *substantiva* e *positiva* do catolicismo não nos deve levar à conclusão, não menos errônea, de que tal denominação é tratada explicitamente e em primeiro plano na *Ética protestante*. Nesse escrito, o foco da análise weberiana está na distinção entre protestantismo *luterano* e protestantismo *ascético*, e não na ruptura do bloco protestante em relação ao catolicismo. Esta última denominação ocupa um lugar subsidiário no argumento e é mencionada de modo transversal, sem ligação direta com o problema analítico da investigação. Trata-se de um equívoco comum, mas o fato é que ler a *Ética protestante* como se estivéssemos lidando com duas teses interligadas – consistindo a primeira na tese afirmativa de que a ética reformada representou um aporte positivo para a conduta capitalista e a segunda na tese negativa de que o catolicismo representou uma barreira para ela – não representa o conteúdo desse escrito. Nesse texto, a pesquisa de Weber não é comparativa e é apenas em relação ao protestantismo *pós*-luterano que ele investiga os influxos da moral religiosa sobre a disposição econômica moderna.

Tendo esse cuidado em mente, este texto procura resgatar a visão que, a despeito das restrições do escopo da análise de Weber, a *Ética protestante* pode

---

16. Por esse motivo, evitarei ao máximo recorrer a outros escritos, dado que neles sua compreensão do catolicismo possui novas conotações. Não obstante, farei remissões importantes às suas *Anticríticas* (Weber, 2014) por entender que elas estão intimamente vinculadas aos artigos da *Ética protestante*, pois seu propósito consiste exatamente em esclarecer os argumentos desse escrito. Apenas quando imprescindível ao presente argumento é que textos subsequentes serão utilizados (em especial a partir do capítulo de sociologia da religião de *Economia e sociedade*).

oferecer-nos do catolicismo. Na primeira parte do capítulo, exploram-se alguns elementos biográficos e contextuais que lançam luzes sobre a perspectiva da qual Weber aproximou-se de tal temática. A segunda parte revisa os capítulos da *Ética protestante* e busca reconstruir, em seu conteúdo, as diferentes formas como o catolicismo é retratado nessa obra. Mais do que uma análise textual meramente descritiva, o objetivo é reunir elementos que nos permitam caracterizar teoricamente, ou seja, tipificar sociologicamente a visão weberiana do catolicismo. Na terceira parte, troca-se esse aporte sincrônico por um enfoque diacrônico que indaga sobre os vínculos genéticos que Weber estabeleceu entre o catolicismo e os processos estruturantes da Modernidade ocidental.

1 Uma visão protestante?

A influência de pressupostos e fontes teológicas protestantes sobre a produção teórica de Max Weber é tema bastante explorado na literatura secundária (Lehmann, 1987; 1996; Tyrell, 1990), mas ela pouco discutiu o modo como a condição cultural protestante (*Kulturprotestantismus*) incide sobre a compreensão weberiana do catolicismo. Além disso, admitir que o horizonte cultural protestante é fundamental não significa que ele deva ser tomado como filtro exclusivo e intransponível a partir do qual Weber aproxima-se do catolicismo enquanto objeto de interesse. Indo além desse dado, investigamos até que ponto suas experiências pessoais em Roma forneceram-lhes novos horizontes a partir dos quais o catolicismo reflete-se em seu pensamento.

Falar da incidência do horizonte religioso protestante no pensamento de Weber não significa, de modo nenhum, assumir a hipótese de que o olhar weberiano seja religiosamente motivado. Já está excluída da literatura secundária a tese de que a sociologia weberiana é algum tipo de engajamento religioso pró-protestante ou apologética anticatólica (como sustentam, equivocadamente, Mette [1980] e Biley [1990]). E, embora a questão ainda esteja em aberto, podemos reconhecer pelo menos três instâncias nas quais a inserção de Weber na cultura religiosa protestante é constitutiva do seu pensamento (Riesebrodt, 2012). O primeiro desses planos é *existencial* e diz respeito ao fato de que seu afastamento dos deveres profissionais constituía para ele uma fonte de angústia. Essa indagação existencial levou-o a refletir sobre as origens e o valor moral do trabalho profissional, vistos por ele como elementos diretamente ligados a fontes religiosas. O segundo horizonte é *político-normativo* e, nesse caso, longe de ser um fervoroso defensor do luteranismo, Weber lamentou sua influência retrógrada na sociedade alemã[17]. É somente nos puritanismos inglês, holandês e norte-americano que ele enxergava as influências progressistas da cultura protestante: mais do que pró-germânico, Weber era, em verdade, um eminente anglofílico (Roth, 1987). O terceiro nível é propriamente *epistemológico* e, nesse caso, seu estudo sobre as crenças religiosas faz parte de um projeto que indaga, em última instância, sobre a forma como "as 'imagens de mundo', que são criadas pelas 'ideias', determinam, com grande frequência, como manobreiros [*Weichensteller*], os trilhos [*Bahnen*] em que a ação vê-se movida pela dinâmica dos interesses" (Weber, 1989, p. 101). Sendo essa a tríplice plataforma pela qual podemos reconhecer a influência do protestantismo em seu pensamento, resta-nos indagar então de que modo ele refrata-se também em sua percepção do catolicismo. Para responder a essa pergunta, consideremos cada fator pela sua ordem inversa.

O plano no qual a influência protestante – em comparação com a católica – parece ter sido mais forte e decisiva para Weber situa-se no *plano epistemológico*. Como já assinalado, diversos estudiosos (Graf, 1987) ressaltaram como a literatura teológica protestante que Weber manuseou foi fundamental para a estruturação dos argumentos da *Ética protestante*. Ainda que suas fontes sejam bastante diversificadas, em se tratando de catolicismo, dois autores da teologia liberal serão referências teológicas decisivas: Mathias Schneckenburger e Albert Ritschl[18]. Enquanto o primeiro serve a Weber para estabelecer a diferença entre

---

17. Há uma correspondência de Weber que expressa muito bem as suas reservas: "Quanto mais valorizo Lutero, tanto mais o luter*anismo* é para mim, não o posso negar, a mais terrível de suas manifestações *históricas*. Mesmo na sua forma ideal, na qual se colocam suas esperanças para o desenvolvimento futuro, ele é, para mim, ou *para nós alemães*, uma criação da qual não estou absolutamente seguro quanta força para a conformação da vida pode partir dele. O fato de que nossa nação jamais frequentou a árdua escola do ascetismo, em *nenhuma* forma é, por outro lado, a fonte daquilo que nele (como em mim mesmo) eu acho detestável" (Carta a Adolf Harnack, de 5/2/1906 (Weber, 1990, p. 32)).

18. Os mais importantes são Max Scheibe, Mathias Schneckenburger, Gustav Hoennicke e Albrecht Ritschl. Posteriormente, Rudolf Sohm, ao analisar a estruturação da Igreja Católica a partir do movimento jesuânico, forneceu a Weber a chave decisiva para sua teoria da dominação carismática. Para ambos, a Igreja Católica era a organização social na qual a transição do movimento carismático para sua administração burocrática (rotinização) foi resolvida com a maior eficiência. Mas, embora trate-se de um autor vital para compreender o modo como Weber definiu analiticamente o catolicismo sob o aspecto político, sua ressonância na obra weberiana é posterior à redação da *Ética protestante*, razão pela qual ele fica fora da presente análise.

luteranismo e calvinismo, é Ritschl que está na base do corte que Weber estabelece entre o catolicismo e o luteranismo, de um lado, e o conjunto puritano, de outro. Assumindo claramente um ponto de vista luterano, Ritschl argumentava que o puritanismo não significava uma ruptura, mas uma retomada da lógica católica. Para ele, o ponto de ligação entre essas duas tendências estava na ascese praticada pelos monges católicos e depois generalizada pelo puritanismo para todo o conjunto dos leigos. Nessa grade, o puritanismo representava, ao contrário, um afastamento da Reforma. Weber, naturalmente, não assumiu acriticamente nem sem alterações esse ponto de vista[19], mas é a partir dessa distinção que a lógica argumentativa da *Ética protestante* ganha sentido. É a assunção dessa plataforma que explica porque a *Ética protestante* não está organizada em torno da distinção radical entre catolicismo e protestantismo, mas da confrontação entre duas formas distintas do protestantismo e do papel que a ascese vai desempenhar em cada uma dessas tendências. Nesse quesito, a teologia protestante é de fato o horizonte hermenêutico decisivo da abordagem intelectual de Weber sobre o catolicismo (pelo menos no que tange à *Ética protestante*).

Se até aí reside razoável consenso, quando vamos ao plano *normativo*, a questão é de franco desacordo. O ponto de disputa consiste em como avaliar os reflexos do *Kulturkampf* (que opôs o regime de Bismarck e a *intelligentzia* protestante ao Partido Católico de Centro, representante do ultramontanismo) sobre a percepção weberiana do catolicismo (Tyrell, 1995). Em que medida a visão e a obra de Weber são afetadas pela postura anticatólica das forças políticas liberal-protestantes? Borutta (2010) não tem dúvida em sustentar que a análise weberiana da secularização é uma tradução direta dessa posição. O lugar em que esse reflexo ficaria mais evidente seria o tratamento crítico que Weber dá ao influxo polonês no leste da Alemanha. Para esse intérprete, Weber compartilha da tese de que o catolicismo é uma espécie de enclave antimoderno na sociedade alemã. Essa oposição política não seria sem conseqüências para o nível analítico e determina a oposição weberiana entre catolicismo e modernidade que seria constitutiva de

---

19. Weber expressou-se de maneira muito positiva em relação a Schneckenburger: "No belo ciclo de palestras de Schneckenburger essas diferenças são analisadas objetivamente, com tamanha sutileza e tamanha isenção de qualquer juízo de valor que as breves observações que vêm a seguir vão simplesmente retomar sua exposição" (Weber, 2004, p. 102). Quanto a Ritschl, o juízo será mais duro: "A obra fundamental de Ritschl [...] mostra na carregada mistura que fez de exposição histórica e juízos de valor a pronunciada peculiaridade do autor, a qual, apesar de toda a grandeza e rigor intelectual, nem sempre confere ao leitor a plena certeza de sua 'objetividade'" (Weber, 2004, p. 203).

toda a sua análise. Mas há quem conteste de frente essa hipótese de leitura. Na visão de Hartmann Tyrell (2003), a sociologia weberiana, ao contrário da durkheimiana, não se constrói em função de um projeto político explicitamente assumido de substituição (*Ersatz*) da moral religiosa pela moral laica (Tyrell, 2011). Ele insiste no fato de que Weber produz suas obras depois do auge do *Kulturkampf* e o fato de ele tratar a religião como uma esfera autônoma (*Eingengesetzlichkeit*) em relação às demais seria o indicador teórico de que os conflitos políticos entre Estado e catolicismo não são determinantes nem na estruturação epistemológica nem na avaliação política que Weber faz dessa vertente do cristianismo.

Se nesse ponto a questão é controversa, há pelo menos um ponto no qual a literatura recente enxerga uma forte influência católica no processo de constituição de sua obra e na própria percepção que Weber tem do catolicismo. Tal influência está relacionada com o estágio vivido por Weber em Roma, em particular entre março de 1901 e outubro de 1903 (ainda no seu período de recuperação)[20]. O que essa literatura faz é indagar de que modo a oportunidade de observar diretamente o centro dirigente da organização católica global deixou marcas em sua percepção e em sua compreensão dessa vertente religiosa. Em *termos cognitivos*, qual o impacto do catolicismo de Pio IX e Leão XIII, logo depois da unificação italiana e do Concílio Vaticano I e da proclamação do dogma da infalibilidade papal, sobre o intelectual vindo da protestante região de Baden-Würtenberg? Em que medida tais experiências impactaram e alteraram a visão que Weber já carregava do catolicismo?

Diante dessa indagação, Dirk Käsler (2012) chega mesmo a defender a tese de que tal experiência tenha sido mais importante para a gênese do argumento da *Ética protestante* do que a viagem de Weber aos EUA, normalmente apontada como sua fonte inspiradora (Scaff, 2011; Kalberg, 2013). Para esse intérprete, foi a partir do catolicismo romano que Weber pôde conceber o poder estruturante da religião na modulação da vida social[21]. A tese não só é de difícil comprovação como também nos diz pouco sobre como, efetivamente, Weber entendia o

---

20. Weber não permaneceu de maneira ininterrupta na cidade de Roma no espaço desses pouco mais de dois anos. Schmitt (2012, p. 103) divide os períodos em que ele esteve na cidade eterna em cinco fases. A mais longa e significativa ocorre entre outubro de 1901 e março-abril de 1902 (cerca de seis meses, portanto).

21. De qualquer forma, já se encontra documentado que Weber iniciou suas leituras sobre as ordens monásticas exatamente em Roma, como apontam as declarações de Marianne Weber: "Max está na Biblioteca, ele lê muito sobre a organização dos mosteiros e das ordens" (carta de Marianne Weber a Helene Weber de 28 fev. 1902 – Weber, 1926, p. 349). Outro biógrafo que ressalta a importância do estágio romano na gênese da *Ética protestante* é Jürgen Kaube (2014, p. 141).

catolicismo. Mais modestas e fundamentadas, as pesquisas de Peter Hersche (2014) defendem a hipótese de que a experiência romana deve ter mudado a percepção valorativa de Weber sobre o catolicismo e estimulado uma avaliação mais positiva deste. Tal hipótese é compartilhada por Silke Schmitt (2012), que nos fornece indicações concretas de como essa reavaliação possivelmente se reflete na obra weberiana. Segundo ela, essa reformulação pode ser detectada em dois planos. Do *ponto de vista subjetivo*, o fato de que o período de recuperação psíquica e sua estada em Roma sejam coincidentes teria levado Weber a associar seu legado protestante como um peso psicológico diante do qual a religiosidade católica aparecia como alívio. Já no *plano político*, a estada de Weber em Roma serviu para que ele ampliasse o horizonte normativo diante do qual ele avaliava politicamente o catolicismo para além do critério restritivo do processo de construção do Estado nacional prussiano.

Comparadas aos debates sobre a relação Weber/protestantismo, as pesquisas sobre a experiência romano-católica de Weber ainda são bastante incipientes e necessitam de muito mais aprofundamento. Mas elas permitem-nos, pelo menos, demonstrar que a sociologia weberiana da religião e mesmo sua compreensão do catolicismo vão além de seus estágios inicias de socialização e formação e, principalmente, também vão além da mediação exclusiva do filtro cultural protestante. Mesmo neste último caso, ainda que a teologia liberal protestante tenha fornecido a Weber instrumentos conceituais decisivos de sua visão do catolicismo, isso não significa que sua visão seja uma mera tradução ou projeção de uma visão doutrinal – até porque, em última instância, as fontes teológicas de Weber são reinseridas em um marco analítico de caráter sociológico. Em consequência, não podemos excluir que aportes cognitivos e axiológicos derivados do próprio catolicismo também estejam presentes em sua obra, ampliando e redefinindo essa visão. O que se pode sustentar é que sua percepção do catolicismo não é inteiramente *mediada* pelo protestantismo cultural e, pelo menos em determinados aspectos, ela é *imediata*, quer dizer, ocorre a partir de influxos oriundos do interior do próprio universo católico.

2 Sistemática do catolicismo

A conclusão do tópico anterior não impede o fato de que, em se tratando de aportes intelectuais, a literatura de extração teológica protestante acabe sendo a fonte principal de Weber. É apenas no primeiro capítulo da *Ética protestante*, no qual Weber compara o conjunto protestante com a agremiação católica, que a *literatura de origem católica* é diretamente mobilizada. Ao indagar-se sobre as razões que explicam a superioridade dos protestantes na propriedade do capital e nos postos de direção da economia moderna, além de sua inclinação pela educação técnica, em vez de humanista (mais afim aos católicos), Weber resgatou um debate posto pelos próprios católicos que se perguntavam do porquê da "inferioridade" de seus membros nesses quesitos. O capítulo serve como introdução a toda a obra e nele Weber procura desconstruir a falsa oposição entre a suposta "alegria com o mundo" do protestantismo e o "estranhamento do mundo" do catolicismo. É nesse contexto que ele refere-se a Herman Schell (*O catolicismo como princípio de progresso*, de 1897) e Wolgang Hertling (*O princípio do catolicismo e a ciência*, de 1899), dois apologetas da Igreja Católica. Na segunda edição da obra, Weber destaca a influência do também escritor católico F. Keller sobre Werner Sombart (*O burguês*, 1913) que se esmerara justamente em apontar a suposta influência do catolicismo na gênese do capitalismo. Weber dedica algumas das suas notas para refutar o argumento de Sombart, mas, apesar dessas menções, o peso desses autores católicos na estruturação e no desenvolvimento do problema e do argumento central da *Ética protestante* é praticamente nulo. Eles também não nos fornecem qualquer auxílio substantivo para entender como o catolicismo é descrito e caracterizado nesse escrito. Para tipificar a compreensão weberiana do catolicismo, melhor será recorrer diretamente ao texto, o que faremos sistematizando seu conteúdo em quatro dimensões, cada uma delas operando em diferentes níveis da análise: doutrinal, institucional, organizacional e individual.

2.1 O catolicismo como doutrina da lei natural

Ao examinar os influxos das representações religiosas sobre a conduta de vida, Weber tomou o cuidado de evitar os grandes sistemas doutrinais, centrando sua atenção apenas naquela literatura cujos efeitos psicológicos eram decisivos no nível da prática social. Mas nem por isso ele menosprezou a importância dos fundamentos dogmáticos das religiões enquanto elemento indispensável para entender os pressupostos de discursos prático-morais. Em se tratando do cristianismo, o peso das teologias de Santo Agostinho e Tomás de Aquino, ainda que longe de leituras comuns, naturalmente, dispensa fundamentação. O lugar que Weber reserva aos dois pensadores na *Ética protestante* é, de fato, central, mas não deixa de ser subordinado, pois ele vincula as teologias de Agostinho e Tomás àquelas que são as figuras teológicas estruturantes de seu estudo: Martinho Lutero e João Calvino. É a partir desse posicionamento que Weber avalia o legado daquelas duas figuras basilares, destacando tanto as proximidades quanto os distanciamentos de ambos em relação aos teóricos do luteranismo e do calvinismo.

A partir desse *frame* não estranha que Aurélio Agostinho, cuja doutrina do *ex opere operato* foi vital para a consolidação da natureza institucional-sacramental do catolicismo[22], seja, apesar disso, apresentado como *ponto de partida* de um dos elementos teóricos vitais da teologia protestante: a doutrina da justificação. Essa questão será posta, enquanto problema subjetivo, por Santo Agostinho, mas precisamente nesse que é "um dos mais ativos e apaixonados dentre os grandes homens de oração que a história do cristianismo viu nascer" (Weber, 2004, p. 93), tal angústia é vivenciada com a "sensação certeira de que tudo se deve à eficácia exclusiva de uma potência objetiva" (Weber, 2004, p. 93). É justamente essa dialética entre angústia subjetiva e resolução objetiva que será legada ao protestantismo. Lutero, de modo similar a Agostinho, radicalizará essa angústia existencial e vai resolvê-la atribuindo a salvação a um "misterioso decreto de Deus", ainda que preocupações pragmáticas (realismo político) enfraqueçam essa tese no Lutero tardio. Em Calvino essa dimensão subjetivo-existencial desaparece completamente, pois tal problema não é "vivido" (sentimentalmente), apenas "cogitado" (intelectualmente): ela não é, para Calvino, uma angústia (Weber, 2004, p. 94). Também a solução do problema tem sua objetividade radicalizada, pois no calvinismo a salvação não existe para o indivíduo (polo subjetivo), mas para a glória da divindade (polo objetivo).

Se a herança subjetiva de Agostinho será, ao fim, completamente neutralizada, esse não será o destino da *mística especulativa alemã* que desemboca na teologia de Lutero. Bem ao contrário disso, Weber esforça-se por mostrar como os escritos de intelectuais como Mestre Eckhart, Bernardo de Claraval, São Boaventura, Johannes Tauler e Heinrich Suso enfraquecem o peso da ascese e explicam a guinada mística de Lutero, bem como o sentimentalismo presente em certas vertentes do protestantismo ascético, em particular no pietismo. Do lado católico, esse sentimentalismo místico será desenvolvido pelo jansenismo e pela Escola de Port-Royal, tese que Weber desenvolve seguindo de perto as pesquisas

---

22. O que não significa, obviamente, que ele desconheça o assunto. Para Weber, a formação das seitas protestantes recupera a concepção donatista à qual se opôs Santo Agostinho com sua tese do *ex opere operato*: "foi o que aconteceu quando, em decorrência da ideia de comprovação, emergiu um conceito de Igreja de cunho donatista, valha a palavra, como foi o caso entre os batistas calvinistas" (Weber, 2004, p. 111).

de seu sobrinho Paul Honigsheim[23]. Nesse caso, o que temos é um movimento de acentuação e radicalização do subjetivismo místico.

Mas, em se tratando de catolicismo, não há dúvida de que o pensador fundamental é Tomás de Aquino, autor que a própria Igreja Católica consagra como sua referência intelectual ao convertê-lo em sua "doutrina eclesiástica oficial" (Weber, 2004, p. 177). Tomás de Aquino é considerado por Weber como representante por excelência da "tradição medieval" (Weber, 2004, p. 72) e sua posição é considerada tão central que ele permite remeter-se a esse teólogo por uma questão de "comodidade" metodológica (Weber, 2004, p. 145), o que já fala por si mesmo sobre sua importância estratégica na argumentação da *Ética protestante*. Tal pensador será abordado por Weber prioritariamente sob o enquadramento da *oposição* ao protestantismo, contemplando basicamente três temas: trabalho, profissão e juros. No primeiro registro sobre o assunto, Weber mostra como Lutero supera a concepção medieval de trabalho, considerado por Tomás de Aquino apenas uma necessidade natural, dado que o propósito do trabalho é a preservação individual e coletiva, hipótese que Weber recolheu do trabalho de Meurenbrecher intitulado *Tomás de Aquino e sua posição em relação à vida econômica de seu tempo* (1898). Próxima, mas não idêntica a essa, é a questão do tipo de trabalho exercido pelo indivíduo, quer dizer, sua profissão. Para Tomás de Aquino, o tipo de profissão exercido pelo indivíduo é apenas uma casualidade desprovida de significado, enquanto em Lutero ele já possui um significado religioso, como expressão da vontade de Deus[24]. Apesar das inovações de Lutero em relação a Tomás de Aquino, Weber lembra que a visão luterana é ainda conformista e tradicionalista e que ela só será superada de modo consequente no protestantismo pós-luterano. Por fim,

---

23. Em relação ao jansenismo, Weber remete-se regularmente à tese de doutorado de seu sobrinho Paul Honigsheim, intitulada *Die Staats-und Soziallehren der französischen Jansenisten im 17. Jahrhundert* ("As doutrinas políticas e sociais dos jansenistas franceses no século XVII"), defendida em 1914, em Heidelberg. O autor será citado ainda mais três vezes ao longo do estudo de Weber.

24. As alusões feitas por Weber são as seguintes: "Também Tomás de Aquino tinha interpretado essa máxima. Só que, segundo ele, o trabalho é necessário apenas *naturali ratione* para a manutenção da vida do indivíduo e da coletividade. Na falta desse fim, cessa também a validade do preceito. Ele concerne apenas à espécie, não a cada indivíduo. Não se aplica a quem pode viver suas posses sem trabalhar, e assim também a contemplação, na medida em que é uma forma espiritual de operar no reino de Deus, evidentemente acima do mandamento tomado ao pé da letra" (Weber, 2004, p. 145). Sobre a profissão, assim se expressa Weber: "Entre outros, já Tomás de Aquino (a quem por comodidade nos reportamos uma vez mais) havia concebido o fenômeno da divisão do trabalho e da articulação profissional da sociedade como emanação direta do plano de Deus para o mundo. Acontece, porém, que a inserção dos seres humanos nesse cosmos resultava *ex causis naturalibus* e era aleatória (ou, para usar o vocabulário da escolástica, 'contingente')" (Weber, 2004, p. 147).

no tema do lucro, Weber enxerga em Tomás uma tentativa de adaptação aos interesses econômicos emergentes no fim da Idade Média.

Os tópicos analisados por Weber em Tomás de Aquino não são apenas fragmentos sem conexão, pois eles pressupõem um fundamento filosófico: a doutrina do direito natural. É aqui que eles encontram seu fator de unidade (Honnefelder, 1988). Em Tomás de Aquino, o lucro, o trabalho e a profissão pertencem à ordem da criação (direito natural), não da lei divina (direito divino) e nem da lei humana (direito positivo): são, portanto, elementos dados objetivamente, independentemente dos desejos e escolhas humanos. Ao situar a doutrina econômico-social do catolicismo no terreno do jusnaturalismo, Weber beneficia-se do rico debate intelectual que, no bojo da teologia liberal da época, vinha sendo realizado, entre outros, por seu colega intelectual Ernst Troeltsch (*O direito natural cristão*, de 1896). Em tal acepção, Weber identifica no catolicismo um substrato doutrinal que confere coerência à sua visão teológica, metafísica, ética e antropológica. Isso significa que Weber leu o catolicismo pela ótica do tomismo e na dimensão teológica compreendeu-o como teoria do direito natural.

2.2 O catolicismo como instituição dispensadora da graça

A dicotomia típico-ideal entre Igreja e seita é uma das principais heranças que Weber deixou para a área da sociologia da religião. Ela foi, na mesma época, adotada por Ernst Troeltsch (1994), que lhe agregou ainda um terceiro tipo: a mística. Desde então, a tentativa de adaptar e multiplicar o conceito para que possa abranger a multiplicidade de formas de organização institucionalizada dos grupos religiosos só fez crescer e aumentar, ainda que a formulação weberiana permaneça a referência matriz da discussão. Em Weber, essa dicotomia só será formulada de maneira clara depois da publicação da *Ética protestante*, em 1906, no escrito intitulado "'Igrejas' e 'seitas' na América do Norte" (Weber, 2014)[25]. Antes disso, ela ainda se encontra imprecisa e é vinculada a apenas um dos grupos religiosos analisados por Weber: os anabatistas. Na *Ética protestante*, a formulação que encontramos é a seguinte (Weber, 2004, p. 131):

> A comunidade religiosa, isto é, a Igreja visível no linguajar usado pelas igrejas reformadas, deixou de ser aprendida como uma espécie de instituto

---

[25]. O texto de 1906 foi revisado por Weber em 1920 e recebeu o novo título de "As seitas protestantes e o espírito do capitalismo". A única versão em português desse último escrito encontra-se disponível na coletânea de Wright Mills e Hans Gerth (Weber, 1982, p. 347-370). Trata-se, portanto, de textos distintos que não devem ser confundidos.

de fideicomissos com fins supraterrenos, uma *instituição* que abrangia necessariamente justos e injustos, seja para aumentar a glória de Deus (Igreja Calvinista), seja para dispensar aos humanos os bens de salvação (Igrejas Católica e Luterana) –, e passou a ser vista exclusivamente como uma comunidade daqueles que se tornaram *pessoalmente crentes e regenerados*, e só destes: noutras palavras, não como uma Igreja, mas como uma "seita".

Entre essa primeira formulação e aquela que será adotada por Weber no escrito sobre as seitas norte-americanas existem mudanças qualitativas e quantitativas: modificam-se tanto alguns elementos do seu conteúdo quanto a sua abrangência.

Na versão embrionária da tipologia que Weber fornece-nos em 1904-1905, o que conferia um caráter de seita às agremiações anabatistas era a busca por separar (*sectare*) claramente os indivíduos regenerados dos demais: era justamente por isso que eles eram rebatizados. Tal agremiação procurava superar a diferença entre a Igreja visível e a Igreja invisível. Foi a partir da tese da "Igreja dos puros" (que se encontra em Robert Barclay) que Weber formulou analiticamente sua primeira definição de seita e imprimiu-lhe um conteúdo específico. Mas enquanto o conceito de seita, a partir da distinção puros/impuros, ganhava algum grau de precisão, o conceito de Igreja ainda restava indeterminado: Weber limitou-se a vincular a categoria Igreja à noção de "instituição" (*Anstallt*), mas não chegou a desenvolver o nexo interno entre eles. Além disso, entre o conceito de seita e o conceito de Igreja reina assimetria, pois é apenas o primeiro dos termos que constitui, neste momento, o interesse analítico de Weber. Quanto à extensão dos conceitos, por sua vez, o tipo ideal Igreja abrange explicitamente as agremiações luterana, católica e puritana, mas o conceito de seita é aplicado apenas ao segundo portador independente do protestantismo ascético: os anabatistas.

Esses problemas conceituais só foram definitivamente superados por Weber em seu escrito seguinte, no qual já encontramos a tipologia weberiana em sua forma sociológica madura (Weber, 2014, p. 448):

> Uma "Igreja" é uma "instituição", uma espécie de fundação divina de fideicomissos que visa à salvação dos indivíduos, na qual eles *nascem* e para os quais eles são, em princípio, *objeto* de sua "missão" oficial. Uma "Seita", conforme a terminologia criada aqui *ad hoc* e que, obviamente, não é utilizada pelas próprias "seitas", é, ao contrário, uma comunidade formada por livre escolha, composta apenas de indivíduos religiosamente *qualificados* e na qual o indivíduo é *acolhido* por livre decisão de ambas as partes. Os desenvolvimentos históricos das formas comunitárias de vida religiosa aqui apresentados como conceitos opostos foram introduzidos – como sempre e também aqui – apenas a título de exemplares. Nós podemos indagar em que aspectos uma denominação concreta corresponde ou aproxima-se de um ou outro "tipo".

Em relação a seu conteúdo, ambos os conceitos são agora definidos de maneira simétrica e seus critérios de distinção serão melhor delimitados, a saber: formato organizacional, tipo de pertencimento e vínculo social. A partir desse recorte, a Igreja é definida como uma "instituição" (*Anstallt*) dispensadora da graça e a seita como uma "comunidade de voluntários" (*Gemeinschaft*). Essa primeira diferença determina o fato de que o fiel é sempre um membro nato da Igreja, enquanto a pertença a uma seita implica um duplo processo: a escolha deliberada do indivíduo e sua aceitação por parte da comunidade. Essa última característica incide também na relação entre os próprios fiéis que, no caso da seita, implica o acompanhamento e a confirmação da sua idoneidade moral por parte do grupo. A plataforma universalismo/exclusivismo e inclusão/exclusão torna os contornos da definição não só muito mais simétricos e precisos, como também permitem a Weber situar com muito mais nitidez as igrejas católica, anglicana e luterana, de um lado, e todo o conjunto das seitas puritanas, de outro[26].

A partir daí, a tipologia weberiana permanece inalterada, o que não significa que seu esclarecimento analítico não possa ganhar ainda mais consistência. Nesse caso, trata-se de esclarecer justamente o estatuto sociológico do conceito de "instituição", operação que exige sua remissão ao esquema metodológico geral de Weber. Esse passo só será dado consequentemente nos *Conceitos sociológicos fundamentais*, o primeiro capítulo de seu tratado sociológico maior: *Economia e sociedade*. Nesse escrito, coerente com sua teoria das "organizações" (*Verbände*), Weber distingue entre associações políticas (Estado e partido) e associações hierocráticas e, neste último conjunto, entre a Igreja (entendida como *Anstallt*/instituição) e a seita (entendida como *Verein*/união) ou, nos termos precisos de autor, entre a união que é uma "associação baseada num acordo e cuja ordem estatuída só pretende vigência para os membros que pessoalmente se associaram" e a instituição que é uma "associação cuja ordem estatuída se impõe, com relativa eficácia, a toda ação com determinadas características que tenham lugar dentro de determinado âmbito de vigência" (Weber, 1982, p. 34; cf. também Weber, 1956, § 17). A segunda representação que encontramos do catolicismo, em Weber, é organizacional, e nesses termos ele é definido como uma *instituição* que, por meio dos sacramentos, dispensa aos indivíduos os meios de salvação[27].

---

26. O leitor atento notará que, rompendo com o senso comum, Weber classifica tanto a agremiação luterana quanto a católica no mesmo tipo sociológico de "igreja" e reserva o conceito de "seita" apenas para as agremiações do protestantismo *pós*-luterano.

27. Em suas obras subsequentes, Weber indica diversos fatores históricos que levaram à formação da Igreja Católica ocidental. Esse processo foi reconstruído no estudo de Schluchter (2011, p. 273-287),

2.3 O catolicismo como forma de vida extramundana: o papel do monasticismo

A noção da Igreja como instituição (no quadro de sua sociologia da dominação) vai adquirir sempre maior importância nos estudos posteriores que Weber realiza do catolicismo. Mas ela não está no centro da argumentação da *Ética protestante*: é apenas com o monasticismo que atingimos o núcleo da argumentação weberiana sobre o papel da Igreja Católica na história (Oexle, 2003). Embora Weber não trate do monaquismo de maneira sistemática, podemos diferenciar sua análise a respeito em dois aspectos chaves: heurístico e histórico.

É claro que seria vã a tentativa de encontrar na *Ética protestante*, explícita e detalhadamente, uma definição geral das ordens monásticas enquanto fenômeno sociológico: em sua obra, tal fenômeno é muito mais descrito do que propriamente definido. Mas há uma passagem da *Ética protestante* que nos fornece uma estimulante pista a respeito (Weber, 2004, p. 241-242):

> A Igreja Católica tratava com extrema desconfiança a ascese *intra*mundana dos leigos sempre que esta levasse à formação de conventículos e procurava desviá-la para os trilhos da formação de ordens monásticas – ou seja, para *fora* do mundo – ou, quando menos, a incorporava intencionalmente às ordens plenas como asceses de segunda ordem a fim de submetê-la a seu controle [...]. A história de numerosos movimentos heréticos, mas também, por exemplo, a dos *humiliati* e dos beguinos, e ainda o destino de São Francisco, atestam isso.

Embora Weber adote o termo "conventículos", é patente que se trata aqui, do ponto de vista sociológico, de um fenômeno sectário (Lerner, 1988). As ordens monásticas enquadram-se no tipo seita na medida em que representam uma forma de vida cristã com caráter exemplar e alheia ao mundo: elas devem ser escolhidas por livre vontade e praticadas dentro de uma comunidade específica. Compreender as ordens religiosas como "seitas católicas" que, uma vez regulamentadas, são integradas ao orbe eclesiástico, faz com que a análise weberiana adquira um acento político, pois por meio desse mecanismo a Igreja Católica consegue controlar forças disruptivas e absorver formas alternativas de vida cristã em seu seio. Assim sendo, se os cátaros e albigenses são exemplos de seitas que rompem com o catolicismo

---

com especial ênfase no papel da revolução papal. Em *Economia e sociedade*, Weber também indica o momento em que, segundo ele, a estrutura do catolicismo enquanto instituição consolida-se: "Este é o ponto de vista específico da Igreja Católica que constitui seu caráter de *instituição da graça* e que foi fixado num desenvolvimento de séculos, terminado sob Gregório, o Grande, oscilando na prática uma concepção mais *mágica* e outra mais ético-soteriológica" (Weber, 1994, p. 375; sem itálico no original).

(Selg, 1988), a ordem fundada por Francisco de Assis ilustra o processo de inclusão e controle de comunidades exemplares por parte da hierarquia católica[28].

No entanto, na *Ética protestante*, essa conotação política foi pouco explorada, até porque a interpretação que Weber faz do monasticismo não parte de definições abstratas, mas do terreno empírico da história. Suas explanações a esse respeito comportam um aspecto interno e outro externo. O primeiro alude ao desenvolvimento endógeno do monacato católico, elemento ao qual Weber dedicou uma densa e elucidativa passagem (Weber, 2004, p. 108):

> A ascese cristã carregou, assim, em suas formas mais avançadas, através da Idade Média, um caráter racional. Nisso repousa a significação histórico-universal da conduta de vida monástica ocidental em seu contraste com o monasticismo oriental. Em princípio, já a regra de São Bento e mais ainda entre os monges cluniacenses e os cistercienses e, finalmente, de forma mais peremptória entre os jesuítas, ela se emancipara seja da fuga do mundo desprovida de plano de conjunto, seja da virtuosística tortura de si.

Nesse enxuto parágrafo esboçam-se as linhas de uma história da evolução das ordens religiosas católicas que inclui tanto o monasticismo quanto seus sucessores. A raiz dessa história remonta à regra de São Bento (primeira geração), passando ainda pelos monges cluniacenses e cistercienses (segunda geração) até chegar à sua superação na terceira geração das ordens mendicantes (franciscanos[29] e dominicanos) e de outras formas inovadoras de vida consagrada que, a partir daí, desenvolvem-se (jesuítas e ordens terceiras).

Apesar dessa visão histórica panorâmica, Rosenwein (1988) constata que, ao investigar o monasticismo em sua forma clássica, a referência histórica fundamental de Weber era a ordem de Cluny. Tal ordem desempenha em sua análise o papel de paradigma ou protótipo e é especialmente a partir dela que Weber detectou uma das principais contradições internas do monasticismo: "a história inteira das regras das ordens monásticas é em certo sentido uma luta perpetuamente renovada com o problema do efeito secularizante dos haveres" (Weber, 2004, p. 159). Ocorre que a

---

28. Essa linha política de argumentação será retomada posteriormente por Carl Schmitt (cf. Schmitt; Blumenberg, 2009, p. 58) para quem o catolicismo podia ser definido como uma *complexio oppositorum*, indicando sua capacidade de integrar elementos compostos sem os diluir em um terceiro elemento. Uma análise weberiana do catolicismo em chave política pode ser encontrada no fragmento "Estado e hierocracia" (Weber, 2009), que integra a parte antiga da sua sociologia da dominação. Não por acaso, Weber refere-se várias vezes à "dominação hierocrática".

29. Na *Ética protestante*, Weber insere a ordem franciscana na continuidade da ascese intramundana. Nas fases seguintes de seu trabalho, é a dimensão mística de Francisco que passa para o centro da análise.

valorização do trabalho levava essas ordens a acumular imensa riqueza, o que minava suas pretensões originais, levando a uma nova onda de reformas. Foi precisamente para reagir contra a acomodação da ordem beneditina, como se sabe, que surgiu a regra de Cluny. Trata-se de um "paradoxo" que mereceu uma particular atenção de Weber e que, segundo sua tese, acaba repetindo-se no movimento protestante.

A passagem das ordens monásticas para as organizações católicas de terceira geração carrega consigo uma importante mudança. O caso da "ordem terceira de São Francisco, por exemplo, foi uma vigorosa tentativa na direção de uma penetração da ascese na vida cotidiana" (Weber, 2004, p. 109). O mesmo vale para "a pregação dos monges mendicantes, sobretudo dos franciscanos [que] ajudou muito a preparar o terreno para uma moralidade de leigos ascética" (Weber, 2004, p. 242). Na mesma lógica estão inscritos os jesuítas, nos quais Weber, por sinal, enxerga ainda uma forma de probabilismo ou casuísmo (Weber, 2004, p. 257) que promove uma "generosa e utilitária *adaptação* ao mundo" (Weber, 2004, p. 73). Em sua terceira geração, portanto, o ascetismo católico rompe as fronteiras do extramundano, mas nem por isso consegue igualar-se ao protestantismo na sua capacidade de generalização: ainda que intramundana, a ascese proposta pelas ordens católicas continua sendo exemplar (reservada para poucos).

De todo modo, Weber enxerga o monaquismo católico menos como um fenômeno interno ao cristianismo e mais como a fonte de uma forma de vida que impregnará toda a cultura moderna. É no seu impacto externo (que extrapola a dimensão interna ao religioso) que está o aspecto central de sua pesquisa sobre o monasticismo. A tese é a de que o monasticismo constitui o núcleo irradiador de um modo de orientação de vida que posteriormente será generalizado pelo luteranismo (1º passo), conhecerá acréscimos qualitativos com o puritanismo (2º passo) até, finalmente, secularizar-se enquanto *ethos* capitalista (3º passo). Em sua primeira etapa – que envolve a transição do catolicismo para o luteranismo – a ascese sofre sua primeira e fundamental transformação: ela deixa de ser extramundana para tornar-se intramundana, ou, nos termos de Weber (2004, p. 72):

> No conceito de *Beruf*, portanto, ganha expressão aquele dogma central de todas as denominações protestantes que condena a distinção católica dos imperativos morais em "*praecepta*" e "*concilia*" e reconhece que o único meio de agradar a Deus não está em suplantar a moralidade intramundana pela ascese monástica, mas sim, exclusivamente, em cumprir com os deveres intramundanos, tal como decorrem da posição do indivíduo na vida, a qual por isso mesmo se torna a sua "vocação profissional".

Sociologicamente, a inovação fundamental introduzida pelo luteranismo no que toca à ascese foi a sua generalização. O decisivo é que a ascese pelo trabalho deixava de ser uma exclusividade dos monges para tornar-se uma obrigação de todo cristão: o luteranismo rompeu a distinção entre virtuosos (caráter exemplar) e massas (caráter cotidiano) e canalizou a ascese para a vida cotidiana. O puritanismo, ao valorizar também os frutos do trabalho metódico (riqueza), reforçou esse aspecto imprimindo-lhe uma chancela ainda mais forte (sanção positiva). Por fim, com a perda de sua significação religiosa, a ascese sofre nova transformação que, para recorrer novamente a termos sociológicos, pode ser descrita como um processo de secularização. Nesse caso, o que ocorre é que ela perde sua conotação extrínseca (fim religioso/transcendente) para adquirir motivações completamente intrínsecas (fim material/imanente).

Essas diferentes passagens, todavia, não devem ser vistas apenas como deslocamentos e rupturas. Hartman Tyrrel (2003, p. 204), em brilhante estudo sobre o tema, demonstrou corretamente que o aspecto que define essa passagem é que ela não se dá sob o marco da superação, mas da *continuidade*. Esse foi um aspecto que o próprio Weber não se cansou de enfatizar. Para ele, é precisamente o traço ascético que representa o "parentesco íntimo" entre piedade reformada e catolicismo. Trata-se de tese forte, tanto que, em nota introduzida na segunda versão do escrito, Weber espanta-se que diante da sua "afirmação expressa da continuidade intrínseca entre a ascese monástica extramundana e a ascese profissional intramundana", um de seus críticos (Brentano) chegue à mesma conclusão. E insiste: "essa continuidade, como todos podem ver [...], é um pressuposto fundamental de todo meu ensaio" (Weber, 2004, p. 221).

No texto de *A ética protestante e o espírito do capitalismo*, o monasticismo constitui o aspecto central da análise weberiana sobre o catolicismo. Ele não trata das ordens monásticas apenas como fenômeno historicamente localizado e como meras precursoras do luteranismo: o monasticismo transcende a dimensão religiosa, pois está na origem de um processo no qual Weber enxergava um significado histórico-universal, dado que ele é uma das fontes culturais que molda o tipo de racionalização das condutas que está na base da civilização ocidental. Trata-se do laboratório onde foi gestado o modo de ser e agir que impregna toda a cultura contemporânea.

2.4 O catolicismo como forma de vida intramundana: o papel dos sacramentos

Lebensfürung, ou conduta de vida, pode ser considerado como um dos conceitos estruturantes do escrito weberiano de 1904-1905, pois o que interessava analiticamente a Weber nesse estudo era detectar os influxos diretos da moral pós-luterana sobre a práxis de vida de seus fiéis (Müller, 2003). Por essa razão, já podemos reconhecer aí os pressupostos do individualismo metodológico weberiano, dado ser no plano microssociológico que ele situa os elementos explicativos de seu problema de pesquisa.

Para mostrar concretamente a influência das crenças religiosas sobre o plano da ação, Weber recorreu ao contraste entre a prática religiosa dos católicos (e dos luteranos) e a prática religiosa dos puritanos. A diferença *qualitativa* fundamental entre puritanos e católicos reside no fato de que a conduta destes últimos carece de um elemento decisivo: a *sistematicidade*. A conduta do puritano era racionalizada de ponta a ponta, o que significava que todos os momentos de seu dia e de sua existência eram inseridos em *continuum* dotado de plena coerência: "o deus do calvinismo exigia dos seus [...] uma santificação pelas obras erigida em sistema" (Weber, 2004, p. 107). Com isso, Weber não negava que a moral católica fosse uma ética da convicção, mas entendia que ela era desprovida de caráter metódico, ou, como diz ele, "nem pensar no vaivém católico e autenticamente humano entre pecado, arrependimento, penitência, alívio e, de novo pecado" (Weber, 2004, p. 107). Para o católico mediano, o que valiam eram as obras isoladas e a intenção com que eram praticadas; a salvação definia-se pelo acúmulo final das obras meritórias. O puritanismo caracteriza-se pelo rompimento com essa compreensão fragmentada e por exigir do fiel uma constante autoinspeção que a cada instante pergunta-se sobre a salvação.

Dois fatores são apontados como as causas últimas desse modo de ser católico. O primeiro deles é de ordem antropológica e diz respeito à maneira como a doutrina católica concebe a natureza humana: "bastante realista, a Igreja Católica apostava que o ser humano não era um todo unitário e não podia ser julgado de forma inequívoca" (Weber, 2004, p. 106). O segundo elemento é institucional e indissociável da autocompreensão da Igreja Católica enquanto instituição dispensadora da graça. É nesse contexto que Weber desenvolve uma incipiente sociologia dos sacramentos cujo foco eram os estímulos psicológicos oriundos dos ritos religiosos. Seu enfoque busca verificar a capacidade desses ritos para direcionar efetivamente a práxis de vida dos crentes. A partir desse critério, Weber mostrou que a eucaristia (ou Santa Ceia) terá um papel relevante no puritanismo na medida em que a inclusão nesse rito traduzia-se socialmente como um signo de idoneidade moral: sociologicamente, trata-se de um mecanismo de inclusão ou exclusão social. Mas, em se tratando de catolicismo, o ritual religioso decisivo é o instituto da confissão auricular ou sacramento da penitência (Hahn, 1988). É principalmente a partir desse instrumento que a Igreja Católica enquanto organismo incide sobre a vida prática de seus fiéis.

No entanto, se, por um lado, a confissão era um "eminente instrumento de poder e educação" (Weber, 2004, p. 106), por outro lado ela minava a possibilidade de um controle sistemático do próprio indivíduo sobre sua conduta. Dada a natureza da Igreja como dispensadora da graça, a confissão atuava como um mecanismo supletivo "cuja função estava profundamente ligada à mais íntima das peculiaridades da religiosidade católica" (Weber, 2004, p. 106). Em outros termos, a graça sacramental era um modo de compensar a insuficiência dos indivíduos. Dessa forma, o sacramento da penitência tinha um efeito psicológico tranquilizador, pois a certeza do perdão ensejava uma descarga das tensões a que está submetido quem busca a salvação. Na prática, ela era uma forma de alívio frente à necessidade de uma estrita coerência de vida que, dada a condição humana, já era dada como inalcançável. Para traduzir essa ideia, Weber serviu-se de um conceito diretamente retirado da psicanálise de Freud: a "ab-reação". Nos termos empregados pelo próprio Weber: "a práxis eclesial cotidiana, justamente através do seu meio instrumento disciplinar mais eficaz, a confissão, facilitava o modo de vida 'assistemático'", já que ela ensejava "a descarga da responsabilidade pessoal do sujeito por sua mudança de conduta" (Weber, 2004, p. 238)[30].

Era natural, portanto, que a atitude do católico diante da vida fosse diferente daquela do puritano: o catolicismo "deixou de modo geral intacta a vida cotidiana com seu caráter naturalmente espontâneo" (Weber, 2004, p. 139). Nesse ponto, Weber parece inverter o signo negativo com o qual comparava as práxis de católicos e puritanos. Dessa feita, se, de um lado, ele aponta a ausência do caráter sistemático da conduta de vida dos católicos em relação aos puritanos como um *déficit*, por outro lado ele julga a racionalização puritana da vida como uma forma de opressão ou, na sua versão mais extrema (o calvinismo),

---

30. Em *Economia e sociedade*, Weber também nos fornece, em súmula, uma descrição das fontes nas quais, segundo sua visão, baseia-se o instituto da confissão: "A Igreja Católica do Ocidente, por meio de seu sistema de confissão e penitência, desenvolvido pela combinação da técnica jurídica romana e da ideia germânica da compensação pecuniária do assassinato, e que não tem par no mundo inteiro, impôs com ímpeto singular a cristianização da Europa Ocidental" (Weber, 1994, p. 376).

como "desumanidade patética" (Weber, 2004, p. 95). Essa apreciação negativa inverte-se no caso do catolicismo, no qual existiam "consolações amigáveis e humanas" (Weber, 2004, p. 106), restando ao puritano apenas a solidão do indivíduo diante de um Deus insondável. Complacência e humanidade de um lado, rigidez e desumanidade de outro, são aqui vetores opostos, a conferir valor distinto a catolicismo e puritanismo.

Em termos contrastantes, a práxis puritana é definida como *total* (englobando toda a conduta e submetendo-a inteiramente à lógica religiosa) e *unidimensional* (regida por um único princípio), enquanto a práxis católica é vista como *dual* (mantendo a separação entre vida cotidiana e vida religiosa) e *fragmentada* (restando a soma final dos bons atos praticados como esperança de salvação). Mas, se para o protestantismo ascético Weber sintetizou tal lógica de ação pela expressão "racionalismo de dominação do mundo", faltou-lhe cunhar uma expressão capaz de expressar heuristicamente a lógica da espontaneidade contida na práxis católica[31].

3 Catolicismo e Modernidade

O livro que passou para a história com o título de *A ética protestante e o "espírito" do capitalismo* é, na verdade, a junção de dois artigos, sendo o primeiro publicado em 1904 e o posterior em 1905. Ademais, o escrito possui ainda *duas versões*, pois Weber revisou o texto em 1920 para inseri-lo nos seus *Ensaios reunidos de sociologia da religião* com o cuidado de advertir que "não suprimi, alterei ou atenuei uma única frase sequer [...] nem sequer acrescentei argumentos que no conteúdo divergissem da primeira versão" (Weber, 2004, p. 26). Tais dados históricos, longe de mera curiosidade, são vitais para a compreensão dos argumentos que Weber desenvolve na *Ética protestante*, pois eles mostram-nos que, do ponto de vista diacrônico, a temática do catolicismo está posta em dois registros diferentes. Enquanto na primeira versão o texto prioriza a relação entre religião e vida econômica, na segunda versão o horizonte histórico amplia-se e coloca-se em relação às variáveis da religião e do desencantamento do mundo. Sem se contradizerem, ambos os registros põem em tela o papel do catolicismo na constitui-

---

31. Talvez a formulação mais clara sobre esse ponto possa ser encontrada na seguinte afirmação: "a situação é, portanto, semelhante à do ritualismo, com a qual a graça sacramental e a institucional mostram já por isso uma afinidade eletiva muito íntima" (Weber, 1994, p. 376).

ção das formas de vida moderna, seja no domínio estritamente econômico, seja no âmbito mais vasto do processo de racionalização social e cultural da civilização ocidental. Vejamos que papel Weber imputa ao catolicismo em cada um desses processos históricos.

3.1 Catolicismo e capitalismo: entre complacência e ambivalência

Invertendo a famosa tese das afinidades eletivas entre a ética protestante e o espírito do capitalismo, Michael Löwy sugere que no texto de Weber poderíamos achar um "subtexto" que nos permite afirmar que "a Igreja Católica é um ambiente muito menos favorável – se não completamente hostil – ao desenvolvimento do capitalismo" (Löwy, 2000, p. 35). Trata-se de uma interpretação unilateral e, no caso da segunda parte da sentença, equivocada, pois não há como derivar da análise de Weber uma oposição essencial entre catolicismo e capitalismo. Levantar tal objeção permitirá não apenas determinar com maior precisão a posição de Weber quanto a esse tema, como ainda nos permite refutar dois pressupostos errôneos que geralmente acompanham leituras superficiais do papel desempenhado pelo catolicismo nessa obra. O primeiro implica assumir a hipótese de que seria objetivo explícito da formulação weberiana descrever dois processos concomitantes por meio dos quais o catolicismo, por um lado, atuou como uma barreira contra a gênese do espírito do capitalismo, enquanto o puritanismo, por outro lado, desempenhou o papel de facilitador dele. Aceita essa premissa, o conteúdo da *Ética protestante* consistiria então na análise do conflito ou da concorrência entre duas doutrinas religiosas sobre a vida econômica e teria como propósito último descrever como a visão positiva do puritanismo conseguiu sobrepujar a representação negativa e a oposição do catolicismo, o que sabemos não ser o caso. O segundo equívoco consiste em simplesmente ignorar o fato de que em seu estudo Weber não deixa de apontar, ainda que de modo incipiente e sugestivo, as possíveis contribuições efetivas e positivas que também o catolicismo teria legado para a institucionalização do modo de vida burguês.

Para dirimir a primeira confusão, deve estar claro que o tipo de relação identificado por Weber entre o catolicismo e o modo de vida aquisitivo não é primariamente de oposição, mas de *complacência*. O ponto fundamental é que, para o catolicismo, o *ethos* profissional aquisitivo não possui valor "religioso" positivo nem negativo em si mesmo, pois pertence à ordem das coisas naturais: ele não recebe nem legitimação nem condenação *a priori*. Weber afirmará que a "ânsia de ganhar" foi "simplesmente tolerada como um dado factual, considerado eticamente indiferente ou mesmo lamentável, se bem que infelizmente inevitável" (Weber, 2004, p. 51). A atitude da Igreja Católica, portanto, ao considerar o lucro como um elemento radicado na natureza humana, não implicava, de saída, nem uma sanção religiosa positiva nem uma sanção negativa em relação a ela (Weber, 2004, p. 65; sem itálico no original):

> Na sentença *Deo placere vix potest* [...], assim como na designação *turpitudo* aplicada por Tomás de Aquino à ambição de ganho (o lucro, uma vez inevitável, é lícito eticamente e, portanto, autorizado), começava a aparecer [...] um *grau mais elevado de condescendência* da doutrina católica para com os interesses das potências financeiras das cidades italianas que mantinham com a Igreja laços políticos estreitos.

Portanto, se o *ethos* capitalista teve que romper barreiras religiosas, tais barreiras não residiam na condenação do lucro: a inovação gestada pelo puritanismo não foi tirar a vida aquisitiva do signo negativo da proibição para alocá-la no vetor positivo da sua afirmação: o que ele fez foi arrancá-lo do solo neutro da complacência para, a partir daí, dar-lhe uma sanção efetivamente positiva. Para frisar novamente, não é o termo "hostilidade" a noção chave, mas o termo "complacência" ou "condescendência" que constitui a *base* da atitude católica diante das formas aquisitivas de vida. No caso de Tomás, por exemplo, o que temos é um "grau *mais elevado* de condescendência" (sem itálico no original).

Posta a questão nesses termos, torna-se claro por que Weber não consegue enxergar nenhum tipo de vínculo histórico-genealógico entre o catolicismo e o modo de vida burguês similar ao que se processou no protestantismo ascético, elemento que desencadeou a aberta reação dos seus companheiros na escola histórica de economia. Tanto Werner Sombart quanto Franz Brentano criticaram a tese weberiana por supostamente subestimar a influência do catolicismo na gênese da conduta econômica moderna. É precisamente em resposta a essas críticas que Weber estabeleceu como uma de suas metas futuras investigar "a ética econômica do catolicismo em sua relação *positiva* com o capitalismo" (Weber, 2004, p. 184). Portanto, se há um "subtexto" na *Ética protestante* é a essa frase que deveríamos referir-nos, e não a suposta antinomia entre esses dois elementos. Mas tal tarefa, como sabemos, nunca foi realmente realizada por ele, permanecendo apenas uma possibilidade latente: "este não é o lugar de discutir em paralelo se, e em que medida, a ética cristã da Idade Média já havia *efetivamente* contribuído com a criação das condições prévias do espírito capitalista" (Weber, 2004, p. 185).

Nas poucas notas de rodapé nas quais, em sua segunda versão (1920), ele reagiu a seus críticos, Weber limitou-se a sugerir três linhas de investigação. Em primeiro lugar ele rejeitou com veemência a ideia ingênua de que o catolicismo era um impedimento para o surgimento da conduta capitalista em vista da condenação do juro ou da usura, pois tais proibições existem em praticamente todas as religiões: nesse ponto, portanto, catolicismo e puritanismo simplesmente se igualam, o que anula a tese. Excluída essa hipótese, ele reconheceu que certos autores do universo católico (Bernardino de Siena, Antonino de Florença e Leon Alberti) mereciam maior atenção, pois eles "esforçam-se por justificar o lucro empresarial do *comerciante* enquanto contrapartida lícita de sua *indústria*" (Weber, 2004, p. 184). Mesmo assim, Weber entendeu que tais ideias permaneceram apenas no plano da doutrina (abstrata), e não da práxis de vida (concreta): "faltam os *prêmios* psíquicos que essa religiosidade oferecia à indústria e que deviam necessariamente faltar ao catolicismo, por serem totalmente outros os seus meios de salvação" (Weber, 2004, p. 184). À diferença das concepções protestantes, tais teses, portanto, não encontraram uma tradução no cotidiano dos fiéis e nessa medida não tiveram poder histórico social real e efetivo[32]. Em suma, Weber não nega o fato de que o catolicismo tenha desenvolvido uma fundamentação doutrinária positiva sobre o modo aquisitivo; o que ele recusa é equiparar seu alcance e seu papel ao do protestantismo ascético.

Isso não significa que Weber simplesmente despreze completamente a evolução que tais ideias representam no interior do próprio catolicismo e que, segundo ele, deve-se a dois fatores determinantes: "de um lado, uma aversão tradicionalista, sentido o mais das vezes de forma confusa, contra o poder *impessoal* do capital [...] e, de outro, a necessidade de uma acomodação" (Weber, 2004, p. 184). O importante a salientar aqui é que os dois processos acima descritos (acomodação e aversão) são fruto da evolução do catolicismo diante de um capitalismo já em

---

32. Uma quarta linha de argumentação poderia partir do fato de que o *ethos* capitalista, ao fim, teve sua origem no mosteiro e, como tal, o protestantismo luterano ou ascético não é o ponto inicial de todo o processo. Partindo dessa trilha, Collins (1980) chega a sustentar que, nas suas preleções de 1919-1920 (conhecidas como *História econômica geral*), Weber teria modificado seu ponto de vista e recuado de sua explicação do *ethos* capitalista, deslocando sua causa do protestantismo para a ascese monástica. O autor parece ignorar que o texto no qual baseia seu argumento não é exatamente um texto de Weber, mas anotações feitas por seus alunos. O título da preleção, por sinal, intitula-se, na verdade, "Esboço de história social universal" (Weber, 2011).

processo de consolidação e afirmação. O primeiro processo revela que, se, de um lado, o catolicismo passou a sancionar positivamente um *ethos* aquisitivo, ele fê-lo de modo reativo (*ex post*), e não, como no caso do puritanismo, como causa eficiente e anterior (*ex ante*) dessa lógica de vida. Protestantismo e catolicismo exercem papéis causais distintos na economia explicativa de Weber, pois enquanto o primeiro é considerado uma variável independente, a doutrina católica é variável dependente. Em segundo lugar, a "confusa" resistência do catolicismo em relação ao *ethos* capitalista também é fruto das condições históricas determinadas e explica-se pelo fato de que a autonomização de uma esfera do ganho desprovida de motivações éticas contraria a lógica social do catolicismo, que, enraizada no tradicionalismo, buscava a integração da ordem social em sua visão orgânica. Para Weber, a aversão do catolicismo em relação ao capitalismo não reside prioritariamente no plano de sua natureza intrínseca (teológica), nem no plano de sua doutrina econômica, mas no plano de sua doutrina social. O fato é que, partindo de uma base essencialmente complacente ou condescendente para com a busca do lucro, o catolicismo reagiu diante da consolidação do capitalismo oscilando entre a acomodação e a aversão. Tanto em um quanto em outro caso, a posição católica é ambivalente e não se pode reduzi-la a uma oposição essencial.

3.2 Catolicismo e desencantamento do mundo: a magia sacramental

Ao inserir o conceito de desencantamento do mundo na segunda versão da *Ética protestante*, Max Weber alçou seu escrito a um novo patamar. Sobrepondo-se a e integrando, mas não negando, a temática anterior, o texto passou a tratar também de uma problemática distinta da original, a saber, o papel do puritanismo na configuração do racionalismo ocidental e moderno. Devido a essa importância estratégica, o conceito recebeu enorme atenção na discussão realizada atualmente no Brasil, embora, em direção contrária à de Pierucci (2003), eu entenda já estar suficientemente demonstrado que sua origem não pode ser atribuída a Schiller (Sell, 2013). Da mesma forma, há que se evitar cair na armadilha do dualismo que separa rigidamente o desencantamento religioso (*religiöse Entzauberung*) do desencantamento pela ciência (*Entzauberung durch Wissenschaft*), como se cada um deles tivesse um significado divergente. Os dois tipos são distintos caminhos pelos quais o desencantamento ocorre historicamente, o que não anula o fato de que (e sem prejuízo das suas particularidades) ambos conduzem a Modernidade na igual trilha da desmagificação do mundo (Schluchter, 2014).

De todo modo, à luz da problemática da racionalização, a reflexão weberiana sobre o catolicismo ganha uma nova dimensão que nos faz perguntar sobre o seu papel não apenas em relação ao horizonte mais próximo do capitalismo moderno, mas em relação ao horizonte mais longínquo, cultural e historicamente, do racionalismo: uma nova diacronia, pois, entra em jogo. À luz desse processo histórico, é a eliminação da magia como meio de salvação, que se inicia no profetismo judaico e completa-se no protestantismo ascético, que constitui uma das variáveis que explica os rumos específicos que o processo universal de racionalização adquire no Ocidente. O fato de Weber ter-se concentrado primordialmente nos polos inicial (judaísmo antigo) e final (protestantismo) de todo esse processo pode transmitir-nos a falsa impressão de que o catolicismo representa uma forma de retrocesso, versão na qual ele volta atrás em uma conquista já efetuada no judaísmo antigo. No entanto, a teoria weberiana do desencantamento é muito mais complexa que isso e, como demonstra Schluchter (2014), inclui ainda outras etapas, atores e processos, dentre os quais a comunidade de Jesus e sua crítica ao formalismo religioso, a missão paulina, além da formação da Igreja ocidental como instituição religiosa de caráter burocrático-carismático. O desencantamento não é um processo linear nem evolucionista e por isso o catolicismo não deixa de constituir parte integrante e etapa constitutiva do *progressivo* processo de desencantamento religioso do mundo.

Há uma assertiva de Weber que nos fornece a chave para esse entendimento: "a eliminação da *magia* como meio de salvação não foi realizada na piedade católica com as mesmas consequências que na religiosidade puritana (e, antes dela, somente na judaica)" (Weber, 2004, p. 106; itálico no original). O detalhe-chave a ser observado é que Weber afirma sutilmente que no catolicismo a eliminação da magia não foi realizada "com as mesmas consequências". Portanto, a diferença entre puritanismo e catolicismo não chega a ser absoluta, mas de grau e de coerência. De fato, é apenas no puritanismo que ocorre a absoluta supressão da salvação eclesiástico-*sacramental*, ou seja, "aquele grande processo histórico-religioso do *desencantamento do mundo* [...] encontrou [...] sua conclusão" (Weber, 2004, p. 96). Nesses termos, a passagem do catolicismo para o puritanismo significa, na prática, um processo de des-sacramentalização da prática religiosa, fazendo que a ascese seja considerada a única forma válida de conduta religiosa: "o radical desencantamento do mundo não deixava interiormente outro caminho a seguir a não ser a ascese intramundana" (Weber, 2004, p. 135). O mesmo processo pode ser observado nas igrejas anabatistas que também se caracterizam pela "radical desvalorização de todos os sacramentos como meios de salvação e assim levaram o 'desencantamento' religioso do mundo às suas últimas consequências" (Weber, 2004, p. 133). Mas o que significa, por outro lado, que no catolicismo a eliminação da magia não foi realizada "com as mesmas consequências"?

Para responder a essa pergunta, temos que desvendar a relação intrínseca que existe entre magia e sacramentos. A magia foi tipificada por Weber, em oposição ao culto, como uma forma de coerção do divino. Por meio de determinadas práticas rituais, o indivíduo podia forçar os poderes supranaturais a satisfazer suas necessidades imediatas. Apesar da distinção, Weber entende que ambas as formas aparecem mescladas na história, sobrepondo-se em menor ou maior grau: "a distinção quase nunca pode ser feita em profundidade, pois mesmo o ritual do culto 'religioso', nesse sentido, contém quase por toda parte grande número de componentes mágicos" (Weber, 1956, p. 294). Ao negar qualquer significação positiva aos sacramentos como meios de salvação, o que o puritanismo fez foi desvelar o laço oculto que ainda ligava tais ritos à lógica mágica. Ocorre que sob essa ótica a prática sacramental era entendida como uma forma velada de coerção do divino, como se a sua execução trouxesse com ela a necessidade de concessão da salvação como contrapartida do divino.

A lógica mágica ainda oculta nos sacramentos pode ser observada se resgatarmos as análises particularizadas que Weber faz dos principais sacramentos católicos (e também luteranos). No caso do sacramento da *eucaristia*, por exemplo, Weber iguala padres católicos a magos, pois eles realizam, com seu poder das chaves, o milagre da transubstanciação[33]. A mesma lógica aplica-se ao sacramento da *confissão*, rito cuja execução produz, por si mesmo, a expiação dos pecados. Mesmo caso do batismo na sua versão luterana, pois "a interpretação mágica dos sacramentos [...] persistia nomeadamente na colocação da *regeneratio* [...] no sacramento do *batismo*" (Weber, 2004, p. 226). No puritanismo, até mesmo os ritos fúnebres foram controlados, bem como outros símbolos religiosos, sempre no sentido de reprimir a magia: "o ódio enfurecido dos puritanos contra tudo quanto

---

33. Em *Economia e sociedade*, a associação entre eucaristia e magia é ainda mais clara: "De caráter essencialmente mágico é a ideia de que, mediante a absorção física de uma substância divina, de um animal totêmico que estava encarnado um espírito poderoso, ou de uma hóstia transmutada no corpo divino pela magia, possa-se introduzir em si próprio a força divina". No mesmo parágrafo, Weber emprega explicitamente a expressão "sacramentos puramente mágicos" (Weber, 1994, p. 375).

cheirasse a *superstition*, contra todas as reminiscências da dispensação mágica ou hierúrgica da graça, perseguiu a festa cristã do Natal quanto a árvore de maio, além da prática de uma sacra *naïf*" (Weber, 2004, p. 153).

Se a mentalidade mágica sobrevive de maneira oculta nos ritos sacramentais católicos e luteranos, isso já nos indica que eles não devem ser simplesmente igualados com a magia em seu estado puro. Também os sacramentos não deixam de representar formas de racionalização das práticas mágicas e, nesse sentido, representam um salto qualitativo no processo de desencantamento ou desmagificação do mundo. Para explicar esse ponto, podemos recorrer a outro texto de Weber. Em *Judaísmo antigo*, exatamente na parte em que trata do papel dos sacerdotes hebreus, o autor fornece uma das chaves para entender esse processo. Comparando o sacerdócio judaico com o babilônico e egípcio, ele dirá que "a reprovação da magia significou, na prática, sobretudo, que não foi *sistematizada* pelos sacerdotes, como em outras partes, para domesticar as massas" (Weber, 2008, p. 173). Portanto, ainda que não tenha tratado do ponto de vista de maneira sistemática, a análise de Weber indica quais os mecanismos (*modus operandi*) pelos quais a magia é efetivamente racionalizada.

Ao inserir o catolicismo na sua narrativa do desencantamento e da racionalização do mundo, Weber amplia consideravelmente a abrangência do processo histórico por ele analisado. A estrita relação entre moral protestante e *ethos* capitalista moderno cede lugar a um horizonte muito mais vasto que começa com as raízes religiosas do cristianismo e contempla suas diferentes fases históricas. Nesse movimento, Weber antecipa os movimentos longos da história (*longue durée*) e, ao contrário do que fez em relação à primeira correlação causal, na qual ele hesitou em atribuir ao catolicismo um papel causal efetivo, na narrativa do desencantamento ele não tem problema em enxergar na piedade católica um elo decisivo da longa cadeia pelas quais se desenha a trilha que molda o processo de racionalização cultural da Modernidade ocidental. Ao sistematizar os sacramentos, o catolicismo insere-se no *continuum* da racionalidade e é parte integrante e elemento determinante da gênese da cultura moderna[34].

---

34. Que, ao fim, Weber não dissocia catolicismo e modernidade racional está documentado em *Economia e sociedade*, quando, em determinado momento, afirma: "os dois maiores poderes religioso-racionalistas da história – a Igreja romana no Ocidente e o confucionismo na China" (Weber, 1994, p. 362) ou, mais adiante, ao sustentar que "A Igreja é aqui uma organização homogênea racional, com direção monárquica e controle centralizado da devoção" (Weber, 1994, p. 373). Carl

4 A sociologia weberiana do catolicismo: síntese final

Em *Economia e sociedade*, Weber dirá que a sociologia, em comparação com a história, que trata da imputação causal de conexões singulares, "constrói […] conceitos de *tipos* e procura regras *gerais* dos acontecimentos" (Weber, 2013, p. 169; cf. também Weber, 1994, p. 18). Entretanto, isso não significa que a ciência sociológica não trata também de eventos singulares, pois eles permitem apreender *in concreto* o curso e os efeitos dos fenômenos sociais. Corretamente compreendida, portanto, a dicotomia nomotético/ideográfico, em Weber, não é excludente, pois a caracterização sistemático-tipológica e a explanação empírico-descritiva são tarefas complementares do pensar sociológico, a depender da ênfase no geral ou no singular. Assumindo essa dualidade, buscou-se aqui circunscrever o entendimento do Weber sobre o catolicismo (na *Ética protestante*) indagando simultaneamente sobre suas características gerais e sobre seu papel histórico-social específico.

Na perspectiva sistemático-tipológica, uma imagem weberiana do catolicismo desenha-se somente após um trabalho reconstrutivo que obedece a um complexo jogo de aproximações e distanciamentos que Weber realiza entre catolicismo, protestantismo luterano e protestantismo ascético. Ele não divide o universo cristão de maneira dual, com o catolicismo de um lado e o protestantismo de outro, pois o corte mais importante está na ruptura que as igrejas pós-luteranas realizam no interior do próprio movimento da Reforma. A imagem do catolicismo que Weber oferece-nos está subordinada a esse corte e emerge apenas como um seu subproduto. Nessa medida, ela é residual. Com base em uma lógica complexa, Weber enxerga tanto elementos de continuidade quanto de descontinuidade entre a Igreja Católica e as demais denominações cristãs. Consequentemente, o tipo ideal catolicismo não pode ser determinado pelo isolamento de suas características em relação aos demais grupos religiosos, já que ele é o resultado agregado do procedimento sistemático-comparativo de sua pesquisa e da maneira como Weber combina diferentes critérios (doutrina, organização e práxis de vida) para analisar as características dos grupos cristãos. É somente a partir desse exercício que o catolicismo como tipo ideal emerge.

Schmitt (que já mencionamos) também explora essa pista, mas contrapõe à racionalidade jurídico-política do catolicismo a racionalidade formal da economia e da técnica modernas. Aí, sim, temos uma profunda antinomia entre o catolicismo e o espírito moderno. Que, em regra, Schmitt tenta opor-se a Weber, é ele mesmo que o sustenta: "[…] que me levam à convicção firme de que Max Weber deve ser compreendido como uma tentativa de teologia política" (Carta a Hans Blumenberg de 20 ago. 1974 – Schmitt; Blumenberg, 2012, p. 75).

Apesar dessas restrições, podemos verificar que no nível sistemático emerge em Weber uma tipificação suficientemente clara e coerente do catolicismo que se desdobra em diferentes níveis de análise sociológica. A reflexão weberiana do catolicismo perpassa o nível fundamental da ação ou práxis social, avança até o nível estrutural da instituição eclesiástica (tipo Igreja) e suas organizações sociais (ordens monásticas), contemplando ainda o nível simbólico de suas representações doutrinárias (teologia). A tipificação weberiana do catolicismo obedece ao seu esquema sociológico geral de ação/ordem/cultura e insere-se com notável coerência na ótica de seu individualismo metodológico e no seu modelo de análise de múltiplos níveis (Schluchter, 2005).

Ainda que não desprovida de caráter sistemático, não devemos esquecer-nos de que a tipificação do catolicismo em Weber não decorre de um esforço de delimitação no nível puramente abstrato dos conceitos, dado que seu conteúdo essencial é retirado, em última instância, do processo histórico. Tendo em vista o problema analítico que Weber formula na *Ética protestante*, é antes no campo do devir que se situa o aspecto forte do seu trabalho. Por essa razão, sua sociologia sistemático-tipológica subordina-se à sua *sociologia sócio-histórica* do catolicismo. Disso decorre que os traços do catolicismo que aparecem na sua obra refletem menos a adaptação do catolicismo ao cenário pós-Vestfália (catolicismo tridentino) ou mesmo o catolicismo da infalibilidade papal (Concílio Vaticano I) e muito mais a Igreja Católica em seu período medieval. É por isso que seus elementos mais importantes serão justamente a instituição sacramental e as ordens monásticas. No nível da práxis de vida, o catolicismo é caracterizado como uma religião de uma dupla moral: de um lado, a lógica sistemática e extramundana do monasticismo com seu caráter exemplar e, de outro lado, a lógica sacramental e intramundana que a instituição oferece ao leigo situado na existência cotidiana. É a composição desses dois elementos que funda a especificidade do catolicismo enquanto "individualidade histórica".

Se a história é o palco prioritário do qual parte sua compreensão do catolicismo, temos também que determinar como ele enxerga o papel dessa religião no processo de gênese da era social moderna. Vista desse ângulo, sua análise modifica-se sensivelmente entre a primeira e a segunda versão da *Ética protestante*. Na primeira versão da obra, Weber acenou com a possibilidade de investigar futuramente os aportes efetivos do catolicismo para a gênese do *ethos* capitalista, mas ele jamais realizou esse projeto. Em relação ao problema específico tratado nessa obra (a contribuição da religião para a formatação do *ethos* profissional), ele negou-se enfaticamente a igualar os estímulos psicológicos do catolicismo aos do puritanismo. Mas, à medida que seu horizonte histórico alarga-se e sua preocupação passa a ser o processo de racionalização, o catolicismo e sua lógica sacramental aparecem como etapa integrante, ainda que não final, na longa cadeia que levou ao processo de desmagificação da religiosidade ocidental. Se, em relação ao espírito do capitalismo moderno, o catolicismo é tratado como fator causal nulo (mas não negativo), quando passamos ao tema da racionalização a Igreja Católica passa a fator causal ativo e determinante (ainda que preliminar) desse processo.

Ao longo dos anos vindouros, o olhar de Weber sobre o catolicismo será enriquecido com novas determinações, mas, tudo somado, o tratamento dispensado por Weber ao papel da Igreja Católica no texto da *Ética protestante*, ainda que ela esteja em plano secundário, fornece elementos suficientes para entender como ele compreendia essa vertente do cristianismo: reunindo tais elementos, obtemos uma autêntica e *substantiva* sociologia do catolicismo. Das suas análises históricas não se depreende que ele enxergue uma radical antinomia entre catolicismo e Modernidade e que ele visse essa agremiação religiosa como entrave à gênese das condições modernas. Nada nos autoriza a generalizar ou essencializar sua visão a esse respeito, pois se ele entendeu que o catolicismo não desempenhou o *mesmo* papel que o protestantismo em relação a conexões causais muito precisas e determinadas (caso do *ethos* capitalista), isso não fecha a porta à análise de processos e conexões singulares de outra ordem (caso do desencantamento). Outrossim, não devemos esquecer que a Igreja Católica, como instituição social, é anterior ao período moderno propriamente dito e é natural que, nesses termos, ela esteja menos impregnada do espírito moderno que suas congêneres versões protestantes (que são historicamente concomitantes). Mas, em outro registro, ela é componente essencial da formação do Ocidente. Exatamente por isso o catolicismo não deixa de contribuir de maneira efetiva (ou *positiva*) para a modelagem das formas de vida que ainda marcam nosso mundo.

Referências

BILEY, Lothar. *Die Religion im Denken Max Webers*. St. Ottilien: EOS Verlag, 1990.

BORUTTA, Manuel. *Antikatholizismus*: Deutschland und Italien im Zeitalter der europaischen Kulturkämpfe. Göttingen: Vandenhoeck & Ruprecht, 2010.

COLLINS, Randall. Weber's Last Theory of Capitalism: A Systematization. *American Sociological Review*, Washington, v. 45, n. 6, p. 925-942, 1980.

GRAF, Friedrich W. The German Theological Sources and Protestant Church Politics. *In*: LEHMANN, Harmut; ROTH, Guenter. (eds.). *Weber's Protestant Ethic*: Origins, Evidence, Contexts. Cambridge (UK): Cambridge University, 1987.

HAHN, Alois. *Sakramentale Kontrolle*. Max Webers Sicht des okzidentalen Christentums: Intepretation und Kritik. Frankfurt am Main: Suhrkamp, 1988.

HERSCHE, Peter. Der Romaufenthalt (1901-1903) und Max Webers Verhältnis zum Katholizismus. *In*: KAISER, Michael; ROSENBACH, Harald (eds.). *Max Weber in der Welt*: Rezeption und Wirkung. Tübingen: Mohr Siebeck, 2014.

HONNENFELDER, Ludger. Die etische Rationalität des mittelalterlichen Naturrechts. Max Weber und Ernst Troeltschs Deutung des mittelalterlichen Naturrechts und die Lehre vom natürlichen Gesetz bei Thomas von Aquin. *In*: SCHLUCHETER, Wolfgang. (ed.). *Max Webers Sicht des okzidentalen Christentums*: Intepretation und Kritik. Frankfurt am Main: Suhrkamp, 1988.

KALBERG, Stephen. *Deustchland und Amerika aus der Sicht Max Webers*. Wiesbaden: Springer, 2013.

KÄSLER, Dir. *Max Weber*. Preusse, Denker, Muttersoh: Eine Biographie. München: C. H. Beck, 2012.

KAUBE, Jürgen. *Max Weber*: ein Leben zwischen den Epochen. Berlin: Rowolt, 2014.

LEHMANN, Harmut; ROTH, Guenter. (eds.). *Weber's Protestant Ethic*: Origins, Evidence, Contexts. Cambridge (UK): Cambridge University, 1987.

LEHMANN, Harmut. Ascetic Protestantism and Economic Rationalism: Max Weber Revisited after Two Generations. *Harvard Theological Review*, Cambridge (USA), v. 80, n. 3, p. 307-320, 1987.

LEHMANN, Harmut. *Max Webers Protestantische Ethik*: Beiträge aus der Sicht eines Historikes. Göttingen: Vandehoeck und Ruprecht, 1996.

LERNER, Robert E. Waldenser, Lollarden und Taboriten. Zum Sektenbegriff bei Weger und Troeltsch. *In*: SCHLUCHETER, Wolfgang. (ed.). *Max Webers Sicht des okzidentalen Christentums*: Intepretation und Kritik. Frankfurt am Main: Suhrkamp, 1988.

LÖWY, Michel. *A guerra dos deuses*: religião e política na América Latina. Petrópolis: Vozes, 2000.

METTE, Norbert. *Religionssoziologie katholisch*. Erinnerungen an religionsoziologische Traditionen innerhabl des Katholizismus. Soziologie des Katholizismus. Mainz: Grünewald, 1980.

MÜLLER, Hans-Peter. Kultur und Lebensführung durch Arbeit? *In*: ALBERT, Gert; BIENFAIT, Agathe; SIGMUND, Stefen; WENDT, Claus. *Das Weber-Paradigma*. Tübingen: Mohr Siebeck, 2003.

OEXLE, Otto G. Max Weber und das Mönchtum. *In*: LEHMAN, Hartmut; QUÈDRAGOGO, Jean M. (eds.). *Max Weber Religionssoziologie in interkuluturller perspektive*. Göttingen: Vandenhoeck & Ruprecht, 2003.

PIERUCCI, Antônio F. *O desencantamento do mundo*: todos os passos do conceito em Max Weber. São Paulo: ed. 34, 2003.

RIESEBRODT, Martin. A ética protestante no contexto contemporâneo. *Tempo Social*, São Paulo, v. 24, n. 1, p. 159-182, 2012.

ROSENWEIN, Barbara H. Reformönchtum und der Aufstieg Clunys. Webers Bedeutung für die Forschung heute. *In*: SCHLUCHETER, Wolfgang. (ed.). *Max Webers Sicht des okzidentalen Christentums*: Intepretation und Kritik. Frankfurt am Main: Suhrkamp, 1988.

ROTH, Guenther. Weber the Would-Be Englishman. Anglophilia and Family History. *In*: LEHMANN, Harmut; ROTH, Guenter. (eds.). *Weber's Protestant Ethic*: Origins, Evidence, Contexts. Cambridge (UK): Cambridge University, 1987.

SCAFF, Lawrence. *Max Weber in America*. Princeton: Princeton University, 2011.

SCHLUCHTER, Wolfgang; GRAF, Friedrich Wilhelm. (eds.). *Asketischer Protestantismus und der 'Geist' des modernen Kapitalismus*. Tübingen: Mohr Siebeck, 2005.

SCHLUCHTER, Wolfgang. *Handlung, Ordnung und Kultur*. Tübingen: Mohr Siebeck, 2005.

SCHLUCHTER, Wolfgang. *Paradoxos da Modernidade*: cultura e conduta na teoria de Max Weber. São Paulo: Unesp, 2011.

SCHLUCHTER, Wolfgang. *O desencantamento do mundo*: seis estudos sobre Max Weber. Rio de Janeiro: UFRJ, 2014.

SCHMITT, Carl; BLUMENBERG, Hans. *L'egnigma della modernità*. Epistolario 1917-1978 e altri scritti. Roma: Laterza, 2012.

SCHMITT, Silke. *Max Webers Verständis des Katholizismus*: Eine Werkbiografispeche Analyse. Rom: Deutsches Historisches Institut in Rom, 2012.

SELG, Kurt-Victor. Max Weber, Ernst Troeltsch und die Sekten und neuen Orden im Spätmittelalter (Waldenser, Humiliaten, Franziskaner). *In*: SCHLUCHETER, Wolfgang. (ed.). *Max Webers Sicht des okzidentalen Christentums*: Intepretation und Kritik. Frankfurt am Main: Suhrkamp, 1988.

SELL, Carlos E. *Max Weber e a racionalização da vida*. Petrópolis: Vozes, 2013.

STARK, Werner. The Place of Catholicism in Max Weber's Sociology of Religion. *Sociological Analysis*, Oxford, v. 29, n. 4, p. 202-210, 1968.

TROELTSCH, Ernst. Die Soziallehren der christlichen Kirchen und Gruppen. Tübingen: Mohr Siebeck, 1994.

TYRELL, Hartmann. Worum geht es in der Protestantisch Ethik? Ein Versuch zum besseren Verständnis Max Webers. *Saeculum*, v. 41, n. 2, p. 130-177, 1990.

TYRELL, Hartmann. Max Weber, Bismarck und der Kulturkampf. *In*: TYRELL, Hartmann; KRECH, Volkhard. (eds.). *Religionssoziologie um 1900*. Würzburg: Egon Verlag, 1995.

TYRELL, Hartmann. *Katholizismus und katholische Kirche*. Max Weber Religionssoziologie in interkuluturller perspektive. Göttingen: Vandenhoeck & Ruprecht, 2003.

TYRELL, Hartmann. Religion und Politik: Max Weber und Émile Durkheim. *In*: BIENFAIT, Agathe. (ed.). *Religion verstehen*: Zur Aktualität von Max Webers Religionssoziologie. Wiesbaden: VS, 2011.

WEBER, Marianne. *Weber*: ein Lebensbild. Tübingen: Mohr Siebeck, 1926.

WEBER, Max.*Wirtschaft und Gesellschaft*. Tübingen: Mohr Siebeck, 1956.

WEBER, Max. As seitas protestantes e o espírito do capitalismo. *In*: GERTH, Hans H.; WRIGHT MILLS, Charles. (orgs.). *Ensaios de sociologia*. 5. ed. Rio de Janeiro: Guanabara: Rio de Janeiro, 1982.

WEBER, Max. Konfuzianismus und Tauismus (Schriften 1915-1920). *In*: SCHMIDT-GLINTZER, Helwig; KOLONKO, Petra. (eds.). *Max Weber Gesamtausbabe*. V. 1/19. Tübingen: Mohr Siebeck, 1989.

WEBER, Max. Briefe (1906-1908). *In*: LEPSIUS, Rainer M.; MOMMSEN, Wolfgang. (eds.). *Max Weber Gesamtausgabe*. V. II/5. Tübingen: Mohr Siebeck, 1990.

WEBER, Max. *Economia e sociedade*: fundamentos da sociologia compreensiva. v. 1. 3. ed. Brasília: UnB, 1994.

WEBER, Max. *A ética protestante e o "espírito" do capitalismo*. São Paulo: Companhia das Letras, 2004.

WEBER, Max. Die Wirtschaftsethik der Weltreligionen. Das Antike Judentum (Schriften und Reden 1911-1920). *In*: OTTO, Eckart; OFFERMANN, Julia. (eds.). Max Weber Gesamtausgabe. V. I/21. Tübingen: Mohr Siebeck, 2008.

WEBER, Max. Wirtschaft und Gesellschaft. Herrschaft. *In*: HANKE, Edith; KROLL, Thomas. (eds.). *Max Weber Gesamtausgabe*. V. I/22-4. Tübingen: Mohr Siebeck, 2009.

WEBER, Max. Abriss der universalen Sozial-und Wirtschaftsgeschite. Mit-und Nachschriften 1919/1920. *In*: SCHLUCHTER, Wolfgang; SCHRÖDEER, Joachin. (eds.). *Max Weber Gesamtausgabe*. V. III/6. Tübingen: Mohr Siebeck, 2011.

WEBER, Max. Wirtschaft Und Gesellschaft. Soziologie. Unvollendet. 1919-1920. *In*: BORCHARDT, Knut; SCHLUCHTER, Wolfgang. (eds.). *Max Weber Gesamtausgabe*. V. I/23. Tübingen: Mohr Siebeck, 2013.

WEBER, Max. Asketischer Protestantismus und Kapitalismus. Schriften und Reden (1904-1911). *In*: SCHLUCHTER, Wolfgang; BUBE, Ursula. (eds.). *Max Weber Gesamtausgabe*. V. I/9. Tübingen: Mohr Siebeck, 2014.

ZÖLLER, Michael. Kulturprotestantismus als Religionssoziologie. Weber, Troeltsch und der Katholizismus. *In*: STAMMEN, Theo; MAIER, Hans. (ed.). *Politik, Bildung, Religion*. Hans Maier zum 65. Geburstag. Paderborn: F. Schöningh, 1996.

Capítulo 3
Igreja Católica:
a continuidade institucional do carisma de Jesus

A teoria de dominação carismática de Max Weber (2013) constitui, ainda hoje, um dos principais recursos sociológicos para compreender a natureza da Igreja Católica como instituição (Dreyer, 2001; 2002). Mas como Weber aplica a distinção carisma/instituição para entender essa organização religiosa? A evolução das comunidades cristãs fundadas por Paulo (comunidades paulinas) oferece-nos um excelente campo de observação analítica para responder a essa pergunta, ou seja, para entender a teoria weberiana da institucionalização do carisma.

Porém, mesmo que adotem parâmetros epistemológicos comuns, as pesquisas que partem de Weber apresentam sensíveis disparidades entre si. Essa falta de unidade pode ser um dos fatores a explicar certa paralisia dessa linha de investigação que, apesar de sua importância, não vem mais apresentando resultados teóricos inovadores. Frente a esse problema, argumento que uma retomada dos estudos mais recentes sobre a dominação carismática em Weber pode trazer contribuições para superar essa estagnação. Mais precisamente, o intento é demonstrar que uma leitura atualizada da sociologia da dominação carismática de Weber pode servir como uma plataforma para superar as divergências e integrar os resultados dos estudos sobre o perfil sócio-eclesial das comunidades paulinas em um horizonte comum. Ao mesmo tempo, ela pode fornecer-nos uma grade atualizada para utilizar o potencial analítico de sua compreensão da Igreja como carisma institucionalizado, linha de interpretação adotada neste livro.

Para desenvolver essa hipótese, o texto está dividido da seguinte forma: a primeira parte apresenta as pesquisas atuais sobre a teoria da dominação carismática de Weber, bem como discute criticamente os impasses dos estudos que utilizam o aporte weberiano para explicar o processo de institucionalização eclesial das comunidades paulinas; já a segunda parte, agora de maneira propositiva, relê os indícios fornecidos pela exegese das cartas paulinas à luz da tipologia weberiana de Wolfgang Schluchter (1985). O objetivo é caracterizar o perfil e a evolução das comunidades paulinas enquanto entidades sociais a partir de um marco analítico que, além de mais coerente com as premissas de Weber, seja também mais atualizado teoricamente. Dessa forma, preserva-se e ao mesmo tempo amplia-se o potencial da sociologia da dominação carismática de Weber para explicar, em sua devida complexidade, os percursos e as modalidades de institucionalização eclesial do cristianismo nascente. No fim, reflete-se sobre algumas implicações dessa discussão tanto para a sociologia quanto para a teologia. Nessa parte destaca-se a atualidade da teoria de Weber.

1 A dominação carismática em Weber: *status questionis*

A dominação carismática constitui uma das três formas de dominação da sociologia política de Max Weber (2013). Por meio delas, ele pretendia compreender e explicar sociologicamente quais eram os mecanismos que garantiam a estabilidade e a continuidade do poder político. E, frente às demais, a *dominação carismática* constitui uma versão muito peculiar, pois, diferentemente da *dominação legal*, ela é uma forma impessoal de poder legítimo, ao mesmo tempo em que, em oposição à dominação legal e *tradicional*, não é uma forma ordinária e estável, mas, sim, extraordinária e instável de estruturação das relações políticas. Vejamos, primeiramente, como essa abordagem vem sendo repensada no âmbito da sociologia política e, após isso, quais foram os resultados obtidos até agora com sua aplicação para o estudo sociológico das comunidades paulinas.

1.1 Dominação carismática na sociologia política

Existem diversas revisões sobre o conceito de carisma em Weber (Riesebrodt, 2001), mas não é esse ponto que será aprofundado aqui. Mais relevantes, dadas as suas implicações para este capítulo, são os estudos que pretendem demostrar qual é a estrutura global do carisma enquanto forma social, ou seja, enquanto estrutura coletiva de dominação política. Isso nos imuniza contra o risco de uma leitura subjetivista que reduz a discussão do carisma à ideia do "líder", esvaziando o potencial analítico da categoria. Com efeito, não é do carisma de um indivíduo isoladamente que se trata, mas de estruturas coletivas de *dominação* carismática (Sell, 2018).

Quando o assunto é carisma, Mario Rainer Lepsius (1993) é um marco fundamental da exegese weberiana. Ao analisar com cuidado a teoria da dominação carismática apresentada por Weber em *Economia e sociedade*, ele demonstrou que, juntamente com o tema da legitimidade simbólica, há que se levar em conta também a dimensão estrutural-organizacional do fenômeno. Enquanto estrutura política, a dominação carismática está organizada segundo diferentes níveis de complexidade. Em sua dimensão microssociológica, o foco reside no perfil do líder, mas esse nível precisa ser complementado ainda pela análise mesossociológica das formas de organização social da comunidade ou do movimento carismático a ele ligado e, finalmente, pela análise macrossociológica, que avalia o papel do carisma na sua dupla função de legitimação ou de subversão das estruturas políticas existentes.

Além da dualidade entre o simbólico e o estrutural, é importante considerar também o caráter dinâmico da teoria da dominação. Conforme insistiu Stefan Breuer (2011), mais do que uma descrição estática, a maior preocupação de Weber foi entender como ocorre a transformação do carisma, ou seja, a questão fulcral é entender como se dá a passagem do carisma do seu estado inicial ainda fluido para formas mais estruturadas e permanentes. A teoria weberiana do carisma é, acima de tudo, uma teoria sobre o processo de institucionalização. Trata-se de entender quais as condições que possibilitam que uma forma espontânea e instável possa converter-se em estrutura constituída e permanente de poder.

Embora essa teoria seja conhecida pelo termo "rotinização", Wolfgang Schluchter (1988b) explica que esse processo não envolve apenas uma, mas, sim, duas possibilidades. A primeira envolve a supressão do carisma e pode ocorrer tanto pela via da legalização (transformação em dominação legal) quanto pela tradicionalização (transformação em dominação tradicional). Existe também um segundo caminho que, ao invés de suprimir, modifica o estatuto da dominação carismática. Essa via, por sua vez, desdobra-se em outras duas possibilidades: a primeira delas diz respeito ao processo de "rotinização" (*Veraltltäglichung*) e significa a passagem da condição extraordinário-excepcional (provisória) do carisma para uma condição normal-ordinária (permanente); a segunda variável diz respeito à "objetivação" (*Versachlichung*) e, dessa feita, remete a um processo de despersonalização do carisma que passa da esfera subjetiva para a objetiva.

1.2 Dominação carismática na sociologia das comunidades paulinas

O fato de que exista uma interpretação sociológica sobre as comunidades[35] paulinas que adota o conceito de dominação carismática de Weber como referência não quer dizer que ela seja homogênea nem que suas conclusões sejam necessariamente similares. Pelo contrário, ao revisar esses estudos, nota-se que existem importantes disparidades teóricas entre eles.

O posto de pioneiro no estudo das coletividades paulinas sob o prisma weberiano cabe a John Schütz (2007). Contudo, olhando seu escrito mais detidamente, veremos que seu foco não consiste na caracterização das coletividades paulinas enquanto organizações de tipo carismático, mas, sim, no problema mais específico da legitimidade de Paulo enquanto apóstolo. Ele sustenta que, ao polemizar com seus adversários, Paulo não fundamenta sua legitimidade apenas em suas experiências particulares de revelação, porém, sim, na autoridade do Evangelho, que, por sua vez, é mediada pela Igreja.

Em princípio, o livro de Beng Holmberg (2004), intitulado *Paulo e o poder*, pode dar a impressão de que também fica restrito ao tema da liderança apostólica. No entanto, o autor vai muito além da questão da legitimidade e fornece um amplo retrato da estrutura de autoridade do cristianismo nascente. Realizando uma análise em escala descendente, ele começa descrevendo (1) a distribuição do poder *entre as Igrejas cristãs*, focando especialmente a relação de Paulo com as autoridades de Jerusalém. Em seguida, ele passa à análise da (2) distribuição de poder *entre as Igrejas paulinas* e mostra como Paulo exercia sua autoridade sobre elas por meio do ato de fundação, de visitas, de cartas e por meio de seus colaboradores diretos. Por fim, ele desce ao nível local para entender como se dava a (3) distribuição do poder no *interior das comunidades paulinas* por meio de funções carismáticas e institucionais. O estudo conclui que a Igreja primitiva adotava uma forma já rotinizada de carisma que estava mesclada com elementos tradicionais e racionais.

Enquanto os dois autores acima priorizaram a análise da organização política das comunidades paulinas, Margaret MacDonald (2004), ao contrário, adota um enfoque predominantemente sociológico. Complementando a teoria weberiana com a sociologia do conhecimento de tipo fenomenológico, ela analisa o proces-

---

35. Mais correto, do ponto de vista sociológico, seria evitar o termo "comunidade", pois ele é um conceito que se aplica apenas a unidades sociais com características bastante específicas. Não se trata, pois, de um objeto, mas de uma forma de compreendê-lo. Designações mais neutras, que empregarei algumas vezes, podem ser "coletividades sociais", "formas sociais" ou "entidades sociais". No entanto, como se trata de um uso amplamente difundido e para evitar problemas de compreensão, continuarei a empregar, para os coletivos paulinos, o termo "comunidade".

so de institucionalização eclesial em três etapas, assim designadas: institucionalização fundadora (a partir das Cartas Autênticas, também ditas Protopaulinas), estabilizadora (a partir das Cartas Deuteropaulinas) e protetora da comunidade (a partir das Cartas Pastorais). Como variáveis analíticas de cada uma dessas fases, ela busca localizar no epistolário paulino (1) o código ético-familiar que reflete a postura da comunidade frente ao ambiente social, (2) as estruturas ministeriais, (3) as formas rituais e (4) as crenças de suas respectivas comunidades. Apesar disso, MacDonald (2004) acaba caracterizando a comunidade paulina da fase de fundação – erradamente – como uma seita e não explica como elas evoluíram até se tornarem posteriormente igrejas.

Comparando esses trabalhos, podemos notar que Holmberg (2004) e Schütz (2007) priorizam a análise da dimensão sociopolítica e MacDonald (2004), a dimensão sócio-organizacional das comunidades paulinas. Mas enquanto Schütz limita-se à questão da legitimidade apostólica, Holmberg amplia seu trabalho para entender o conjunto da estrutura política desses coletivos. Outra diferença é que os estudos de Schütz e Holmberg são sincrônicos (priorizam uma descrição estática das comunidades), ao contrário da investigação de MacDonald, que se volta para o estudo diacrônico (histórico-processual) de evolução eclesial. Além disso, mesmo se apoiando no conceito weberiano de carisma, tais estudos acabam adotando outras referências teóricas para definir o processo de institucionalização social.

Portanto, longe de convergentes, as pesquisas weberianas sobre as comunidades paulinas são permeadas por diferenças importantes, o que dificulta chegar a resultados cumulativos. Por fim, para além do aspecto comparativo, uma crítica geral que se pode endereçar a todos eles é que tendem a reduzir a forma de dominação carismática de Weber à dimensão simbólica, esquecendo-se de que para todo tipo de legitimidade existe uma forma de organização congruente com ela (dimensão estrutural)[36]. Essa redução idealista, juntamente com os fatores acima, acaba por inibir uma utilização mais coerente e frutuosa do modelo de Weber.

2 Como se formou a Igreja?

A seção anterior mostrou que, enquanto a pesquisa sobre Weber vem sendo progressivamente aprofundada e refinada, os estudos sobre as comunidades paulinas na perspectiva weberiana seguem caminhos incongruentes. Para superar essa

---

[36]. Conforme Weber (1982, p. 138): "dependendo da natureza da legitimidade pretendida diferem do tipo de obediência e do quadro administrativo destinado a garanti-la".

contradição e avançar no entendimento do processo de institucionalização eclesial das igrejas paulinas, o presente estudo utiliza um modelo analítico-tipológico proposto por Wolfgang Schluchter (1985). Depois de descrever essa tipologia, a exegese dos escritos paulinos é mobilizada como fonte material para identificar os percursos e as modalidades pelas quais as comunidades paulinas desenvolveram-se enquanto entidades sociais.

2.1 Nível teórico-metodológico: a tipologia de Wolfgang Schluchter

Fruto do que se chamou de renascimento weberiano na Alemanha, o professor da Universidade de Heidelberg, Wolfgang Schluchter, é considerado atualmente o principal perito na obra de Max Weber. Além de ser um dos organizadores da republicação das obras de Weber, ele desenvolveu uma ampla interpretação que defende ser a racionalização a categoria-chave da teoria weberiana da Modernidade[37]. Mesmo que Weber tenha-se dedicado mais ao protestantismo, Schluchter também não se furtou a reconstruir qual seria a visão weberiana do cristianismo antigo (Schluchter, 1985) e do cristianismo ocidental (Schuluchter, 1988a), muito em particular do catolicismo.

É nesse contexto que emerge sua reconstrução do entendimento que Weber tinha sobre o desenvolvimento das comunidades paulinas (Schluchter; Roth, 1999, p. 55-119). Schluchter sustenta que não se pode compreender o processo de nascimento da Igreja apenas a partir do fator da objetivação do carisma, razão pela qual acrescenta ao modelo de Weber uma segunda variável analítica: o par *comunidade/associação*. Enquanto a "comunidade" (*Gemeinschaft*) designa um agrupamento social fundado no sentimento de pertencimento subjetivo, a "associação" (*Gesellschaft*) remete-nos à ideia de uma organização resultante da união em torno de interesses ou valores racionalmente perseguidos.

Isso nos permite explicar a evolução do cristianismo paulino sob um duplo aspecto: por um lado (eixo 1), é preciso verificar como o formato dos coletivos cristãos é resultado de uma evolução organizacional pela qual ele deixa de ser comuni-

---

[37]. Por meio de diversas monografias que analisaram os escritos de Weber sobre as religiões da China (hinduísmo e budismo), da Índia (confucionismo e taoísmo), e do Ocidente (judaísmo e cristianismo), Schlucheter argumentou que Weber realizou, por um lado, uma análise intercomparativa que demonstra qual é a especificidade do racionalismo ocidental e, por outro lado, uma análise intragenética que busca as raízes de nosso racionalismo moderno. Só assim podemos compreender como desembocamos no racionalismo da dominação do mundo que impregna, em diferentes níveis, as formas de racionalidade formal presente nas instituições da esferas religiosa, econômica, política, jurídica e cultural do mundo moderno.

tário para tornar-se cada vez mais associativo (ou burocratizado). Nesse primeiro eixo, contudo, é preciso estar atento a mais um aspecto, pois tanto as comunidades quanto as associações podem ser de tipo provisório ou permanente; por outro lado (eixo 2), é preciso verificar também como o carisma perde sua conotação original, ligado a um indivíduo, para ser progressivamente depositado na instituição, ou seja, é preciso explicar como o carisma transita da condição pessoal para a impessoal. Isso nos deixa com as seguintes possibilidades lógico-conceituais:

Quadro 3.1 – Tipologia sócio-evolutiva das organizações sociais cristãs

Tipo	Eixo sócio-organizacional	Eixo sociopolítico
Tipo 1	Comunidade provisória	Carisma pessoal
Tipo 2		Carisma impessoal
Tipo 3	Comunidade permanente	Carisma pessoal
Tipo 4		Carisma impessoal
Tipo 5	Associação provisória	Carisma pessoal
Tipo 6		Carisma impessoal
Tipo 7	Associação permanente	Carisma pessoal
Tipo 8		Carisma impessoal

Fonte: elaboração própria.

Ocorre que no plano histórico nem todas as possibilidades conceituais podem ser encontradas concretamente. No âmbito empírico, Schluchter sugere apenas a existência do *movimento de Jesus* (tipo 1), do *cristianismo paulino* (tipo 3), das ordens s*eitas* ou *ordens religiosas* (tipo 4), dos *cultos racionais* (tipo 5) e da *Igreja institucional* (tipo 8). De toda forma, a tipologia acima, ainda que acrescente inovações, é perfeitamente coerente com a sociologia de Weber. E como ela está alicerçada em dois eixos analíticos, podemos servir-nos dela para integrar os demais estudos sociológicos sobre as comunidades paulinas em uma plataforma teórica comum. Dessa forma, os estudos de Schütz e Holmberg podem ser alocados no eixo 2 da objetivação do carisma (aspecto sociopolítico), enquanto o estudo de MacDonald diz respeito ao eixo que analisa a transição das organizações do modelo comunitário para o modelo burocratizado (eixo 1 – sócio-organizacional). Isso nos permite, adicionalmente, diferenciar melhor entre as *modalidades*, ou seja, as formas concretas de organização das comunidades (dimensão sincrônica) e os *percursos*, ou seja, as etapas e os processos que, na dimensão diacrônica, são responsáveis pela alteração do perfil sociológico dessas comunidades.

93

2.2 Nível histórico-empírico: a institucionalização das comunidades paulinas

Apesar de sugerir algumas possibilidades históricas de evolução eclesial do cristianismo antigo, Schluchter não nos oferece uma descrição detalhada de cada uma delas. Seu estudo concentra-se basicamente na comparação entre o movimento carismático rural-anti-intelectualista de Jesus e seu contraste com o movimento carismático urbano-intelectualista de Paulo. Nos tópicos seguintes, essa tarefa será retomada e completada. Tomando a tipologia de Schluchter como base, pretende-se caracterizar quais são as formas sociais que o cristianismo assumiu em sua fase formativa, começando pelo movimento de Jesus até chegar à Igreja institucional.

2.2.1 Do movimento de Jesus ao culto do Kyrios Christós[38]

Paulo não pode ser considerado o ponto de partida da evolução eclesial do protocristianismo; entender corretamente seu papel implica recuar, ainda que brevemente, até o movimento carismático de Jesus de Nazaré. Para ajudar-nos nesse caminho, a obra de Gert Theissen (2009) (professor de Novo Testamento em Heidelberg) tem a vantagem de fundamentar-se em uma visão sociológica que, a despeito de seu lado funcionalista e de seu ecletismo, não deixa de estar solidamente enraizada em Weber. Para ele, o movimento de Jesus inclui também os pregadores itinerantes que, mesmo depois de sua morte, mantiveram vivo o radicalismo do anúncio de sua mensagem. Já o movimento milenarista de renovação do judaísmo liderado pelo próprio Jesus de Nazaré pode ser caracterizado a partir de três componentes básicos: (a) as qualidades carismáticas do líder, (b) as características de seu grupo e (c) o tipo de liderança exercida sobre seus membros (Theissen, 1988; cf. também Dreyer; Van Aarde, 2000).

Theissen descreve as qualidades que fazem de Jesus uma *personalidade carismática* a partir dos papéis sociais com base nos quais ele foi interpretado em seu tempo: messias, profeta e rei. Tais papéis, contudo, não são apenas exteriormente atribuídos; para entender sua natureza também é fundamental compreender o processo de "autoestigmatização" (Ebertz, 1987) a partir do qual Jesus assume as características dos grupos marginais de seu tempo. Juntamente a esses papéis, podemos acrescentar ainda, conforme Dunn (1997, p. 68-94), sua atividade de taumaturgo (que realiza milagres) como confirmação de sua legitimidade carismática.

---

38. Utilizo a forma binária (κύριος Χριστὸς – *kýrios Christós*, "Senhor Cristo"), mas é importante lembrar que Paulo utiliza-se também da forma trinária (κύριος Ἰησοῦς Χριστὸς – *kýrios Iisoús Christós*, "Senhor Jesus Cristo"), como temos em 1Cor 8, 6; Fl 2, 11.

Em torno de Jesus, enquanto líder carismático, surgiu um *movimento* composto por três círculos concêntricos (Collins, 2015): além de Jesus como líder, existiam ainda os discípulos e uma rede local de apoio logístico formada por simpatizantes. Articulando esses dois polos, temos um tipo de exercício de *liderança carismática* profética que se diferencia do rabínico (escola) ou sectário (Qunram), pois está fundamentado na ideia do discipulado (Hengel, 2005). Em termos mais sociológicos, vale dizer que esse movimento constitui uma rede centrada em uma pessoa e que suas relações são marcadas por intimidade, efetividade e extensão (Dudling, 2002; McClure, 2016).

Contudo, se Jesus e seus discípulos podem ser caracterizados, conforme a tipologia weberiana de Schluchter, como uma comunidade efêmera (e por isso seria um movimento) conduzida por uma forte liderança carismática (tipo 1), não encontramos a mesma facilidade quando se trata de definir sociologicamente qual o formato dos grupos semiestruturados que, em Jerusalém e Antioquia, ao lidar com a questão da morte do fundador (problema da sucessão do carisma), passaram a cultuá-lo como um ser divino ressuscitado. A grande questão é: qual o conceito sociológico que expressa a natureza social dessa primeira forma de organização eclesial dos cristãos?

Embora parte da literatura veja a comunidade de Jerusalém e de Antioquia como *seitas*[39], outros estudiosos preferem designá-la como um *culto*[40], o que parece ser a melhor opção, dado que nesse momento de sua história os grupos cristãos são apenas uma *tendência* no interior do judaísmo, e não uma *dissidência* conscientemente separada[41]. No entanto, precisamos enfrentar a tarefa nada fácil de fornecer um entendimento weberiano do conceito de culto. Tomando como referência a tipologia de Schluchter, a melhor opção parece ser (no eixo 1) o conceito de "associação provisória". Interpretar um culto como associação justifica-se pelo caráter intensamente integrado da comunidade de Jerusalém e pela sua forte estruturação em torno da liderança dos doze. Não se trata, é claro, de uma

---

39. Interpretam a comunidade de Jerusalém como *seita*, entre outros, Elliott (1995, p. 75), Esler (1999, p. 69) e Dunn (2009).

40. Esse termo não dever ser confundido com "ritual" e que foi introduzido na sociologia por Howard Becker, levando a uma posterior diversificação da tipologia das organizações religiosas da dicotomia original seita/igreja para incluir ainda denominações/cultos. Para um estudo da expansão do cristianismo como culto, veja-se Stark (1996).

41. Interpretam a comunidade de Jerusalém como *culto*, entre outros, Esler (2000), White (2004) e Regev (2022).

associação formalizada. Ao contrário disso, seu caráter ainda informal confere-lhe um caráter provisório. Por outro lado, como tal associação tem como seu fundamento a memória de Jesus de Nazaré (e não mais sua pessoa fisicamente presente), que agora é reconhecido como Senhor e Cristo, essa associação possui uma constituição profundamente carismática (eixo 2). Por essas razões, podemos caracterizar o culto formado em torno do κύριος Χριστὸς (*kýrios Christós*, "Senhor Cristo") ou do κύριος Ἰησοῦς Χριστὸς (*kýrios Iisoús Christós*, "Senhor Jesus Cristo") como uma "associação provisória com carisma impessoalizado" (tipo 6).

2.2.2 A forma sócio-eclesial nas Cartas Autênticas: comunidades carismáticas

As comunidades de Jesusalém e de Antioquia são fundamentais para compreender o pensamento de Paulo, seja porque a segunda foi o ponto de partida de sua atuação como missionário, seja porque ele precisou da confirmação de Jerusalém para legitimar sua missão. Além disso, ambas forneceram a Paulo modelos concretos de organização para as comunidades eclesiais que ele fundou (Taylor, 1992). Mas isso em nada muda o fato de que, com a luta de Paulo para levar a mensagem cristã para além do mundo judaico, entramos em um novo ciclo na evolução eclesial do cristianismo nascente. Para caracterizar o formato social das comunidades por ele fundadas utilizam-se dois elementos das cartas paulinas: (1) suas concepções eclesiológicas e (2) a descrição de suas estruturas de liderança. O primeiro elemento aponta para o formato sócio-organizacional (ou seja, para o par comunidade/sociedade – eixo 1) e o segundo, para a organização interna (ou seja, para as formas de autoridade carismática – eixo 2) das comunidades fundadas por Paulo.

Sabemos que Paulo emprega diversas expressões para definir a natureza da comunidade cristã[42], como Igreja de Cristo (Ἐκκλησία, *Ekklisía*), Casa de Deus (οἰκοδομήθεοῦ, *oikodomítheoú*), Templo de Deus (ναόςθεός, *naóstheós*) e especialmente Povo de Deus (λαὸςθεοῦ, *laóstheoú*) ou Corpo de Cristo (σῶμαΧριστοῦ, *sómaChristoú*). Ainda que o conceito de povo de Deus também seja fundamental[43], vamos concentrar-nos, dada a sua relação com o tema do carisma, na

---

42. O termo Ἐκκλησία aparece 141 vezes no Novo Testamento e 41 vezes em Paulo, em particular na *Carta aos Coríntios* (31 vezes).

43. A expressão "Povo de Deus" é empregada por Paulo apenas duas vezes e sempre em relação com a primeira aliança. Na primeira passagem de 2Cor 6, 16, citando o Antigo Testamento, ele dirá que "serei o seu Deus, e eles serão o meu povo". A mesma situação repete-se em Rm 9, 25, escrito no qual Paulo, retomado o profeta Oséias, dirá que "chamarei meu povo àquele que não é meu povo".

eclesiologia do Corpo de Cristo. Embora seja mencionada na *Carta aos Romanos* (Rm 12,4-5), é na *Carta aos Coríntios* que ela ocupa uma posição central. Na sua primeira menção, ao condenar a πορνεία (*porneía*, prostituição), Paulo lembra que "os vossos corpos são membros de Cristo" (1Cor 6,1). O conceito volta a ser empregado em 1Cor 12,12-30, quando Paulo discute o papel dos carismas na comunidade de Corinto. Além de subordinar o dom de falar em língua (supervalorizado por aquela comunidade) à profecia e todo o conjunto dos carismas ao valor supremo da caridade, Paulo estabelece como critério de validade dos carismas seu fundamento no Espírito Santo e sua utilidade para o bem comum (1Cor 12,7). Por isso, ele insiste que "há diversidade de dons, mas o espírito é o mesmo; diversidade de ministérios, mas o Senhor é o mesmo" (1Cor 12,4). É para fundamentar essa tese que ele recorre à imagem do Corpo de Cristo (1Cor 12,12-16):

> Com efeito, o corpo é um e, não obstante, tem muitos membros, mas todos os membros do corpo, apesar de serem muitos, formam um só corpo. Assim também acontece com Cristo. Pois fomos todos batizados num só Espírito para ser um só corpo, judeus e gregos, escravos e livres, e todos bebemos de um só Espírito. O corpo não se compõe de um só membro, mas de muitos. Se o pé disser: "Mão eu não sou, logo não pertenço ao corpo", nem por isso deixará de fazer parte do corpo. E se a orelha disser: "Olho, eu não sou, logo não pertenço ao corpo", nem por isso deixará de fazer parte do corpo. Se o corpo todo fosse olho, onde estaria a audição? Se fosse todo ouvido, onde estaria o olfato?

Depois de afirmar ainda que "os membros do corpo que parecem mais fracos são os mais necessários" (1Cor 12,22), ele conclui sua reflexão dizendo que "vós sois o corpo de Cristo e sois os seus membros" (1Cor 12,27).

Pode-se afirmar que as imagens paulinas sobre a Igreja não devem ser confundidas com descrições sociológicas, já que são conceitos que visam apenas expressar sua natureza teológica[44]. Esse é o motivo pelo qual muitos estudiosos preferem explicar o perfil social dessas comunidades a partir de elementos mais concretos, como seu caráter doméstico ou comparando-as com as associações existentes na época (escolas filosóficas, sinagogas etc.) (Ascough, 2015). Apesar de importante, este último caminho não significa que não se possa inferir como a concepção teológica que Paulo tem da Igreja reflete elementos de seu formato social. Em consequência, ao recorrer ao conceito de "corpo", Paulo expressa o fato de

---

44. Excelentes discussões sobre as diferentes eclesiologias do Novo Testamento podem ser encontradas em Brown (1986), Lohfink (2011) e Penna (2021).

que a coletividade cristã está em outro estágio organizacional e não pode ser considerada apenas um movimento ou mesmo um culto: trata-se de um organismo mais amplo da qual todos são membros. É por esse motivo que, seguindo Weber, podemos designar essa coletividade, no sentido sociológico, como uma "comunidade". Mas não se trata mais de um movimento itinerante, pois a fundação de comunidades implica continuidade. É exatamente esse aspecto que a eclesiologia do Corpo de Cristo fundamenta.

Voltemo-nos, agora, para a estrutura de liderança dessas comunidades. Não são muitas as indicações sobre como as funções ministeriais eram organizadas no ambiente paulino[45]. A situação é ainda mais complexa se levarmos em conta que nos escritos de Paulo podemos encontrar duas descrições diferentes. Na *Carta aos Coríntios* (1Cor 12,28) ele afirma que "aqueles que Deus estabeleceu na Igreja são, em primeiro lugar, apóstolos [Ἀπόστολος, *Apóstolos*], em segundo lugar profetas [προφήτης, *profítis*], em terceiro lugar, doutores [δάσκαλος, *dáskalos*]". Enquanto essa tríade de funções parece refletir a experiência de Paulo em Antioquia, na *Carta aos Felipenses* temos uma outra variante organizacional, desta feita mais próxima ao modelo sinagogal das comunidades judaico-palestinenses, que era centrado na autoridade dos "anciãos". De fato, em Filipenses Paulo remete "aos Santos em Cristo Jesus que estão em Filipos como seus epíscopos [επισκόπους, *episkópous*] e diáconos [διάκονος, *diákonos*]" (Fl 1,1)[46]. Rollof (2005) especula que, como a *Carta aos Felipenses* é mais tardia, ela pode refletir apenas a situação particular da comunidade de Filipos, mas não é de excluir-se que ela indique uma evolução temporal no modo como Paulo organizava as comunidades.

Diferenças à parte, permanece o fato de que o fundamento da organização político-eclesial das comunidades paulinas, na medida em que é assentada no carisma, possui baixos níveis de estruturação. Mesmo seu elemento mais objetivo, que é a autoridade apostólica de Paulo, possui seu fundamento pelo menos na justificativa dada por ele mesmo, em uma experiência pessoal (carismática) de revelação. No seu conjunto, portanto, as entidades socioeclesiais fundadas por Paulo podem ser caracterizadas, conforme a tipologia de Schluchter, como "comunidades permanentes com um carisma pessoal" (tipo 3). Sobre essas comunidades pneumáticas, Weber (2019a, p. 338) oferece-nos uma interessante descrição, nos seguintes termos:

---

45. Demais informações em Schweizer (1959) e Schmeller (1995).

46. Esse segundo modelo, por sinal, parece concordar com Lucas quando afirma que Paulo e Barnabé "designaram anciãos" (πρεσβύτεροι, *presvýteroi*) (At 14, 23) em cada igreja.

> Na era apostólica, o Espírito, em regra geral, ou nas formas avaliadas pela congregação como típicas, acometia não o indivíduo isolado senão a *assembleia* dos fiéis ou, nela, um ou alguns de seus participantes. Quando o Evangelho é anunciado, o "Espírito" é "derramado" sobre a "congregação". A glossolalia e os outros "dons do Espírito", também a profecia da época, desenvolvem-se em seu meio, não em câmara isolada. Todos eles, ao menos em regra geral, eram consequências da influência, ou mais corretamente, da reunião das massas, e demonstram estar vinculados a esta enquanto precondição no mínimo normal. Afinal, no cristianismo primitivo, todo o apreço religioso [...] pela *congregação* enquanto tal, como zeladora do Espírito, tinha por fundamento que principalmente ela mesma, a reunião dos irmãos, produz esse estado mental sagrado.

2.2.3. *A forma sócio-eclesial em Colossenses e Efésios: comunidades em transição*

Com a morte de Paulo, suas comunidades estão postas diante do desafio de manter vivo seu legado, problema que, como aprendemos com Weber, é o ponto de partida do processo de institucionalização. Na linha de MacDonald, as Cartas Deuteropaulinas e as Cartas Pastorais podem ser vistas como indicadores de que esse processo de institucionalização ocorreu conforme ciclos diferentes. Mas, diferentemente dessa autora, proponho uma interpretação mais gradual desse processo. O entendimento é que essa primeira etapa do processo de institucionalização é transitória e incide de maneira desigual sobre os dois eixos da comunidade paulina. Assim, no eixo sócio-organizacional (comunidade/associação) a mudança é mais profunda e os coletivos paulinos avançam do formato comunitário para o formato associativo. Já no eixo sociopolítico (carisma pessoal/impessoal), as transformações são menos intensas e uma estrutura consolidada de liderança continua muito incipiente.

Com exceção da *Carta aos Tessalonissences*, as duas demais Cartas Deuteropaulinas (*Colossenses* e *Efésios*) são fortemente eclesiológicas. Elas retomam a metáfora, empregada por Paulo na *Carta aos Coríntios*, da Igreja como Corpo de Cristo, mas ao avançar a tese de que Cristo é a "cabeça" desse corpo introduzem-se inovações de profundo alcance teológico e com importantes consequências sociológicas. Comecemos retomando a dimensão teológica. Na *Carta aos Colossenses*, no seu famoso "Hino de abertura", afirma-se que Cristo "é a cabeça da Igreja, que é seu corpo" (Cl 1,18). A expressão volta a ser empregada quando Paulo afirma que sofre, no seu próprio corpo, as tribulações de Cristo "pelo seu corpo, que é a

Igreja" (Cl 1,25). Na mesma carta adverte-se que não se deve ignorar "a cabeça, pela qual todo o Corpo, alimentado e coeso pelas juntas e ligamentos, realiza seu crescimento em Deus" (Cl 2,19).

Na *Carta aos Efésios*, o autor retoma essa visão cósmica segundo a qual "tudo ele [Deus] pôs debaixo de seus pés, e o põe, acima de tudo, como Cabeça da Igreja, que é seu corpo" (Ef 1,22-23). A expressão é empregada ainda em dois momentos-chave dessa epístola. No primeiro momento, que trata da unidade da Igreja (Ef 4,4), afirma-se que "há em Cristo um só corpo [...]; há um só Senhor, uma só fé, um só batismo". Dessa forma, "não seremos mais [...] agitados por todo vento de doutrina" (Ef 4,14). Ao contrário, "cresceremos em tudo em direção àquele que é a Cabeça, Cristo, cujo corpo, em sua inteireza, em ajustado e unido por meio de toda junta e ligadura, com a operação harmoniosa de cada uma de suas partes, realiza o crescimento para sua própria edificação no amor" (Ef 4,16). Na segunda passagem, que trata da moral doméstica, o autor dirá que assim como o homem é a cabeça da mulher, "Cristo é a cabeça da Igreja" (Ef 5,22) e, portanto, "somos membros do seu Corpo" (Ef 5,30). Não menos importante é o caráter sacramental dessa eclesiologia, pois é "por meio da Igreja" (Ef 3,10) que se realiza a "dispensação do Mistério oculto desde os séculos em Deus" (Ef 3,9).

Qual o significado sociológico dessa nova eclesiologia? Além de uma forte preocupação com a unidade e a importante designação da Igreja também como Templo Santo (Ef 2,19-22), essa visão revela que está em curso uma transformação estrutural no formato organizacional das coletividades sociais paulinas. A metáfora de Cristo como cabeça do corpo, ao deslocar a compreensão da Igreja de sua dimensão local para o contexto mais amplo da Igreja universal e, especialmente, ao afirmar a função intermediária da Igreja como instituição mediadora do mistério de Cristo (Ef 3,10), expressa o fato de que os coletivos paulinos já podem ser considerados, no sentido dado por Weber, como "associações", ou seja, como coletivos sociais que vão além dos vínculos comunitários do sentimento subjetivo-emocional de pertença. Dada sua natureza sacramental, a Igreja adquire agora uma dimensão decididamente institucional.

Sinais de um processo de objetivação do carisma também já começam a manifestar-se na estrutura da liderança e autoridade dessas comunidades (eixo 2). Mas nesse ponto o processo é parcial e relativamente ambivalente, pois, apesar dos avanços, uma estrutura fixa de liderança ainda não está consolidada (Theobald, 2021).

Conforme a *Carta aos Efésios*, o mistério da Igreja é revelado por Cristo "aos seus santos apóstolos e profetas" (Ef 3,5), porque eles são "os fundamentos" da comunidade (Ef 2,20). Afirma-se ainda que foi o próprio Cristo "quem estabeleceu alguns como apóstolos [Ἀπόστολος], outros como profetas [προφήτης], outros como evangelistas [Εὐαγγελιστής, *Evangelistís*] e outros como pastores [ποιμήν, *poimín*] e mestres [διδάσκαλος, *didáskalos*]" (Ef 4,11) visando todos eles à "edificação do Corpo de Cristo" (Ef 4,12). À primeira vista, essa lista de cinco funções assemelha-se àquela tríplice que encontramos na *Carta aos Coríntios*, pois os apóstolos aparecem em primeiro lugar, seguidos pelos profetas. Mas os mestres foram deslocados para o quinto lugar e entre ambos surgem os evangelistas e os pastores.

Rollof (2005, p. 276) observou que os dois primeiros carismas (apóstolos e profetas) pertencem ao passado e devem ser destacados da tríade formada por evangelistas, mestres e doutores, que se refere ao presente da comunidade. E, diferentemente do caráter dinâmico-carismático dos apóstolos e dos profetas, centrado na pregação missionária, os demais ministérios apontam para incipientes cargos de direção. Essa estrutura dual, ainda indefinida, revela não apenas que estamos diante de um processo de transição, mas que os ministérios eclesiais (cujo fundamento agora é mais cristológico que pneumatológico), já mais voltados para a função efetiva do governo, começam a apresentar traços que os levam à direção de sua objetivação. Mas esse processo ainda não se completou.

Na análise do eixo sócio-organizacional os coletivos cristãos de Éfeso e de Colossas podem ser compreendidos, nos termos da tipologia de Schluchter, como associações provisórias. Já no eixo sociopolítico, os cargos de liderança ainda estão organizados de modo ambivalente, combinando diferentes fórmulas e modelos. Tudo somado, o formato social dessas comunidades parece estar mais próximo do tipo 5 do modelo de Schluchter, ou seja, nesse estágio de transição as unidades sociais de origem paulinas podem ser compreendidas como "associações provisórias com carisma pessoal" (tipo 5).

2.2.4. Cartas pastorais: primícias da Igreja institucional

Se *Colossenses* e *Efésios* refletem uma fase de transição, as Cartas Pastorais, ao contrário, evidenciam transformações bem mais profundas. A começar pelo seu gênero: se as cartas autênticas ou mesmo as Deuteropaulinas são endereçadas, via de regra (a excessão é *Filêmon*), para comunidades, as duas *Cartas para Timóteo* e a *Carta para Tito* são endereçadas para indivíduos (colaboradores diretos de

Paulo). Escritos de terceira geração das comunidades paulinas, nelas reflete-se uma nova compreensão eclesiológica, bem como estruturas de liderança e governo bem já bem desenvolvidas e estruturadas.

No campo eclesiológico (eixo 1), as metáforas do Corpo de Cristo e o papel dos carismas como fundamento dos ministérios desaparecem. Agora a concepção orgânica do corpo é substituída por uma analogia de caráter ainda mais estrutural: o conceito de "casa". Isso reflete uma nova situação na qual a preocupação de que não se ensine "outra doutrina" (1Tm 1,3) ou mesmo "doutrinas demoníacas" (1Tm 4,1) vai tornando-se predominante. Na perspectiva do autor da carta, Timóteo deve ter clareza do que deve "ensinar e recomendar", pois "se alguém ensinar outra doutrina e não concorda com as sãs palavras de nosso Senhor Jesus Cristo e com a doutrina conforme a piedade é porque é cego" (1Tm 6,3). Tito, por sua vez, é o responsável pela "sã doutrina" (Tt 2,1). Essa preocupação é acompanhada pela busca de unidade, pois "há um só Deus e um só mediador entre Deus e os homens, um homem, Cristo Jesus, que se deu em resgate por todos" (1Tm 2,5-6).

Essa é a principal razão pela qual "a Igreja do Deus vivo" é definida como "casa de Deus". Ela é considerada como "coluna e sustentáculo da verdade" (1Tm 3,15), um sólido fundamento colocado por Deus (2Tm 2,19). Refletindo o crescimento quantitativo da Igreja, agora cada vez mais presente em amplos segmentos sociais, o autor da *Segunda Carta a Timóteo* adverte que "numa grande casa não há somente vasos de ouro e de prata: há também de madeira e barro, alguns para uso nobre, outros para uso vulgar" (2Tm 2,20).

A visão eclesiológica das Cartas Pastorais remete-nos, portanto, para a esfera da economia doméstica, tema bem conhecido em sua formulação clássica nas teorias políticas de Platão e especialmente de Aristóteles. Daí não ser estranho que as virtudes dos dirigentes da comunidade estejam sempre ligadas ao âmbito familiar. Com efeito, do epíscopo pede-se "que ele saiba governar bem a própria casa" (1Tm 3,4), pois se esse não for o caso, "como cuidará da Igreja de Deus"? (1Tm 3,5). O mesmo vale para os diáconos, dos quais se pede que governem "bem os filhos e a própria casa" (1Tm 3,12). A mesma lógica da *oikonomia* doméstica é empregada para pensar a relação com a esposa, os filhos e os escravos, sem esquecer ainda que todos "devem ser submissos aos magistrados e às autoridades" (Tt 3,1).

É tendo como pano de fundo essa eclesiologia doméstico-estrutural que os autores das Cartas Pastorais propõem uma nova estrutura de liderança (eixo 2). Com efeito, é nas Cartas Pastorais que emerge, pela primeira vez no Novo Testamento, a trilogia bispos/presbíteros/diáconos. No entanto, a interpretação sobre o real estatuto de cada um desses papéis de liderança no seio da comunidade não é de fácil interpretação. Na primeira *Carta a Timóteo*, o autor dirá que se alguém suspira ao episcopado "boa obra deseja", mas adverte que o epíscopo (επισκόπους) seja irrepreensível (1Tm 3,1-2). Também os diáconos (διάκονος) (1Tm 3,8-13) devem possuir um conjunto determinado de virtudes e só depois de experimentados é que "sejam admitidos na função de diáconos" (1Tm 3,8-10). Mas, depois de tratar da díade epíscopo/diácono, a exposição é interrompida para ser retomada apenas no capítulo seguinte, desta vez dirigida aos "presbíteros [πρεσβύτερος] que exercem bem a presidência" (1Tm 5,17). Nenhum desses termos é mencionado na *Segunda Carta a Timóteo*, ainda que sua autoridade e o caráter ministerial de sua atividade na "proclamação da palavra" (2Tm 4,2) – na qual ele deve evitar "as discussões de palavras" (2Tm 2,14) para "educar os opositores" (2Tm 2,25) a partir de "toda Escritura [que] é inspirada por Deus" (2Tm 3,21) –, sejam bem acentuados. A *Carta a Tito*, por sua vez, não menciona a existência de diáconos, apenas da necessidade de constituir presbíteros em cada cidade (1Tt 1,5). Na sequência afirma-se que como "ecônomo das coisas de Deus", também o epíscopo deve possuir um catálogo específico de virtudes (1Tt 1,7) de tal modo que "seja capaz de ensinar a sã doutrina como também de refutar os que a contradizem" (1Tt 1,9).

O problema é que tais descrições parecem revelar a coexistência de dois esquemas alternativos: de um lado, o modelo judaico dos anciãos enquanto líderes da comunidade e, de outro lado, uma estrutura organizada em torno da figura do epíscopo/diácono, termo retirado do âmbito administrativo helenístico. Essa estrutura aparentemente dual levou a diferentes interpretações. Para determinado grupo de estudiosos, os autores das Cartas Pastorais desejavam combinar esses dois esquemas. Já para um segundo grupo, seu objetivo era suplantar o modelo judaico colocando à frente da comunidade a liderança dos epíscopos. Por fim, há quem defenda ainda que não se trata da tentativa de combinar, mas de propor algo inteiramente novo.

Apesar dessas divergências interpretativas, a consolidação de uma estrutura de liderança hierárquica não é mais vista como reflexo de um carisma distribuído para o conjunto da comunidade, mas como um direito pessoal, indicador de que o carisma alcançou um alto grau de objetivação. Isso nos possibilita, assim, identificar a existência de um carisma de cargo. Esse dado é reforçado pelo fato de que essa liderança é obtida por um rito próprio, cujo principal elemento é a imposição das mãos feita pelo colégio dos presbíteros (1Tm 4,14), "dom da graça" (1Tm 4,14) ou "dom espiritual" (2Tm 1,6), que é "depositado por Deus" e que Timóteo é convidado a reativar (2Tm 1,6). Se somarmos essa forma objetivada de carisma com o fato de que a concepção de Igreja como "casa de Deus" indica uma associação estável, encontramo-nos frente ao tipo ideal 8 de Schluchter, ou seja, frente a uma "associação permanente com carisma impessoal".

Isso não significa que esse estágio representa o fim do processo de institucionalização das estruturas eclesiais cristãs, pois é somente em Clemente Romano e muito especialmente em Inácio de Antioquia[47] que a existência de um monoepiscopado, tendo como colaboradores os presbíteros e os diáconos, parece melhor delineada que nas Cartas Pastorais. Mas, do ponto de vista sociológico, já estamos diante de todos os elementos necessários para sustentar que as comunidades paulinas (enquanto entidades sociais ou enquanto coletivo organizado de indivíduos) já apresentam, em definitivo, o caráter formal de Igreja institucional.

3 A atualidade do modelo carisma-instituição

A discussão sobre o processo de institucionalização das comunidades paulinas traz consigo profundas implicações teológicas e sociológicas. No *âmbito teológico*, já no tempo de Weber, ela produziu uma cisão entre os teólogos *protestantes*. Dentre eles, Rudolf Sohm (1887) era da opinião de que a Igreja espiritual-carismática foi substituída por uma Igreja legal-institucional que nada tinha a ver com o Novo Testamento[48]. Sua opinião foi contestada por Adolf von Harnack (1910), que, apesar de reconhecer que já houvesse na Igreja primitiva um direito divino, herdado do Antigo Testamento, concordava com o fato de que, à medida que a esperança escatológica arrefecia, o princípio carismático foi sendo suplantado. Nessa perspectiva, o modelo eclesiológico institucionalizado das Cartas Pastorais estaria a revelar um protocatolicismo (*Frühkatholizismus*) presente no Novo Testamento[49]. Para combatê-lo, tais teólogos foram obrigados a procurar – sem

---

47. O tema é abordado por Clemente de Roma (1995, p. 54) e por Inácio de Antioquia (1995, p. 81-89). Uma apreciação geral sobre a eclesiologia desses autores pode ser encontrada em Sullivan (2001).
48. A influência de Rudolf Sohm sobre Weber é discutida em Heurtin (2019). Sobre a relação entre o conceito de carisma em Paulo e a concepção de Weber, veja-se Gignac (2009).
49. Para uma ampla documentação e análise dessa discussão, veja-se Schmitz (1977).

sucesso – um cânon dentro do cânon (Käsemann, 1973), mas não sem ter que admitir que a estrutura institucional católica não é uma criação meramente histórica posterior às Escrituras.

Como na teologia católica, além da Escritura, leva-se em conta também o papel da tradição, esse tema em princípio não acarretou maiores problemas. Isso não quer dizer que ela tinha ficado totalmente imune à discussão. Hans Küng (2002), por exemplo, nesse ponto seguido de perto por Leonardo Boff (1982), ilustra bem a tentativa de encontrar no carisma um fundamento para recuperar o caráter democrático originário da Igreja Católica, subvertido – segundo essa visão – pela expropriação do poder leigo por parte do clero. No entanto, a tese de que a Igreja foi plenamente carismática e só depois hierárquica – refutada até na teologia protestante – não encontra amparo exegético, como aliás a análise da institucionalização das organizações sócio-eclesiais paulinas na perspectiva sociológica weberiana, aqui esboçada, deixa claro.

Nem por isso precisamos concordar com Gerhard Müller (2015, p. 432) quando ele sustenta "que a natureza e a constituição fundamental da Igreja não podem ser compreendidas com meras categorias sociológicas". Evidentemente, essa compreensão não pode ser exclusividade da sociologia, mas ao criticar a tese de Sohm, Müller acaba por jogar inteiramente fora a distinção carisma/instituição. O que lhe falta, na verdade, é uma compreensão mais acurada de como, pelo menos no âmbito sociológico, ocorre o processo de institucionalização eclesial das comunidades paulinas. Sociologia e teologia, nesse caso, não se contradizem. Isso porque no *âmbito sociológico*, esse processo, de modo nenhum, significa necessariamente a passagem de um carisma puro (sem burocracia) para uma organização totalmente burocratizada (sem carisma). Assim como no ponto de partida da evolução eclesial já existe uma dimensão protoinstitucional, também no seu ponto de chegada fica preservada a dimensão carismática, ainda que agora objetivada enquanto carisma institucional. Carisma e instituição não devem ser considerados como conceitos excludentes, mas como dinâmicas que se influenciam e interpenetram mutuamente. É por isso que podemos dizer que a Igreja Católica representa a institucionalização do carisma de Jesus[50].

---

50. Ainda que no estudo sociológico weberiano das comunidades paulinas essa correlação sempre estivesse bem estabelecida, usos contraditórios de Weber acabam bloqueando o aprofundamento sistemático da questão. Ao distinguir, com base na atualização que Schluchter faz da sociologia weberiana, as *modalidades* (estrutura) e os *percursos* (processo) da institucionalização socioeclesial

Referências

ASCOUGH, Richard S. What Are They Now Saying about Christ Groups and Associations? *Currents in Biblical Research*, London, v. 13, n. 2, p. 207-244, 2015.

BÍBLIA de Jerusalém. Tradução do texto em língua portuguesa diretamente dos originais. São Paulo: Paulus, 2002.

BOFF, Leonardo. *Igreja*: carisma e poder. Ensaios de eclesiologia militante. Petrópolis: Vozes, 1982.

BREUER, Stefan. *Herrschaft in der Soziologie Max Webers*. Wiesbaden: Harrassowitz, 2011.

BROWN, Raymond E. *Las iglesias que los apóstoles nos dejaron*. 2. ed. Bilbao: D. Brouwer, 1986.

CLEMENTE ROMANO. Primeira carta de Clemente aos coríntios. *In*: *Padres apostólicos*. São Paulo: Paulus, 1995.

COLLINS, Randall. Jesus in Interaction: The Microsociology of Charisma. *Interdisciplinary Journal of Research on Religion*, Berkeley, v. 11, p. 1-29, 2015.

DREYER, Yolanda. Reading the New Testament from the Perspective of Social Theory of Institutionalization. *Bulletin for Christian Scholarship*, Noordbrug, v. 66, n. 3, p. 159-176, 2001.

DREYER, Yolanda. Leadership in the World of the Bible: (De)Institutionalisation as an Ongoing Process. *Verbum et Ecclesia*, v. 23, n. 3, p. 625-641, 2002.

DREYER, Yolanda; VAN AARDE, Andries. The Institutionalization of Jesus' Charismatic Authority, Part 1: Indirect Christology-Direct Christology. *Theological Studies*, London, v. 56, n. 2-3, p. 697-722, 2000.

DUDLING, Dennis. The Jesus Movement and Network Analysis. *In*: STEGEMANN, Wolfgang. (ed.). *The Social Setting of Jesus and the Gospel*. Minneapolis: Fortress, 2002.

DUNN, James. *Jesus and the Spirit*: A Study of the Religious and Charismatic Experience of Jesus and the first Christians As Reflected in the New Testament. Grand Rapids: Wm. B. Eerdmans, 1997.

---

da Igreja primitiva, esperamos ter contribuído com alguns avanços teóricos nessa agenda de pesquisa. Além de integrar os estudos existentes, superando a divisão entre enfoques políticos e sociológicos, bem como a divisão entre enfoques sincrônicos e diacrônicos, a tipologia de Schluchter também permite superar um tratamento isolado das comunidades paulinas que não leva em consideração suas raízes antecedentes (movimento carismático de Jesus e igrejas de Jerusalém e Antioquia). No entanto, a superação dessa perspectiva endógena (que só leva em conta fatores internos) só restará completa quando a evolução eclesiológica das comunidades paulinas for pensada também a partir de suas múltiplas formas de entrelaçamento com outros segmentos e tendências da Igreja primitiva. Mas, para tanto, ainda carecemos de melhores fontes históricas. De todo modo, e para terminar com uma das mais belas metáforas de Weber, para isso os trilhos já estão postos, ou seja, as bases teóricas já estão lançadas – o que não quer dizer que não nos resta um longo caminho a trilhar.

DUNN, James. *Beginning from Jerusalem*: Christianity in the Making. Grand Rapids: Wm. B. Eerdmans, 2009.

EBERTZ, Michael N. *Das Charisma des Gekreuzigten*: Zur Soziologie der Jesusbewegung. Tübingen: Mohr Siebeck, 1987.

ELLIOTT, John H. The Jewish Messianic. *In*: ESLER, Philip F. (ed.). *Modelling Early Christianity*: Social-Scientific Studies of the New Testament in Its Context. London: Routledge, 1995.

ESLER, Philip F. (ed.). *The Early Christian World*. New York: Routledge, 2000.

ESLER, Philip F. *The Earliest Christian Communities*. Social-Scientific Approaches to New Testament Interpretation. New York: Routledge, 1999

FABRIS, Rinaldo. *As cartas de Paulo* (III). São Paulo: Loyola, 1992.

FITZMYER, Joseph A. The Structured Ministry of the Church in the Pastoral Epistles. *The Catholic Biblical Quarterly*, London, v. 66, n. 4, p. 582-596, 2004.

GARRETT, Susan R. *The Pauline Churches*: A Socio-Historical Study of Institutionalization in the Pauline and Deutero-Pauline Writings. Cambridge (UK): Cambridge University, 1990.

GIGNAC, Alain. Charismes pauliniens et charisme wébérien, des «faux-amis»? *Théologiques*, Montréal, v. 17, n. 1, p. 139-162, 2009.

HARNACK, Adolf. *Entstehung und Entwicklung der Kirchenverfassung und des Kirchenrechts in den zwei ersten Jahrhunderten*. Urchristentum und Katholizismus. Leipzig: J. C. Hinrichs, 1910.

HAWTHORNE, Gerald F.; MARTIN, Ralph P.; REID, Daniel G. (orgs.). *Dicionário de Paulo e suas cartas*. Paulus: São Paulo, 2008.

HENGEL, Martin. *The Charismatic Leader and His Followers*. Eugene: Wipf and Stock, 2005.

HENGEL, Martin. *Nachfolge und Charisma*. Berlin: De Gruyter, 2020.

HEURTIN, Jean-Philippe. Weber as a Reader of Rudolph Sohm, and the Incomplete Concept of 'Office Charisma'. *Max Weber Studies*, London, v. 19, n. 1, p. 11-42, 2019.

HOLMBERG, Bengt. *Paul and Power*: The Structure of Authority in the Primitive Church As Reflected in the Pauline Epistles. Eugene: Wipf and Stock, 2004.

INÁCIO DE ANTIOQUIA. Inácio aos efésios. *In*: *Padres apostólicos*. São Paulo: Paulus, 1995.

KÄSEMANN, Ernst. *Das Neue Testament als Kanon*: Dokumentation und kritische Analyse zur gegenwärtigen Diskussion. Göttingen: Vandenhoeck & Ruprecht, 1973.

KÜNG, Hans. *A Igreja Católica*. Rio de Janeiro: Objetiva, 2002.

LEPSIUS, M. R. Das Modell charismatischer Herrschaft und seine Anwendbarkeit auf den 'Führerstaat' Adolf Hitlers. *In*: Idem (ed.). *Demokratie in Deutschland*. Göttingen: Vandenhoeck & Ruprecht, 1993.

LOHFINK, Gerhard. *A Igreja que Jesus queria*: dimensão comunitária da fé cristã. Santo André: Academia Cristã, 2011.

MACDONALD, Margaret Y. *The Pauline Churches*: A Socio-Historical Study of Institutionalization in the Pauline and Deutero-Pauline Writings. Cambridge (UK): Cambridge University, 2004.

MCCLURE, Jennifer M. Introducing Jesus's Social Network: Support, Conflict, and Compassion. *Interdisciplinary Journal of Research on Religion*, Berkeley, v. 12, 2016.

MEEKS, Wayne A. *The First Urban Christians*: The Social World of the Apostle Paul. New Haven: Yale University, 2003.

MÖDRITZER, Helmut. *Stigma und Charisma im Neuen Testament und seiner Umwelt*: Zur Soziologie des Urchristentums. Göttingen: Vandenhoeck & Ruprecht, 1994.

MÜLLER, Gerhard L. *Dogmática católica*: teoria e prática da teologia. Petrópolis: Vozes, 2015.

PENNA, Romano. *As primeiras comunidades cristãs*: pessoas, tempos, lugares, formas e crenças. Petrópolis: Vozes, 2021.

PETERSEN, Norman R. *Rediscovering Paul*: Philemon and the Sociology of Paul's Narrative World. Eugene: Wipf and Stock, 2008.

RATZINGER, Joseph. *O novo povo de Deus*. São Paulo: Paulinas, 1974.

REGEV, Eyal. Sect or Cult? Comparing the Qumranites and Early Christians Using New Methods of the Sociology of Religion. *Early Christianity*, Tübingen, v. 13, n. 1, p. 34-57, 2022.

RIESEBRODT, Martin. Charisma. *In*: KIPPENBERG, Hans G.; RIESEBRODT, Martin. (eds.). *Max Webers "Religionsystematik"*. Tübingen, Mohr Siebeck, 2001.

ROLOFF, Jürgen. *A Igreja no Novo Testamento*. São Leopoldo: Sinodal, 2005.

SCHLUCHTER, Wolfgang. *Max Webers Sicht des antiken Christentums*: Interpretation und Kritik. Frankfurt am Main: Suhrkamp, 1985.

SCHLUCHTER, Wolfgang. *Max Webers Sicht des okzidentalen Christentums*: Interpretation und Kritik. Frankfurt am Main: Suhrkamp, 1988a.

SCHLUCHTER, Wolfgang. *Religion und Lebensführung*. Frankfurt am Main: Suhrkamp, 1988b.

SCHLUCHTER, Wolfgang; ROTH, Guenther. *As origens do racionalismo ocidental*. O malandro e o protestante: a tese weberiana e a singularidade cultural brasileira. Brasília: UNB, 1999.

SCHMELLER, Thomas. *Hierarchie und Egalität*: eine sozialgeschichtliche Untersuchung paulinischer Gemeinden und griechisch-römischer Vereine. Stuttgart: Katholisches Bibelwerk, 1995.

SCHMITZ, Hermann-Josef. *Frühkatholizismus bei Adolf von Harnack, Rudolph Sohm und Ernst Käsemann*. Düsseldord: Patmos, 1977.

SCHNELLE, Udo. *Teologia do Novo Testamento*. São Paulo: Paulus, 2010.

SCHUTZ, John H. *Paul and the Anatomy of Apostolic Authority*. Westminster: J. Knox, 2007.

SCHWEIZER, Eduard. *Gemeinde und Gemeindeordnung im Neuen Testament*. Zurich: Zwingli, 1959.

SELL, Carlos E. Poder instituído e potência subversiva: Max Weber e a dupla face da dominação carismática. *Revista Brasileira de Ciências Sociais*, São Paulo, v. 33, n. 98, 2018.

SOHM, Rudolph. *Kirchengeschichte im Grundriss*. Leipzig: G. Böhme, 1887.

STARK, Rodney. *The Rise of Christianity*: A Sociologist Reconsiders History. New Jersey: Princeton University, 1996.

SULLIVAN, Francis A. *From Apostles to Bishops*: The Development of the Episcopacy in the Early Church. Mahwah: Paulist, 2001.

TAYLOR, Nicholas. *Paul, Antioch and Jerusalem*: A Study in Relationships and Authority in Earliest Christianity. London: Bloomsbury, 1992.

THEISSEN, Gerd. *Sociology of Early Palestinian Christianity*. Philadelphia: Fortress, 1988.

THEISSEN, Gerd. *A religião dos primeiros cristãos*: uma teoria do cristianismo primitivo. São Paulo: Paulinas, 2009.

THEISSEN, Gerd. *Die Jesusbewegung*: Sozialgeschichte einer Revolution der Werte. Güterslosh: Gütersloher, 2012.

THEOBALD, Michael. Warum und wozu gibt es Ämter in der Kirche? Die Antwort des Epheserbriefs. *Biblische Zeitschrift*, v. 65, n. 1, p. 62-85, 2021.

WEBER, Max. As seitas protestantes e o espírito do capitalismo. *In*: GERTH, Hans H.; WRIGHT MILLS, Charles. (orgs.). *Ensaios de sociologia*. 5. ed. Rio de Janeiro: Guanabara, 1982.

WEBER, Max. Wirtschaft und Gesellschaft. Soziologie. Unvollendet. 1919-1920. *In*: BORCHARDT, Knut; HANKE, Edith; SCHLUCHTER, Wolfgang. (eds.). *Max Weber Gesamtausgabe*. V. I/23. Tübingen: Mohr Siebeck, 2013.

WEBER, Max. *A ética econômica das religiões mundiais*: o judaísmo antigo. Petrópolis: Vozes, 2019a.

WEBER, Max. *Die Wirtschaftsethik der Weltreligionen Konfuzianismus und Taoismus*: Schriften 1915-1920. Tübingen: Mohr Siebeck, 2019b.

WHITE, L. Michael. *From Jesus to Christianity*. San Francisco: Harper, 2004.

Capítulo 4
Uma Igreja em saída:
o perfil do pontificado de Francisco

Em 13 de março de 2013, a escolha de um papa jesuíta e latino-americano representou uma grande novidade na história da Igreja Católica. A escolha do nome Francisco e a mudança do Palácio Apostólico para a Casa Santa Marta já sinalizavam que o novo papa pretendia inaugurar um novo ciclo eclesial. Agora, que mais de dez anos desse papado já se passaram, já estamos em melhores condições para analisar qual é o conteúdo e quais foram efetivamente os reflexos da agenda de reformas conduzidas pelo Papa Francisco. Qual é o sentido dessas reformas e para onde elas conduzem a Igreja?

Essas não são indagações muito comuns no campo das ciências sociais brasileiras que discutem amplamente o caráter do catolicismo no Brasil, mas dedicam escassa atenção à Igreja Católica no plano global (Lynch, 2018). Em regra, análises desse tipo costumam ser feitas no âmbito das discussões teológicas (Souza, 2016). A proposta deste estudo é oferecer, como contribuição à reflexão teológica, uma análise sociológica que, ao identificar os principais momentos e linhas de ação do governo de Francisco, ajude-nos a caracterizar o perfil das reformas pretendidas pelo seu pontificado.

Não que análises sobre o papa no âmbito das ciências sociais brasileiras simplesmente não existam (vide Passos, 2019). A esse respeito, Renold e Frijerio (2014) demonstram que os trabalhos sociológicos a respeito do Papa Francisco podem ser divididos em dois grupos: o primeiro pergunta-se sobre o modo como sua figura é percebida (recepção); o segundo, como seu papado afeta os rumos da Igreja (reflexos). A abordagem aqui proposta intenta contemplar os dois lados da questão. Em primeiro lugar busca-se identificar as *linhas*, ou seja, as dimensões estruturantes da atuação de Francisco como papa (reflexos). Ao mesmo tempo, elas serão pensadas enquanto linhas de *força*, o que designa o fato de que tais dimensões devem ser concebidas como um campo atravessado por lutas de poder entre grupos e tendências que visam moldar os rumos da Igreja Católica na atualidade (recepção).

Com base nesses parâmetros, o capítulo foca sua atenção em três campos centrais do pontificado de Francisco: (1) eclesiológico, (2) moral e (3) sociopolítico. O primeiro volta nossa atenção para o âmbito interno da organização católica e suas estruturas de poder (sinodalidade). O segundo campo volta o olhar para o conjunto dos fiéis e discute as implicações das diretrizes morais de Francisco. O terceiro, por sua vez, foca a dimensão externa e resgata o magistério social do Papa Francisco no contexto da crise da globalização. Além de caracterizar os objetivos perseguidos pelo papa em cada um desses campos, apontam-se as tensões e lutas que elas desencadearam.

O texto está organizado da seguinte forma. A primeira parte, de caráter histórico, esboça uma proposta de periodização cronológica das principais fases, bem como identifica os eixos determinantes do papado de Francisco. A segunda parte, a partir da perspectiva sistêmica de Niklas Luhmann (1997), analisa a atividade do atual papa nos campos moral, eclesiológico e sociopolítico. Na conclusão demonstra-se que, a despeito de seu estilo próprio (cuja marca é a proximidade quanto à sua *forma*), a gestão de Francisco aprofunda as tendências de espetacularização (viagens etc.), midiatização e informalização que caracterizam o exercício do papado contemporâneo desde a segunda metade do século XX. Quanto a seu *conteúdo*, o perfil e o rumo do pontificado em curso precisam ser compreendidos para além da contraposição dualista entre defensores (progressistas) e adversários (conservadores) do Concílio Vaticano II. Para interpretar o sentido das reformas de Francisco, precisamos situar sua atuação no contexto da disputa hermenêutica sobre o significado do legado conciliar. Francisco, ao invés de selecionar uma hermenêutica que visa à restabilização institucional, seleciona, a partir do legado da Teologia do Povo, uma hermenêutica conciliar que busca promover variações no sistema eclesial.

1 Perspectiva histórica: etapas da era Francisco

De acordo com a proposta multidimensional de Faggiolli (2020), o atual pontificado pode ser decidido em três momentos: (1) seu início conjunto com Bento XVI; (2) a formulação de sua visão e de seu plano, (3) a realização do Sínodo de 2014-2015 e a publicação de *Amoris Laetitia*. O esquema, apesar de instrutivo, poderia unificar os primeiros dois momentos e, como termina em 2017, acaba deixando de fora os anos mais recentes da vida da Igreja. Por esses motivos, propõe-se aqui uma nova divisão de etapas, cada uma delas marcada por um tema dominante: (1) início e programa (em 2013), (2) a questão moral (de 2014 a 2017) e (3) sinodalidade (de 2018 até o presente). A dimensão sociopolítica, com a publicação das encíclicas sociais sobre o meio ambiente (*Laudato Si'*, 2015) e sobre a fraternidade social (*Fratelli Tutti*, 2020), por sua vez, atravessa todo o período do pontificado de Francisco.

1.1 A biopolítica de Francisco: a batalha de Amoris Laetitia[51]

A eleição de Jorge Mario Bergoglio só pode ser compreendida tendo como pano de fundo a dramática crise da Igreja provocada principalmente pelo descontrole do aparato burocrático do Vaticano e, especialmente, pela revelação crescente de abusos sexuais de membros do clero. A esse aspecto soma-se a inesperada renúncia de seu antecessor, Bento XVI.

Eleito em 13 de março de 2013, não admira que a primeira medida administrativa de maior impacto do *primeiro período* de Francisco como governante da Igreja foi tomada já em abril daquele ano, quando ele criou um conselho de cardeais para colocar em prática os pedidos de reforma da Cúria. Logo a seguir veio a publicação da Encíclica *Lumen Fidei* (julho de 2013), que foi redigida, em sua maior parte, pelo seu antecessor Bento XVI. A coexistência de "dois papas" durante nove anos de seu pontificado não se restringe apenas ao período inicial e, apesar dos temores de alguns, não representou nenhum risco de ruptura, o que não quer dizer que tal situação não tenha tido influência e gerado ruídos em sua gestão (Franco, 2022). De todo modo, Francisco, que já tinha apresentado um *estilo* bem diferente de seu antecessor, deixou bem claras as *linhas* de seu governo logo no primeiro ano de seu pontificado com a Exortação Apostólica *Evangelii Gaudium* (24 nov. 2013).

Ainda em outubro de 2013, o Papa convocou, em caráter extraordinário, um Sínodo sobre a Família. Começou, assim, o *segundo período* (2014-2017) de seu pontificado, marcado principalmente pelas discussões em torno de questões morais. Em fevereiro de 2014, Francisco convidou o cardeal alemão Walter Kasper para apresentar, no primeiro consistório que realizou, algumas linhas programáticas sobre a comunhão de casados em segundas núpcias. Essa questão acabou

---

51. O conceito de "biopoder", oriundo da obra de Michel Foucault, é empregado por Schloesser (2014).

centralizando as discussões do Sínodo, cujo primeiro encontro foi realizado em outubro de 2014. A assembleia sinodal voltou a reunir-se em outubro de 2015 e, em abril do ano seguinte, teve suas conclusões publicadas com a Exortação Apostólica *Amoris Laetitia* (19 mar. 2016). A partir desse episódio, abriu-se uma forte frente de oposição a seu papado. Ela teve seu auge em setembro de 2017, quando quatro cardeais apresentaram publicamente um conjunto de dúvidas (*Dubia*) sobre a Exortação de Francisco. Também foi nesse período que o papa promulgou a Encíclica *Laudato Si'* (24 mai. 2015), primeiro documento do Ensino Social da Igreja a tratar ampla e exclusivamente da problemática ecológico-ambiental e, sem dúvida, uma das grandes heranças de seu pontificado.

Nesses dois primeiros períodos, à exceção da visão cética do sociólogo Marco Marzano (2018), para quem o estilo de Francisco melhorava as relações da Igreja com a mídia e a opinião pública, mas não representava nenhuma mudança de peso em uma "Igreja imóvel", a primeira onda de publicações dos especialistas apresentou seu governo como uma espécie de surpresa (Tornielli, 2013), milagre (Allen Jr., 2015), um corte radical (Gehring, 2015) com tudo que havia antes (Pace, 2013; Ivereigh, 2014). Mas tais visões eram, em boa parte, escritos de intervenção (Boff, 2013; Kasper, 2015) e, como tal, representavam mais as projeções e expectativas de seus autores do que análises realistas. À medida que a oposição ao papa foi tomando forma, também prevaleceu a tese relativamente simplista de um papa bem-intencionado, cercado por lobos que sabotavam seu projeto (Politi, 2015; Ivereigh, 2019).

1.2 *A pastoralidade de Francisco: uma Igreja sinodal*[52]

A partir de 2015, Francisco já tinha começado a implementar os primeiros passos de uma iniciativa de grande impacto, que marca o *terceiro período* (de 2018 até o presente) de seu pontificado: a implementação da concepção eclesiológica da sinodalidade. Nesse período, o papa também teve um papel marcante na crise da pandemia de covid-19 (Nguyen, 2022). Frente a esse desafio, a promulgação da Encíclica *Fratelli Tutti*, em 2020, representou um amplo esforço de resgate da noção de fraternidade diante de um mundo técnica e economicamente globalizado, mas culturalmente dividido.

---

52. Assim como já utilizei acima o conceito de "biopolítica" de Michel Foucault, retomo aqui o conceito de "pastoralidade" ou "poder pastoral". Para Foucault (1994, p. 328), enquanto o político exerce seu poder sobre um território e persegue a honra, o pastor exerce seu poder sobre um rebanho e deve dar a vida por suas ovelhas.

Quanto à sinodalidade, o primeiro esboço da noção foi apresentado pelo papa em 2015 (*Discurso do Papa Francisco em comemoração do cinquentenário da instituição do sínodo dos bispos* – Francisco [2015b]). Mas é com a publicação, em 2018, de um documento da Comissão Teológica Internacional (CTI) (*A sinodalidade na vida e na missão da Igreja*) e, principalmente com a promulgação, no mesmo ano, da Constituição Apostólica *Episcopalis Communio* (Francisco, 2018), que a iniciativa realmente toma corpo. Em consequência, o ano de 2018 pode ser considerado como o início da terceira fase do pontificado de Francisco.

Nesse período, dois sínodos foram realizados. O primeiro deles, de caráter ordinário, sobre a juventude (em outubro de 2018), não teve maior impacto, mas as propostas de abolição do celibato visando aumentar o número de sacerdotes na Amazônia e mesmo a promoção de mulheres ao diaconato, que surgiram durante o processo de preparação do Sínodo Pan-Amazônico (realizado em Roma, em outubro de 2019), expôs novamente as polarizações já existentes no interior da Igreja. A proposta de promoção de diáconos casados para o sacerdócio chegou a ter a aprovação de 128 votos e apenas 41 contrários, mas a Exortação Papal *Querida Amazônia* (Francisco, 2020a) não contemplou essa possibilidade.

Foi principalmente, ainda que não exclusivamente, em função dessa recusa, que o tom entusiástico das análises do início do pontificado de Francisco começou a ser substituído por uma visão mais pessimista (Ivereigh, 2020; Lamb, 2020; Riccardi, 2021; Borghesi, 2021; 2022b). Alberto Melloni (2020), por exemplo, chegou a anunciar o "início do fim do pontificado de Francisco". Massimo Franco (2020), por sua vez, afirmou que esperava mais do papado, pois Bergoglio provou ser um mestre na desconstrução de uma Igreja já em crise, mas não mostrou a mesma habilidade na construção de outra. Marzano (2018) entende que Francisco dirige a Igreja sem um rumo claro a seguir, ainda que não faltassem vozes (Spadaro, 2022) para lembrar que o Papa não se move ideologicamente por um plano pré-definido de reformas.

No entanto, diversas iniciativas parecem indicar que Francisco pretende dar um novo impulso para o que talvez seja a última fase de seu pontificado. A primeira, em ordem de importância, é representada pela conclusão da Reforma da Cúria Romana (*Praedicate Evangelium* [Santa Sé, 19 mar. 2022]), o que praticamente conclui o mandato recebido no Conclave de 2013. A segunda é a promulgação em 16 de julho de 2021 da *Traditionis Custodes* (Francisco, 2021), que limitou severamente a possiblidade de celebração da missa segundo o ritual de São Pio V. Dessa forma, Francisco rompeu com um dos principais legados de Bento XVI, isolando os grupos ultratradicionalistas que se alimentaram da liberdade anterior. Ao mesmo tempo, ele deu um fôlego novo às correntes reformistas ao convocar, em outubro de 2023, um sínodo sobre a sinodalidade. Tendo em vista as polêmicas que as propostas do Caminho Sinodal alemão, convocado em 2019 em reação à crise dos abusos que devastaram a Igreja na Alemanha, vêm provocando, é de esperar que tal sínodo deva ser um novo palco de confronto entre as diversas forças internas da Igreja Católica. Seu desenlace será determinante para o legado a ser deixado por Francisco.

2 As linhas de força do pontificado de Francisco

Identificados os grandes marcos históricos do governo de Francisco e seus eixos dominantes, vamos examinar cada um deles em relação a seu conteúdo e a seus reflexos no campo de disputas existentes no interior da Igreja. Essa análise será feita a partir da diferença proposta por Niklas Luhmann (1984) entre *sistema* e *meio*, razão pela qual ela não será realizada de acordo com a sequência cronológica exposta acima, mas de acordo com uma ordem sociológico-sistemática. Sob essa ótica, podemos dizer que as duas primeiras dimensões (eclesiológica e moral) dizem respeito ao âmbito intrassistêmico (autorreferência) da Igreja e remetem-nos à "autocompreensão" (*Selbstbeschreibung*) e à "auto-observação" (*Selbsbeobachtung*) de suas estruturas e de sua dinâmica de funcionamento enquanto organização religiosa. No âmbito interno, por sua vez, temos que levar em conta uma nova distinção sistema/meio que diz respeito à diferença na estrutura eclesial entre hierarquia/leigos. Já a terceira dimensão diz respeito ao âmbito extrassistêmico (heterorreferência) e ao modo como essa organização relaciona-se com o meio social em sentido amplo[53].

2.1 Campo eclesiológico: sinodalidade

As iniciativas de reforma da governança do Papa Francisco dão continuidade às lutas de poder entre tendências no interior da Igreja desde o Concílio Vaticano II (1962-1965). A partir desse horizonte mais amplo, podemos ver com mais cla-

---

53. Para Luhmann (1978, p. 438), a autodescrição diz respeito à identidade da organização. Já a auto--observação refere-se ao modo como ela reflete sobre si mesma.

reza como Francisco introduz no discurso da Igreja não apenas um novo repertório discursivo, mas, o que é ainda mais importante, transfere o *locus* das disputas para um terreno que ainda não estava em questão nas etapas precedentes.

Com efeito, a Constituição Apostólica *Lumen Gentium* (Santa Sé, 1964) estabelece a "autodescrição" (*Selbstbeschreibung*) que o Concílio Vaticano II oferece sobre a Igreja. E, ao atribuir centralidade ao conceito teológico de "Povo de Deus", colocando esse conceito antes do capítulo sobre sua "Constituição hierárquica", ela relativizou o princípio hierárquico, enfatizou a igualdade de todos os cristãos católicos a partir do sacerdócio comum e promoveu a colegialidade episcopal. No entanto, os documentos conciliares não são isentos de contradições e linhas de argumentação díspares (Pesch, 1993). A própria *Lumen Gentium* não descartou conceitos como "sacramento", "mistério" e mesmo "corpo místico de Cristo". Essas contradições foram profundamente exploradas nas disputas pela herança do Concílio (Theobald, 2009) e o Sínodo de 1985, que discutiu o legado do Concílio, abriu margem para que se desdobrasse uma forma de "auto-observação" (*Selbsbeobachtung*) dessa instituição centrada na ideia de "comunhão".

Com a eleição de Jorge Mario Bergoglio, passa ao primeiro plano uma compreensão de Igreja profundamente influenciada pela Teologia do Povo, uma das vertentes da Teologia da Libertação (Scanonne, 2019). Conforme essa visão, as Conferências Episcopais de Medellín (1968), Puebla (1979), Santo Domingo (1992) e Aparecida (2007) seriam a encarnação mais acabada da visão conciliar de Igreja como Povo de Deus. Contudo, diferentemente de outras versões existentes na América Latina, a teologia argentina do povo valoriza especialmente o substrato religioso da cultura popular como uma fonte de reserva comunitária diante do individualismo moderno. Foi a partir dessa noção que Bergoglio passou a professar a ideia de "povo santo fiel" como detentor da faculdade de ser infalível no ato de crer.

Uma vez tornado Papa, Francisco apresentou o "clericalismo" como um problema que só poderia ser resolvido com o resgate de tal "senso de fé dos fiéis", ideias que ele aglutinou sob o guarda-chuva da "sinodalidade". Dessa forma, ele não só introduziu um novo repertório semântico na linguagem oficial, mas também deslocou o processo de discussão eclesiológica para um terreno de disputas completamente novo e ainda mais radical: mais do que a colegialidade episcopal (Vaticano II) ou o papel das igrejas locais (Sínodo de 1985), o que está em jogo agora é a própria distinção entre clero e leigos.

Para entender sociologicamente o significado da eclesiologia da sinodalidade, podemos abordá-la tanto do ponto de vista *semântico* quanto *pragmático*. Pela via semântica, podemos notar que existe uma ligeira diferença de acento entre a alocução que o papa pronunciou em 2015 (Francisco, 2015b) e o documento *A sinodalidade na vida e na missão da Igreja*, produzido pela Comissão Teológica Internacional (2018). No discurso papal a sinodalidade é pensada a partir da noção de "povo fiel" da Teologia do Povo. É por isso que ele dirá que "a totalidade dos fiéis [...] não pode enganar-se na fé" e valorizará o "sentir sobrenatural da fé do Povo todo" que se manifesta especialmente no "consenso universal em matéria de fé e costumes" (Francisco, 2015b). Em função dessa noção, "cada um dos batizados, independentemente da própria função na Igreja e do grau de instrução da sua fé, é um sujeito ativo de evangelização" (Francisco, 2015b).

Já o documento de 2018 da Comissão Teológica Internacional realiza o trabalho de integração sistemática da noção de *sensus fidei* com a eclesiologia do Povo de Deus e da Comunhão. Em admirável exercício de síntese, os "fundamentos teológicos" ou "uma descrição articulada da sinodalidade como dimensão constitutiva da Igreja" foram oferecidos por essa Comissão no § 70 de seu documento. Trata-se de três pontos. O primeiro explica que a sinodalidade "designa, antes de tudo, o estilo peculiar" que "deve exprimir-se no modo ordinário de viver e operar da Igreja" (CTI, 2018, § 70). O segundo ponto detalha as "estruturas e aqueles processos eclesiais nos quais a natureza sinodal da Igreja se exprime a nível institucional" (CTI, 2018, § 70) no âmbito local, regional ou universal. Em terceiro lugar, destaca-se a importância dos "eventos sinodais" (CTI, 2018, § 70).

O documento da Comissão Teológica Internacional deixa muito claro que "uma Igreja sinodal é uma Igreja participativa e corresponsável" (CTI, 2018, § 67), que "exprime o caráter de sujeito ativo de todos os batizados". Insiste-se especialmente sobre a necessidade de "ativar processos de consulta de todo o povo de Deus" (CTI, 2018, § 65), que seriam o ponto de partida e de chegada de todo o processo (CTI, 2018, § 100). Critica-se abertamente a visão "hierarcológica da Igreja" (CTI, 2018, § 35) e a rígida separação entre "*Ecclesia docens e Ecclesia discens*" (CTI, 2018, § 35). Mas afirma-se também que "este axioma não deve ser entendido no sentido do conciliarismo a nível eclesiológico, nem do parlamentarismo a nível político" (CTI, 2018, § 65). Logo, a sinodalidade não elimina a "função de governo própria dos pastores" (CTI, 2018, § 69), pois "o processo sinodal deve realizar-se no seio de uma comunidade hierarquicamente estruturada" (CTI, 2018, § 69). O documento chega a elaborar, em linguagem gerencial, a diferenciação entre "o processo de elaboração de uma decisão (*decision-making*) por meio de um trabalho comum de discernimento, consulta e cooperação, e a tomada de decisão pastoral (*decision-taking*) que compete à autoridade do bispo" (CTI, 2018, § 69).

Do ponto de vista *pragmático*, a eclesiologia da sinodalidade não pode ser lida simplesmente como se fosse uma tentativa de dissolver democraticamente a dimensão hierárquica da Igreja. O documento estabelece claramente a diferença entre o papel de "todos" (Povo de Deus), "alguns" (colégio episcopal) e "um" (Bispo de Roma). Por outro lado, busca-se repensar o papel da hierarquia na Igreja a partir da imagem da "pirâmide invertida", na qual "o vértice se encontra abaixo da base" (CTI, 2018, § 57). Essa imagem "nos oferece o quadro interpretativo mais adequado para compreender o próprio ministério hierárquico" (CTI, 2018, §§ 9, 57), pois aqueles que exercem a autoridade chamam-se ministros e são os menores de todos.

O redimensionamento da relação hierarquia/leigos é, portanto, o ponto nodal da eclesiologia da sinodalidade e é em torno de suas consequências práticas que se movem as disputas sobre a autodescrição da Igreja na atualidade. O Papa Francisco, ao discorrer sobre a sinodalidade como "dimensão constitutiva" da Igreja, parece desposar uma concepção que entende esse conceito como uma nova "dinâmica". Por isso, em seus documentos prevalecem expressões como "*modus vivendi et operandi*" (CTI, 2018, § 6), "estilo", "forma peculiar de viver e operar" (CTI, 2018, § 42) e "estilo peculiar" (CTI, 2018, § 70). Não obstante, existem grupos que tendem a interpretar a sinodalidade como a possibilidade de criar uma nova institucionalidade eclesial (Luciani; Schickendantz, 2020). O Caminho Sinodal da Alemanha (Beck, 2021; Ronge, 2022), para citar um exemplo, fala claramente sobre a "renovação da Igreja no que diz respeito à sua estrutura de poder" (Der Synodale Weg, 2021, p. 1). Isso implicaria dissociar "o poder ordenado, por um lado, e a liderança ou o poder jurisdicional, por outro" (Der Synodale Weg, 2021, p. 5), por meio da criação de um Conselho Sinodal. Para o Sínodo da Alemanha, a sinodalidade permite que ocorra uma "inculturação da cultura democrática" (Der Synodale Weg, 2021, p. 5) na Igreja.

2.2 Campo moral: um ponto de inflexão?

O Sínodo sobre a Família e a exortação apostólica *Amoris Laetitia* constituem momentos chave do pontificado de Francisco, mas para compreender seu alcance precisamos ir além da questão específica da comunhão dos casados em segundas núpcias, tema que polarizou o debate entre 2014 e 2017. A chave para entender toda a polêmica encontra-se no âmbito muito mais abrangente da moral fundamental, o que nos obriga a um largo recuo em sua história (Pinckaers, 2007).

Isso porque, após a grande síntese proposta por Tomás de Aquino na segunda parte de sua *Suma Teológica*, o pensamento moral católico ficou durante séculos preso a uma moral legal-casuística (Keenan, 2022). Na prática, essa leitura unilateral da moral tomista isolou o tema dos atos humanos e das virtudes de sua base antropológico-teleológica com a qual Tomás enfatizava a natural inclinação do homem para Deus e para o bem. A reação católica à Reforma Protestante acabou favorecendo a fixação dessa visão em manuais que se disseminaram após o Concílio de Trento (1545-1563). Estabeleceu-se assim uma concepção moral que se organizava em torno de diretrizes fixas, colocava forte ênfase nos casos de consciência e tratava a moral como se fosse um juízo externo da razão especulativa sobre a consciência individual. Havia um excesso da norma e uma quase ausência do sujeito.

Esse quadro de estagnação só começou a ser revertido após o Concílio Vaticano II. Surgiram, então, tentativas de refundação da moral com base em novas orientações filosóficas, como o personalismo ou mesmo tentativas de levar adiante a "moral de situação". Apesar de a Encíclica *Humanae Vitae* (1968) de Paulo VI tomar como base a concepção de lei natural do tomismo (Lintner, 2018), a busca por estabelecer fundamentos morais baseados no sujeito racional ganhou ainda mais corpo com a chamada "moral autônoma". Essa linha de pensamento buscou romper com a interpretação extrínseca da lei natural para substituí-la pelo papel da consciência. A moral cristã não se caracterizaria por um conteúdo concreto, mas pela motivação adicional que fornece para seguir princípios morais estabelecidos de maneira autônoma pela razão humana.

Foi para reagir contra essa tendência que João Paulo II pronunciou suas célebres catequeses sobre a teologia do corpo e lançou, em 1981, a Encíclica *Familiaris Consortio* (João Paulo II, 1981). Posteriormente, ele retomou a discussão e publicou, com a finalidade de estabelecer as bases da moral católica, a Encíclica *Veritatis Splendor*, de 1993 (João Paulo II, 1993). Esse escrito reabilita as noções tomistas de lei natural e de razão prática. Mobilizando o conceito de "teonomia participada", afirma-se que a lei moral provém de Deus e é conhecida pelo homem por meio da razão natural. A autonomia da razão, realizada pela consciência, significa a aplicação da norma moral ao caso concreto, mas isso não quer dizer que o sujeito seja a fonte da norma (lei natural) que é universal e imutável.

A Exortação Apostólica *Amoris Laetitia* (Francisco, 2016) não foi redigida com o propósito de superar a Encíclica *Veritatis Splendor* e nem se propôs a oferecer uma nova fundamentação para a moral. Mas, assim como em torno de sua disputa hermenêutica existe uma atitude agnóstica (Keenan, 2021), também não faltaram vozes a anunciar que o escrito de Francisco representa um "ponto de inversão" (Goertz; Witting, 2016), um "caminho sem volta" (Le Roi, 2017). O que justifica, então, entender o escrito do atual papa como uma "mudança de paradigma"? (Vidal, 2020).

Em primeiro lugar, a concepção que Francisco expressa sobre a natureza da própria família foi vista por muitos intérpretes (Missier, 2021) como uma ampliação da perspectiva já presente em *Familiaris Consortio*. Ele enfatiza ainda mais a perspectiva relacional do amor humano, razão pela qual a família é definida como uma "'união afetiva', espiritual e oblativa, mas que reúne em si a ternura da amizade e a paixão erótica" (Francisco, 2016, § 120). Dessa forma, estaria definitivamente superada a tese de que o amor é "como um mal permitido ou como um peso tolerável", pois ele é "dom de Deus que embeleza o encontro dos esposos" (Francisco, 2016, § 152).

Mas foi a dimensão pastoral que provocou os questionamentos mais contundentes, na medida em que colocou diretamente em xeque a questão da continuidade entre as visões morais de Francisco e João Paulo II. Trata-se primeiramente de mudança de forma, pois a *Amoris Laetitia* não adota um tom jurídico-doutrinário, mas, sim, uma linguagem pastoral. Além disso, *Amoris Laetitia* parece deslocar o acento da moral do âmbito objetivo da norma para o âmbito subjetivo da consciência. Diante do fato de que existem formas de união que contradizem ou realizam o ideal de matrimônio de maneira analógica (Francisco, 2016, § 292), Francisco apela para o conceito jesuítico de "discernimento" (Fumagalli, 2017), que valoriza o "foro interno" (Francisco, 2016, § 304) que "concorre para a formação dum juízo correto" (Francisco, 2016, § 304). Para ele, "a *consciência* das pessoas deve ser melhor incorporada na práxis da Igreja em algumas situações que não realizam objetivamente a nossa concepção do matrimônio" (Francisco, 2016, § 303; sem itálico no original), pois seria "mesquinho deter-se a considerar apenas se o agir duma pessoa corresponde ou não a uma lei ou norma geral"

(Francisco, 2016, § 304). Ele dirá então que (Francisco, 2016, § 305; sem itálico no original):

> A lei natural não pode ser apresentada como um conjunto já constituído de regras que se impõem *a priori* ao sujeito moral, mas é uma fonte de inspiração objectiva para o seu processo, *eminentemente pessoal*, de tomada de decisão. Por causa dos condicionalismos ou dos fatores atenuantes, é possível que uma pessoa, no meio duma situação objetiva de pecado – mas *subjectivamente* não seja culpável ou não o seja plenamente –, possa viver em graça de Deus, possa amar e possa também crescer na vida de graça e de caridade, recebendo para isso a ajuda da Igreja. O discernimento deve ajudar a encontrar os caminhos possíveis de resposta a Deus e de crescimento no meio dos limites.

Tanto as interpretações críticas quanto as entusiásticas de *Amoris Laetitia* compartilham da premissa de que ela revaloriza o polo subjetivo da consciência (Granados; Kampowsk; Pérez-Soba, 2016). Todavia, o próprio Francisco parece rejeitar a visão de que se trata de uma ruptura absoluta quando sustenta que sua proposta tem como fundamento São Tomás (Francisco, 2017). Nem por isso ele deixou de promover uma revisão dos estatutos e quadros do Instituto João Paulo II para as Ciências do Matrimônio e da Família, ainda fortemente ligados ao pontificado do anterior papa polonês.

Não constitui objetivo deste capítulo entrar no mérito da controvérsia teológica acima esboçada, mas tão somente interpretar esse discurso teológico em chave sociológica, o que requer nosso deslocamento para a sociologia da moralidade (Hitlin; Vaisey, 2010). Além disso, como estamos lidando com as diretrizes oficiais de uma instituição religiosa, mais do que explicar o comportamento efetivo dos católicos, temos que abordar o assunto sob o prisma da Igreja Católica entendida como uma agência moral (Joas, 2016). Mais precisamente, o que precisamos entender é a forma pela qual ela procura orientar e direcionar a conduta de seus membros em questões de comportamento (Turner; Forlenza, 2016).

Nessa perspectiva, a pesquisa de Michael Ebertz (2018) apresenta-se como uma importante contribuição quando mostra que a maneira como *Amoris Laetitia* foi recebida esconde um "conflito básico" sobre imagens concorrentes da Igreja e suas inúmeras dificuldades de ajustamento à Modernidade secular. Adotando uma distinção proposta por Max Weber (2004), o que estaria em jogo em toda essa discussão teológico-doutrinal é a identidade sociológica da organização religiosa católica enquanto *Igreja* (que é universalista e inclusiva) ou sua transformação em *seita* (que é particularista ou exclusiva). Para Ebertz, somente a flexibilização da moral seria capaz de evitar esta última alternativa.

Apesar do acerto em identificar o que está em jogo por trás de *Amoris Laetitia*, o uso esquemático e inadequado da dicotomia de Weber acaba por inibir uma interpretação mais acurada do fenômeno. Isso porque, na visão de Weber (2004, p. 107), a lógica cultural da Igreja Católica não se caracteriza por sistematizar de maneira homogênea a prática moral (como nas seitas). Ao contrário, ela assume como intrínseco o hiato entre princípios doutrinais e morais definidos com clareza, por um lado, e a condição imperfeita do ser humano, sempre necessitado da Igreja como instituição dispensadora da graça (*Gnadeanstalt*), por outro lado. Portanto, o que está em disputa são duas maneiras diferentes de lidar com o hiato entre a moral oficial (comportamento esperado) e o comportamento real dos fiéis. Para um primeiro grupo, trata-se de rever as normas e seus fundamentos para permitir sua adequação com a prática moral efetiva dos católicos. Já para um segundo grupo, não se trata de adequar a norma, mas de revisar a lógica institucional com a qual a instituição lida pastoralmente com os indivíduos concretamente situados.

2.3 Campo político-social: a casa comum e a fraternidade universal

No campo geopolítico, a eleição de Francisco coincide com um momento de profunda crise da globalização (Fraser, 2017). Frente a um cenário de ressurgência de diferenças e divisões, Francisco emergiu como uma das raras lideranças mundiais a clamar por valores comuns, como o cuidado com a casa comum (*Laudato Si'*) (Francisco, 2015a) e a fraternidade universal (*Fratelli Tutti*) (Francisco, 2020b).

Em termos programáticos, as linhas de ação acima já estavam delineadas na Exortação Apostólica *Evangelii Gaudium* (Francisco, 2013), texto no qual ele discute alguns "desafios do mundo actual" (Francisco, 2013, § 52) a partir de dois eixos principais: econômico (economia da exclusão; a idolatria do dinheiro, que governa em vez de servir; desigualdade social, que gera violência) e cultural (desafios culturais, inculturação e culturas urbanas). Mas, para entender melhor a crítica de Francisco ao estreitamento econômico neoliberal e à fragmentação político-cultural da globalização, precisamos recuar, ainda que com cuidado, no tempo e no espaço e voltar a seu período formativo.

O cuidado deve-se ao fato de que alguns analistas têm interpretado a visão sociopolítica de Francisco como se ela fosse reflexo direto do populismo, o que não é exatamente o caso (McCormick, 2021). Sua visão do mundo atual não é uma emulação direta da ideologia peronista no campo político e não pode ser compreendida fora do contexto da reconversão simbólica do populismo realizada pela Igreja da Argentina no campo religioso (Caimari, 2002). Fundamental para entender esse processo é a já mencionada Teologia do Povo (Scanonne, 2019). Essa visão teológica acompanha o antiliberalismo do populismo e, ao mesmo tempo, compartilha com ele a busca por um discurso alternativo ao da luta de classes marxista (Cuda, 2016). Juntamente a essas fontes teológicas, a compreensão de mundo de Francisco também possui raízes no pensamento filosófico (Borghesi, 2018; Lee; Knoebel, 2019) e fundamenta-se no tomismo hegeliano que, aliado ao conceito de oposição de Romano Guardini, resulta em uma *filosofia polar* (Regan, 2019). Ela exprime-se em quatro princípios fundamentais: *(1) o tempo é superior ao espaço; (2) a unidade é superior ao conflito; (3) a realidade prevalece sobre a ideia* e *(4) o todo é maior que as partes*. Além disso, a visão sociopolítica de Francisco é influenciada também pela importância da visão periférica que ele colhe de Amelia Podetti (Denaday, 2013; Tornielli, 2017) e pela importância conferida ao catolicismo latino-americano e ao processo de integração latino-americana por Alberto Methol Ferré (Metalli, 2015).

De todo modo, em Francisco a crítica ao neoliberalismo atual não desemboca, como no peronismo, na defesa do nacional-desenvolvimentismo ou mesmo em qualquer forma de nacional-populismo (Mallimaci, 2013). Isso nos impõe a tarefa de perceber como o núcleo de seu pensamento econômico-político é mobilizado e modulado para pensar os limites econômicos, políticos e culturais da globalização em chave universalista.

No *campo econômico*, a atuação de Francisco tem sido marcada por sua incisiva crítica ao neoliberalismo. Essa crítica tem seu ponto de partida na noção de povo-pobre (Luciani, 2016), embora Francisco nunca reduza essa noção apenas ao aspecto da carência material, pois a essência do povo-pobre reside na piedade popular. É por isso que ele aposta principalmente nos movimentos populares e nas formas de "economia popular e de produção comunitária" (Francisco, 2020b, § 69) para enfrentar a supremacia do mercado.

Ao tratar da dimensão econômica, o papa quase não emprega a expressão "capitalismo" ou "classes", mas preferencialmente "economia", "mercado", "dinheiro" e "exclusão". Vista pelas lentes da sociologia, sua visão possui maior afinidade com a noção de *fetichismo da mercadoria*, que critica o capitalismo por seu caráter reificado e objetivado, do que da noção de *mais-valor*, que diz respeito aos mecanismos capitalistas de exploração. Ele usa um tom excepcionalmente forte quando critica uma "economia que mata" (Francisco, 2013, § 53) ou quando sustenta que "o mercado, *per se*, não resolve tudo, embora às vezes nos queiram fazer crer neste dogma neoliberal" (Francisco, 2020b, § 168). Ele sempre se posicionou contra "a autonomia absoluta dos mercados e a especulação financeira" (Francisco, 2013, § 56), que ele atribui ao "*fetichismo* do dinheiro e à ditadura de uma *economia sem rosto* e sem um objetivo verdadeiramente humano" (Francisco, 2013, § 55; sem itálico no original). É claro que não faltam condenações à cultura do descarte e da exclusão, mas isso se aproxima bem mais da crítica feita por Zigmunt Bauman (2008) ao consumismo do que da clássica tese marxista da subtração da riqueza de uma classe em favor de outra.

Em Francisco, a crítica à impessoalidade do mercado e do dinheiro, bem como ao fenômeno da exclusão, convive ao lado de uma outra linha de raciocínio fundada na crítica da técnica e cuja fonte reside em Romano Guardini. Essa linha de pensamento crítico é muito mais forte em *Laudato Si'*. Ali ele dirá que "o paradigma tecnocrático tende a exercer o seu domínio também sobre a economia e a política" (Francisco, 2015a, § 109), acrescentando que "a economia assume todo o desenvolvimento tecnológico em função do lucro, sem prestar atenção a eventuais consequências negativas para o ser humano" (Francisco, 2015a, § 109). Essa mesma tese é retomada em *Fratelli Tutti*, documento no qual podemos ler que "a política não deve submeter-se à economia e esta não deve submeter-se aos ditames e ao paradigma eficientista da tecnocracia" (Francisco, 2020b, § 177).

Se no campo econômico Francisco tem criticado o neoliberalismo, a globalização financeira e a tecnocracia, no *campo político* ele não tem poupado suas críticas às novas formas de populismo nacionalista ou de extrema direita que emergiram nas últimas décadas. Mas ele faz isso sem anular o aspecto positivo da noção de povo. Por um lado, ele lamenta a polarização atual e a "divisão binária 'populista' ou não populista" (Francisco, 2020b, § 156) e condena o fato de que "os grupos populistas deformam a palavra povo porque aquilo de que falam não é um verdadeiro povo" (Francisco, 2020b, § 160), já que "a categoria povo é aberta" (Francisco, 2020b, § 160). Todavia ele nunca a descarta, dado que ela traz uma "avaliação positiva dos vínculos comunitários e culturais" (Francisco, 2020b,

§ 163). O problema é que ela "habitualmente é rejeitada pelas visões liberais individualistas, que consideram a sociedade mera soma de interesse que coexistem" (Francisco, 2020b, § 163). Contra essa redução liberal, Francisco relembra que "fazer desaparecer da linguagem essa categoria poderia levar à eliminação da própria palavra democracia, cujo significado é precisamente governo do povo" (Francisco, 2020b, § 157).

O *campo cultural* é o terceiro eixo da crítica da realidade atual de Francisco, pois, para ele, "a cultura abrange a totalidade da vida dum povo" (Francisco, 2013, § 115). Em *Laudato Si'* ele dirá que "pertencer a um povo é fazer parte de uma identidade comum" (Francisco, 2015a, § 158). Em *Evangelii Gaudium*, ao discutir alguns "desafios culturais" (Francisco, 2013, §§ 61-76), ele já criticava a indiferença relativista, o individualismo pós-moderno e globalizado, o processo de secularização e a crise da família e do matrimônio. Contra essas tendências, ele apresenta o "substrato cristão de alguns povos" como uma "reserva moral que guarda valores de autêntico humanismo cristão" (Francisco, 2013, § 68). Nesse momento, ainda reverberando a Teologia do Povo, Francisco trabalha com a contraposição entre cultura secular individualista e cultura popular comunitária. Já na Encíclica *Fratelli Tutti*, tanto o diagnóstico quanto o prognóstico da cultura moderna de Francisco serão profundamente ampliados. Por essa nova ótica, a crise de nosso tempo seria resultado da contradição entre a globalização e o progresso, por um lado, e a falta de um "rumo comum", de outro. É contra esse pano de fundo que, mais do que o reservatório moral da piedade popular, a Encíclica *Fratelli Tutti* vai mobilizar o terceiro elemento da tríade da Revolução Francesa: a fraternidade universal.

Ao apelar para o cuidado com a casa comum (*Laudato Si'*) e a fraternidade universal (*Fratelli Tutti*) como elementos capazes de proporcionar-nos um rumo comum, Francisco contrapõe-se às tendências negacioniastas e nacionalistas, aos grupos que priorizam as guerras culturais em torno de valores morais e às forças que promovem a política unilateral do choque de civilizações ao invés do cosmopolitismo. Por essa razão, seu apelo pela fraternidade universal possui especial relevância ecumênica (Wolff, 2017), muito em particular em relação ao mundo islâmico, com o qual ele buscou construir pontes para colocar as religiões a serviço da fraternidade (Francisco, 2020b, §§ 271-287).

3 Conclusão: da restabilização à variação

Embora seja extremamente simplista reduzir o pontificado de Francisco a um fator último, há pelo menos um fio condutor interligando sua atuação nos campos eclesiológico, moral e sociopolítico: a centralidade do povo. Afinal, é da capacidade de discernimento realizado pela consciência do próprio fiel que decorre o julgamento moral; é a partir do *sensus fidei fidelium* que começa e termina o processo sinodal; é nos movimentos populares que Francisco enxerga uma força capaz de opor-se à globalização da indiferença. Nesse sentido, o atual papa é realmente um legítimo representante da teologia latino-americana do povo, o guia profundo que move seu pontificado em torno de linhas claras e inteligíveis.

A primeira opção seria explicar essa linha de orientação como uma retomada "progressista" frente à orientação "conservadora" de João Paulo II e Bento XVI. Mas, ainda que não esteja de todo incorreta, trata-se de uma dicotomia eivada de problemas. Ocorre que os papas mais recentes não se deixam esclarecer adequadamente por essa oposição dicotômica, pois assim como seria impróprio situar os dois papas anteriores no campo do ultratradicionalismo, da mesma forma seria totalmente equivocado situar Francisco na esfera de algum tipo de ultraprogressismo. Portanto, não se pode entender nenhum deles como meros representantes de posições equidistantes que não se entrelaçam de diferentes maneiras. Mais próximo da realidade seria situar a dupla Wojtyila-Ratzinger no quadrante da centro-direita, reservando a Bergoglio o quadrante da centro-esquerda (Varol, 2007). Isso permite considerar melhor as zonas de aproximação entre eles, mas ainda deixa de fora o principal problema desta chave de interpretação: a partir de quais critérios (*issues*) os papas podem ser definidos como conservadores/direita ou progressistas/esquerda?

Ao invés de caracterizar o papado de Francisco a partir de critérios dualistas e estáticos definidos *a priori*, mais proveitoso é adotar, inicialmente, uma via histórica que examine seu pontificado em temos de continuidade e descontinuidade com o modo pelo qual o ministério petrino vem sendo exercido desde o Vaticano II. Isso nos permite perceber melhor que, quanto à sua *performance*, Francisco difere claramente do *estilo* sóbrio-professoral de Bento XVI, bem como do estilo cênico--missionário de João Paulo II. Ele possui um estilo simples, informal e direto de pastor que conhece o "cheiro das ovelhas" e que gera uma sensação de presença e proximidade. Também faz parte de suas características um estilo político de liderança que confere maior autonomia para a expressão de debates e divergências, mas não se furta a assumir a prerrogativa de tomada de decisões que podem contrariar expectativas (Anyu; Ivanov; Sepehri, 2019).

Esse *estilo* singular não contradiz o fato de que Francisco também consolida e expande uma forma de exercício do papado cujas *tendências de longo prazo* vêm-se desenhando e consolidando desde o fim do último Concílio. A partir de então, e sem esquecer do papel pioneiro de Paulo VI, o protagonismo papal na Igreja e em um mundo cada vez mais globalizado e conectado passa, entre outros, por três mecanismos fundamentais: (a) espetacularização via eventos, (b) midiatização e (c) informalização. Atualmente, longe de o papado ser exercido de maneira reclusa no Vaticano, viagens e eventos globais (como Jornada Mundial da Juventude e da Família etc.) passaram a ser o seu *modus operandi* regular (Ebertz, 2000). Além disso, o impacto da figura simbólica do Papa seria impensável sem o papel mediador dos meios de comunicação que, nos últimos tempos, incluem ainda a *internet* e as mídias digitais (Narbona, 2016; Heck, 2018). Por fim, ao lado da função magisterial oficial do papado (por meio de encíclicas, exortações, cartas etc.), crescem cada vez mais as manifestações informais dos papas que, passando pelas entrevistas, publicações de próprio punho, cartas ou por declarações pessoais espontâneas, exercem tanto ou até mais peso que documentos oficiais. O estilo espontâneo e coloquial de Francisco adequa-se muito bem a essas múltiplas tendências.

Embora tudo isso nos ajude a entender o pontificado de Francisco quanto à *forma*, ainda deixa na penumbra o que ele significa quanto a seu *conteúdo*. E aqui, mais uma vez, a nomenclatura política da "volta" (Libanio, 1983) *versus* "reforma/revolução" mostra-se limitada, pois ela não capta em sua devida profundidade o modo como o papado move-se em torno da disputa pela hermenêutica do Concílio Vaticano II, o ponto fulcral ao qual devemos recorrer para entender a dinâmica da Igreja Católica na atualidade. Nesse ponto, nenhum dos últimos papas pode ser bem compreendido como se o que estivesse em jogo fosse simplesmente a alternativa entre negação ou realização do Concílio: nenhum deles está aquém (*ex ante*) ou além (*ex post*) dele. O problema está justamente em entender como, a partir do terreno comum da disputa pelo legado conciliar, desenham-se as hermenêuticas e as linhas de ação dos papas pós-Vaticano II.

Utilizando-nos novamente da perspectiva de Niklas Luhmann (1997), que articula sua teoria da evolução social com base nos conceitos de "seleção/variação" e "estabilização", o que precisamos captar é como os pontífices em questão selecionam as alternativas abertas pela multiplicidade de sentidos inscritas no *corpus* escrito e no espírito conciliar. Para João Paulo II, o Concílio conteria nele mesmo os parâmetros e os recursos necessários para a *re-estabilização* da Igreja. Bento XVI selecionou essa mesma linha, mas acrescentou a ela a preocupação em enraizar tal possibilidade na tradição. A crise da qual emergiu o papado de Francisco tornou imperativo selecionar alternativas capazes de produzir variações no sistema eclesial. Para instruir esse processo de seleção, o pano de fundo sociocultural, eclesial e intelectual que Francisco trouxe da América Latina, em especial da Teologia do Povo, é fundamental para explicar quais são os eixos dominantes de seu papado.

Na perspectiva dos papas anteriores, o processo de seleção da hermenêutica conciliar tinha por meta reduzir o horizonte de incerteza. Para Francisco, trata-se antes de potencializar, também a partir dos recursos do Concílio, o leque de possibilidades, o que implica expor-se às incertezas. Da opção pela restabilização decorre a necessidade de reduzir o espaço da ambivalência (doutrina clara etc.), enquanto a opção pelo alargamento de possibilidades implica permitir que a própria ambivalência seja veículo capaz de abrir caminho para a variação. Consequentemente, sua linha de atuação não deve ser reduzida ao planejamento que antecipa os resultados esperados. Por outro lado, cabe lembrar que, pelo menos do ponto de vista sociológico, a "reflexibilidade permanente" é difícil de institucionalizar (Schelsky, 1957) e a meta final de Francisco não poderia ser a revolução permanente. A escolha pela variação não é um fim em si mesmo e no fundo tem por objetivo permitir ao sistema superar sua crise e reequilibrar-se novamente. Isso pelo menos até que a força irresistível da contingência – em temos teológicos vale dizer: do Espírito Santo – abra novamente os caminhos do porvir.

Referências

ALLEN JR., J. L. *The Francis Miracle*: Inside the Transformation of the Pope and the Church. New York: Time Home Entertainment, 2015.

ANUTH, Bernhard S.; BIER, Georg; KREUTZER, Karsten (eds.). *Der Synodale Weg-eine Zwischenbilanz*. Freiburg: Herder, 2021.

ANYU, J. Ndumbe; IVANOV, Sergey; SEPEHRI, Mohamed. Case Study of Leadership of Jorge Mario Bergoglio (Pope Francis I): Leadership Theories, Applications, and Practice. *Journal of Leadership, Accountability and Ethics*, Atlanta, v. 16, n. 5, p. 60-67, 2019.

BAUMAN, Zigmunt. *Vida para consumo*: a transformação das pessoas em mercadoria. São Paulo: Companhia das Letras, 2008.

BECK, Johanna. Im Anfang war die Missbrauchskrise. *In*: ANUTH, Bernhard S.; BIER, Georg; KREUTZER, Karsten. (eds.). *Der Synodale Weg-eine Zwischenbilanz*. Freiburg: Herder, 2021.

BOFF, L. *Francisco de Assis e Francisco de Roma*. Uma nova primavera da Igreja. Rio de Janeiro: Mar de Ideias, 2013.

BORGHESI, M. *Jorge Mario Bergoglio*: uma biografia intelectual. Petrópolis: Vozes, 2018.

BORGHESI, M. *Francesco*: la Chiesa tra ideologia teocon e "ospedale da campo". Milano: Jaca, 2021.

BORGHESI, M. (ed.). *Da Bergoglio a Francesco*: un pontificato nella storia. Roma: Studium, 2022a.

BORGHESI, M. *Il dissidio cattolico*. La reazione a papa Francesco. Milano: Jaca, 2022b.

CAIMARI, Lila. El peronismo y la Iglesia católica. *In*: TORRE, Juan C. (direc.). *Nueva historia argentina*. Tomo 8: Los años peronistas (1943-1955). Buenos Aires: Sudamericana, 2002.

CRESPO, R. A.; GREGORY, C. The Doctrine of Mercy: Moral Authority, Soft Power, and the Foreign Policy of Pope Francis. *International Politics*, v. 57, n. 1, p. 115-130, 2020.

CTI. *A sinodalidade na vida e na missão da Igreja*. 2 mar. 2018. Roma: Comissão Teológica Internacional, 2018. Disponível em: https://www.vatican.va/roman_curia/congregations/cfaith/cti_documents/rc_cti_20180302_sinodalita_po.html. Acesso em: 17 maio 2024.

CUDA, E. *Para leer a Francisco*: teología, ética y política. Buenos Aires: Manancial, 2016.

DENADAY, Juan P. Amelia Podetti: una trayectoria olvidada de las Cátedras Nacionales. *Nuevo Mundo, Mundos Nuevos*, p. 16-36, 2013.

DER SYNODALE WEG. *Vorlage des Synodalforums I*: Macht und Gewaltenteilung in der Kirche: Gemeinsame Teilnahme und Teilhabe am Sendungsauftrag (30 Sept.-2 Okt. 2021). Bonn: Der Synodale Weg, 2021. Disponível em: https://www.synodalerweg.de/fileadmin/Synodalerweg/Dokumente_Reden_Beitraege/beschluesse-broschueren/SW3-Grundtext_MachtundGewaltenteilunginderKirche_2022_NEU.pdf. Acesso em: 28 mar. 2023.

EBERTZ, M. N. The Fight for the Church – in the Roman Catholic Church: A Sociological View on the Debate about "Amoris Laetitia". *Zeitschrift für Religion, Gesellschaft und Politik*, v. 2, p. 9-26, 2018.

EBERTZ, M.N. Transzendenz im Augenblick. Über die "Eventisierung" des Religiösen – Am Beispiel der Katholischen Weltjugendtage. *In*: GEBHARDT, W.; HITZLER, R.; PFADENHAUER, M. (eds.). *Events*. Soziologie des Außergewöhnlichen. Opladen: Leske & Budrich, 2000.

FAGGIOLI, M. *The Liminal Papacy of Pope Francis*: Moving Toward Global Catholicity. New York: Orbis, 2020.

FOUCAULT, M. *Dits et écrits IV*. Paris: Gallimard, 1994.

FRANCISCO. *Exortação apostólica "Evangelii gaudium" do Santo Padre Francisco ao episcopado, ao clero, às pessoas consagradas e aos fiéis leigos sobre o anúncio do evangelho no mundo actual.* 24 nov. 2013. Roma: Santa Sé, 2013. Disponível em: https://www.vatican.va/content/francesco/pt/apost_exhortations/documents/papa-francesco_esortazione-ap_20131124_evangelii-gaudium.html. Acesso em: 17 maio 2024.

FRANCISCO. *Carta encíclica "Laudato si'" do Santo Padre Francisco sobre o cuidado da casa comum.* 24 maio 2015. Roma: Santa Sé, 2015a. Disponível em: https://www.vatican.va/content/francesco/pt/encyclicals/documents/papa-francesco_20150524_enciclica-laudato-si.html. Acesso em: 17 maio 2024.

FRANCISCO. *Discurso do Santo Padre Francisco.* Aula Paulo VI. Comemoração do cinquentenário da instituição do Sínodo dos Bispos. 17 out. 2015b. Roma: Santa Sé, 2020a. Disponível em: https://www.vatican.va/content/francesco/pt/speeches/2015/october/documents/papa-francesco_20151017_50-anniversario-sinodo.html. Acesso em: 17 maio 2024.

FRANCISCO. *Exortação apostólica pós-sinodal "Amoris lætitia" do Santo Padre Francisco aos bispos, aos presbíteros e aos diáconos, às pessoas consagradas, aos esposos cristãos e a todos os fiéis leigos sobre o amor na família.* 19 mar. 2016. Roma: Santa Sé, 2016. Disponível em: https://www.vatican.va/content/francesco/pt/apost_exhortations/documents/papa-francesco_esortazione-ap_20160319_amoris-laetitia.html. Acesso em: 17 maio 2024.

FRANCISCO. *Constituição apostólica "Episcopalis communio" sobre o Sínodo dos Bispos.* 15 set. 2018. Roma: Santa Sé, 2018. Disponível em: https://www.vatican.va/content/francesco/pt/apost_constitutions/documents/papa-francesco_costituzione-ap_20180915_episcopalis-communio.html. Acesso em: 17 maio 2024.

FRANCISCO. *Exortação apostólica pós-sinodal "Querida Amazônia" do Santo Padre Francisco ao povo de Deus e a todas as pessoas de boa vontade.* 12 fev. 2020. Roma: Santa Sé, 2020a. Disponível em: https://www.vatican.va/content/francesco/pt/apost_exhortations/documents/papa-francesco_esortazione-ap_20200202_querida-amazonia.html. Acesso em: 17 maio 2024.

FRANCISCO. *Carta encíclica "Fratelli tutti" do Santo Padre Francisco sobre a fraternidade e a amizade social.* 3 out. 2020. Roma: Santa Sé, 2020b. Disponível em: https://www.vatican.va/content/francesco/pt/encyclicals/documents/papa-francesco_20201003_enciclica-fratelli-tutti.html. Acesso em: 17 maio 2024.

FRANCISCO. *Carta apostólica en forma de* motu proprio *del Sumo Pontífice Francisco "Traditionis Custodes" sobre el uso de la liturgia romana antes de la reforma de 1970.* 16 jul. 2021. Roma: Santa Sé, 2021. Disponível em: https://www.vatican.va/content/francesco/es/motu_proprio/documents/20210716-motu-proprio-traditionis-custodes.html. Acesso em: 17 maio 2024.

FRANCO, M. *L'enigma Bergoglio.* Milano: Solferino, 2020.

FRANCO, M. *Il monastero.* Milano: Solferino, 2022.

FRASER, N. Progressive Neoliberalism Versus Reactionary Populism: a Hobson's Choice. The Great Regression. *In*: GEISELBERGER, H. (ed.). *The Great Regression.* Cambridge (USA): Polity, 2017.

FUMAGALLI, A. Il discernimento in Amoris laetitia. *Credere Oggi*, v. 37, n. 5, p. 129-142, 2017.

GEHRING, J. *The Francis Effect*: A Radical Pope's Challenge to the American Catholic Church. Washington: Rowman & Littlefield, 2015.

GOERTZ, S.; WITTING, C. *Wendepunkt für die Moraltheologie?* Kontext, Rezeption und Hermeneutik von Amoris laetitia. Wien: Herder, 2016.

GRANADOS, J.; KAMPOWSKI, S.; PÉREZ-SOBA, J. J. *Acompañar, discernir, integrar*: Vademécum para una nueva pastoral familiar a partir de la exhortación Amoris Laetitia. Valência: Monte Carmelo, 2016.

HECK, Axel. Der Vatikan, die Stadt und der Tod: Motive von Sex, Macht und Verbrechen in der Netflix-Serie Suburra. *In*: BARBATO, Mariano; BARBATO, Melanie; LÖFFLER, Johannes. (eds.). *Wege zum digitalen Papsttum*: der Vatikan im Wandel medialer Öffentlichkeit. Frankfurt: Campus, 2018.

HITLIN, Steven; VAISEY, Stephen. (eds.). *Handbook of the Sociology of Morality*. New York: Springer, 2010.

IVEREIGH, A. *The Great Reformer*: Francis and the Making of A Radical Pope. New York: H. Holt, 2014.

IVEREIGH, A. Pope Francis: Reform and Resistance. *The Way*, v. 59, n. 4, p. 13-28, 2020.

IVEREIGH, A. *Wounded Shepherd*: Pope Francis and His Struggle To Convert the Catholic Church. New York: H. Holt, 2019.

JOÃO PAULO II. *Exortação apostólica "Familiaris Consortio" de Sua Santidade João Paulo II ao episcopado, ao clero e aos fiéis de toda a Igreja Católica sobre a função da família cristã no mundo de hoje*. 22 nov. 1981. Roma: Santa Sé, 1981. Disponível em: https://www.vatican.va/content/john-paul-ii/pt/apost_exhortations/documents/hf_jp-ii_exh_19811122_familiaris-consortio.html. Acesso em: 17 maio 2024.

JOÃO PAULO II. *Carta encíclica "Veritatis Splendor" do Sumo Pontífice João Paulo II a todos os bispos da Igreja Católica sobre algumas questões fundamentais do ensinamento moral da Igreja*. 6 ago. 1993. Roma: Santa Sé, 1993. Disponível em: https://www.vatican.va/content/john-paul-ii/pt/encyclicals/documents/hf_jp-ii_enc_06081993_veritatis-splendor.html. Acesso em: 17 maio 2024.

JOAS, H. *Kirche als Moralagentur?* München: Kösel, 2016.

KAISER, R. B. *Inside the Jesuits*: How Pope Francis Is Changing the Church and the World. Washington: Rowman & Littlefield, 2014.

KASPER, W. *Pope Francis' Revolution of Tenderness and Love*: Theological and Pastoral Perspectives. New York: Paulist, 2015.

KEENAN, J. F. Regarding Amoris Laetitia: Its Language, Its Reception, Some Challenges, and Agnosticism of Some of the Hierarchy. *Perspectiva Teológica*, Belo Horizonte, v. 53, n. 1, p. 41-60, 2021.

KEENAN, J. F. *History of Catholic Theological Ethics*. New Jersey: Paulist, 2022.

KUĆKO, W. Fraternity in the Teaching of Pope Francis. *Collectanea Theologica*, v. 90, n. 5, p. 701-740, 2020.

LAMB, C. *The Outsider*: Pope Francis and His Battle to Reform the Catholic Church. New York: Orbis, 2020.

LE ROI, T. K.-P. (ed.). *A Point of No Return?* Amoris Laetitia on Marriage, Divorce and Remarriage. Münster: LIT, 2017.

LEE, B. Y.; KNOEBEL, T. *Discovering Pope Francis*: The Roots of Jorge Mario Bergoglio's Thinking. Collegeville: Liturgical, 2019.

LIBANIO, J. B. *A volta à grande disciplina*: reflexão teológico-pastoral sobre a atual conjuntura da Igreja. São Paulo: Loyola, 1983.

LINTNER, M. M. *Von Humanae vitae bis Amoris laetitia*: die Geschichte einer umstrittenen Lehre. Innsbruck: Tyrolia, 2018.

LUCIANI, R. La opción teológico-pastoral del Papa Francisco. *Perspectiva Teológica*, Belo Horizonte, v. 48, n. 1, p. 81-115, 2016.

LUCIANI, R.; SCHICKENDANTZ, C. F. (ed.). *Reforma de estructuras y conversión de mentalidades*: retos y desafíos para una Iglesia sinodal. Madrid: Khaf, 2020.

LUHMANN, Niklas. *Organisation und Entscheidung*. Köln: Westdt, 1978.

LUHMANN, Niklas. *Soziale Systeme*: Grundriß einer allgemeinen Theorie. Frankfurt am Main: Suhrkamp, 1984.

LUHMANN, N. *Die Gesellschaft der Gesellschaft*. Frankfurt: Suhrkamp, 1997.

LYNCH, A. P. *Global Catholicism in the Twenty-First Century*. Singapore: Springer, 2018.

MALLIMACI, F. El catolicismo argentino de Bergoglio y el papado de Francisco: una primera aproximación desde la Argentina. *Sociedad y Religión*, Buenos Aires, v. 23, n. 40, p. 211-244, 2013.

MARZANO, Marco. *La Chiesa immobile*: Francesco e la rivoluzione mancata. Roma: Laterza, 2018.

MARZANO, Marco. Il Papa resta un enigma: dopo gli annunci, dolorose retromarce. *Il Fatto Quotidiano*, 15 nov. 2020. Disponível em: https://www.ilfattoquotidiano.it/2020/11/15/il-papa-resta-unenigma-dopo-gli-annunci-dolorose-retromarce/6001111/. Acesso em: 9 maio2024.

MCCORMICK, W. The Populist Pope? Politics, Religion, and Pope Francis. *Politics and Religion*, Cambridge (UK), v. 14, n. 1, p. 159-181, 2021.

MELLONI, A. L'inizio della fine del papato di Francesco. *Domani*, 11 ago. 2020. Disponível em: https://us10.campaign-archive.com/?u=dc6df7df0e866f3485077ffd9&id=44e98c83bb. Acesso em: 9 maio 2024.

METALLI, A. *El papa y el filósofo*. Santiago: UC, 2015.

MISSIER, G. D. Amoris laetitia y el cambio de paradigma. *Perspectiva Teológica*, Belo Horizonte, v. 53, n. 1, p. 61-78, 2021.

NARBONA, J. Digital Leadership, Twitter and Pope Francis. *Church, Communication and Culture*, v. 1, n. 1, p. 90-109, 2016.

NGUYEN, H. T. H. Pope Francis' Leadership in the Time of the COVID-19 Pandemic. *Obsculta*, v. 15, n. 1, p. 168-182, 2022.

PACE, E. El Papa Francisco frente a la crisis sistémica de la iglesia una, santa, católica y romana. *Sociedad y Religión*, Buenos Aires, v. 23, n. 40, p. 245-271, 2013.

PASSOS, J. D. Papa Francisco e o fim do mundo; aspectos socioeclesiais de uma conjuntura histórica. *Revista Eclesiástica Brasileira*, Petrópolis, v. 79, n. 314, p. 520-540, 2019.

PASSOS, J. D. Fratelli tutti: uma encíclica renovadora sobre as coisas novas e urgentes. *Horizonte*, Belo Horizonte, v. 19, n. 59, p. 782-782, 2021.

PESCH, O. H. *Das Zweite Vatikanische Konzil* (1962-1965). Vorgeschichte-Verlauf-Ergebnisse--Nachgeschichte. Würzburg: Echter, 1993.

PINCKAERS, S. *Les sources de la morale chrétienne*: sa méthode, son contenu, son histoire. Paris: CERF, 2007.

POLITI, M. *Francesco tra i lupi*: il segreto di una rivoluzione. Roma: Laterza, 2015.

REGAN, E. The Bergoglian Principles: Pope Francis' Dialectical Approach To Political Theology. *Religions*, v. 10, n. 12, p. 270-290, 2019.

RENOLD, J. M.; FRIGERIO, A. (eds.). *Visiones del Papa Francisco*: desde las ciencias sociales. Rosário: Universidad de Rosário, 2014.

RICCARDI, Andrea. *La sorpresa di papa Francesco*. Milano: Mondadori, 2013.

RICCARDI, Andrea. *La chiesa brucia*: crisi e futuro del cristianesimo. Roma: Laterza, 2021.

RONGE, F. R. (ed.). *Weltkirche im Aufbruch*. Synodale Wege. Herder: Freiburg, 2022.

SANTA SÉ. *Constituição dogmática "Lumen gentium" sobre a Igreja*. 21 nov. 1964. Roma: Santa Sé, 1964. Disponível em: https://www.vatican.va/content/francesco/pt/events/event.dir.html/content/vaticanevents/pt/2022/3/31/praedicate-evangelium.html. Acesso em: 17 maio 2024.

SANTA SÉ. *Constituição Apostólica "Praedicate evangelium"*. 31 mar. 2022. Roma: Santa Sé, 2022. Disponível em: https://www.vatican.va/content/francesco/pt/events/event.dir.html/content/vaticanevents/pt/2022/3/31/praedicate-evangelium.html. Acesso em: 17 maio 2024.

SCANNONE, J. C. *A teologia do povo*: raízes teológicas do Papa Francisco. São Paulo: Paulinas, 2019.

SCARDIGNO, R.; PAPAPICCO, Concetta; LUCCARELLI, Valentina; ZAGARIA, Altomare E.; MININNI, Giuseppe; D'ERRICO, Francesca. The Humble Charisma of a White-Dressed Man in a Desert Place: Pope Francis' Communicative Style in the Covid-19 Pandemic. *Frontiers in Psychology*, Lausanne, v. 12, p. 1-8, 2021.

SCHELSKY, H. Ist die Dauerreflektion institutionalisierbar? *Zeitschrift für evangelische Ethik*, v. 1, n. 1, p. 153-174, 1957.

SCHLOESSER, S. "Dancing on the Edge of the Volcano": Biopolitics and What Happened After Vatican II. *In*: CROWLEY, P. (ed.). *From Vatican II to Pope Francis*: Charting a Catholic Future. New York: Orbis, 2014.

SOUZA, N. A Igreja herdada pelo Papa Francisco, um estudo histórico. *Revista de Cultura Teológica*, São Paulo, v. 24, n. 88, p. 173-196, 2016.

SPADARO, Antonio. "Reafirmo com clareza que a moral da Amoris Laetitia é tomista, a do grande Tomás". Francisco no encontro-entrevista com os jesuítas colombianos. *Revista IHU On-Line*, São Leopoldo, 28 set. 2017. Disponível em: https://www.ihu.unisinos.br/categorias/186-noticias-2017/572163-francisco-escuto-muitos-comentarios-respeitaveis-mas-equivocados-sobre-amoris-laetitia. Acesso em: 17 maio 2024.

SPADARO, A. S. "Francis" Government: What Is the Driving Force of His Pontificate? *La Civiltà Cattolica*, 14 nov. 2022. Disponível em : https://www.laciviltacattolica.com/francis-government-what-is-the-driving-force-of-his-pontificate/. Acesso em: 9 maio 2024.

THEOBALD, C. *La réception du concile Vatican II*. Accéder à la source. Paris: CERF, 2009.

TORNIELLI, Andrea. *Francis*: Pope of A New World. San Francisco: Ignatius, 2013.

TORNIELLI, Andrea. *En voyage avec le pape* – Précédé d'un entretien exclusif avec le pape François. Paris: Groupe Robert Laffont, 2017.

TURNER, B. S.; FORLENZA, R. The Last Frontier: the Struggle Over Sex and Marriage under Pope Francis. *Rassegna Italiana di Sociologia*, v. 57, n. 4, p. 689-710, 2016.

VALLELY, P. *Pope Francis*: Untying the Knots. New York: A&C Black, 2013.

VAROL, F. M. J. W. *Vatican II*: A Sociological Analysis of Religious Change. New Jersey: Princeton University, 2007.

VIDAL, M. El cambio de paradigma en teología moral y las opciones morales del Papa Francisco. *Moralia*, v. 43, n. 168, p. 343-382, 2020.

WEBER, M. *A ética protestante e o "espírito" do capitalismo*. São Paulo: Companhia das Letras, 2004.

WOLFF, E. Reforma e ecumenismo no pontificado do Papa Francisco. *Revista Pistis & Praxis*, Curitiba, v. 9, n. 2, p. 523-537, 2017.

Capítulo 5
Um papa populista?
A visão sociopolítica de Francisco

Se a história da Argentina é marcada pela experiência histórica peronista, em que medida podemos dizer que o papa oriundo do "fim do mundo"[54] é tributário da visão populista? E se a resposta à questão acima for positiva, como ela reflete-se na sua atuação como papa ou, em termos mais precisos, qual seria então natureza, o alcance e o perfil do populismo no ensinamento do atual líder da Igreja Católica?

Essas são questões vitais para entender o perfil do papado de Francisco, em particular seu ensinamento social, mas, como era de se esperar, sobre isso existem visões radicalmente opostas e uma intensa disputa semântica (Moore, 2015). Longe de mobilizar a carga emotiva do conceito de populismo para uma valorização positiva ou negativa do pontífice de origem argentina, este capítulo parte da premissa de que, pelo menos no Brasil, esse tema permanece basicamente confinado nos limites internos da teologia católica (Luciani, 2016a; 2016b) e carecemos de discussões realizadas a partir dos marcos analíticos das ciências humanas em geral. Frente a tal lacuna, a presente investigação propõe-se a tarefa analítica de compreender os múltiplos *sentidos* que o populismo assume no discurso do atual papa e como ele desdobra-se em sua atuação discursiva enquanto dirigente da Igreja Católica.

Para realizar tal tarefa, há que se precaver da tentação de deduzir toda a visão e atuação de Francisco do ideário político populista, como se ele detivesse uma concepção sistematicamente articulada dessa forma de compreensão do político e como se tal categoria pudesse ser transformada em chave analítica exclusiva e totalizante a partir do qual todo o conjunto de seu papado pudesse ser explicado.

---

54. No dia de sua eleição (13 mar. 2013) como Papa Francisco, em alusão à sua terra natal, Bergoglio disse no balcão da Basílica de São Pedro que "parece que seus colegas cardeais foram buscar o papa no fim do mundo".

Por essa razão, opta-se por falar de *sentidos* ou *elementos* dos populismos. Posto no plural, o termo aponta para as diferentes acepções que o populismo assume no discurso de Francisco. Trata-se, portanto, não só de indicar as raízes (história) e determinar o conteúdo específico (semântica), mas também de apontar para a forma e o peso (sintática), além da função (pragmática) das diferentes refrações discursivas do populismo na visão de mundo e na atuação do atual papa.

Postos diante de tamanhos desafios, a investigação percorre as seguintes etapas. A parte inicial contextualiza a reflexão teórica contemporânea sobre o populismo e, com base na anatomia do fenômeno realizada por Pierre Rosanvallon (2021), apresenta seus parâmetros teóricos para analisar a visão religiosa e sociopolítica de Francisco. Em seguida, abordam-se as raízes da visão populista do atual papa no âmbito de seu contexto histórico-biográfico e de sua formação intelectual na Argentina. Na terceira parte, analisam-se os principais documentos do papado de Francisco a partir dos seguintes elementos: (1) visão de povo, (2) democracia, (3) representação, (4) filosofia socioeconômica e (5) regime de afetos. Na conclusão esses múltiplos aspectos serão retomados e analisados globalmente, de modo a que se possa apontar elementos para uma caracterização geral do tipo de populismo presente no discurso do dirigente máximo da Igreja Católica.

1 Anatomia do populismo

Dificilmente a discussão sobre o populismo não começa com o mesmo lamento: é difícil definir teoricamente o fenômeno em função de sua extensão temporal e espacial. Diante de tal dificuldade, os estudiosos têm buscado identificar alguns elementos gerais ou mínimos que caracterizam essa realidade (Urbinati, 2019a; 2019b). Seguindo essa via, Gidron e Bonikowski (2013) propõem agrupar a literatura que trata do populismo em três vertentes: (1) como ideologia política, (2) como estilo político e (3) como estratégia política. Nas linhas que seguem, adota-se essa tríplice divisão como referência e a partir dela serão comentadas criticamente algumas das principais obras hoje existentes sobre o assunto (Cassimiro, 2021). Ao fim, justifica-se por que a obra de Pierre Rosanvallon, na medida em que integra os elementos acima em uma única plataforma teórica, oferece-nos uma visão mais abrangente sobre o populismo e, como tal, propicia uma grade analítica pertinente para identificar seus traços e sua natureza no pensamento do Papa Francisco.

Entendido como *ideologia política*, o populismo diz respeito aos ideais sobre a natureza da política e da sociedade. Dentre os autores que se pautam por essa visão, Mudde e Kaltwasser (2012) definem o populismo a partir das noções centrais (*core concepts*) de "povo", "elite" e "vontade geral" e concebem-no como um tipo de ideologia esvaziada (*thin-centered ideology*), pois seu conteúdo não é definido abstratamente, mas em função da conjuntura política. Já para Ernesto Laclau (2005), ele não pode ser considerado como uma ideologia que se aplica a um povo já dado concretamente, pois é a construção discursiva que constitui o povo como sujeito político. A definição de populismo como *estilo político* não é ligeiramente distinta da anterior e, segundo Gidron e Bonikowski, dever ser entendido como "uma maneira de fazer afirmações sobre política" e sua unidade de análise constituem-se nos textos e no discurso público sobre política (Kazin, 1995; Norris, 2005; Panizza, 2005; Hawkins, 2010; Moffitt, 2013).

Se as duas noções anteriores seguem uma orientação predominantemente idealista, a terceira vertente, por seu turno, propõe uma definição de corte estruturalista. Entendido como *estratégia política*, o populismo significa então uma forma de mobilização e organização e a unidade de análise em foco são partidos políticos, movimentos sociais e líderes, entendidos a partir do método histórico-comparativo e de estudos de caso (Wayland, 2001; Roberts, 2006; Jansen, 2011). Ao privilegiar o estudo do formato institucional do populismo, a análise concentra-se na agenda de políticas governamentais, nas estruturas partidárias e nos mecanismos e formatos de mobilização.

Expandindo os horizontes institucionais da última tendência, alguns estudiosos contemporâneos têm-se preocupado também em pensar o populismo na sua relação com a democracia. Margaret Canovan (1981), por exemplo, após realizar uma morfologia do fenômeno (populismo agrário e populismo político), avança para a tese de que o populismo pode ser visto com uma "sombra da democracia", pois ele alimenta-se da contradição entre a insuficiência das democracias reais e as aspirações românticas da soberania popular (Canovan, 2005). Na mesma linha prossegue Nadia Urbinati (2019a; 2019b), que analisa o populismo no poder (*populism in power*). Para ela, o populismo é uma forma desfigurada do governo representativo, ou seja, um governo de tipo misto, composto da relação imediata entre povo e elite. É por isso que ele colide com a forma liberal-representativa e constitucional da democracia.

A relação entre populismo e democracia também é central para Pierre Rosanvallon (2021). Ele propõe-se a defini-lo como uma *forma democrática* que difere das visões minimalista (liberal) ou essencialista (totalitária) da democracia porque (Rosanvallon, 2021, p. 233):

> O imperativo de representação é realizado com o mecanismo de identificação ao líder, com o exercício da soberania pelo recurso ao referendo, com o caráter democrático de uma instituição pela eleição de seus responsáveis, com a expressão do povo através de um face-a-face sem intermediários com os poderes. Ao mesmo tempo, a visão da sociedade é reportada a uma dicotomia elementar.

A partir dessa base, Rosanvallon estabelece uma anatomia ideal-típica do populismo que se descobre em cinco pontos: (1) visão de povo, (2) democracia, (3) representação, (4) filosofia econômica e (5) regime de afetos.

Na base do populismo está sempre uma noção de (1) *povo-uno*. Essa concepção nasce a partir do processo de dissociação entre o povo concebido como corpo cívico e o corpo concebido como corpo social. Na medida em que aumenta a distância entre o povo concebido como unidade por meio da ideia de nação (corpo cívico) e o corpo social, abre-se o espaço para pensar-se na clivagem entre um "nós" majoritário (99%) contraposto a uma minoria dominante (1%). Mais do que descritiva, a dicotomia povo/elite torna-se valorativa, pois, enquanto um lado da distinção encarna a dominação, o seu polo contrário encarna as virtudes. Fundado na ideia da espontaneidade popular e de bom-senso das massas, o populismo carrega em si um princípio da imediatez que valoriza a (2) *democracia direta* como expressão da vontade das massas e por isso rejeita as autoridades formais e o aparato jurídico (direito). Sua única forma de (3) *representação* legítima é o povo organizado enquanto movimento (em oposição aos partidos) e o líder enquanto aquele que confere coerência e ao mesmo tempo encarna essa mensagem. O líder, enquanto homem do povo, deve espelhar a sociedade. Ele é considerado um órgão do povo, um líder despersonalizado, um puro representante, uma figura totalmente absorvida na sua funcionalidade.

Juntamente a esses fatores especificamente políticos, Rosanvallon inclui também a dimensão socioeconômica, mas com a ressalva de que o (4) nacional-protecionismo do populismo emerge como uma recusa da ordem econômica liberal não devido a razões técnicas (eficiência), mas, sim, por questões de ordem política. Na visão populista, a ordem de livre mercado destrói a vontade política por uma transferência do poder de governar a mecanismos anônimos, anulando a possibilidade da soberania dos povos sobre seu próprio destino. Os populismos também esposam uma visão da igualdade como proteção de uma entidade bem constituída que deve ser mantida protegida da invasão de fatores externos (comunidade de distância). Por fim, o populismo contém ainda um (5) regime de paixões e emoções que mobiliza, em particular, o sentimento de ser abandonado ou desprezado (emoções de posição) e oferece, em contraponto, uma visão que explique suas causas (conspiração) e indique caminhos de como a ordem pode ser restaurada (emoção da ação).

Ao articular analiticamente populismo e democracia, Rosanvallon oferece-nos uma anatomia do populismo que não privilegia apenas um único aspecto para definir o fenômeno, seja ele a ideologia, seja o estilo, seja a estratégia. Sua reflexão possui o mérito de incluir as três dimensões acima em um único modelo, além de explorar os aspectos socioeconômicos e o regime de afetos do populismo. Por tratar-se de uma reflexão ideal-típica que não deve ser confundida com suas manifestações empíricas concretas (que são sempre variadas e, muitas vezes, contraditórias), tal modelo oferece-nos uma excelente grade para apontar os diferentes sentidos que o populismo assume na visão e no pontificado do Papa Francisco.

2 Bergoglio e o peronismo

Seguindo as indicações metodológicas do contextualismo linguístico (Skinner, 2001), iniciemos por entender como o populismo refrata sobre os escritos papais de Francisco a partir das mediações da formação intelectual e das redes de sociabilidade que moldaram sua cosmovisão religiosa e política no nível de seu espaço de experiência (Koselleck, 1999).

2.1 Raízes biográficas: catolicismo argentino e Guarda de Ferro

Embora existam elementos de semelhança e aproximação entre o peronismo e a doutrina social da Igreja (como a rejeição do liberalismo e do comunismo e a busca de uma terceira via centrada na ideia de justiça social), do ponto de vista *institucional* as relações entre a hierarquia católica e Juán Domingues Perón sempre foram de concorrência (Bosca, 1997; Zanata, 1999). Ambos podem ser vistos como religiões políticas que disputavam influência nos meios operários (Caimari, 1994; 2002). Essa concorrência aumentou com a promulgação da lei do divórcio, em 1955, tornando-se um conflito aberto (Bianchi, 2001), o que nos permite concluir que a Igreja Católica na Argentina jamais se comportou como um apoio ideológico do regime peronista.

No entanto, no período de retorno de Perón ao poder (em 1973), a Igreja Católica na Argentina tinha passado por profundas transformações. Elas deveram-se, em primeiro lugar, àquele conjunto de mudanças impulsionadas pelo Concílio Vaticano II (1962-1965) que conduziram a um reposicionamento e a uma abertura do catolicismo frente à Modernidade. Na América Latina essa nova orientação do Concílio levou os bispos do continente, reunidos em Medellin, em 1968, a esboçarem as linhas mestras da opção preferencial pelos pobres, base da Teologia da Libertação elaborada por Gustavo Gutiérrez, em 1971. Na Argentina, especificamente, essa nova orientação será formulada no Documento de San Miguel (1969), ponto de partida de uma vertente nacional-populista da Teologia da Libertação.

Isso significa que, apesar da distância institucional, do ponto de vista do *simbólico*, os intelectuais da Igreja Católica na Argentina produziram uma síntese complexa entre o populismo entendido como cultura política e as novas orientações teológicas católicas derivadas do Vaticano II, de Medellín e de São Miguel. Tal processo desembocou na elaboração de um "cristianismo peronista" (Caimari, 2002) ou "catolicismo terceiro-mundista" (Touris, 2012). Consequentemente, o populismo, em sua feição peronista, só incide sobre a visão religiosa e teológica de Bergoglio de maneira indireta e *mediada*, ou seja, tal influxo precisa ser explicado, em primeiro lugar, a partir da reconversão simbólica de amplos setores da Igreja Católica na Argentina ao ideário populista de fundo histórico peronista.

Mas existem também mediações *diretas* e, quanto a isso, as biografias existentes (Ivereigh, 2014; Allen Jr., 2015) são relativamente unânimes em afirmar que o episódio decisivo para entender a relação de Francisco com o peronismo em um sentido mais especificamente político (e não religioso) deve ser datada de sua atuação como diretor espiritual de estudantes católicos da Universidade do Salvador (em Buenos Aires) que eram ligados à *Guarda de Ferro*, função que ele assumiu em 1971. Essa organização política, que integrava o conjunto da juventude peronista, surgiu no período de intervalo entre o primeiro e o segundo governos de Perón e durou até 1974, ano da morte do líder peronista (Tarruela, 2005). Diferentemente dos Montoneros e do Exército Revolucionário do Povo (de raiz trotskista), que optaram pela luta armada (Donatello, 2010), a Guarda de Ferro visava à volta de Perón ao poder e tinha como estratégia a atuação em bairros populares, nas *villas miseria* e no sindicalismo, razão pela qual sempre foi considerada da ala mais à direita do peronismo. Foi a partir dessa organização que Bergoglio travou contato com alguns dos intelectuais mais importantes na formação de sua visão política.

2.2 Raízes intelectuais: cultura popular e Pátria-Grande

Os elementos histórico-biográficos que levantamos acima nos levam, assim, para as mediações intelectuais (teológicas e filosóficas) pelas quais a visão que Francisco tem do papel da Igreja e da política são construídas, tema que será objeto deste tópico.

a) Teologia do Povo

A formação teológica de Francisco radica em uma corrente latino-americana intitulada *Teologia do Povo* (Manzato, 2015; Luciani, 2016a; 2016b; Albado, 2018). Trata-se de uma variante da chamada Teologia da Libertação, tendência que se tornou hegemônica na Igreja Católica da América Latina a partir dos anos de 1970. Essa visão teológica construiu-se na Argentina em torno da Comissão Episcopal de Pastoral (Coepal), órgão criado pelos bispos argentinos em 1966 para repensar sua atuação em função das diretrizes do Concílio Vaticano II. Além de Justino O'Farrell, seus principais articuladores foram os teólogos Luís Gera e Rafael Tello e posteriormente Orlando Yoroo, Carlos Galli, Marcelo Gonzáles, Geraldo Farrel, Pablo Sudar e Fernando Boass, entre outros (Politi, 1992).

A vertente argentina de Teologia da Libertação (Scanonne, 2019) tem na categoria *povo* seu estatuto central, mas ele não é definido a partir da ideia de território ou classe social. O elemento determinante é o aspecto *cultural*, razão pela qual o povo é concebido antes como "povo-*nação*". Tal forma de conceber o povo não exclui a dimensão de classe, ainda que ela seja pensada a partir do recorte das classes *populares*. Povo e classe coincidem, pois são principalmente os pobres que são considerados os portadores fundamentais da cultura. Por tais motivos, a teologia argentina confere particular relevo à religiosidade popular, concebida como aquela na qual se encontra materializada a essência da cultura latino-americana.

Apesar das suas diferenças, Valério (2012) argumenta que tanto a vertente materialista/marxista quanto a vertente culturalista/populista da Teologia da Libertação apelam para uma comunidade imaginada que idealiza e essencializa romanticamente a identidade católica latino-americana. Portanto, resta estabelecer com mais detalhe quais são as mediações epistemológicas que possibilitaram o trânsito entre o ideário populista de tipo peronista e o discurso teológico acadêmico, ou seja, falta apontar ainda mais especificamente quais são os instrumentos conceituais e metodológicos que tornaram possível a síntese entre Teologia da Libertação e populismo. Quanto a isso, apresentam-se opiniões divergentes, pois enquanto Mallimaci (2013) entende que o terreno comum que possibilita essa reconversão teológica do populismo reside no seu comum antiliberalismo, Emilce Cuda (2016) prefere apostar no fato de que o elo entre peronistas e teólogos da libertação na Argentina repousa no esforço comum em procurar um discurso crítico alternativo ao da luta de classes marxista.

b) Filosofia polar, periferias e América Latina

Seja qual for a resposta para a indagação acima, o fato é que, se quisermos aceder o núcleo especificamente político do ideário populista de Francisco, precisamos ir além do aspecto teológico para alcançar também suas raízes filosófico-seculares. Aqui, diferentemente de Bento XVI, formado na tradição neoplatônica de Santo Agostinho, Francisco nutre-se principalmente de Tomás de Aquino. Mas não daquele tomismo escolástico do século XIX, e sim de uma leitura dele que buscou confrontar-se positivamente com as filosofias da contemporaneidade.

Bergoglio tomou contato com essa renovação por meio do padre jesuíta Miguel Angel Fiorito, um mestre da espiritualidade inaciana que o apresentou às ideias de Eric Przywara, Henri de Lubac e Gaston Fressard, jesuítas que, seguindo as longínquas pegadas de Maurice Blondel, procuraram confrontar o pensamento de Tomás de Aquino com Hegel (Borghesi, 2018). Mais tarde, tais ideais serão enriquecidos também pela ideia de oposição de Romano Guardin[55]. É com base nessas fontes que emerge a *filosofia polar* (Regan, 2019) que marca o pensamento de Bergoglio e que está sintetizada em quatro pilares: *(1) o tempo é superior ao espaço; (2) a unidade é superior ao conflito; (3) a realidade prevalece sobre a ideia; (4) o todo é maior que as partes.*

É a partir da filosofia tomista-hegeliana da polaridade que Bergogio aproxima-se daquela que pode ser considerada a primeira mentora intelectual de sua visão política: a filósofa Amelia Podetti (1928-1979), que ele conheceu no movimento da Guarda de Ferro, em 1971. Antecipando o que hoje diz a literatura pós-colonial/decolonial, Podetti criticava o falso universalismo da filosofia da história de Hegel e apresentava o pensamento católico hispânico do século XVI como a verdadeira origem de uma história universal pensada a partir da "periferia" (Denaday, 2013), conceito que depois se tornou central para o Papa Francisco (Tornielli, 2017).

Direção similar vai ser perseguida por Alberto Methol Ferré (1929-2009), um pensador leigo com o qual Bergoglio estreitou relações a partir de 1978. Esse inte-

---

[55]. Bergoglio estudou a obra de Guardini (*A lei da oposição*) durante a sua estada de três meses na Alemanha, onde estava para escrever uma tese de doutorado que, ao fim, não chegou a termo.

lectual uruguaio retomou o projeto terceiro-mundista de Perón[56] no contexto da formação dos blocos econômicos que emergiram com o processo de globalização econômica dos anos 1990, repensando-o a partir de dois pilares: o religioso e o econômico-político (Díaz, 2015; Metalli, 2015). No aspecto religioso, ele retomou as ideias do filósofo italiano Augusto del Noce e defendeu que diante do colapso do comunismo (*ateísmo messiânico*), o catolicismo latino-americano e sua religiosidade popular seriam a única força capaz de contrapor-se culturalmente ao *ateísmo libertino* e hedonista que se propagava com o advento da globalização. Já no plano socioeconômico, por sua vez, ele postulava que a integração latino-americana (especialmente o Mercado Comum do Sul – Mercosul) poderia levar à formação de um Estado continental-industrial capaz de rivalizar com as potências econômicas da era da globalização. Ele tornou-se, assim, defensor do ideal da *Pátria-Grande*.

3 Anatomia do populismo papal

Ao contrário de Bento XVI, cujos documentos seguiam um plano teológico alicerçado nas virtudes teologais da fé (*Lumen Fidei*[57]), da esperança (*Spe Salvi*) e da caridade (*Deus Caritas est* e *Caritas in Veritate*), o magistério de Francisco é fundamentalmente político-social. Além de uma *Exortação* que pode ser considerada seu plano de governo, a *Evangelii Gaudium* (2013), seu documento sobre a questão ecológica, a *Laudato Si'* (2015a), bem como a Encíclica *Fratelli Tutti* (2020b), que foi publicada no contexto da pandemia de covid-19, encontraram amplo eco na esfera pública. Com base na tipologia de Rosanvallon, analisaremos de que modo a herança populista de Bergoglio está presente nesses e em alguns outros documentos papais[58].

3.1 Povo-fiel, povo-cultura e povo-pobre

Existem opiniões divergentes quando se trata de categorizar a concepção de povo do Papa Francisco. Enquanto Rivero (2016) identifica três sentidos (povo-

---

56. Apesar do caráter vasto e assistemático de sua obra, Methol Ferré inspira-se claramente no peronismo e afirma textualmente que "Mis primeros amores fueron dos: el Dr. Luis Alberto Herrera en Uruguay y el coronel Juan Domingo Perón en la Argentina" (Perrott; Larrechea, 2019).

57. Ainda que tal encíclica tenha sido publicada em coautoria com Francisco, pois, quando de sua publicação em 29 jun. 2013, Bento XVI já tinha renunciado ao papado (ocorrido em 28 fev. 2013).

58. Os trechos citados serão indicados pelo número do parágrafo original do documento (como são apresentados os pronunciamentos da Igreja Católica), e não pela sua página.

-pobre, povo-nação e povo-fiel), Cuda (2013), por seu turno, entende que se trata de uma noção dual: povo-fiel e povo-pobre. Meu entendimento é que essas duas visões, com ligeiras modificações, podem ser combinadas como segue. Ocorre que a noção de povo do Papa Francisco possui uma dupla dimensão: a primeira é teológica (povo-fiel) e a outra é de cunho secular/profano, mas esta desdobra-se em uma dimensão cultural (povo-cultura, que, lentamente, vai assumindo o lugar da noção de povo-nação) e outra social (povo-pobre).

Quanto a seu sentido religioso, a ideia de *povo-fiel* já aparece em Bergoglio no discurso que proferiu na abertura da Congregação Geral dos Jesuítas argentinos em 18 de fevereiro de 1974. Nessa ocasião ele disse que o povo fiel possui a faculdade de ser "infalível *in credendo*, ao crer". A tese de que os fiéis são infalíveis no crer é a pedra angular do seu conceito de sinodalidade. Romantizado ao extremo com o atributo da infalibilidade (na linguagem teológica, *sensus fidei/fidelium*)[59], essa categoria é mobilizada como instrumento para combater o monopólio do poder pelo clero (clericalismo) e alargar o espaço da participação democrática dos leigos na Igreja.

Já quando se trata da dimensão estritamente secular-política de povo, temos que considerar o entrelaçamento entre a dimensão *social* e a *cultural*. A segunda dessas noções (cultural) tem precedência sobre a primeira (social), já que, para Francisco, ao mesmo tempo em que a cultura é moldada pelo povo, este só se configura a partir de um horizonte cultural. Para ele, "a cultura abrange a totalidade da vida dum povo" (Francisco, 2013, § 115), da mesma forma que "cada povo, na sua evolução histórica, desenvolve a própria cultura com legítima autonomia" (Francisco, 2013, § 115). Em *Laudato Si'*, ele acrescenta que "pertencer a um povo é fazer parte de uma identidade comum" (Francisco, 2015a, § 158). A simetria entre povo e cultura é pensada como um fato totalizante que supera as clivagens sociais, pois na linguagem do papa "o autor principal, o sujeito histórico deste processo, é a gente e a sua cultura, não uma classe, uma fracção, um grupo, uma elite" (Francisco, 2013, § 239).

Portanto, apenas quando situamos o *povo-pobre* no contexto de uma cultura determinada entendemos o significado social de povo. Ao falar do pobre, Francisco não prioriza a dimensão material da carência, pois para ele as camadas populares são a alma religiosa da cultura. O povo-pobre de Francisco é aquele da

---

59. O Vaticano esclareceu o significado desses conceitos no documento *O "Sensus fidei" na vida da Igreja* (CTI, 2014).

piedade popular, pois, por meio dela, "pode-se captar a modalidade em que a fé recebida se encarnou numa cultura" (Francisco, 2013, § 123). A espiritualidade ou mística popular é uma verdadeira "espiritualidade encarnada na cultura dos simples" (Francisco, 2013, § 124) e caracteriza-se mais pelo uso da "via simbólica do que pelo uso da razão instrumental" (Francisco, 2013, § 124).

3.2 O governo do povo contra o individualismo liberal

Ao comentar a proliferação de usos do termo "populismo", Francisco lamenta sua perda de valor e sua transformação em "uma das polaridades da sociedade dividida". Ele também condena a tentativa de "classificar os indivíduos, os grupos, as sociedades e os governos a partir da divisão binária 'populista' ou não populista" (Francisco, 2020b, § 156). Para o papa, "os grupos populistas deformam a palavra povo porque aquilo de que falam não é um verdadeiro povo" e arremata: "a categoria povo é aberta" (Francisco, 2020b, § 160).

Dessa concepção positiva do povo emergem, ainda, uma determinada concepção da democracia e da representação. A visão de democracia do Papa Francisco é traçada a partir da oposição entre liberalismo e democracia, mas seu fundamento último reside na oposição individual/coletivo. Na visão do atual papa, "a categoria povo, que inclui intrinsecamente uma avaliação positiva dos vínculos comunitários e culturais, habitualmente é rejeitada pelas visões liberais individualistas, que consideram a sociedade mera soma de interesse que coexistem" (Francisco, 2020b, § 163). Ele chega a dizer que o liberalismo acusa como "populistas aqueles que defendem os direitos dos mais frágeis da sociedade" (Francisco, 2020b, § 163).

Contra essa visão liberal-individualista, o papa propõe o resgate do vínculo entre democracia e povo (Francisco, 2020b, § 157):

> A tentativa de fazer desaparecer da linguagem essa categoria [povo] poderia levar à eliminação da própria palavra democracia, cujo significado é precisamente governo do povo. Contudo, para afirmar que a sociedade é mais do que a soma dos indivíduos, necessita-se do termo "povo". A verdade é que há fenômenos sociais que estruturam as maiorias, existem megatendências e aspirações comuns; além disso, pode-se pensar em objetivos comuns, independente das diferenças, para implementar juntos um projeto compartilhado.

A ideia de "implementar juntos" um "projeto compartilhado" – os dois eixos da visão de democracia de Francisco – não exclui a ideia de que existem "líderes populares capazes de interpretar o sentir de um povo, sua dinâmica cultural e as grandes tendências de uma sociedade" (Francisco, 2020b, § 159). Mas ele também chama a atenção para o "risco do populismo insano, quando se transforma na habilidade de atrair consensos, a fim de instrumentalizar politicamente a cultura do povo, sob qualquer sinal ideológico, a serviço do seu projeto pessoal e da sua permanência no poder" (Francisco, 2020b, § 159).

Não é na ideia do "líder como homem do povo" que a concepção de representação de Bergoglio fundamenta-se, porém, sim, na tese da democracia direta. Como já vimos antes, ele enfatiza a espontaneidade popular e o bom-senso das massas (povo-fiel e *sensus fidei*), mas este só pode manifestar-se concretamente por meio de mecanismos participativos, como podemos ver claramente nos seus documentos sobre a sinodalidade (CTI, 2018).

Francisco propõe uma Igreja participativa e corresponsável, sublinhando a importância da consulta de todos na Igreja, incluindo-se aí "uma metodologia eficazmente participativa" (CTI, 2018, § 90). Para ele, "é essencial a participação dos fiéis leigos", pois eles "são a imensa maioria do povo de Deus" e "por isso é indispensável a sua consulta" (CTI, 2018, § 73). Apesar da aparente redução dos fiéis leigos à consulta, mas não à decisão, resta evidente a centralidade da ideia de participação direta e não da de representação indireta/eleitoral no modo como Francisco enxerga a democracia e busca implementá-la concretamente nas estruturas políticas da Igreja Católica.

3.3 Os movimentos populares contra a economia que mata

A oposição ao liberalismo também impregna fortemente a compreensão que Francisco possui do regime socioeconômico, mas desta feita a visão liberal é reprovada não tanto pelo seu caráter individualista, mas exatamente pelo seu contrário: a impessoalidade. No documento inaugural de seu papado, Francisco já expressara em termos fortes contra uma "economia que mata" (Francisco, 2013, § 53), condenação que ele repete na Encíclica *Fratelli Tutti*, na qual afirma que "o mercado, *per se*, não resolve tudo, embora às vezes nos queiram fazer crer neste dogma neoliberal" (Francisco, 2020b, § 168).

No campo socioeconômico, Francisco não estabelece uma oposição entre povo e elite, mas, sim, entre mecanismos anônimos e vontade popular. Com efeito, já na Exortação *Evangelii Gaudium* ele critica a "autonomia absoluta dos mercados e a especulação financeira" (Francisco, 2013, § 56) que ele atribui ao "fetichismo do dinheiro e a ditadura de uma *economia sem rosto* e sem um objetivo verdadeiramente humano" (Francisco, 2013, § 55; sem itálico no original). Em *Laudato Si'*, ele dirá que "o paradigma tecnocrático tende a exercer o seu domínio também sobre a economia e a política" (Francisco, 2015a, § 109), acrescentando que "a economia assume todo o desenvolvimento tecnológico em função do lucro, sem prestar atenção a eventuais consequências negativas para o ser humano" (Francisco, 2015a, § 109). Essa mesma condenação é retomada na *Fratelli Tutti*, documento no qual podemos ler que "a política não deve submeter-se à economia e esta não deve submeter-se aos ditames e ao paradigma eficientista da tecnocracia" (Francisco, 2020b, § 177). Portanto, a crítica de Francisco ao mercado é essencialmente política e não se assenta na tese marxista da exploração econômica (mais-valia), ainda que ele faça constantes referências ao fenômeno da exclusão e do descarte.

Para que a economia seja "integrada em projeto político, social, cultural e popular que vise [a]o bem comum" (Francisco, 2020b, § 172), Francisco propõe não apenas a retomada do papel do Estado, mas aposta principalmente nos movimentos populares. Essas organizações não são valorizadas no contexto da disputa política pelo poder, mas porque "criam variadas formas de economia popular e de produção comunitária" (Francisco, 2020b, § 169). Sua importância mede-se pela centralidade da "questão do trabalho" e porque "a política não pode renunciar ao objetivo de conseguir que a organização de uma sociedade assegure a cada pessoa uma maneira de contribuir com as suas capacidades e o seu esforço" (Francisco, 2020b, § 162). Segundo ele, seria preciso superar "uma política *para* os pobres, mas nunca *com* os pobres, nunca *dos* pobres, e muito menos inserida em um projeto que reúna todos os povos" (Francisco, 2020b, § 162).

Essa defesa dos movimentos populares encontrou sua expressão maior em um discurso que Francisco pronunciou na Bolívia, em 9 de julho de 2015 (Francisco, 2015b). Considerado uma das alocações políticas mais fortes de seu papado, Francisco propõe que "os povos e as organizações sociais construam uma alternativa humana à globalização exclusiva". Para fazer frente "a uma economia de exclusão e desigualdade, na qual o dinheiro reina em vez de servir" e contra uma "economia que mata", uma "economia que exclui" e uma "economia [que] destrói a Mãe Terra", ele esboça um programa político que, partindo dos movimentos populares, (1) coloque a economia a serviço dos povos, (2) defende que "os governos da região juntaram seus esforços para fazer respeitar a sua soberania […] 'Pátria Grande'" e, por fim, (3) defende a Mãe Terra.

3.4 Diálogo e amizade social

Ao adentrarmos no regime de afetos, já não estamos tratando do conteúdo do discurso de Francisco, mas de sua forma. Esse é um aspecto que tem sido pouco investigado nos discursos papais, mas de saída já se pode perceber que a linguagem de Francisco não exibe os traços identificados por Rosanvallon no que diz respeito ao regime de afetos do populismo: ressentimento, visões conspiratórias e política de negação das instituições. Bem ao contrário disso, sua encíclica inaugural (*Evangelii Gaudium*, 2013) apela para a "alegria do Evangelho" e o documento *Fratelli Tutti* (2020) apregoa o diálogo e a amizade social. Isso não quer dizer que o estilo retórico de Francisco não possa ser qualificado de populista. Nesse sentido, Demeter e Toth (2019), ao analisarem a comunicação papal via Twitter, concluíram que Francisco apela para uma comunicação direta com base na emocionalização e que seu caráter antagônico é essencialmente moral e abstrato.

4 O magistério social de Francisco na tradição do Ensino Social da Igreja

Embora o ensinamento social do Papa Francisco não deva ser compreendido meramente como uma continuidade linear de sua experiência histórico-política argentina, resta claro que o então Padre e Bispo Jorge Mario Bergoglio forma-se no horizonte do catolicismo terceiro-mundista que, mesmo distante institucionalmente do movimento e do regime de Perón, ressignificou simbolicamente o ideário populista. A Teologia do Povo e a filosofia da polaridade aproximam-no de uma visão política que procura pensar sobre o lugar da América Latina em sua condição periférica, bem como as possibilidades de integração regional do continente no contexto da globalização.

Essa herança cultural e intelectual influencia decisivamente o ensinamento oficial daquele que é hoje o Papa Francisco.

O populismo de Francisco possui primeiramente um sentido teológico (religioso) que o leva a apresentar, *semanticamente*, o povo-fiel como portador da inerrância em matéria de fé (*sensus fidei*) e o povo-pobre como alma religiosa da cultura dos povos. No sentido político, o populismo de Francisco apresenta-se especialmente como uma *semântica* antiliberal, pois este é condenado tanto no plano da representação política pelo seu individualismo quanto no plano do regime socioeconômico por submeter a política aos ditames abstratos da tecnocracia e do mercado. Emerge daí uma visão agonística que opõe, no campo religioso, o povo contra o clero, no campo político, o liberalismo contra a democracia e, no campo socioeconômico, os movimentos populares contra o mercado.

Esse ensinamento teológico-político não opera no vácuo e responde, por óbvio, no *plano pragmático*, aos objetivos políticos traçados por Francisco para seu governo à frente da Igreja. A começar pelo *campo interno* do catolicismo, no qual a remissão às virtudes do povo-fiel serve a Francisco para legitimar simbolicamente sua proposta de retomada das reformas democratizantes do Concílio Vaticano II por meio da implementação de processos participativos (sinodalidade). Já no *campo geopolítico*, Francisco reposiciona sua visão política no contexto da ascensão de governos da direita populista-nacionalista, fator que o leva a opor-se à globalização econômico-financeira (neoliberalismo), mas sem legitimar políticas unilaterais de cunho estatal-protecionista, antimigratórias, anticlimáticas ou mesmo anticientíficas (McCormick, 2021).

O populismo elevado a programa de governo papal não é apenas uma peculiaridade argentina, pois a romantização essencialista da cultura popular, típica da Teologia da Libertação latino-americana, está em linha de continuidade com a visão orgânico-comunitarista da doutrina social da Igreja, cujos primeiros passos foram dados por Leão XIII, em 1891[60]. Longe de corpo estranho, ela acomoda-se facilmente à equidistância (terceira via) que a Igreja Católica procurou estabelecer frente ao comunismo e ao capitalismo e ao princípio da subsidiariedade, uma das linhas mestras do ensinamento social católico[61].

Mas se o ideário populista foi integrado na Doutrina Social da Igreja, resta assinalar qual é, globalmente falando, o tipo de populismo esposado por Francisco. Dado seu fundo histórico-cultural peronista, não cabe dúvida quanto ao fato de que ele situa-se no campo do populismo de esquerda, embora essa seja uma classificação que não esgota o assunto. Ritchie (2019) sugere a expressão *populismo inclusivo*, mas tal hipótese expressa muito mais um juízo de valor do que um sóbrio juízo explicativo. Além disso, em vez de afirmar que Francisco

---

60. A peculiar ética social orgânica do catolicismo já tinha sido identificada por Max Weber (2019). Ao categorizar o anti-individualismo da doutrina social da igreja como "comunitarismo", apoio-me em Charles Taylor (2010). Dadas as restrições deste capítulo, ambos os aspectos não poderão ser mais desenvolvidos.

61. O significado desse princípio, que implica a valorização da sociedade civil, é realizado nos parágrafos 185 e 186 do documento intitulado *Compêndio da doutrina social da igreja* (Pontifício Conselho "Justiça e Paz", 2004).

"é" populista, seria mais acertado dizer que sua visão de mundo e ensinamento possuem "elementos" populistas. E, dado o caráter fundamentalmente moral, mais do que político, além de seus fracos potenciais de mobilização dos afetos em vista da luta pelo poder, talvez seja o caso de compreendê-lo, indo um pouco além do conceito de Mudde e Kaltwasser (2012), como uma *forma fluida* de populismo. A expressão indica não apenas seu caráter pouco sistematizado e múltiplo, mas também lembra que ele está integrado e diluído no ensinamento social oficial da Igreja Católica.

Referências

ALBADO, Omar César. La teología del pueblo: su contexto latinoamericano y su influencia en el Papa Francisco. *Revista de Cultura Teológica*, São Paulo, v. 26, n. 91, p. 31-57, 2018.

ALLEN JR., John L. *The Francis Miracle*: Inside the Transformation of the Pope and the Church. New York: Time, 2015.

BIANCHI, Susana. *Catolicismo y peronismo*. Religión y política en la Argentina 1943-1955. Buenos Aires: Prometeo, 2001.

BORGHESI, Massimo. *Jorge Mario Bergoglio*: uma biografia intelectual. Petrópolis: Vozes, 2018.

BOSCA, Roberto. *La iglesia nacional peronista*. Factor religioso y poder político. Buenos Aires: Sudamericana, 1997.

CAIMARI, Lila. *Perón y la Iglesia Católica*. Religión, Estado y sociedad en la Argentina 1943-1955. Buenos Aires: Ariel, 1994.

CAIMARI, Lila. El peronismo y la Iglesia católica. *In*: TORRE, Juan C. (direc.). *Nueva historia argentina*. Tomo 8: Los años peronistas (1943-1955). Buenos Aires: Sudamericana, 2002.

CANOVAN, Margaret. *Populism*. London: Junction, 1981.

CANOVAN, Margareth. *The People*. Cambridge (UK): Polity, 2005.

CASSIMIRO, Paulo H. P. Os usos do conceito de populismo no debate contemporâneo e suas implicações sobre a interpretação da democracia. *Revista Brasileira de Ciência Política*, Brasília, n. 35, p. 1-52, 2021.

CTI. *O "Sensus Fidei" na vida da Igreja*. Roma: Comissão Teológica Internacional, 2014. Disponível em: https://www.vatican.va/roman_curia/congregations/cfaith/cti_documents/rc_cti_20140610_sensus-fidei_po.html. Acesso em: 17 maio 2024.

CTI. *A sinodalidade na vida e na missão da Igreja*. 2 mar. 2018. Roma: Comissão Teológica Internacional, 2018. Disponível em: https://www.vatican.va/roman_curia/congregations/cfaith/cti_documents/rc_cti_20180302_sinodalita_po.html. Acesso em: 17 maio 2024.

CUCCHETTI, Humberto H. *Combatientes de Perón, herederos de Cristo*: peronismo, religión secular y organizaciones de cuadros. Buenos Aires: Prometeo, 2010.

CUDA, Emilce. Teología y política en el discurso del Papa Francisco: ¿dónde está el pueblo? *Nueva Sociedad*, Caracas, n. 248, p. 11-26, 2013.

CUDA, Emilce. *Para leer a Francisco*: teología, ética y política. Buenos Aires: Manancial, 2016.

DEMETER, Marton; TOTH, Tamas. None of Us Is An Island: Toward the Conception of Positive Populism Through the Analysis of Pope Francis's Twitter Communication. *International Journal of Communication*, Los Angeles, v. 13, p. 4507-4529, 2019.

DENADAY, Juan P. Amelia Podetti: una trayectoria olvidada de las Cátedras Nacionales. *Nuevo Mundo, Mundos Nuevos*, p. 16-36, 2013.

DÍAZ, B. Alberto Methol Ferré: una influencia fundamental en el pensamiento del Papa Francisco. *Cuadernos del Claeh*, Montevideo, v. 34, n. 101, p. 63-85, 2015.

DONATELLO, Luís. *Catolicismo y montoneros*. Religión, política y desencanto. Buenos Aires: Manantial, 2010.

FRANCISCO. *Exortação apostólica "Evangelii gaudium" do Santo Padre Francisco ao episcopado, ao clero, às pessoas consagradas e aos fiéis leigos sobre o anúncio do evangelho no mundo actual*. 24 nov. 2013. Roma: Santa Sé, 2013. Disponível em: https://www.vatican.va/content/francesco/pt/apost_exhortations/documents/papa-francesco_esortazione-ap_20131124_evangelii-gaudium.html. Acesso em: 17 maio 2024.

FRANCISCO. *Carta encíclica "Laudato si'" do Santo Padre Francisco sobre o cuidado da casa comum*. 24 maio 2015. Roma: Santa Sé, 2015a. Disponível em: https://www.vatican.va/content/francesco/pt/encyclicals/documents/papa-francesco_20150524_enciclica-laudato-si.html. Acesso em: 17 maio 2024.

FRANCISCO. *Discurso do Santo Padre*. 9 jul. 2015. Roma: Santa Sé, 2015b. Disponível em: https://www.vatican.va/content/francesco/pt/speeches/2015/july/documents/papa-francesco_20150709_bolivia-movimenti-popolari.html. Acesso em: 17 maio 2024.

FRANCISCO. *Exortação apostólica pós-sinodal "Amoris lætitia" do Santo Padre Francisco aos bispos, aos presbíteros e aos diáconos, às pessoas consagradas, aos esposos cristãos e a todos os fiéis leigos sobre o amor na família*. 19 mar. 2016. Roma: Santa Sé, 2016. Disponível em: https://www.vatican.va/content/francesco/pt/apost_exhortations/documents/papa-francesco_esortazione-ap_20160319_amoris-laetitia.html. Acesso em: 17 maio 2024.

FRANCISCO. *Exortação apostólica pós-sinodal "Querida Amazônia" do Santo Padre Francisco ao povo de Deus e a todas as pessoas de boa vontade*. 2 fev. 2020. Roma: Santa Sé, 2020a. Disponível em: https://www.vatican.va/content/francesco/pt/apost_exhortations/documents/papa-francesco_esortazione-ap_20200202_querida-amazonia.html. Acesso em: 17 maio 2024.

FRANCISCO. *Carta encíclica "Fratelli tutti" do Santo Padre Francisco sobre a fraternidade e a amizade social*. 3 out. 2020. Roma: Santa Sé, 2020b. Disponível em: https://www.vatican.va/content/francesco/pt/encyclicals/documents/papa-francesco_20201003_enciclica-fratelli-tutti.html. Acesso em: 17 maio 2024.

GIDRON, Noam; BONIKOWSKI, Bart. Varieties of Populism: Literature Review and Research Agenda. *Weatherhead Working Paper Series*, Cambridge (USA), n. 13-0004, 2013.

HAWKINS, Kirk A. *Venezuela's Chavismo and Populism in Comparative Perspective*. Cambridge (UK): Cambridge University, 2010.

IVEREIGH, Austen. *The Great Reformer*: Francis and the Making of a Radical Pope. New York: H. Holt, 2014.

JANSEN, Robert S. Populist Mobilization: A New Theoretical Approach to Populism. *Sociological Theory*, London, v. 29, n. 2, p. 75-96, 2011.

KAZIN, Michal. *The Populist Persuasion*: An American History. Ithaca: Cornell University, 1995.

KOSELLECK, Reinhart. *Crítica e crise*. Rio de Janeiro: Contraponto, 1999.

LACLAU, Ernesto. *On Populist Reason*. London: Verso, 2005.

LUCIANI, Rafael. La opción teológico-pastoral del Papa Francisco. *Perspectiva Teológica*, Belo Horizonte, v. 48, n. 1, p. 81-115, 2016a.

LUCIANI, Rafael. *El Papa Francisco y la teología del pueblo*. Madrid: PPC, 2016b.

MALLIMACI, Fortunanto; DONATELLO, Luís. El catolicismo liberacionista en Argentina: "práxis liberadora" y "opción desde los pobres". Acción e presencia en las massas. *In*: RENOLD, Juan M. *Miradas antropológicas sobre la vida religiosa*. Buenos Aires: Ciccus, 2002.

MALLIMACI, Fortunato. Bergoglio antes de ser Francisco y el sueño del papa propio en Argentina. *Estudos de Religião*, São Paulo, v. 27, n. 2, p. 270-296, 2013.

MANZATTO, Antonio. O Papa Francisco e a Teologia da Libertação. *Revista de Cultura Teológica*, São Paulo, v. 23, n. 86, p. 183-203, 2015.

MCCORMICK, W. The Populist Pope? Politics, Religion, and Pope Francis. *Politics and Religion*, Cambridge (UK), v. 14, n. 1, p. 159-181, 2021.

METALLI, Alver. *El papa y el filósofo*. Santiago: UC, 2015.

MOFFITT, Benjamin; TORMEY, Simon. Rethinking Populism: Politics, Mediatisation and Political Style. *Political Studies*, London, v. 62, n. 2, p. 381-397, 2013.

MOORE, Mónica S. La disputa discursiva populismo-antipopulismo en torno a Francisco. Una aproximación semiótica a los sentidos políticos atribuidos a su viaje a Ecuador, Bolivia y Paraguay. *In*: JORNADAS INTERDISCIPLINARES, 13, 2015. Anais. Córdoba: Universidad Católica de Córdoba, 2015. Disponível em: https://pa.bibdigital.ucc.edu.ar/907/1/DC_Moore2.pdf. Acesso em: 9 maio 2024.

MUDDE, Cas; KALTWASSER, Cristóbal R. (eds.). *Populism in Europe and the Americas*. Cambridge (UK): Cambridge University, 2012.

NORRIS, Pippa. *Radical Right*: Voters and Parties in the Electoral Market. New York: Cambridge University, 2005.

PANIZZA, Francisco. *Populism and the Mirror of Democracy*. London: Verso, 2005.

PERROTT, Daniela V.; LARRECHEA, Enrique M. El Estado continental y la geopolítica de la integración: de Juan Domingo Perón a Alberto Methol Ferré. *Iberoamericana*, v. 48, n. 1, p. 132, 2019.

POLITI, Sebastián. *Teología del pueblo*. Una propuesta argentina a la teología latinoamericana. 1967-1975. Buenos Aires: Castañeda-Guadalupe, 1992.

PONTIFÍCIO CONSELHO "JUSTIÇA E PAZ". *Compêndio da doutrina social da Igreja*. 29 jun. 2004. Roma: Santa Sé, 2004. Disponível em: https://www.vatican.va/roman_curia/pontifical_councils/justpeace/documents/rc_pc_justpeace_doc_20060526_compendio-dott-soc_po.html. Acesso em: 17 maio 2024.

REGAN, E. The Bergoglian Principles: Pope Francis' Dialectical Approach To Political Theology. *Religions*, v. 10, n. 12, p. 270-290, 2019.

RITCHIE, Angus. *Inclusive Populism*. Notre Dame: University of Notre Dame, 2019.

RIVERO, Luciano. *El Papa Francisco y la teología del Pueblo*. Buenos Aires: PPC, 2016.

ROBERTS, Kenneth. Populism, Political Conflict, and Grass-Roots Organization in Latin America. *Comparative Politics*, London, v. 38, n. 2, p. 127-148, 2006.

ROSANVALLON, Pierre. *O século do populismo*: história, teoria, crítica. São Paulo: Ateliê de Humanidades, 2021.

SCANNONE, Juan C. *A teologia do povo*: raízes teológicas do Papa Francisco. São Paulo: Paulinas, 2019.

SKINNER, Quentin. Meaning and Understanding in the History of Ideas. *In*: Idem. *Visions of Politics*. V. I: Regarding Method. London: Cambridge University, 2001.

TARRUELA, Alejandro. *Guardia de hierro*. Buenos Aires: Sudamericana, 2005.

TAYLOR, Charles. *Uma era secular*. São Leopoldo: Unisinos, 2010.

TORNIELLI, Andrea. *Los viajes de Francisco*: conversaciones con Su Santidad. Buenos Aires: Planeta, 2017.

TOURIS, Claudia F. *Catolicismo y cultura política en la Argentina*: la constelación tercermundista (1955-1976). Tesis (Doctorado en Historia). Facultad de Filosofía y Letras, Universidad de Buenos Aires, Buenos Aires, 2012.

URBINATI, Nadia. Political Theory of Populism. *Annual Review of Political Science*, San Mateo, n. 22, p. 111-127, 2019a.

URBINATI, Nadia. *We The People*: How Populism Transforms Democracy. Cambridge (USA): Harvard University, 2019b.

VALÉRIO, Mairon E. *O continente pobre e católico*: o discurso da Teologia da Libertação e a reinvenção religiosa da América Latina (1968-1992). Tese (Doutorado em História). Instituto de Filosofia e Ciências Humanas, Universidade Estadual de Campinas, Campinas, 2012.

WEBER, Max. Uma consideração intermediária: teoria dos estágios e direções da rejeição religiosa do mundo. *In*: Idem. *Ética econômica das religiões mundiais*. V. I: confucionismo e taoísmo. Petrópolis: Vozes, 2016.

WEYLAND, Kurt. Clarifying a Contested Concept: Populism in the Study of Latin American Politics. *Comparative Politics*, London, v. 34, n. 1, p. 1-22, 2001.

ZANATTA, Loris. *Perón y el mito de la nación católica*: iglesia y ejército en los orígenes del peronismo (1943-1946). Buenos Aires: Universidad Nacional de Três de Febrero, 1999.

Capítulo 6
O giro decolonial no Sínodo da Amazônia

Convocado pelo Papa Francisco em 15 de outubro de 2017, aparentemente apenas para discutir políticas eclesiásticas para uma região específica da Igreja Católica, o Sínodo da Amazônia, realizado no Vaticano em outubro de 2019, tornou-se o epicentro de intensas disputas políticas que envolveram as principais lideranças dessa instituição. Longe de circunscrever-se ao âmbito dos países que formam o entorno do Amazônia, tal sínodo alcançou uma dimensão global por duas razões entrelaçadas. Por um lado, devido à própria dimensão estratégica que, desde a Conferência das Nações Unidas sobre o Meio Ambiente e Desenvolvimento, em 1992 (a Eco-92), a Amazônia ocupa no conjunto da problemática ambiental; por outro lado, devido à centralidade do tema da ecologia no pontificado de Francisco. O Sínodo da Amazônia foi interpretado por determinados setores da Igreja como um *locus* de experimentação e implementação de uma agenda de transformações progressistas, com vistas a servir de modelo a ser transplantado para todo o conjunto da instituição, intenção sinalizada por Franz-Josef Overbeck (Bispo de Essen, Alemanha), que chegou a proclamar que, depois do Sínodo, "nada mais será como antes". Derivou daí uma forte oposição à sua agenda, que, mobilizando atores centrais da estrutura eclesial católica, colocou em disputa o seu sentido e o seu alcance, trazendo ao centro da polêmica o próprio programa de Francisco enquanto papa.

Como mostra Bruno Latour (2011), "controvérsias" são momentos preciosos para entender o fazer científico. Em analogia, podemos dizer que a controvérsia clerical em torno do Sínodo da Amazônia pode ser considerada um campo de observação privilegiado do campo de poder (Bourdieu, 2007) do catolicismo. O que está por trás de tão intensas disputas? Para desvelar os pontos controversos e a dinâmica das lutas em torno do Sínodo da Amazônia, realizo, primeiramente, um histórico da fase de preparação desse encontro episcopal, chamando a atenção para os principais (a) atores e (b) posicionamentos públicos que emergem ao longo do processo. Na segunda parte, tomando como referência o *Instrumentum Laboris* (Sínodo Pan-Amazônico, 2019) do Sínodo, reflito sobre as questões estruturantes da disputa. A tese central a ser desenvolvida é que o *Instrumentum Laboris* aponta para um giro pós-colonial nas tendências progressistas da Igreja Católica, em especial no Brasil.

1 A controvérsia

Em 16 de maio de 2017, um artigo do jornal do Vaticano, o *L'Osservatore Romano*, trazia uma declaração do arcebispo Salvador Piñeiro Garcia-Calderón, de Ayacucho, Presidente da Conferência dos Bispos do Peru, afirmando que "o Santo Padre nos disse que gostaria de um sínodo para os povos amazônicos na Venezuela, Colômbia, Equador, Peru, Bolívia e Brasil" (cf. Diocese de Crato, 2017)[62]. A notícia foi confirmada pelo próprio papa em alocução realizada na Praça de São Pedro em 15 de outubro 2017, nos seguintes termos: "Acolhendo o desejo de algumas Conferências Episcopais da América Latina, além da voz de diversos pastores e fiéis de outras partes do mundo, decidi convocar uma *Assembleia Especial do Sínodo dos Bispos para a região Pan-Amazônica*, que será realizada em Roma no mês de outubro de 2019" (Francisco, 2017; itálico no original). Na sua fala, ele esclarece ainda que a "Finalidade principal desta convocação é encontrar novos caminhos para a evangelização daquela porção do Povo de Deus, sobretudo dos indígenas" (Francisco, 2017).

Para conduzir os trabalhos preparatórios do Sínodo, o papa criou, em 8 de março de 2018, o Conselho Pré-Sinodal, composto por 18 membros. Esse Conselho reuniu-se pela primeira vez em Roma, em abril de 2018, ocasião em que foi aprovado um breve Documento Preparatório do Sínodo, *Amazônia: novos caminhos para a Igreja e para uma ecologia integral* (Sínodo dos Bispos, 2019) que continha também 30 perguntas para serem endereçadas às comunidades daquela região. O documento, com seu respectivo questionário, foi encaminhado pela Repam (Rede Eclesial Pan-Amazônica), órgão criado pelo Celam (Conselho Episcopal Latino-Americano) em 2014 e que, segundo seus informes (Repam, 2019a), organizou 40 Assembleias Territoriais Sinodais, oito Fóruns Temáticos Pan-Amazônicos e dois Fóruns Internacionais para subsidiar a reflexão sinodal.

---

62. Segundo as observações pessoais do Cardeal Hummes (2019), contudo, Francisco teria concebido a ideia quando da sua visita ao Brasil, em 2013.

Dessas atividades, teriam tomado parte diretamente cerca de 21 mil pessoas (e indiretamente 90 mil), dentre os quais 477 religiosos e 492 clérigos (entre padres e bispos). Os relatórios dessas atividades (266 informes) foram entregues à Repam em 14 de fevereiro de 2019 e sistematizados por sua equipe de especialistas entre os dias 13 e 14 de maio, quando o Conselho Pré-Sinodal reuniu-se pela segunda vez, em Roma, para elaborar a primeira versão do *Instrumentum Laboris* – o documento preliminar para ser debatido, efetivamente, no Sínodo.

Começaram, então, os preparativos diretos para a assembleia sinodal a realizar-se posteriormente em Roma. A primeira medida foi tomada em 4 de maio de 2019, quando o Cardeal Cláudio Hummes, presidente da Repam, foi nomeado relator-geral do Sínodo. Em segundo lugar, em 17 de junho de 2019, o Vaticano divulgou oficialmente o texto preparatório para a Assembleia Sinodal, nosso já conhecido *Instrumentum Laboris*[63]. O término dessa etapa de preparação ocorreu no dia 21 de setembro de 2019, quando foi divulgada a lista completa de participantes do Sínodo da Amazônia. O Brasil foi contemplado com a maior delegação entre os participantes, contando com 58 bispos, entre eles o Relator-Geral do sínodo, cardeal Dom Cláudio Hummes, e um dos três Presidentes-Delegados, o cardeal Dom João Braz de Aviz. Em menor número ficaram as delegações de bispos oriundos da Colômbia (15), Bolívia (12), Peru (11), Equador (7), Venezuela (7), Guiana (1), Guiana Francesa (1) e Suriname (1). Além deles, três cardeais da Cúria e 15 superiores gerais de ordens religiosas somando ao todo 185 padres sinodais, clérigos com direito a voto nos temas a serem debatidos na assembleia. Ainda participaram do Sínodo outras 80 pessoas, incluindo 53 leigos e religiosas que, contudo, não puderam votar.

1.1. Etapas

Durante a etapa de preparação, diferentes ondas de controvérsias trouxeram a notícia do Sínodo para além dos muros da Igreja, mobilizando a opinião pública. A primeira foi de cunho político e está relacionada à oposição que o presidente eleito do Brasil em 2018 (Jair Bolsonaro), temeroso de que a iniciativa redundasse

---

63. O texto, que segue o método ver, julgar e agir, raiz da Teologia da Libertação, é composto por 147 parágrafos divididos em 21 capítulos. Conforme diz o próprio texto (Sínodo Pan-Amazônico, 2016, Introdução, § 4º), a primeira parte, o ver-escutar ("A voz da Amazônia"), "tem a finalidade de apresentar a realidade do território e de seus povos". Na segunda parte ("Ecologia integral: o clamor da terra e dos pobres"), "aborda-se a problemática ecológica e pastoral" e, por fim, na terceira parte ("Igreja profética na Amazônia: desafios e esperanças"), "a problemática eclesiológica e pastoral".

no questionamento da soberania territorial do Brasil sobre sua porção da floresta amazônica, moveu contra a iniciativa episcopal. Os atritos aumentaram quando o presidente, no fim de setembro de 2019, reagindo às críticas do presidente da França (Emmanuel Macron) frente ao aumento do número de queimadas na Amazônia, transformou o problema em foco de atenção da opinião pública internacional. A resposta do Pontífice veio na homilia da missa de abertura do Concílio (em 6 de outubro) quando, em clara alusão aos fatos, afirmou abertamente que "o fogo aplicado pelos interesses que destroem, como o que recentemente devastou a Amazônia, não é o do Evangelho" (Francisco, 2019).

No entanto, foi no *front interno* que a preparação do Sínodo da Amazônia provocou as reações mais agudas. Nas linhas abaixo, coleto, ainda que sem a pretensão de exaustividade, alguns momentos importantes da controvérsia desencadeada por membros das altas esferas do episcopado católico[64].

Ainda durante o processo de preparação do Sínodo, foram declarações de prelados europeus que despertaram particular atenção. O primeiro a pronunciar-se foi o bispo emérito da diocese do Xingu, Dom Erwing Kräutler (de origem austríaca), um dos principais atores de todo o processo, que, conforme declarações dadas à *Kathpress,* apenas um dia depois que o Papa Francisco anunciou formalmente os planos de realizar o Sínodo, deu a conhecer que se estava a pensar na sugestão do Bispo Fritz Lobinger (um missionário de Regensburg, Alemanha) de ordenar pessoas casadas (Dom Erwin espera, 2017).

Em 4 de maio de 2019, Dom Franz-Josef Overbeck, bispo da Diocese de Essen, na Alemanha, disse em entrevista que o Sínodo de outubro seria um ponto sem retorno, que causaria uma "ruptura" na Igreja e que "nada será como antes" (Centro Dom Bosco, 2019). Logo após, em 10 de maio, foi a vez de o Bispo Franz-Josef Bode, vice-presidente da Conferência dos Bispos Alemães, afirmar em uma entrevista que o modelo de "padres casados com um emprego civil" será "provavelmente apresentado ao papa pelos bispos latino-americanos no Sínodo da Amazônia em outubro". Falando com o jornal regional *Osnabrücker Zeitung*, ele deixou claro ser a favor de "repensar a ligação entre o celibato e o sacerdócio" (McDonagh, 2019).

---

64. Utilizarei como fonte principal (mas não exclusiva) as notícias publicadas em dois portais de notícias da Igreja Católica no Brasil: *ACI Digital* (de orientação mais conservadora) e a *Revista IHU On-Line*, de orientação progressista. Como fonte complementar, consultei também a página do órgão informativo *Vatican News*, da Santa Sé.

A reação a tais declarações não se fez esperar e foi a divulgação do *Instrumentum Laboris* (Sínodo Pan-Amazônico, 2019) – em 17 de junho de 2019 – que abriu margem para o contra-ataque dos críticos do Sínodo. De fato, logo no dia seguinte (18 jun. 2019) a imprensa mundial (e brasileira[65]) já destacava o fato de que o § 129 do *Instrumentum Laboris* sugeria a possibilidade do sacerdócio feminino e da ordenação de homens casados. Dessa forma, apenas dez dias após (27 jun. 2019), o *Instrumentum Laboris* foi diretamente fustigado pelo cardeal alemão Walter Brandmüller, que não evitou em sustentar que o documento era "herético" e uma "apostasia" e, portanto, "deve ser rejeitado com máxima firmeza" (Cardeal Brandmüller critica, 2019). Ele foi acompanhado na iniciativa pelo Cardeal Raymond Burke, que em carta afirmou que o *Instrumentum Laboris* "contradiz o constante ensinamento da Igreja sobre a relação entre o mundo criado, Deus, o Criador incriado e o homem" (Dois cardeais criticam, 2019). Menos de um mês depois (11 jul. 2019) foi a vez do Cardeal Gerhard Müller (ex-prefeito da Congregação para Doutrina da Fé) que, embora sem o qualificar como herético, lançou críticas às redundâncias, ambiguidades e rupturas que teria encontrado no texto (Estas são as objeções, 2019).

No campo dos partidários do Sínodo, tais críticas foram respondidas, em regra, pelas instâncias oficiais, como o Cardeal Lorenzo Baldisseri, titular da Secretaria do Sínodo dos Bispos, que, ao apresentar oficialmente o *Instrumentum Laboris* (em 26 de junho), negou que este fosse um "cavalo de Troia" para avançar as propostas revolucionárias na Igreja como a abolição do celibato e o sacerdócio feminino (O'Connell, 2019; Silva, 2019). Também foram constantes as intervenções do presidente da Repam (Cláudio Hummes) (Modino, 2018; Conferência Nacional dos Bispos do Brasil, 2019) e seu Secretário Maurício López (Cernuzio, 2019; Oropeza, 2019), além do presidente do Cimi (Conselho Indigenista Missionário), o arcebispo de Porto Velho, Dom Roque Paloschi, em favor do documento prévio do Sínodo e suas teses (Cimi, 2018). Em 18 de julho de 2019, o Cardeal Pedro Barreto Jimeno, arcebispo de Huancayo, no centro-sul do Peru, afirmou que a possibilidade de ordenar homens casados idosos como sacerdotes "expressa amplamente os sentimentos e desejos de muitos representantes do povo da Amazônia" (McElwee, 2019). Contudo, foi um texto escrito pelo cardeal alemão Walter Kasper que se mostrou a resposta intelectualmente mais bem articulada aos opositores da futura assembleia sinodal. Em escrito denominado *Munus*

---

65. O portal *UOL Notícias*, por exemplo, anunciou a notícia do seguinte modo: "Vaticano propõe ordenar padres casados na Amazônia" (2019).

Sanctificandi, publicado em 5 de agosto de 2019, ele apresentou fundamentos teológicos sustentando que as principais revisões na organização clerical propostas pelo *Instrumentum Laboris* até então se assentavam no direito de os fiéis terem acesso à eucaristia (Kasper, 2019).

Nas semanas próximas ao Sínodo, as iniciativas críticas multiplicaram-se, ainda que passassem a ser mais concentradas no tema do celibato. Em 23 de setembro, o Cardeal Robert Sarah, Prefeito da Congregação para o Culto Divino, em uma entrevista dada para o *National Catholic Register*, defendeu o celibato clerical (Pentin, 2019). Em 24 de setembro, o Cardeal Raymund Burke e Dom Athanasius Schneider convocaram uma Cruzada de Oração e Jejum pelo Sínodo da Amazônia (De Bolsonaro à direita, 2019). Em 25 de setembro, foi a vez de o arcebispo emérito de Caracas, Cardeal Jorge Urosa Savino, iniciar uma série de publicações sobre o assunto (Cardeal sobre o Sínodo, 2019), somando-se à voz do bispo emérito de Marajó (Dom José Luís Azcona) (Dom Azcona, 2019). No dia 28 de outubro, padres e fiéis de todo o mundo, de maneira anônima, publicaram quatro teses críticas ao Sínodo (Calabrò, 2019). No dia 2 de dezembro, o Cardeal Marc Ouellet, prefeito da Congregação para os Bispos, pronunciou-se a favor do celibato durante a apresentação de seu livro *Friends of the Bridegroom: For a Renewed Vision of Priestly Celibacy* (Sínodo da Amazônia: Prefeito, 2019). Por fim, ainda no mesmo dia de abertura do Sínodo, o Cardeal Gerhard Müller concedeu entrevista ao jornal italiano *Il Foglio*, voltando a insistir na agenda europeia do Sínodo e criticando sua perspectiva mais sociopolítica que religiosa (Magister, 2019).

Não admira, pois, que na 1ª Congregação Geral do Sínodo, realizada em 7 de outubro, no Vaticano, o Papa Francisco tenha tomado maior distância do *Instrumentum Laboris* ("trata-se de um documento destinado a ser superado") e, principalmente, tenha conclamado seus membros para que evitassem repercutir os dissensos para além do ambiente interno, evitando assim um "sínodo de dentro e outro de fora". A imprensa não teve acesso direto às plenárias do Sínodo e as informações disponíveis eram filtradas por um relatório escrito e por uma coletiva diária realizados pelo setor de imprensa do Vaticano. Apenas fora das salas oficiais pode-se observar intensa mobilização política, com forças pró e contra o Sínodo[66]. Por essas e outras razões, uma análise da dinâmica interna do Sínodo é

---

66. Dentre as atividades paralelas ao Sínodo, pode-se contar o Pan-Amazon Synod Watch, iniciativa do Instituto Plinio Corrêa de Oliveira (IPCO), e, entre os partidários, o projeto internacional Amazônia Casa Comum, ligado à Repam.

assunto para outra pesquisa. Independentemente disso, em sua fase preparatória, as fraturas internas da Igreja Católica já estavam claramente expostas, o suficiente, pelo menos, para extrairmos delas importantes conclusões sociológicas.

1.2 Atores e posicionamentos

Para além desta análise descritiva, quem são os atores envolvidos nessa controvérsia e, principalmente que setores (e concepções) da Igreja Católica eles representam? Quais foram, também, as principais questões (*issues*) postas em discussão no documento preparatório do Sínodo?

Em relação ao primeiro ponto, chama a atenção que as *elites* eclesiásticas envolvidas nas controvérsias pública sobre a Amazônia foram, em boa parte, algumas das mesmas que já haviam protagonizado intensas lutas em torno das orientações do Papa Francisco em anos anteriores. No campo dos *adversários*, Walter Brandmüller e Raymond Burke, por exemplo, foram signatários de um documento (intitulado *Dubia*) (4 cardeais pedem, 2016) que, em 14 de março de 2018, questionou abertamente o incentivo papal ao acesso de recasados à comunhão (no documento *Amoris Laetitia*). Também Gerhard Müller, embora não signatário daquele documento, divulgou em 9 de fevereiro de 2019 um *Manifesto da fé* em que lamentava abertamente as confusões e dúvidas que considerava emanadas por Francisco (Cardeal Müller publica, 2019). Esse é o mesmo perfil do cardeal de Gana Robert Sarah, mas com uma diferença importante, pois se tratava de um membro até então ativo da Cúria Romana (como é chamada a burocracia vaticana). Entre os prelados latino-americanos, também foram principalmente cardeais e bispos aposentados que se colocaram publicamente contra o Sínodo.

No campo dos *defensores* do Sínodo também podemos divisar dois grupos claramente demarcados. De um lado, estiveram os prelados da administração vaticana diretamente ligados e politicamente fiéis ao papa, como o Cardeal Baldisseri e o Cardeal Walter Kasper (embora este já estivesse desligado de suas funções). No mesmo grupo, podem ser alocadas as instâncias oficialmente responsáveis pelo Sínodo e com inserção no cenário latino-americano, como o Cardeal Hummes e os demais membros da Repam, além da própria Conferência Nacional dos Bispos do Brasil (CNBB). O outro grupo era formado por prelados com fortes conexões (como Dom Kräutler) com ou mesmo membros da Igreja da Alemanha, também parte deles profundamente envolvidos com o processo sinodal iniciado naquele país, caso em especial de Overbeck e Boden, além do Cardeal Walter Kasper.

A principal conclusão do que precede, portanto, é que o Sínodo da Amazônia representa mais um episódio – mas desta vez em uma nova arena de combate e trazendo à tona novos conteúdos – de uma luta política já longamente em curso durante o papado de Francisco e que coloca em disputa a orientação reformista de seu pontificado[67].

Quanto aos *posicionamentos* desses atores em torno da agenda do Sínodo propriamente dito, tomando-se como principal indicador os pontos questionados pelos críticos da proposta, podemos verificar que a controvérsia pública organizou-se em torno das seguintes questões. Em primeiro lugar, discutiu-se a própria legitimidade do Sínodo, seja com a tese de que ele seria fruto de uma elite intelectual (peritos) pouco representativa, seja defendendo-o com a tese de que ele seria fruto de um processo participativo que envolveu todo o conjunto das dioceses da Amazônia. Em segundo lugar, discutiu-se também qual deveria ser a abrangência do Sínodo, ou seja, se suas decisões tinham implicações parciais (válidas apenas para sua região de abrangência) ou globais (ou seja, válidas, enquanto experimento piloto, para todo o conjunto da Igreja). Em terceiro lugar, questionou-se qual devia ser a prioridade do Sínodo, ou seja, se o seu foco devia ser a questão religiosa propriamente dita (os limites estruturais e institucionais da Igreja Católica frente a um grande território e ao proselitismo religioso de outras denominações concorrentes) ou se o seu foco deveria ser a problemática socioambiental e a estrutura global da Igreja.

Se essas três primeiras questões dizem respeito às questões formais (legitimidade, alcance e foco do Sínodo), as próximas questões, mais substantivas, tocam diretamente nas estruturas na distribuição de poder entre níveis estruturais e entre segmentos da Igreja Católica. Assim, o quarto ponto em debate dizia respeito ao balanço entre a dimensão universal e a dimensão regional/local da Igreja. Por essa via, enquanto alguns advogavam o caráter essencialmente universal da Igreja apesar das particularidades culturais regionais (perspectiva centrípeta), um segundo grupo defendeu a necessidade de adaptação da Igreja frente ao padrão das comunidades locais (perspectiva centrífuga). É nessa chave, portanto, que devemos ler o debate sobre o suposto caráter "panteísta" do *Instrumentum Laboris* e as discussões em torno de um rito indígena. O quarto item também diz respeito

---

[67]. Defensores do caráter reformador/revolucionário do pontificado de Francisco são, principalmente, Ivereigh (2015) e Politi (2015). Para uma visão contrária, veja-se Marzano (2018).

à distribuição de poder, mas entre os segmentos da Igreja Católica, com setores defendendo uma democratização maior da Igreja via incorporação de mulheres e indivíduos casados ao sacerdócio (presbiteral e diaconal), além de maior poder dos leigos nas estruturas decisórias; por outro lado, outros defenderam o atual modelo hierárquico-celibatário exclusivamente masculino.

2 O que está em jogo?

Longe de destinado a desaparecer (como deseja o Papa Francisco), o que torna o *Instrumentum Laboris* especialmente rico para a análise sociológica é que, por não ser um escrito oficializado pela Igreja e, portanto, ainda não estar depurado de contradições, ele revela muitas das ideias subterrâneas que disputam espaço no universo discursivo sancionado pela instituição. E não se trata de um documento qualquer, pois, como afirmaram corretamente seus redatores, ele foi redigido com ampla consulta às bases da Igreja, o que o torna muito representativo das ideias subterrâneas que mencionamos.

Apesar da diversidade de objeções, os opositores do Sínodo bateram basicamente na tecla de que o documento preparatório do Sínodo seria "panteísta", ao mesmo tempo em que lamentaram que as propostas de revisão de acesso ao sacerdócio representariam uma quebra da "tradição". Ainda que, por um lado, essas linhas de contestação não tenham fugido ao reducionismo e a fortes doses de simplificação, eles deixaram transparecer que são apenas a superfície de questões bem mais amplas e substanciais. No título do *Instrumentum Laboris* já estão contidos, a meu ver, quais são os pontos centrais que realmente estão por trás das polêmicas, a saber: (1) "novos caminhos para a Igreja" e (2) "para a ecologia integral". O primeiro eixo aponta para o âmbito interno da Igreja Católica e o segundo, para o âmbito externo. A hipótese a ser aprofundada aqui é que o primeiro desses eixos representa a tentativa de aprofundamento do controverso processo de democratização da Igreja iniciado durante o Concílio Vaticano II, e cujo alcance ainda permanece em disputa. O segundo eixo vai em direção oposta, pois, longe de buscar impulsionar um processo já em curso, representa um surpreendente ponto de inflexão no modo como determinados segmentos da Igreja Católica pretendem articular suas políticas de inserção na realidade contemporânea.

2.1 O giro democrático: uma nova rodada

Em 1932, Carl Schmitt perguntava-se: qual a forma política do catolicismo romano? Seguramente, o autor da tese de que a Igreja seria um "complexo de oposições" (Schmitt, 2009) teria ficado surpreso com as mudanças que o Concílio Vaticano II produziu na autocompreensão dessa instituição que se vem distanciando paulatinamente da ideia de uma representação descendente para assumir uma concessão ascendente de representação.

2.1.1. Sinodalidade

O capítulo III da Constituição Apostólica *Lumen Gentium* ("A constituição hierárquica da Igreja e em especial o episcopado") (Santa Sé, 1964) já tinha sido um dos maiores pomos de discórdia durante o Concílio Vaticano II. Mas a aplicação das diretrizes conciliares não significou o fim das disputas. As razões para isso se devem ao que os historiadores (Caldeira, 2015) designam, corretamente, de "hermenêutica do Concílio", ou seja, ao fato de que entre a existência dos textos conciliares, sua interpretação e, a partir daí, sua execução prática existe uma distância que deixa margens para novas rodadas de disputas e polêmicas que se renovam com o tempo e com as novas circunstâncias. Contribuiu para isso o fato de que, para alguns de seus partidários, mais do que a "letra" do Concílio (seus textos), o que deve ser implementado é o seu "espírito", ou seja, seu impulso contínuo de renovação (Faggioli, 2013).

A luta da hermenêutica da ruptura (espírito) contra a hermenêutica da continuidade (letra)[68], longe de ficar apenas no nível geral, pode ser claramente rastreada na trajetória de discussões sobre a natureza da Igreja que se seguiu após a publicação da *Lumen Gentium*. Com efeito, após a disputa pelo sentido semântico e pelas implicações concretas da expressão conciliar "Povo de Deus", um sínodo dos bispos realizado em 1985 introduziu no vocabulário eclesiástico a expressão "eclesiologia da comunhão", visto por alguns (Comblin, 2002) como uma tentativa subliminar do papado de João Paulo II de voltar à ideia de "corpo místico de Cristo" (de feições mais hierárquicas). A linha progressista (Kasper, 2012, p. 46-49), ao contrário, viu na expressão uma nova oportunidade de retomar o projeto

---

68. A distinção entre essas duas formas de hermenêutica conciliar foi cunhada por Bento XVI (2005) e influenciou decisivamente a discussão sobre a recepção do Concílio.

democratizante do Concílio Vaticano II, insistindo na dimensão comunitária da expressão "*koinonia/communio*".

Com o esgotamento da hegemonia "conservadora" no papado de Bento XVI[69] e a ascensão das correntes progressistas com Francisco, essa disputa chegou ao seu terceiro *round*, mas desta vez sob o signo de uma nova expressão: a "sinodalidade". O conceito aparece apenas marginalmente (Francisco, 2013, §§ 47, 120) no primeiro grande documento de Francisco, publicado em 2013 sob o nome de *Evangelii Gaudium* (Francisco, 2013). Esse escrito pode ser considerado uma espécie de programa de governo desse papado, pois nele o papa desloca o eixo de governo da Igreja da questão da doutrina (ênfase de Bento XVI) para a questão da pastoral, transição que encontra sua expressão máxima na fórmula da "Igreja em saída" (Francisco, 2013, § 20). No entanto, ele começou a ser aprofundado pelo Papa Francisco (2015) em discurso proferido por ocasião da Comemoração do 50º aniversário da Instituição do Sínodo dos Bispos (17 out. 2015).

Para o papa, a sinodalidade é "uma dimensão constitutiva da Igreja" e seu fundamento último reside no "senso de fé" dos católicos, o que "impede uma rígida separação entre uma Igreja que ensina e uma Igreja que aprende". Dessa forma, Francisco pode afirmar, completando seu giro hermenêutico, que a Igreja deve ser entendida como uma "pirâmide invertida", dado que "o vértice encontra-se abaixo da base". É para servir a essa base que surgem, então, os mistérios ordenados. Em função disso, o papa anuncia o desejo que não lhe cabe substituir os episcopados locais, razão pela qual sente ainda "a necessidade de proceder a uma salutar "descentralização".

Essas linhas programáticas foram depois aprofundadas em um documento da Comissão Teológica Internacional (CTI, 2018) intitulado *A sinodalidade na vida e na missão da Igreja*, no qual se afirma que o conceito de sinodalidade "refere-se a corresponsabilidade e a participação de todos o povo de Deus na vida na missão da Igreja" (§ 7). Conforme o documento, a sinodalidade "nos oferece um marco interpretativo mais adequado para compreender o ministério hierárquico" (CTI, 2018, § 14), pois "sobre a base da doutrina do *sensus fidei fidelium* (CTI, 2018, § 15) todos os membros da Igreja são sujeitos ativos da evangelização" (CTI, 2018, § 16). Em nível operacional, o documento distingue entre a sinodalidade como (a) estilo, como (b) acontecimento e principalmente como um (c) conjunto de estru-

---

[69]. Para uma análise mais ponderada do perfil ideológico de Bento XVI, cf. o trabalho de Assunção (2018).

turas e processos concretos que se realizam dos níveis locais até o plano global da Igreja. Em nível ainda mais concreto, e invertendo o fluxo de poder, diferencia-se o processo de elaboração das decisões (*decision-making*) mediante a consulta e cooperação do processo, posterior, de implementação (*decision-taking*), que seria da competência dos bispos (CTI, 2018, § 69).

Não obstante, foi com a publicação do documento *Episcopalis Communio*, em 15 de setembro de 2018 (Francisco, 2018), que Francisco traduziu sua visão teórico-programática em um conjunto de medidas práticas que não apenas reforçam e estimulam a colegialidade entre os bispos (desejada pelo Vaticano II), como também incentiva a criação de instâncias participativas nos demais níveis da organização eclesiástica, com especial ênfase no protagonismo dos leigos. Como não deixa dúvidas Miranda (2018, p. 18), "no fundo estamos diante de uma séria reviravolta na compreensão da Igreja".

Recentemente, essa estratégia, que amplia os espaços de participação democrática na Igreja, chegou a um patamar muito mais radical com a realização de um sínodo nacional organizado pela Conferência Episcopal Alemã e pelo Comitê Central de Católicos Alemães (ZdK). O evento, que chegou a gerar tensões com o Vaticano e forte dissenso interno, constituiu uma tentativa de resposta da Igreja alemã à devastadora crise de credibilidade que atingiu a instituição após os escândalos de abusos de menores por parte de clérigos, prática acobertada pelas instâncias superiores. A dimensão global dos escândalos criou uma estrutura de oportunidades para que as forças progressistas da Igreja alemã ampliassem ainda mais a agenda democrática participativa, aliando-a ao questionamento de temas doutrinais da Igreja Católica, em especial o celibato clerical, a não ordenação de mulheres e a orientação da moral sexual.

2.1.2. Amazonizar a Igreja

Assim como o processo sinodal da Alemanha, também o Sínodo da Amazônia, ainda que tenha nascido sob iniciativa papal, deve ser visto como sintoma de que a sinodalidade ativou forças e tendências centrífugas que, como na Igreja alemã, já existiam latentes na Igreja latino-americana. Com efeito, esta, por meio de uma sequência de encontros continentais (Medellín, Puebla, Santo Domingo, Aparecida), vem erigindo sua identidade em torno da representação de constituir-se como uma forma original de recepção do Vaticano II, cuja marca, além da opção pelos pobres, seria um novo modo de ser Igreja definido pela horizontalidade: as comunidades eclesiais de base (CEBs).

Os rastros dessa concepção são claramente evidentes no *Instrumentum Laboris*. O documento não esconde que "a evangelização na Amazônia é um banco de ensaio para a Igreja e para a sociedade" (Sínodo Pan-Amazônico, 2019, § 146) que "deixa atrás de si uma tradição colonial monocultural, clericalista e impositiva" (Sínodo Pan-Amazônico, 2019, § 110). Em contraposição ao modelo clericalista (expressão que aparece quatro vezes no texto), pretende-se promover uma Igreja participativa, acolhedora, criativa e harmoniosa (Sínodo Pan-Amazônico, 2019, § 112), cujos contornos são apresentados de maneira mais concreta no capítulo 2 do *Instrumentum Laboris* ("A caminho rumo a uma Igreja com rosto amazônico e indígena").

Contraposto ao modelo clerical, estaria a rica tradição organizacional dos povos originários, que seria rotativa. Tomando-a como ponto de partida, o documento propõe a dissociação entre poder sacerdotal e poder de governo. Nas palavras do *Instrumentum Laboris* (Sínodo Pan-Amazônico, 2019, § 27), "seria oportuno voltar a considerar a ideia de que o exercício da jurisdição (poder de governo) deve estar vinculado em todos os âmbitos (sacramental, judicial e administrativo) e de maneira permanente ao sacramento da ordem". Concretamente, essa medida traduz-se (1) na promoção de vocações autóctones (em especial indígenas); (2) no estudo da "possibilidade da ordenação sacerdotal de pessoas idosas, de preferência indígenas, respeitadas e reconhecidas por sua comunidade, mesmo que já tenham uma família constituída e estável" e (3) na identificação do "tipo de ministério oficial que pode ser conferido à mulher" (Sínodo Pan-Amazônico, 2019, § 129).

A quebra do celibato dos padres e a permissão de que mulheres acedam ao "ministério oficial" foi o ponto que mais chamou a atenção da opinião pública, provocando, ao mesmo tempo, as mais ásperas reações dos opositores do Sínodo. No entanto, pouco se deu atenção ao fato de que, logo na sequência, o *Instrumentum Laboris* também discute a ampliação do poder dos leigos, o que me parece muito mais decisivo. De novo, apelando para o fato de que "as comunidades indígenas são participativas, com um elevado sentido de corresponsabilidade" (Sínodo Pan-Amazônico, 2019, § 129), ele propõe-se "valorizar o protagonismo dos cristãos leigos e leigas, reconhecendo-lhes seu espaço a fim de que se tornem agentes da Igreja em saída". Ao mesmo tempo, ele sugere "abrir novos canais de processos sinodais, com a participação de todos os fiéis, tendo em vista a organização da comunidade cristã para a transmissão da fé" (Sínodo Pan-Amazônico, 2019, § 129).

Do ponto de vista político, as ideias experimentais contidas no *Instrumentum Laboris* sinalizam um novo ciclo de institucionalização das sementes democráticas contidas nos documentos do Vaticano II. Em nível teórico, a tese de que a Igreja é povo de Deus e de que este e não a hierarquia é o portador do poder de governo aprofunda a inversão do fluxo de representação do sentido descendente (do alto/hierarquia) para o ascendente (de baixo/povo). Em nível prático, a tese da sinodalidade (pirâmide) não possui força suficiente para simplesmente eliminar a distinção clero/leigos. No entanto, sob o mote do combate ao clericalismo (patologia) promove-se, por um lado, (1) a dissociação das variáveis clero/poder e, por outro, (2) a inversão de poder das variáveis clero/leigos. Essa operação de mudança também adentra na face interna da organização clerical, tendo em vista (3) a substituição de um modelo de dedicação exclusiva (padres celibatários) para um modelo de dedicação parcial (padres casados), afrouxando-se ainda mais os laços simbólicos da distinção entre sagrado/profano que o modelo celibatário implica[70]. A incorporação das mulheres ao sacerdócio (inicialmente o diaconato) faz parte desse processo.

2.2 O giro decolonial: um ponto de inflexão

Em resposta aos críticos do *Instrumentum Laboris*, o próprio papa afirmou que o Sínodo da Amazônia é filho da *Laudato Si'* (Raviart, 2019), estratégia retórica assumida pelos seus protagonistas e que visa, evidentemente, legitimar o documento apelando para a autoridade central da Igreja Católica. Não há como discordar, não apenas porque o próprio documento cita o papa 95 vezes[71], mas também porque esse escrito pode ser visto como uma iniciativa na qual o pontífice, jogando em terreno que conhece (América Latina), procura viabilizar sua agenda política de

---

70. Sintomática dessa visão é a entrevista do Padre Alphonse Borras, professor emérito de direito canônico da Universidade Católica de Louvain, na Bélgica, e Vigário Geral da Diocese de Liège, que afirma: "Mas é uma questão de mudar profundamente a representação sacralizada do padre. No imaginário de muitos católicos, a sacralidade é percebida como que ligada à virgindade e à ausência de sexualidade. Portanto, essas questões de sacralidade e de sexualidade ainda precisam ser trabalhadas" (Lesegretain, 2019).
71. A *Laudato Si'* é citada 50 vezes e a Exortação Apostólica *Evangelii Gaudium* é citada 42 vezes.

reformas. Não é possível, portanto, entender o *Instrumentum Laboris* (e o Sínodo da Amazônia) sem nos remetermos à Encíclica papal *Laudato Si'*. Mas, embora ela parta da plataforma inaugurada por Francisco e aprofunde algumas das suas consequências, ela também é inovadora em alguns aspectos decisivos, como veremos.

2.2.1. Do paradigma tecnocrático-antropocêntrico à ecologia integral

A encíclica ecológica do Papa Francisco representa uma inovação decisiva e substancial no seio do pensamento social católico. De início, os documentos sociais dos papas moviam-se na direção apontada pela *Rerum Novarum* (1893) e sugeriam como resolução da questão social uma terceira via entre o capitalismo e o socialismo. Nos anos mais recentes, com o colapso socialista, a análise social católica passou a desenvolver-se na direção de uma crítica cada vez mais enfática ao capitalismo globalizado.

Não se pode dizer que a problemática ecológica não tenha sido tratada, ainda que de maneira parcial e intermitente, em partes de documentos papais anteriores. Mas a principal inovação da *Laudato Si'* não consiste simplesmente no fato de que esta foi a primeira vez que a ecologia mereceu um escrito papal exclusivo. Os deslocamentos ocorrem principalmente porque com essa encíclica passa-se da concepção de uma ecologia "ambiental/humana" para uma ecologia "integral" (Brighenti, 2018). Ao assumir tal perspectiva, a *Laudato Si'* não elimina nem dissolve a problemática socioeconômica, mas ela é repensada a partir de um terceiro eixo representado pela problemática socioambiental. Essa mudança de eixo não deixa de provocar tensões internas no discurso social de Francisco (Laraña, 2017).

Com efeito, no documento de 2013 (*Evangelii Gaudium*) vemos o papa criticar uma "economia que mata" não tanto devido ao "fenômeno de exploração e opressão, mas de uma realidade nova" (Francisco, 2013, § 53): a exclusão. Para ele, "os mecanismos da economia atual promovem uma exacerbação do consumo" (Francisco, 2013, § 60). Sustenta-se ainda que uma das causas dessa realidade é o "fetichismo do dinheiro e a ditadura duma economia sem rosto e sem um objetivo verdadeiramente humano" (Francisco, 2013, § 55). Não se poupam também críticas ao neoliberalismo, pois "a crise mundial, que investe as finanças e a economia, põe a descoberto os seus próprios desequilíbrios" (Francisco, 2013, § 55).

Já no documento de 2015 (*Laudato Si'*), o diagnóstico da crise contemporânea recebe ênfases diferenciadas. Agora, "o problema fundamental é outro e ainda mais profundo: o modo como realmente a humanidade assumiu a tecnologia e o seu desenvolvimento juntamente com um paradigma homogêneo e unidimensional". Trata-se de uma "concepção do sujeito que progressivamente, no processo lógico-racional, compreende e assim se apropria do objeto que se encontra fora", alusão ao antropocentrismo dos tempos modernos. Não se deixa dúvida que a economia contemporânea é um fenômeno derivado, pois ela "assume todo o desenvolvimento tecnológico em função do lucro, sem prestar atenção a eventuais consequências negativas para o ser humano" (Francisco, 2015, § 109).

O documento pontifício revela, portanto, uma tensão não resolvida entre a crítica à Modernidade capitalista e a crítica à Modernidade técnica (Brüseke, 2010). Como pretendo mostrar a seguir, o *Instrumentum Laboris*, se por um lado representa a continuidade da agenda ambiental de Francisco, por outro lado também aponta, na esteira da porta aberta pela crítica ao paradigma tecnocrático-antropocêntrico, para um deslocamento discursivo decisivo na estratégia de posicionamento global da Igreja Católica.

2.2.2 Do neocolonialismo à interculturalidade

Esmerar-se-á em vão quem tentar achar no *Instrumentum Laboris* as palavras "capitalismo", "socialismo", "burguesia" ou "proletariado". Não é pela chave econômica que acedemos aos segredos desse documento, mas, sim, pela chave cultural e pela problemática do neocolonialismo. Reside aqui a novidade fundamental desse documento. O diagnóstico da "*degradação colonialista*" (Sínodo Pan-Amazônico, 2019, § 56; sem itálico no original) comanda todo o texto e, de fato, é ricamente trabalhado nas suas múltiplas dimensões: econômica (extrativismo), política (corrupção), migração, urbanização, crise familiar, saúde e educação. De acordo com o documento, o (neo)colonialismo seria "uma mentalidade que se expressou historicamente em um sistema de domínio territorial, político, econômico e cultural que persiste de várias formas até os dias de hoje". É somente em função desse diagnóstico, assumido pelo Papa Francisco no pronunciamento de abertura do Sínodo da Amazônia (6 out. 2019)[72], que podemos entender duas posturas centrais do *Instrumentum Laboris*: (1) a idealização romântica dos povos indígenas e (2) a proposta da interculturalidade.

---

72. No discurso, ele dirá: "Quantas vezes houve colonização em vez de evangelização! Deus nos preserve da ganância dos novos colonialismos" (Francisco, 2019).

Variantes do "mito edênico" (Carvalho, 1998) – sabedoria dos povos ancestrais, povos originários etc. – são temas recorrentes ao longo do escrito, mas é especialmente na primeira parte do *Instrumentum Laboris* que ele é mais destacado, sendo apresentado aqui como uma versão culturalmente enraizada da ecologia integral de Francisco. Para o *Instrumentum Laboris*, a concepção de "bem viver"[73] dos povos indígenas pode ser definida como uma forma de "compreensão da vida [que] se caracteriza pela conectividade e harmonia de relações entre a água, o território e a natureza, a vida comunitária e a cultura, Deus e as diferentes forças espirituais" (Sínodo Pan-Amazônico, 2019, § 13).

Mas é nos parágrafos 24 e 25 que essa ecologia integral *avant la lettre* atinge conscientemente seu alvo, na medida em que a lógica coletiva dos povos originários é contraposta à lógica individualista do mundo moderno: "na Amazônia "tudo é compartilhado, e os espaços particulares – *típicos da Modernidade* – são mínimos" (Sínodo Pan-Amazônico, 2019, § 24, destaque meu). Para o *Instrumentum Laboris*, é especialmente na religiosidade amazônica que a contraposição Modernidade/Amazônia chega a seu clímax: "A vida das comunidades amazônicas ainda não atingidas pelo influxo da *civilização ocidental* reflete-se na crença e nos ritos sobre a atuação dos espíritos, da divindade – chamada de inúmeras maneiras – com e no território, com e em relação à natureza. Essa cosmovisão se resume no 'mantra' de Francisco: 'Tudo está interligado'" (Sínodo Pan-Amazônico, 2019, § 25; sem itálico no original).

Consequentemente, se a ecologia integral protoexistente na religiosidade dos povos ancestrais/amazônicos é o antídoto para os males da "civilização ocidental", ele precisa ser concretamente assumido e promovido. Deslocamo-nos, assim, do nível semântico para o nível pragmático. É nesse contexto que a "interculturalidade" – conceito ao qual se prestou pouca atenção até agora –, assume um lugar estratégico. Nesse caso, mais do que apresentar a mensagem cristã (conteúdo) de acordo com a linguagem da cultura local (forma), tema já extensamente trabalhado na teologia católica pelo conceito de "inculturação", o que se pretende é aprender com a lógica milenar dos povos ancestrais. Segundo o documento, a inculturação seria "um mútuo enriquecimento das culturas em diálogo (interculturalidade), cujos "sujeitos ativos […] são os próprios povos indígenas" (Sínodo Pan-Amazônico, 2019, § 122). É muito mais em função desse aspecto epistemológico do que de um vago panteísmo

---

73. Para uma reflexão sobre esse tema em chave teológica, veja-se Suess (2010) e Barros (2014).

que a promoção de uma teologia indígena pan-amazônica (Sínodo Pan-Amazônico, 2019, § 98) e, principalmente, a assunção de "ritos, símbolos, e estilos celebrativos das culturas indígenas em contato com a natureza" (Sínodo Pan-Amazônico, 2019, § 126) necessita ser mais bem compreendida.

Sustentar que a tese da interculturalidade representa um "giro decolonial" não significa dizer que o documento preliminar do Sínodo constitui, da parte da Igreja Católica, a assunção da linha teórica dos estudos pós-coloniais, cujos contornos, infelizmente, não poderei esboçar aqui (Costa, 2006)[74]. Essa é uma conexão que exige pesquisa mais intensa. Mais importante do que isso é chamar atenção para o fato de que no diagnóstico crítico que encontramos no *Instrumentum Laboris* o neocolonialismo é combatido não tanto com a defesa de um projeto alternativo ao capitalismo – o socialismo –, mas, bem ao contrário, é nesse outro "pré-moderno" – que são os povos ancestrais/originários e sua religiosidade – que o *Instrumentum Laboris* pretende achar as forças capazes de ancorar a luta da ecologia integral contra o paradigma tecnocrático e antropocêntrico da civilização ocidental.

Trata-se de uma mudança de não pouca monta que, pensada em chave sociológica, indica um forte deslocamento no modo como os setores progressistas da Igreja Católica enxergam as tarefas sociopolíticas dessa instituição. Na dimensão dos sujeitos sociais, sai de cena o pobre em sua dimensão material para entrar em seu lugar a promoção de identidades coletivas concebidas na sua dimensão concreta: os povos originários. Como mostra Domingues (2013), ao invés de projetos de homogeneização social, promovem-se processo de retradicionalização ou re--etnicização cultural. Adotada essa via, o catolicismo progressista ingressa de vez na era das políticas de identidade.

3 A Igreja Católica em nível global: nem uniformidade, nem fragmentação

As disputas em torno da democracia na Igreja e o embate em torno de seu papel no mundo moderno não são processos estanques. Entre os temas mais disputados do

---

74. Podemos, de fato, admitir que o pós-colonialismo repõe, mas agora sob a roupagem teórica do pós-estruturalismo, muitos dos temas já trabalhados pela teoria da dependência e pela Teologia da Libertação, como a dicotomia centro/periferia, por exemplo. Também não constitui acaso que sua versão latino-americana – a decolonialidade (Ballestrin, 2013) – venha sendo promovida por intelectuais que já haviam contribuído com a Teologia da Libertação. É o caso, em especial, de Enrique Dussel (1994a; 1994b; 2009; 2013). Para um balanço global da relação entre Teologia da Libertação e pós-colonialismo, cf. Baptista (2016).

Instrumentum Laboris – a política participativa da sinodalidade (giro democrático) e a interculturalidade como retradicionalização (giro pós-colonial) – existe um nexo comum que é dado pela inversão do polo da universalidade para o polo da particularidade. Isso não contradiz o fato de que ambos os processos são perpassados por tendências e forças macrossociológicas de tipo distinto, tendências essas que exigem que desloquemos nosso ponto de observação para bem além da Igreja Católica.

Refiro-me aqui, em primeiro lugar, ao fato de que a autocompreensão da Igreja responde ao modo como essa instituição busca reposicionar-se diante de um avançado processo de secularização que atinge em especial, mas não exclusivamente, as sociedades do mundo euro-atlântico. Ao movimentar-se do âmbito da verticalidade para o âmbito da horizontalidade (democracia), o que está em jogo para a Igreja Católica é a negociação entre Igreja e Modernidade. A inversão no sentido da representação (da transcendência para a imanência) coloca em jogo a diferença sagrado/profano, ou mesmo o passagem do primeiro para o segundo lado da distinção. Mais do que ajustamento da Igreja à Modernidade, há quem se pergunte sobre o destino da modernização da Igreja *ad intra* ou também sobre esses processos como uma autossecularização do catolicismo (Matussek, 2011).

Já no que toca a relação Igreja-mundo, o que precisa ser levado em conta é o cenário da globalização. A Igreja Católica pode ser considerada como a mais antiga organização burocrática do mundo que opera em escala verdadeiramente global; tal expansão, no contexto moderno, foi o resultado de uma ampla política de homogeneização de concepções e de práticas reforçadas, muito em particular com o Concílio de Trento. Desde o Concílio Vaticano II, e com mais força ainda no pontificado de Francisco, a busca pela des-europeização do catolicismo vem aliada a um processo de sua heterogenização de acordo com diferentes realidades culturais. Como, ao deslocar a balança do polo da unidade para o polo da pluralidade, a Igreja Católica continuará exibindo a mesma pujança global sem se fragmentar e sem solapar justamente o mecanismo de coordenação central que permitiu que ela seja, hoje, a maior organização global do planeta, permanece uma incógnita (Formicola, 2012).

Deveríamos perguntar também se o processo de autossecularização interna que emerge do impulso iluminista da Modernidade europeia e o processo de retradicionalização, pensando justamente em oposição à lógica moderno-ocidental, são processos compatíveis. Essas perguntas, dada sua complexidade, deixaremos em aberto. Isso não nos impede de concluir pela radicalidade da agenda que brotou do solo latino-americano e que, conforme a Repam, "produziu o caminho de novidade sinodal que segue e que ainda está em processo, ajudando o centro a ser reformado" (Repam, 2019b). Não devemos, é claro, confundir os debates em torno do Sínodo e de seus documentos preparatórios com seus resultados efetivos e sua repercussão. Mas já é perfeitamente claro que, pelas controvérsias que suscitou em sua fase preparatória, e pelas ideias que lançou, o Sínodo da Amazônia não está desprovido de importância e, nesse sentido, parece realmente correto afirmar que, depois dele, nada será como antes.

Referências

4 cardeais pedem ao Papa Francisco que esclareça alguns pontos da *Amoris Laetitia*. *ACI Digital*, Lima, 14 nov. 2016. Disponível em: https://www.acidigital.com/noticias/4-cardeais-pedem-ao-papa-francisco-que-esclareca-alguns-pontos-da-amoris-laetitia-13357. Acesso em: 17 maio 2024.

ASSUNÇÃO, R. A. *Bento XVI, a Igreja Católica e o "espírito da Modernidade"*: uma análise da visão do papa teólogo sobre o "mundo de hoje". São Paulo: Paulus, 2018.

BALLESTRIN, Luciana. América Latina e o giro decolonial. *Revista Brasileira de Ciência Política*, Brasília, n. 11, p. 89-117, 2013.

BAPTISTA, Paulo A. N. Pensamento decolonial, teologias pós-coloniais e Teologia da Libertação. *Perspectivas Teológicas*, Belo Horizonte, v. 48, n. 3, p. 491-517, 2016.

BARROS, Marcelo. Teologias pós-coloniais e espiritualidade do bom viver. *Voices*, v. 37, n. 1, p. 57-67, 2014.

BOURDIEU, Pierre. *O poder simbólico*. 11. ed. Rio de Janeiro: Bertrand Brasil, 2007.

BRIGENTHI, A. *A Laudato Si no pensamento social da Igreja*: da ecologia ambiental à ecologia integral. São Paulo: Paulinas, 2018.

BRÜSEKE, Franz J. *A Modernidade técnica*: contingência, irracionalidade e possibilidade. Florianópolis: Insular, 2010.

CALABRÒ, Maria A. O Sínodo da Amazônia sob ataque: aos cardeais "das dúvidas" se junta um grupo anônimo. *Revista IHU On-Line*, São Leopoldo, 8 out. 2019. Disponível em: http://www.ihu.unisinos.br/78-noticias/593231-o-sinodo-da-amazonia-sob-ataque-aos-cardeis-das-duvidas-se-junta-um-grupo-anonimo. Acesso em: 17 maio 2024.

CALDEIRA, Rodrigo C. O Concílio Vaticano II, sua hermenêutica e recepção. *Estudos Teológicos*, São Leopoldo, v. 55, n. 1, p. 60-75, 2015.

Cardeal Brandmüller critica *Instrumentum Laboris* de Sínodo para Amazônia. *ACI Digital*, Lima, 28 jun. 2019. Disponível em: https://www.acidigital.com/noticia/41370/cardeal-brandm%C3%BCller-critica-instrumnetum-laboris-de-sinodo-para-amazonia. Acesso em: 17 maio 2024.

Cardeal Müller publica manifesto de fé ante crescente confusão sobre a doutrina católica. *ACI Digital*, Lima, 10 fev. 2019. Disponível em: https://www.acidigital.com/noticias/cardeal-muller-publica-manifesto-de-fe-ante-crescente-confusao-sobre-a-doutrina-catolica-46478. Acesso em: 17 maio 2024.

Cardeal sobre o Sínodo da Amazônia: Não se pode ordenar homens casados nem mulheres. *ACI Digital*, Lima, 2 out. 2019. Disponível em: https://www.acidigital.com/noticias/cardeal-sobre-o-sinodo-da-amazonia-nao-se-pode-ordenar-homens-casados-nem-mulheres-11471. Acesso em: 17 maio 2024.

CARVALHO, José M. O motivo edênico no imaginário social brasileiro. *Revista Brasileira de Ciências Sociais*, São Paulo , v. 13, n. 38, 1998.

CENTRO DOM BOSCO. *Nada será igual na Igreja após o Sínodo da Amazônia*. Rio de Janeiro: Centro Dom Bosco, 2019. Disponível em: https://centrodombosco.org/2019/05/06/nada-sera-igual-igreja-apos-sinodo-amazonia. Acesso em: 17 maio 2019.

CERNUZIO, Salvatore. Amazônia: "Quem critica o Sínodo provavelmente é contra o papa e a própria Igreja". *Revista IHU On-Line*, São Leopoldo, 9 out. 2019. Disponível em: http://www.ihu.unisinos.br/78-noticias/593302-amazonia-quem-critica-o-sinodo-provavelmente-e-contra-o-papa-e-a-propria-igreja. Acesso em: 17 maio 2024.

CIMI. *Documento Preparatório para Sínodo traça bases para uma Igreja com "rosto amazônico"*. 8 jun. 2018. Brasília: Conselho Indigenista Missionário, 2018. Disponível em: https://cimi.org.br/2018/06/documento-preparatorio-para-sinodo-traca-bases-para-uma-igreja-com-rosto-amazonico/. Acesso em: 17 maio 2024.

COMBLIN, José. *O povo de Deus*. São Paulo: Paulus, 2002.

CTI. *La sinodalidad en la vida y en la misión de la Iglesia*. 2 mar. 2018. Roma: Comision Teológica Internacional, 2018. Disponível em: http://www.vatican.va/roman_curia/congregations/cfaith/cti_documents/rc_cti_20180302_sinodalita_sp.html. Acesso em: 17 maio 2024.

CONFERÊNCIA NACIONAL DOS BISPOS DO BRASIL. "Igreja não quer promover na Amazônia uma nova nação", afirma Cardeal Hummes. *Revista IHU On-Line*, São Leopoldo, 14 fev. 2019. Disponível em: http://www.ihu.unisinos.br/78-noticias/586648-igreja-nao-quer-promover-na-amazonia-uma-nova-nacao-afirma-cardeal-hummes. Acesso em: 17 maio 2024.

COSTA, S. Desprovincializando a sociologia: a contribuição pós-colonial. *Revista Brasileira de Ciências Sociais*, São Paulo, v. 21, n. 60, p. 117-134, 2006.

De Bolsonaro à direita curial, os inimigos do Sínodo Amazônico. *Revista IHU On-Line*, São Leopoldo, 7 out. 2019. Disponível em: http://www.ihu.unisinos.br/78-noticias/593230-de-bolsonaro-a-direita-curial-os-inimigos-do-sinodo-amazonico. Acesso em: 17 maio 2024.

DIOCESE DE CRATO. *Um sínodo para a Pan-Amazônia*. 18 maio 2017. Crato: Diocese de Crato, 2017. Disponível em: https://diocesedecrato.org/um-sinodo-para-a-pan-amazonia/. Acesso em: 17 maio 2024.

Dois cardeais criticam documento de trabalho do Sínodo da Amazônia. *ACI Digital*, Lima, 4 set. 2019. Disponivel em: https://www.acidigital.com/noticias/dois-cardeais-criticam-documento-de-trabalho-do-sinodo-da-amazonia-82963. Acesso em: 17 maio 2024.

Dom Azcona: é "alarmante" a ausência de Cristo Crucificado no Instrumentum Laboris do Sínodo. *ACI Digital*, Lima, 30 ago. 2019. Disponível em: https://www.acidigital.com/noticias/dom-azcona-e-alarmante-a-ausencia-de-cristo-crucificado-no-instrumentum-laboris-do-sinodo-56004. Acesso em: 17 maio 2024.

Dom Erwin espera que Sínodo da Amazônia abra as portas a padres casados e diaconisas. *Revista IHU On-Line*, São Leopoldo, 25 out. 2017. Disponível em: http://www.ihu.unisinos.br/186-noticias/noticias-2017/572983-dom-erwin-espera-que-sinodo-da-amazonia-abra-as-portas-a-padres-casados-e-diaconisas. Acesso em: 17 maio 2024.

DOMINGUES, José M. *Modernidade global e civilização contemporânea*: para a renovação da teoria crítica. Belo Horizonte: UFMG, 2013.

DUSSEL, Enrique. *1492. El encubrimiento del Otro*: hacia el origen del "mito de la modernidad". La Paz: Plural,1994a.

DUSSEL, Enrique. Europa, Modernidade e eurocentrismo. *Revista de Cultura Teológica*, São Paulo, v. 2, n. 4, p. 69-81, 1994b.

DUSSEL, Enrique. Meditações anti-cartesianas sobre a origem do anti-discurso filosófico da Modernidade. *In*: SANTOS, Boaventura S.; MENESES, Maria P. (orgs.). *Epistemologias do Sul*. Coimbra: Almedina, 2009.

DUSSEL, Enrique. Descolonização epistemológica da teologia. *Concilium*, Petrópolis, n. 350, p. 179-190, 2013.

Estas são as objeções do Cardeal Müller ao *Instrumentum Laboris* do Sínodo da Amazônia. *ACI Digital*, Lima, 16 jul. 2019. Disponível: em: https://www.acidigital.com/noticias/objecoes-de-cardeal-muller-ao-instrumentum-laboris-do-sinodo-da-amazonia-81686. Acesso em: 17 maio 2024.

FAGGIOLI, M. *Vaticano II*: a luta pelo sentido. São Paulo: Paulinas, 2013.

FORMICOLA, J. R. Globalization: A Twenty-First Century Challenge to Catholicism and Its Church. *Journal of Church and State*, Oxford, v. 54, n. 1, p. 106-121, 2012.

FRANCISCO. *Exortação apostólica "Evangelii gaudium" do Santo Padre Francisco ao episcopado, ao clero, às pessoas consagradas e aos fiéis leigos sobre o anúncio do evangelho no mundo actual*. 24 nov. 2013. Roma: Santa Sé, 2013. Disponível em: https://www.vatican.va/content/francesco/pt/apost_exhortations/documents/papa-francesco_esortazione-ap_20131124_evangelii-gaudium.html. Acesso em: 17 maio 2024.

FRANCISCO. *Discurso do Santo Padre Francisco*. 17 out. 2015. Roma: Santa Sé, 2015. Disponível em: http://w2.vatican.va/content/francesco/pt/speeches/2015/october/documents/papa-francesco_20151017_50-anniversario-sinodo.html. Acesso em: 17 maio 2024.

FRANCISCO. *Angelus*. 15 out. 2017. Roma: Santa Sé, 2017. Disponível em: https://www.vatican.va/content/francesco/pt/angelus/2017/documents/papa-francesco_angelus_20171015.html. Acesso em: 17 maio 2024.

FRANCISCO. *Constituição apostólica "Episcopalis communio" sobre o Sínodo dos Bispos*. 15 set. 2018. Roma: Santa Sé, 2018. Disponível em: https://www.vatican.va/content/francesco/pt/apost_constitutions/documents/papa-francesco_costituzione-ap_20180915_episcopalis-communio.html. Acesso em: 17 maio 2024.

FRANCISCO. *Homilia do Papa Francisco*. 6 out. 2019. Roma: Santa Sé, 2019. Disponível em: https://w2.vatican.va/content/francesco/pt/homilies/2019/documents/papa-francesco_20191006_omelia-sinodo-amazzonia.html. Acesso em: 17 maio 2024.

GASDA, Élio E. *Teologia do Papa Francisco*: doutrina social, economia e política. São Paulo: Paulinas, 2018.

HUMMES, Cláudio. *O Sínodo para a Amazônia*. São Paulo: Paulus, 2019.

IVEREIGH, A. *The Great Reformer*: Francis and the Making of a Radical Pope. New York: Picador, 2015.

KASPER, Walter. *A Igreja Católica*. Essência, realidade, missão. São Leopoldo: Unisinos, 2012.

KASPER, Walter. *Munus Sanctificandi*: Ministros nas comunidades indígenas e o direito de acesso à Eucaristia. Artigo de Walter Kasper. *Revista IHU On-Line*, São Leopoldo, 6 ago. 2019. Disponível em: http://www.ihu.unisinos.br/78-noticias/591380-munus-sanctificandi-ministros-nas-comunidades-indigenas-e-o-direito-de-acesso-a-eucaristia-artigo-de-walter-kasper. Acesso em: 17 maio. 2024.

LARAÑA, I. C. Capitalismo y mercado en el pensamiento de Francisco en sus cuatro primeros años de pontificado. *Revista de Fomento Social*, v. 72, n. 3-4, p. 447-465, 2017.

LATOUR, Bruno. *Ciência em ação*: como seguir cientistas e engenheiros sociedade afora. 2. ed. São Paulo: Unesp, 2011.

LESEGRETAIN, Claire A. Ordenação de diáconos permanentes casados seria "uma ruptura". *Revista IHU On-Line*, São Leopoldo, 29 out. 2019. Disponível em: http://www.ihu.unisinos.br/593881-ordenacao-de-diaconos-permanentes-casados-seria-uma-ruptura. Acesso em: 17 maio 2024.

MAGISTER, Sandro. Cardeal Gerhard Müller acusa: este Sínodo expulsou Jesus. *Revista IHU On-Line*, São Leopoldo, 8 out. 2019. Disponível em: http://www.ihu.unisinos.br/78-noticias/593276-cardeal-gerhard-mueller-acusa-este-sinodo-expulsou-jesus. Acesso em: 17 maio 2024.

MARZANO, Marco. *La Chiesa immobile*: Francesco e la rivoluzione mancata. Bari: Laterza, 2018.

MATUSSEK, M. *Das katholische Abenteuer*. Eine Provokation. München: Deutsche Verlagsanstalt, 2011.

MCDONAGH, Francis. Por que o Sínodo da Amazônia "poderia mudar a Igreja para sempre". *Revista IHU On-Line*, São Leopoldo, 13 maio. 2019. Disponível em: http://www.ihu.unisinos.br/78-noticias/589069-porque-o-sinodo-da-amazonia-poderia-mudar-a-igreja-para-sempre. Acesso em: 17 maio 2024.

MCELWEE, Joshua J. Cardeal peruano defende agenda do Sínodo amazônico após ataques de Müller e Brandmüller. *Revista IHU On-Line*, São Leopoldo, 19 jul. 2019. Disponível em: http://www.ihu.unisinos.br/78-noticias/590912-cardeal-peruano-defende-agenda-do-sinodo-amazonico-apos-ataques-de-mueller-e-brandmueller. Acesso em: 17 maio 2024.

MIRANDA, M. *Teologia do Papa Francisco*: igreja sinodal. São Paulo: Paulinas, 2018.

MODINO, Luís M. "O Sínodo da Amazônia não foi convocado para repetir o que a Igreja já disse, mas para avançar", afirma dom Cláudio Hummes. *Revista IHU On-Line*, São Leopoldo, 22 ago. 2018. Disponível em: http://www.ihu.unisinos.br/78-noticias/582038-o-sinodo-da-amazonia-nao-foi-convocado-para-repetir-o-que-a-igreja-ja-disse-mas-para-avancar-afirma-dom-claudio-hummes. Acesso em: 17 maio 2024.

O'CONNELL, Gerard. Cardeais Hummes e Baldisseri respondem a críticos do documento de trabalho do Sínodo da Amazônia. *Revista IHU On-Line*, São Leopoldo, 7 out. 2019. Disponível em: http://www.ihu.unisinos.br/78-noticias/593221-cardeais-hummes-e-baldisseri-respondem-a-criticos-do-documento-de-trabalho-do-sinodo-da-amazonia. Acesso em: 17 maio 2024.

OROPEZA, Maurício L. Sínodo da Amazônia. É preciso abrir espaço para o 'Deus das surpresas' agir. Artigo de Mauricio López. *Revista IHU On-Line*, São Leopoldo, 15 ago. 2019. Disponível em: http://www.ihu.unisinos.br/78-noticias/593827-mensagem-final-da-rede-eclesial-pan-amazonica-repam-sobre-o-sinodo-para-a-amazonia. Acesso em: 17 maio 2024.

PENTIN, Edward. Cardinal Sarah's Cri de Coeur: The Catholic Church Has Lost Its Sense of the Sacred. *National Catholic Register*, Irondale, 23 Sept. 2019. Disponível em: http://www.ncregister.com/daily-news/cardinal-sarahs-cri-de-coeur-the-catholic-church-has-lost-its-sense-of-the. Acesso em: 17 maio 2024.

POLITI, M. *Francesco tra i lupi*: il segreto di una rivoluzione. Roma: Laterza, 2015.

RAVIART, Michele. Francisco: o Sínodo é filho da "Laudato si". *Vatican News*, Roma, 9 ago. 2019. Disponível em: https://www.vaticannews.va/pt/papa/news/2019-08/francisco-o-sinodo-filho-da-laudao-si.html. Acesso em: 17 maio 2024.

REPAM. *Informe*: processo de consulta sinodal da Rede Eclesial Pan-Amazônica. Brasília: Rede Eclesial Pan-Amazônica, 2019a. Disponível em: https://dokumen.tips/download/link/informe-red-eclesial-panamaznica-12664-sem-identiicao-de-grupo-a-maioria.html. Acesso em: 17 maio 2024.

REPAM. Presidência da Repam lança mensagem final sobre o Sínodo. 26 out. 2019. Brasília: Rede Eclesial Pan-Amazônica, 2019b. Disponível em: https://repam.org.br/presidencia-da-repam-lanca-mensagem-final-sobre-o-sinodo/. Acesso em: 17 maio 2024.

SANTA SÉ. *Constituição dogmática "Lumen gentium" sobre a Igreja*. 21 nov. 1964. Roma: Santa Sé, 1964. Disponível em: https://www.vatican.va/archive/hist_councils/ii_vatican_council/documents/vat-ii_const_19641121_lumen-gentium_po.html. Acesso em: 17 maio 2024.

SCHMITT, Carl. *Catolicismo y forma política*. Buenos Aires: Areté, 2009.

SILVA, Wálter S. Secretário-Geral do Sínodo responde a críticas ao *Instrumentum laboris*. *ACI Digital*, Lima, 3 out. 2019. Disponível em: https://www.acidigital.com/noticias/secretario-geral-do-sinodo-responde-a-criticas-ao-instrumentum-laboris-23101. Acesso em: 17 maio 2024.

Sínodo da Amazônia: Prefeito da Congregação para os Bispos defende celibato sacerdotal. *ACI Digital*, Lima, 3 out. 2019. Disponível: em: https://www.acidigital.com/noticias/sinodo-da-amazonia-prefeito-da-congregacao-para-os-bispos-defende-celibato-sacerdotal-55256. Acesso em: 17 maio 2024.

SÍNODO DOS BISPOS. *Amazônia*: novos caminhos para a Igreja e para uma ecologia integral. 26 out. 2019. Roma: Santa Sé, 2019. Disponível em: https://www.vatican.va/roman_curia/synod/documents/rc_synod_doc_20191026_sinodo-amazzonia_po.html. Acesso em: 17 maio 2024.

SÍNODO PAN-AMAZÔNICO. *"Instrumentum Laboris" do Sínodo Amazônico*. 17 jun. 2019. Roma: Santa Sé, 2019. Disponível em: http://secretariat.synod.va/content/sinodoamazonico/pt/documentos/instrumentum-laboris-do-sinodo-amazonico.html. Acesso em: 17 maio 2024.

SUESS, Paulo. Elementos para a busca do bem-viver (*sumak kawsay*) para todos e sempre. *Boletim CIMI*, Brasília, 2 dez. 2010. Disponível em: https://cimi.org.br/2010/12/elementos-para-a-busca-do-bem-viver-sumak-kawsay-para-todos-e-sempre/. Acesso em: 9 maio 2024.

Vaticano propõe ordenar padres casados na Amazônia. *UOL Notícias*, São Paulo, 17 jun. 2019. Disponível em: https://noticias.uol.com.br/ultimas-noticias/ansa/2019/06/17/vaticano-propoe-ordenar-padres-casados-na-amazonia.htm. Acesso em: 17 maio 2024.

Capítulo 7
Democracia na Igreja?
O Caminho Sinodal da Alemanha

O Caminho Sinodal, convocado pelos bispos da Alemanha em 2019, como resposta às revelações de abusos de menores praticada por clérigos daquele país, é atualmente uma das iniciativas mais polêmicas no seio da Igreja Católica. Seus impactos vão muito além de suas fronteiras. Para a ala "progressista", o Sínodo é uma frente de vanguarda e renovação da instituição (Vidal, 2023); já para a ala "conservadora", ele representa um cisma com a tradição católica (Neuville, 2023). Dentre as iniciativas dos quatro fóruns nos quais ele está organizado, destaca-se a discussão sobre as estruturas de poder da Igreja (*Fórum 1: Poder e separação de poderes na Igreja*), no qual podemos encontrar diferentes propostas para um novo modelo de organização eclesial.

Embora exista hoje uma vasta literatura que discute teologicamente o tema da sinodalidade (Paranhos, 2022), ainda não dispomos de análises empíricas sobre como funcionam efetivamente os fóruns participativos no âmbito eclesial. Além disso, quase não existem no Brasil pesquisas, teológicas ou sociológicas, sobre o Sínodo da Alemanha. Tendo em vista essas lacunas, este escrito proporciona uma reflexão sociológica que, tomando o Caminho Sinodal como objeto, procura contribuir para o entendimento de como processos democrático-participativos são percebidos no seio da Igreja Católica. No centro da presente investigação encontra-se o seguinte conjunto de questões: quais são as estratégias discursivas utilizadas para apoiar ou rejeitar reformas democráticas na Igreja Católica? Como caracterizar teoricamente os modelos de reforma propostos? Que fatores (causas próximas e distantes) e que dinâmicas sociais explicam o fato de que elites eclesiásticas adotem a democracia como referência para a reforma da Igreja?

Para responder a essas questões, o capítulo está organizado em quatro passos. O primeiro contextualiza *historicamente* a crise da Igreja Católica na Alemanha e propõe uma categorização teórica da estrutura e das causas próximas do Caminho

Sinodal. Na segunda parte apresentam-se elementos *teóricos* para uma caracterização prévia da natureza da Igreja Católica enquanto organização sociopolítica. A terceira parte volta-se para o *debate* entre as forças internas do Sínodo e analisa os argumentos mobilizados sobre o lugar e o papel da democracia na Igreja. O quarto passo, por fim, volta-se para a *dimensão estrutural* da questão e, após caracterizar analiticamente os projetos em discussão, emprega o conceito de isomorfismo institucional para explicar por que a democracia é adotada pelas elites eclesiásticas reformadoras como modelo de mudança. Os dois primeiros passos apresentam, portanto, os elementos *históricos* e *teóricos* da análise. O terceiro volta-se para a dimensão *semântica* e o quarto para a dimensão *estrutural*. A conclusão sintetiza os resultados da pesquisa e oferece algumas ponderações críticas sobre o assunto.

1 Contexto histórico: o Caminho Sinodal como mandato carismático

O Caminho Sinodal é uma resposta direta da Igreja Católica da Alemanha ao colapso de sua credibilidade provocada pela revelação de abusos sexuais contra menores cometidos por membros do clero. Na Alemanha, uma onda de denúncias teve seu início em 2010, quando o reitor do Canisius-Kolleg (Berlim) escreveu uma carta desculpando-se com as vítimas de abusos ocorridos naquele colégio. A partir daí, uma série de denúncias multiplicaram-se por paróquias, dioceses, colégios e ordens religiosas, demonstrando que não se tratava de um caso isolado (Ruh, 2020). A extensão da prática e a cobertura da imprensa tornaram a questão um escândalo público e, dentre suas consequências, provocou uma massa de desfiliação de pessoas à Igreja Católica que dura até hoje (Ebertz, 2012; Ahrens, 2022).

Após nomear um de seus membros (Stephan Ackermann, de Trier) como encarregado de coordenar os esforços da Igreja na investigação e na tomada de medidas contra os abusos, a Conferência Episcopal Alemã, presidida na época pelo arcebispo de Munique (Cardeal Reinhard Marx), decidiu, em 2014, encomendar um estudo independente realizado pelas Universidades de Mannheim, Heidelberg e Giesse (MGH, 2018)[75]. Os resultados do estudo foram publicados em 25 de dezembro de 2018; de acordo com ele, entre 1946 e 2014, um total de 3.677 crianças e adolescentes foram vítimas de abusos sexuais cometidos por 1.670 membros da hierarquia católica, o que totaliza 4,4% dos clérigos católicos nesse período. Uma das principais conclusões da investigação é que as lideranças da Igreja

---

75. A íntegra do relatório está disponível em MGH (2018).

Católica da Alemanha priorizaram a proteção corporativa de seus membros ao invés do cuidado com as vítimas (Hilpert *et alii*, 2020).

Em resposta à reação pública, a Conferência Episcopal Alemã, em sintonia com o Comitê Central dos Católicos Alemães (ZdK), resolveu convocar um sínodo para tratar do assunto. Mas ao invés de totalmente episcopal, de seus 230 membros, apenas cerca de 70 são bispos, sendo os demais representantes de leigos, religiosos, padres e diáconos. Ele foi organizado em quatro fóruns (*1. Poder e separação de poderes na Igreja*; *2. A vida em relações bem-sucedidas: viver o amor na sexualidade e na parceria*; *3. Existência presbiteral hoje*; *4. Mulheres no ministério e na hierarquia da Igreja*). As cinco reuniões de trabalho do conjunto da Assembleia desenvolveram-se ao longo de quatro anos (de 2020 a 2023), durante os quais 18 textos foram aprovados, sendo apenas um rejeitado[76]. Em 2023, o novo presidente da Conferência Episcopal Alemã, Georg Bätzing (Limburg), pôde então apresentar as propostas finais ao Papa Francisco, dentre as quais se encontra a proposta de que a Igreja naquele país passasse a ser governada por um *Comitê Sinodal* composto por 27 bispos, 27 leigos do Comitê Central dos Católicos Alemães e mais 20 membros escolhidos pela Assembleia Sinodal[77].

Apesar da posição majoritária em favor dessas propostas, o Sínodo enfrentou fortes oposições dos mais diversos setores da Igreja, tanto em nível nacional quanto internacional. No âmbito interno, um de seus principais adversários foi o arcebispo de Colônia, Cardeal Rainer Maria Woelki (cf. Bastante, 2023c), mas ele viu sua posição enfraquecida devido à denúncia de má gestão de abusos em sua arquidiocese (Bastante, 2021). As oposições mais destacadas no episcopado alemão foram lideradas pelos bispos de Regensburg (Rudolf Voderholzer), Passau (Stefan Oster), Augsburg (Stefan Oster) e Eichstatt (Gregor Hanke) (Bastante, 2023a). Dentre as elites eclesiásticas não diretamente presentes no evento, participaram de ásperos debates os cardeais Gerhard Müller (Cardeal Müller vê paralelos, 2020) e Kurt Koch (Alemanha. Bispos exigem, 2022), ambos da ala conservadora, bem como o Cardeal Walter Kasper, que, a despeito de ser considerado um prelado progressista, também criticou repetidas vezes os rumos do Caminho Sinodal (Matzuzzi, 2022; Pongratz-Lippitt, 2022). Também o arcebispo de Viena

---

76. Na terceira Assembleia (2023), mesmo com o voto de 82,8% de todos os delegados, apenas 33 bispos (61,1%) contra 21 (38,9%) dos bispos aprovaram o texto sobre a moral sexual na Igreja. Como não atingiu a meta de 1/3 do episcopado, o documento foi rejeitado, provocando na época uma profunda crise na iniciativa.

77. Os estatutos do Caminho Sinodal podem ser vistos em Der Synodale Weg (2023).

(Cardeal Christoph Schönborn) foi assumindo uma posição sempre mais crítica frente à proposta (Lamb, 2023; Lorenzo, 2024).

O Sínodo enfrentou ainda uma dissidência de leigos capitaneada por figuras intelectuais de peso, como Katharina Westerhorstmann, Hanna-Barbara Gerl--Falkovitz, Marianne Schlosser e Dorothea Schmidt, que renunciaram às suas participações no Fórum sobre as Mulheres em 22 de fevereiro de 2023 (Quatro delegadas deixam, 2023). À medida que a experiência foi tomando vulto internacional, também não faltaram reações adversas de outras conferências episcopais, especialmente da Polônia e da Escandinávia (Vaticano: Papa critica, 2023). O próprio Papa Francisco pronunciou-se abertamente sobre o Sínodo em *Carta ao povo de Deus que está em peregrinação na Alemanha* (Franziskus, 2019) e voltou várias vezes ao assunto[78], mesmo papel exercido em diversas ocasiões por dirigentes da Cúria Romana (O Vaticano freia, 2019; Caminho Sinodal entre Alemanha, 2022; Drobinski, 2022; Santa Sé: o Caminho Sinodal, 2022; Bastante, 2023b; Lorenzo, 2023; Pongratz-Lippitt, 2023; Wemans, 2023).

Portanto, desde o ano de 2019, a Igreja Católica na Alemanha encontra-se em estado de choque e o Caminho Sinodal pode ser considerado como um mecanismo que coloca a comunidade eclesial desse país em uma situação de excepcionalidade. A erosão da legitimidade legal e tradicional da estrutura hierárquica católica forçou essa instituição a recorrer a um arranjo alternativo dotado de legitimidade carismática (Weber, 2009). Com esse mecanismo, a estrutura extraordinária do Caminho Sinodal sobrepõe-se à estrutura ordinária dos bispos e suas dioceses, ou seja, frente à gravidade da crise, o Sínodo encontra-se investido de uma autoridade de missão que visa resgatar, por meio de reformas profundas, o futuro da Igreja Católica.

Essa forma institucionalizada de carisma conduz da latência à imanência um elemento da memória coletiva (Santos, 2012) da Igreja da Alemanha que Hans Ur von Balthasar (1974) chamou de "complexo antirromano". Com efeito, os bispos e teólogos da Igreja da Alemanha tiveram uma participação destacada no *aggiornarmento* da Igreja realizado no Concílio Vaticano II (Wicks, 2008). Esse espírito de reforma voltou a manifestar-se com a realização do Sínodo de Würzburg (1971 e 1975), no qual a reforma democrática da Igreja, defendida por Karl Rahner (1968) e criticada por Joseph Ratzinger (Ratzinger; Maier,

---

78. Para um histórico das intervenções de Francisco, veja-se Brockhaus (2023).

2000), foi abertamente discutida (Kläden; Berndt, 2016; Knops, 2020). Consequentemente, discussões e propostas sobre a reforma estrutural da Igreja já se achavam latentes na Alemanha muito antes de 2019 e a crise dos abusos sexuais criou uma "estrutura de oportunidade política" (Tarrow, 1994)[79] para que as frações progressistas do clero, de leigos e de intelectuais retomassem essa memória e liderassem um amplo esforço de remodelação democrática das estruturas de governo e de governança da Igreja.

2 A natureza sociopolítica da Igreja Católica

O que exatamente o Caminho Sinodal pretende reformar no modo como a Igreja está estruturada? Para responder a essa pergunta, precisamos entender, preliminarmente, para além do discurso teológico, quem é, ou talvez melhor dizendo, como é organizada a Igreja Católica enquanto instituição social e política. Até hoje, as principais caracterizações dessa organização possuem suas raízes no período de fundação da sociologia. O que essas teorias têm a dizer sobre a natureza do catolicismo e qual é sua validade diante de uma Igreja que se transformou profundamente a partir do Concílio Vaticano II?

A primeira dessas perguntas – sobre a natureza do catolicismo – recebe uma formulação direta da parte de Carl Schmitt (2011), que em 1923 perguntou-se exatamente sobre a forma política do catolicismo romano. Sua reflexão articulou-se em torno de dois eixos. Em primeiro lugar, Schmitt caracterizou a Igreja como um complexo de oposições, ou seja, ela é capaz de se acomodar aos mais diferentes contextos políticos e situações. Mas não é com esse conceito que atingimos o núcleo político dessa entidade. Esse núcleo revela-se apenas quando se compreende que seu fundamento reside na representação. A Igreja é a instituição que materializa a salvação de Cristo no gênero humano e, como tal, ela é a instância intermediária entre o divino e o humano (Hoff, 2023).

Essa definição possui importantes pontos de contato com a tipologia de Max Weber (2014). Para este último, Igreja e seita distinguem-se pela forma com a qual a comunidade religiosa relaciona-se com o mundo secular. Enquanto

---

[79]. Esse conceito é utilizado por Tarrow (1994) para referir-se a contextos políticos que encorajam ou desencorajam as pessoas para o engajamento político. Fatores exógenos, portanto, afetam a capacidade de mobilização. Utilizo o conceito de maneira adaptada e instrumental para indicar como o contexto de crise da Igreja na Alemanha criou condições ideais para o engajamento de elites eclesais reformistas.

uma seita é uma agremiação seletiva que prioriza uma conduta rigorosa de seus membros (ascese), a Igreja é definida por ele como instituição inclusiva que oferece universalmente a graça por via institucional (Weber, 2014, p. 448). Além dessa dimensão social, a definição de Igreja de Weber tem ainda uma dimensão política. Essa instituição é o resultado de um longo processo de objetivação e rotinização do carisma e constitui uma organização hieocrática formada por quatro elementos: (1) estamento sacerdotal profissionalizado, (2) pretensão universalista, (3) dogma e culto racionalizados e (4) comunidade institucional (Weber, 2009, p. 177).

Apesar de suas especificidades, as definições acima definem a Igreja Católica a partir de dois eixos. Sob o prisma sociológico, a Igreja é uma instituição de caráter sacramental (Schmitt/Weber) e sob o prisma político, ela está organizada de modo hierárquico (Weber). Conforme este último, podemos acrescentar ainda que entre essas duas dimensões existe um nexo interno (afinidade eletiva), pois a sacramentalidade da Igreja demanda como seu correlato um corpo burocrático especializado: ambos os fatores reforçam-se mutuamente. Mas em que medida essas definições ainda são válidas para a Igreja pós-Vaticano II? Elas refletem a concepção elaborada na Constituição Dogmática *Lumen Gentium* e que modificaram a autocompreensão da Igreja? Para isso, temos que examinar como esse documento define sua "natureza" e sua "estrutura", dois pilares do discurso eclesiológico católico (Kasper, 2012).

Quanto à sua *natureza*, considerando que, mesmo dando mais ênfase ao aspecto do mistério que ao da visibilidade (sociedade perfeita), a *Lumen Gentium* reafirmou a identidade da sacramental da Igreja: "a Igreja, em Cristo, é como que o sacramento, ou sinal, e o instrumento da íntima união com Deus e da unidade de todo o gênero humano" (Santa Sé, 1964). Isso nos permite afirmar que um dos pilares da definição de Weber (Igreja como instituição que dispensa a graça) ainda continua válido. Quanto à sua *estrutura*, é fato que a compreensão da Igreja como povo de Deus (Santa Sé, 1964, capítulo II) e a tese do sacerdócio comum de todos os fiéis (Santa Sé, 1964, § 10) permitem uma compreensão mais horizontal dessa entidade. Mas também é verdade que a *Lumen Gentium* manteve o caráter vertical da entidade ao acentuar a "constituição hierárquica da Igreja" (Santa Sé, 1964, capítulo 3). Por essa razão, os teólogos que examinaram esses documentos reconhecem, em maior ou menor grau, que a *Lumen Gentium* não é um documento absolutamente uniforme ou harmônico: como bem definiu Pesch (1993, p. 140-154), ele seria um texto de compromisso.

Dadas essas contradições, a história da Igreja Católica no período pós-conciliar pode ser lida como uma longa batalha hermenêutica sobre como interpretar e implementar a visão eclesiológica do Concílio. Enquanto a tendência burocrático-estabilizadora privilegiou o conceito vertical de "comunhão hierárquica", a tendência carismático-transformadora privilegiou sobretudo o conceito horizontal de "Povo de Deus" (Kreutzer, 2017). A longevidade dos pontificados de João Paulo II e Bento XVI (34 anos somados) logrou que o projeto de estabilização da Igreja mantivesse a afinidade eletiva entre o caráter sacramental (Igreja como instituição dispensadora da graça) e a estrutura hierárquica da instituição. Por esse motivo, os sociólogos alemães que apostavam na hipótese de uma desinstitucionalização do aparato da Igreja depois do Concílio (Kaufmann, 2011), hoje parecem mais convencidos de que os discursos de autocompreensão eclesial forjados na *Lumem Gentium* não abalaram por si mesmos a milenar estrutura da Igreja (Ebertz, 2020; Gabriel, 2023). Isso nos leva a concluir que também o segundo pilar da definição de Weber – a Igreja como hierocracia – ainda permanece atual.

3 Estratégias discursivas

Os textos elaborados pelos quatro fóruns do Caminho Sinodal provocaram uma enxurrada de publicações e balanços (Labudda; Leitschuh, 2020; Beck, 2021; Binninger *et alii*, 2023; Winkler; Cerny-Werner, 2023), mas ainda estamos longe de análises amplas e sistemáticas sobre esse debate. Para obter uma visão de como os grupos do Caminho Sinodal concebem a relação entre democracia e Igreja, lançaremos mão de dois documentos estratégicos. O primeiro é o texto produzido pelo Fórum 1 do Caminho Sinodal: ele expressa a via das forças comprometidas com uma mudança radicalmente democrática na Igreja (Der Synodale Weg, 2021). O segundo é um escrito oriundo do portal eletrônico criado pelo bispo de Regensburg (Volzheimer) como um contrafórum para publicar textos e notícias críticas ao Caminho Sinodal (cf. Schlosser *et alii*, 2021). Apesar de suas profundas diferenças quanto ao modo de conceber a relação entre Igreja e democracia, ambos contemplam a introdução de mecanismos democráticos na organização eclesial. Vejamos o conteúdo desses documentos, considerando seus (a) diagnósticos, (b) prognósticos (propostas) e (c) fundamentação teológica.

3.1 *O governo dos leigos*

O documento do Fórum 1 formula um *diagnóstico* da Igreja sempre a partir da questão do poder. Assume-se que existe "um hiato entre a pretensão do Evangelho e o modo como o poder é de fato entendido e exercido no seio da Igreja" (Der Synodale Weg, 2021, § 2), o que significa que "a conversão e a renovação da Igreja dizem respeito especialmente à sua ordem de poder" (Der Synodale Weg, 2021, § 3). Os delitos e encobrimentos praticados por membros da Igreja "não possuem apenas causas psicológico-individuais, mas são sistêmicas" (Der Synodale Weg, 2021, § 4). Por isso, "a discussão centra-se principalmente na ordem de poder vigente dentro da Igreja" (Der Synodale Weg, 2021, § 4), pois é ela que "propicia atos criminais e agressão e dificulta ou impede que, em colaboração com as autoridades estatais, elas sejam combatidas no nível interno" (Der Synodale Weg, 2021, § 4). A pergunta que se impõe é "se este poder eclesiástico realmente serve à pregação do Evangelho" ou se, na verdade, "ele tornou-se autônomo" (Der Synodale Weg, 2021, § 5). A resposta dos autores é negativa, pois, para eles, há uma "interpretação errônea do poder" (Der Synodale Weg, 2021, § 7) e é esse um dos "fatores que fundam, causam e promovem o abuso de poder" (Der Synodale Weg, 2021, § 8). A conclusão do diagnóstico é que "as causas desses processos são sistêmicas e estão associadas à estrutura e à Doutrina da Igreja" (Der Synodale Weg, 2021, § 8). Em síntese: "Existe uma grave crise institucional na Igreja" (Der Synodale Weg, 2021, § 10).

Como *prognóstico* para um novo formato de Igreja, o fórum propõe medidas que, nos termos da sociologia política, remetem-nos a dois tipos de arranjos político-institucionais: (a) separação de poderes e (b) democracia participativa. Vejamos cada um desses aspectos separadamente.

Na segunda parte do documento ("Passos necessários no caminho da reforma de estruturas de poder da Igreja"), ao apresentar seu "conceito de poder" (Der Synodale Weg, 2021, § 45), o documento "aposta na separação precisa entre o poder cristologicamente fundado e as formas do exercício necessárias em nível organizacional" (Der Synodale Weg, 2021, § 46). Segundo essa visão, todos os fiéis, leigos ou clérigos, exercem a função de ensinar, governar e salvar (Der Synodale Weg, 2021, § 47). Dessa premissa redunda um reexame da distinção da "teoria dos poderes da Igreja" (Der Synodale Weg, 2021, § 48) que distingue entre o poder da ordem (que diz respeito aos sacramentos) e o poder do regime (que diz respeito aos mecanismos concretos de governo da Igreja) (Der Synodale Weg, 2021, § 49):

essa relação não exclui uma separação de poderes adequada à Igreja na esfera do poder de governo, conforme o qual o poder executivo, legislativo e judiciário podem ser separados para permitir uma maior transparência e controle e também mais participação e cooperação. O objetivo é um melhor aproveitamento e participação de todos os batizados e confirmados na vida e na missão da Igreja.

Em alusão à célebre expressão de Montesquieu, afirma-se ainda que "é necessário vincular, no sentido de *checks and balances*, a simetria de poder que também é imprescindível nos ministérios de governo eclesiásticos, a deveres de transparência e prestação de contas, assim como a direitos de consulta e cogestão" (Der Synodale Weg, 2021, § 62). O documento também é claro quanto à necessidade de "reajustar a estrutura constitucional da Igreja, para reforçar os direitos dos fiéis no governo da Igreja" (Der Synodale Weg, 2021, § 53). Segundo o documento, é "inquestionavelmente possível e necessário que fiéis qualificados e vocacionados assumam funções de governo na Igreja que normalmente são assumidas por clérigos" (Der Synodale Weg, 2021, § 83).

A separação entre poder sacramental e poder de governo é, portanto, o pilar sobre o qual se assenta a participação dos fiéis leigos na Igreja. Vejamos, agora, quais são os esboços de uma concepção de "democracia participativa" no Caminho Sinodal. Segundo o documento, trata-se de uma "forma de participação em pé de igualdade e responsabilidade compartilhada na missão evangelizadora" (Der Synodale Weg, 2021, § 66). Ela exige "representantes eleitos dos interessados que deverão participar nas decisões e controlar eficazmente o poder" (Der Synodale Weg, 2021, § 66). Esse passo requer "meios com os quais se pode assegurar de maneira sustentável a participação de todos os fiéis em processos consultivos e de decisão no seio da Igreja Católica" (Der Synodale Weg, 2021, § 69), entre eles representares eleitos – "em todas as decisões importantes da Igreja" (Der Synodale Weg, 2021, § 76).

Para *fundamentar* mudanças tão profundas na estrutura da Igreja, o documento do Fórum Sinodal recorre a dois âmbitos de argumentação. O primeiro deles é *eclesiológico* e diz respeito à natureza da Igreja. Dessa feita, recorre-se à ideia de "Sinodalidade como princípio da Igreja". Na cuidadosa elaboração dos autores, com a sinodalidade "não se igualam as diferenças entre as distintas vocações, nem entre os serviços e os ministérios, porém centra-se em escutar todos os interessados" (Der Synodale Weg, 2021, § 39). O documento também recorre ao Concílio para lembrar "que ele não relacionou a sacramentalidade da Igreja só com sua parte institucional, senão também com a comunidade dos fiéis" (Der Synodale

Weg, 2021, § 39). Por isso, o "batismo funda a participação no Corpo de Cristo (cf. 1 Cor 12,13) e chama a participar de maneira ativa na vida da Igreja" (Der Synodale Weg, 2021, § 40). De toda forma, "o dever eclesiológico que se deve cumprir hoje consiste em redefinir a reciprocidade do sacerdócio comum de todos e do sacerdócio especial do ministério" (Der Synodale Weg, 2021, § 41). A conclusão é que "no Caminho Sinodal orientamo-nos pela teologia batismal e pelos dons do Espírito Santo, aí incluída a ordenação" (Der Synodale Weg, 2021, § 42).

Mas é no fundamento sociológico que está o aspecto mais inovador do documento. É claro que, para justificar a "inculturação da democracia na Igreja", seus autores tiveram que recorrer ao discurso religioso, mobilizando uma área denominada teologia fundamental. Na visão dos autores, "o Concílio Vaticano II redescobriu os fiéis e seu sentido da fé (Santa Sé, 1964, § 12), assim como os sinais dos tempos (Santa Sé, 1965, § 4), como lugares teológicos" (Der Synodale Weg, 2021, § 21) e isso "acarreta consequências para a compreensão do poder e a separação de poderes na missão da Igreja". Em função disso, seria necessário "aprender como Igreja, da cultura e da sociedade que a rodeia" (Der Synodale Weg, 2021, § 25), ou seja, "se a Igreja Católica deseja manter-se fiel à sua missão, é necessária a inculturação em sociedades marcadas por processos democráticos" (Der Synodale Weg, 2021, § 63).

Para os membros do fórum sinodal, "a sociedade democrática funda-se na ideia da liberdade e igual dignidade de todos os homens: as decisões que afetam a todos são adotadas de maneira conjunta" (Der Synodale Weg, 2021, § 64). Essa é "a ideia da democracia liberal" (Der Synodale Weg, 2021, § 64), ainda que "a democracia não seja só uma forma de governo estatal, mas sim uma forma de vida" (Der Synodale Weg, 2021, § 67). A conclusão é que se "a Igreja reconhece a democracia e os direitos humanos como forma de convivência, que responde à liberdade e igual dignidade dos seres humanos", então "é necessário reconhecê-lo e permitir que esse fundamento normativo surta efeito também na ordem de poder da Igreja: na forma de participação em pé de igualdade e responsabilidade compartilhada em sua missão evangelizadora" (Der Synodale Weg, 2021, § 66).

3.2 *O governo episcopal*

O texto escrito por Marianne Schlosser, Alina Oehler, pelo bispo coadjutor de Augsburg, Florian Wörner, e pelo canonista Wolfgang Picken (Schlosser *et alii*, 2021) não tem um estatuto oficial de documento como o texto do Fórum 1 do

Caminho Sinodal. Por isso, ele procura arrancar sua legitimidade do fato de que a oposição no interior do Sínodo não encontra canais de expressão, o que demandaria um espaço de manifestação alternativo. Podemos denominá-lo, portanto, como um "contrafórum" no sentido de Pierre Rosanvallon (2007).

Esse escrito é mais curto que o documento oficial, razão pela qual elabora bem menos um *diagnóstico* da Igreja alemã. A crise da Igreja é descrita sucintamente como uma crise de legitimidade, e não como uma crise sistêmica de suas estruturas. Quanto ao *prognóstico* para a solução dos problemas da Igreja, o texto critica a agenda do Caminho Sinodal por menosprezar medidas mais efetivas nos níveis mais locais de organização da Igreja e principalmente porque ele estaria sendo instrumentalizado por uma agenda de reformas alheias ao combate dos abusos sexuais (Schlosser *et alii*, 2021, § 17):

> É o caso das propostas de ordenação de mulheres ou o desejo de adaptação abrangente das estruturas eclesiásticas aos padrões das democracias modernas (especialmente no que diz respeito à separação de poderes), o questionamento sobre a autoridade do cargo ordenado, bem como a busca pela sua dessacralização consistente ou a uma transformação profunda da Igreja. A total transformação da moral sexual faz parte de uma agenda de reformas cujas origens remontam a muito antes da crise dos abusos e só foram associadas a ela secundariamente.

Qual seria, então, a solução para essa crise? As 14 propostas contidas no documento alternativo podem ser classificadas em dois grupos. As primeiras são medidas focalizadas na problemática dos abusos. Reconhece-se que "a santidade da Igreja não impede os abusos" (tese 1), que "erros de fato foram cometidos" (tese 2) e que "medidas concretas de proteção e apoio às vítimas precisam ser tomadas" (tese 3). Também se defende a "necessidade de um conjunto de órgãos específicos" (tese 4) "munidos de instrumentos específicos de controle e transparência" (tese 5). As demais propostas são focadas em mudanças na Igreja e, apesar de não proporem nenhuma "nova Igreja em lugar da antiga", não se deixa de apresentar ideias de forte impacto para a instituição. Além de melhorar a sua comunicação, defende-se "mais sinodalidade em todos os níveis" (tese 7), maior clareza quanto ao perfil necessário para exercer ministérios e serviços eclesiásticos (tese 8), bem como maior participação dos leigos (tese 9), ainda que sem esquecer que tal participação deve ser entendida como "uma colaboração direta com o apostolado da hierarquia" (tese 10).

As demais medidas vão em uma direção diferente do Caminho Sinodal, que propunha instâncias de governo leigo na Igreja. Mesmo assim, eles também não deixam de inspirar-se na democracia, na medida em que defendem maior participação dos leigos no processo de escolha dos dirigentes eclesiásticos. Nessa linha, pedem que "a nomeação dos ministros da Igreja deve ser realizada de maneira transparente" (tese 12) e que "a comunidade precisa de mais voz no preenchimento de cargos paroquiais" (tese 13). Além disso, "a sugestão de nomes para nomeação episcopal deveria ser ampliada" (tese 14), o que não exclui inclusive que "os leigos também podem estar diretamente envolvidos na eleição de um bispo" (tese 14).

Examinemos agora a *fundamentação* que os autores desse documento alternativo oferecem para suas propostas. Invertendo totalmente os parâmetros da análise, o documento alternativo parte exclusivamente da eclesiologia como seu fundamento teórico e rejeita uma fundamentação da democracia com base na teologia fundamental: "a base de todas as reformas estruturais deve continuar a ser a essência sacramental da Igreja, conforme apresentada pelo Concílio Vaticano II" (Schlosser *et alii*, 2021, § 19). Esse também é o principal motivo pelo qual "a separação de poderes no sentido moderno não é compatível com a liderança da Igreja monoepiscopal" (Schlosser *et alii*, 2021, § 8). Os únicos limites ao poder dos bispos "resultam da integração colegial do bispo individual no episcopado da Igreja universal e da interligação da Igreja particular dirigida pelo bispo com a Igreja universal" (Schlosser *et alii*, 2021, § 8). O documento assinala que "o Concílio confirmou claramente a indispensabilidade e a justificação sacramental do ofício pastoral e pode, portanto, chamar a Igreja de uma 'sociedade dotada de órgãos hierárquicos'" (Schlosser *et alii*, 2021, § 10). Por isso, a divisão entre "poder de jurisdição" e "poder sacramental" seria "um erro grave que não deve ser repetido" (Schlosser *et alii*, 2021, § 12).

Em função dessa eclesiologia cristológica, o documento alternativo rejeita uma defesa da democracia fundada na teologia fundamental. Isso é considerado até "compreensível, em uma época de avanço da secularização e de uma profunda crise de fé", mas essa opção não passa de uma "acomodação ao mundo" (Schlosser *et alii*, 2021, § 20). A tese da inculturação da democracia na Igreja é criticada ainda porque assumiria a premissa equivocada de "que o espírito do Evangelho expressa-se muito mais no desenvolvimento social e político da Modernidade do que paralelamente no desenvolvimento da própria Igreja" (Schlosser *et alii*, 2021, § 21). Ao invés de partir da escritura e da tradição, "procura-se a presença divina no mundo", o que pode levar à inversão do princípio de "interpretar os sinais dos tempos à luz do Evangelho" (Schlosser *et alii*, 2021, § 21). Isso não significa que a Igreja não possa "beneficiar-se de desenvolvimentos positivos na área secular, seja no direito, seja na administração, seja na cultura" (Schlosser *et alii*, 2021, § 22), de tal forma "que se possa otimizar ou corrigir suas estruturas" (Schlosser *et alii*, 2021, § 22). Mesmo assim, "os bispos e padres não ascendem, como os mandatários políticos das democracias modernas, a seus cargos por eleição e tais cargos não são assumidos por um período de tempo delimitado" (Schlosser *et alii*, 2021, § 13).

3.3 Balanço

Embora os dois documentos acima descritos defendam posições opostas, ambos organizam seus argumentos com base em um terreno comum: os documentos do Concílio Vaticano II (De Mey, 2023). Mas enquanto o documento oficial fundamenta suas teses com base na Teologia da Revelação (*Dei Verbum*), o documento alternativo baseia-se exclusivamente na eclesiologia (*Lumen Gentium*). Recorrendo à Teologia dos Sinais dos Tempos, o documento oficial busca um caminho para legitimar a inculturação *exógena* da democracia na Igreja, enquanto o documento alternativo, partindo da essência *endógena* da Igreja, que é considerada essencialmente monoepiscopal, nega essa possibilidade. A eclesiologia não está ausente do documento oficial, que mobiliza a ideia da Teologia Batismal e do sacerdócio comum de todos os fiéis, mas evita cuidadosamente a palavra ˜hierarquia". Já o documento alternativo fala explicitamente em uma Igreja dotada de órgãos hierárquicos. Por fim, chama a atenção o fato de que ambos os documentos usem pouco o conceito conciliar de "Povo de Deus" e mesmo a noção de sinodalidade de Francisco ocupa um lugar secundário e burocrático em ambas as justificativas.

Mas, se quanto à busca de legitimação da democracia, o documento oficial pode ser considerado um texto inovador, existe um ponto no qual seus defensores acabam retrocedendo a posições anteriores ao Vaticano II. Ocorre que o Concílio optou por superar a divisão entre poder jurisdicional e poder sacramental (Corecco, 1994; Mörsdorf, 2008), pois no passado isso permitiu que as dioceses fossem governadas administrativamente por príncipes que nem sequer eram sagrados bispos, gerando todo tipo de abusos. Para a ala reformista, no entanto, essa separação é vital para permitir que o governo administrativo seja exercido pelos leigos. Nesse quesito, portanto, são os críticos da versão oficial do Caminho Sinodal que se apoiam em posições mais avançadas.

Em exercício de síntese, pode-se afirmar que a compatibilidade entre a natureza da Igreja e a democracia, bem como a relação entre poder jurisdicional e poder sacramental, são os dois pontos axiais em torno dos quais se articulam o debate sobre as possibilidades de reforma democrática nas estruturas de governo e de poder da Igreja Católica no Caminho Sinodal.

4 Modelos de Igreja e isomorfismo institucional

No tópico anterior, tratamos da dimensão semântica do debate sobre a reforma da Igreja Católica na Alemanha. Neste tópico, voltamo-nos para a dimensão estrutural da questão. Primeiramente, se pergunta como caracterizar, do ponto de vista da sociologia política, os modelos institucionais de Igreja que emergem da discussão. A seguir, se emprega o conceito de isomorfismo institucional para explicar as razões que movem as elites eclesiásticas da Alemanha a adotar, com maior ou menos intensidade, a democracia como modelo de referência para a reforma da Igreja.

4.1 *Monocracia* versus *policracia*

No Caminho Sinodal podemos vislumbrar duas formas diametralmente opostas de compreensão e reordenamento da Igreja. A primeira delas adota como referência a tese de que a Igreja é uma "sociedade dotada de órgãos hierárquicos" na qual o poder sacramental e o poder jurídico estão vinculados na figura do bispo. A segunda, por sua vez, separa o poder religioso e o poder administrativo e desse modo pretende abrir caminho para que leigos também exerçam o poder na Igreja. Mas qual o formato social concreto que essas duas propostas assumem? Como eles poderiam ser caracterizados teoricamente?

Para entender o caráter sociológico desses modelos da Igreja, podemos lançar mão da sociologia da dominação de Max Weber, que distingue entre uma versão monocrática pura e uma versão limitada colegialmente de organização burocrática. Conforme o autor, "o conjunto do quadro administrativo compõe-se, no tipo mais puro, de funcionários individuais (monocracia) em oposição à 'colegialidade'" (Weber, 2013, III, §4, p. 459). Assim, ele diferencia a análise da "administração burocrático-monocrática" (Weber, 2013, III, §5, p. 463), de um lado, do "tipo de dominação que pode estar despojado de seu caráter monocrático, vinculado a uma pessoa, pelo princípio da colegialidade" (Weber, 2013, III, §15, p. 543). Note-se que nesse caso o princípio burocrático-hierárquico é predominante, mas ele é limitado pelo princípio colegial. Mais recentemente, Waters (1989; 1993) procurou retomar essa tipologia, pois atualmente as formas colegiadas de organização ampliaram-se, o que requer que elas sejam consideradas como um modelo teórico independente. Podemos, pois, utilizar essa última sistematização como tipos ideais, verificando em que medida as propostas dos grupos do Caminho Sinodal aproximam-se ou afastam-se deles.

O modelo de organização de Igreja proposto pelos críticos do Caminho Sinodal até reconhece órgãos colegiados compostos por leigos, ao mesmo tempo em que prevê a participação dos fiéis na escolha dos bispos. Mas ele define a Igreja como essencialmente monoepiscopal. Portanto, o modelo oscila entre o tipo puro de burocracia monocrática e o tipo misto de burocracia limitada pelo princípio da colegialidade. No entanto, dada a maior ênfase conferida ao princípio hierárquico como estruturante da essência teológica da Igreja, podemos considerar esse modelo, do ponto de vista tipológico, como uma forma de organização monocrática de Igreja.

Mais difícil é caracterizar o modelo de divisão de poderes entre clero e leigos, aliado a um Conselho Sinodal Permanente (*Synodaler Ausschuss*)[80], pois ela representa uma total reestruturação da Igreja. Aqui nos movemos em terreno amplamente desconhecido. De um lado, o Sínodo continuaria a ser instância máxima da Igreja na Alemanha e, nos níveis diocesano e paroquial, o poder administrativo passaria às mãos dos leigos, ficando o clero com a administração dos sacramentos. Esse arranjo parece combinar a colegialidade sinodal, de um lado, com o princípio hierárquico, de outro lado (Kehl, 2015), ainda que este último seja entregue aos leigos. Mas como essa estrutura realmente funcionaria nos seus detalhes não está totalmente claro. Tendo em vista essa dispersão de centros de decisão, poderia se propor para esse arranjo a designação de "modelo policrático", fazendo jus à etimologia do termo: "vários poderes". Também poderíamos arriscar a designação de "modelo híbrido", pois ele combina, em uma síntese complexa, elementos do princípio clerical (poder sacramental), do princípio colegial (Sínodo) e do princípio leigo (poder de governo de tipo democrático). Esse modelo também faz pensar na antiga divisão de formas de governo (monarquia, aristocracia e democracia) e sua tentativa de encontrar uma "forma mista" que reúna os méritos de cada um deles (Bobbio, 1980). Para salvaguardar a coerência terminológica, podemos caracterizar esse modelo, em contraste com o tipo monocrático, como modelo

---

80. Esse Conselho foi aprovado em outubro de 2023, mas tem sido alvo de contestação por parte das autoridades do Vaticano que veem nele uma violação do direito canônico e o enfraquecimento da autoridade dos bispos (cf. Carta de Roma aos bispos, 2024).

policrático, já que a tentativa dos bispos reformadores alemães consiste, ao fim e ao cabo, na tentativa de aplicar o princípio da divisão de poderes como elemento estruturante de organização da Igreja Católica.

4.2. O isomorfismo institucional

Apesar das diferenças entre os dois modelos de reforma apresentados no Caminho Sinodal, ambos acabam propondo a adoção de mecanismos democráticos no formato institucional da Igreja, seja em nível mais amplo (divisão de poderes), seja em nível mais específico (participação na escolha dos bispos). Mas quais são os motivos que levam as elites eclesiásticas alemãs a adotar a forma secular da democracia para organizar uma instituição que se define como algo essencialmente sagrado (sacramental) e que ao longo de sua longa história organizou-se em moldes hierárquicos?

Para encontrar uma resposta para essa pergunta, podemos apoiar-nos nas contribuições do neoinstitucionalismo (Hall; Taylor, 2003). Em seu famoso artigo, Dimaggio e Powell (2005) perguntaram-se sobre os motivos que levam as organizações sociais a assemelharem-se cada vez mais entre si. Para explicar esse processo, eles retomam a noção de *isomorfismo institucional*. Parte-se da premissa de que as principais forças que as organizações devem levar em consideração são as outras organizações. Segundo eles, "as organizações não competem somente por recursos e clientes, mas por poder político e legitimação institucional, por adequação social, assim como por adequação econômica". Por isso, "o conceito de isomorfismo institucional constitui uma ferramenta útil para se compreender a política e o cerimonial que permeiam parte considerável da vida organizacional moderna" (Dimaggio; Powell, 2005, p. 77).

No seu trabalho, os autores também se preocuparam em identificar os mecanismos que produzem essa isomorfia, a saber: "(1) isomorfismo coercitivo, que deriva de influências políticas e do problema da legitimidade; (2) isomorfismo mimético, que resulta de respostas padronizadas à incerteza; (3) isomorfismo normativo, associado à profissionalização" (Dimaggio; Powell, 2005, p. 77). O segundo desses mecanismos interessa-nos diretamente. Segundo eles, nos casos do isomorfismo mimético é a incerteza que encoraja a imitação. Explica-se ainda que "quando uma organização se vê frente a um problema com causas ambíguas e soluções pouco nítidas, uma abordagem problemística pode render uma solução viável com poucos gastos" (Dimaggio; Powell, 2005, p. 78). Em casos de crise, "as organizações tendem a tomar como modelo em seu campo outras organizações que elas percebem ser mais legítimas ou bem-sucedidas" (Dimaggio; Powell, 2005, p. 79).

Não é preciso fazer grande esforço para perceber que o grau de comprometimento de sua cúpula com a proteção corporativa levou a Igreja Católica na Alemanha a uma profunda crise de legitimidade. E, em sendo a própria instituição considerada a causa do problema, entende-se por que a maior parte de suas elites eclesiásticas vá em busca de modelos alternativos para seu reordenamento organizacional. E dificilmente poderíamos imaginar um molde político mais legítimo do que a democracia, o que também explica o esforço argumentativo em acomodar teologicamente esse elemento relativamente estranho ao orbe católico. Nesse sentido, têm razão os críticos quando afirmam que esse processo de mímese representa uma acomodação da Igreja frente ao mundo. Eles apenas esquecem que também eles, ainda que em menor grau (na medida em que priorizam a consulta na nomeação de bispos), acabam inadvertidamente acionando os mesmos fatores de isomorfismo institucional que seus adversários.

5 A Igreja Católica contra a gaiola de ferro da Modernidade?

A Igreja Católica é, no sentido etimológico, uma instituição hierárquica, ou seja, um poder (*arqué*) sagrado (*hierós*). Mas a falha sistêmica em proteger vítimas de abusos, ao invés de priorizar a defesa dos interesses corporativos, desencadeou uma radical discussão sobre as possibilidades de adoção de mecanismos democráticos seculares na estrutura da Igreja. Lançando mão de diferentes estratégias discursivas, os atores do Caminho Sinodal propuseram ou a conservação do modelo monocrático de Igreja (ainda que com a possibilidade da participação leiga na indicação de bispos) ou um modelo policrático que prevê um Comitê Sinodal permanente e a divisão de poder entre clérigos e leigos. Subjacente ao processo está presente o mecanismo de isomorfismo mimético que pressiona a Igreja Católica a adotar modelos organizacionais considerados legítimos.

Como *causa próxima*, o Caminho Sinodal representa uma estrutura de oportunidades políticas gerada pela crise de legitimidade da Igreja Católica, permitindo que as elites reformadoras do clero alemão retomassem tendências histórico-culturais latentes (memória coletiva) naquela comunidade eclesial. Dentre as *causas distantes*, as disputas políticas na Igreja da Alemanha representam uma continuidade, inserida em um contexto específico, do debate sobre a herança do Concílio Vaticano II, que, embora consagrando a dimensão sacramental da Igreja, deixou relativamente indefinido o formato de sua estrutura, oscilando entre uma visão vertical (comunhão hierárquica) e outra horizontal (Povo de Deus) de organização da comunidade eclesial. Quanto à sua natureza, o Caminho Sinodal alemão pode ser caracterizado sociologicamente como uma forma de autoridade carismática que se apoia em critérios extraordinários de legitimidade para recuperar sua credibilidade. A necessidade de recorrer continuamente a esse princípio de legitimidade explica a tendência do episcopado a perpetuá-lo indefinidamente, ou seja, a tentar institucionalizar essa estrutura de reforma como princípio permanente.

Nesse processo, as estratégias discursivas das forças que defendem um modelo policrático de Igreja veem-se diante da difícil tarefa de fundamentar teologicamente o conceito de democracia. Mas, apesar das dificuldades teóricas, do ponto de vista empírico, experiências colegiais são uma realidade pouco percebida e tematizada, mas já inscrita no ordenamento dessa instituição (sínodos, assembleias, conferências episcopais, conselhos etc.). Neles opera uma lógica de poder diferenciada, regida pela negociação e pela busca de consensos, dinâmica que ainda precisa ser mais bem investigada e compreendida.

O pano de fundo das lutas políticas no interior da Igreja diz respeito, portanto, ao modo como os atores em conflito precisam lidar em uma instituição pré-moderna que dispõe de uma compreensão essencialmente religiosa de sua estrutura e de seu governo. Esse princípio colide com as formas de vida da época moderna e provoca a divisão entre os que propõem o ajustamento da Igreja aos moldes contemporâneos e aqueles que priorizam sua diferença frente à Modernidade: de um lado a defesa da imanência, do outro a defesa da transcendência. A pressão social pelo isomorfismo institucional encontra-se frente a uma instituição muito peculiar, cujos princípios hierárquicos são constitutivos de sua identidade. Isso talvez signifique que a avassaladora força da "jaula de ferro" de Weber (Löwy, 2014) finalmente encontrou um adversário à altura. O que não quer dizer que a luta já tenha terminado.

Referências

AHRENS, Petra-Angela. *Kirchenaustritte seit 2018*. Wege und Anlässe. Baden-Baden: Nomos, 2022.

Alemanha. Bispos exigem que cardeal Koch se desculpe por comparar o Caminho Sinodal ao nazismo. *Revista IHU On-Line*, São Leopoldo, 5 out. 2022. Disponível em: https://www.ihu.unisinos.br/categorias/622719-alemanha-bispos-exigem-que-cardeal-koch-se-desculpe-por-comparar-o-caminho-sinodal-ao-nazismo. Acesso em: 17 maio 2024.

BASTANTE, Jesús. Alemanha. Papa Francisco ordena que o cardeal Rainer Maria Woelki, de Colônia, faça um retiro de seis meses e reprova seus "graves erros". *Revista IHU On-Line*, São Leopoldo, 27 set. 2021. Disponível em: https://www.ihu.unisinos.br/78-noticias/613158-alemanha-papa-francisco-ordena-o-cardeal-rainer-maria-woelki-de-colonia-para-um-retiro-de-seis-meses-e-reprova-seus-graves-erros. Acesso em: 17 maio 2024.

BASTANTE, Jesús. Cisma na Igreja Alemã? Cinco bispos recorrem ao Vaticano para não participar do "Caminho sinodal". *Revista IHU On-Line*, São Leopoldo, 25 jan. 2023a. Disponível em: https://www.ihu.unisinos.br/625798. Acesso em: 17 maio 2024.

BASTANTE, Jesús. O Núncio recorda aos bispos alemães a posição da Cúria: "Não ao Conselho Sinodal". *Revista IHU On-Line*, São Leopoldo, 28 fev. 2023b. Disponível em: https://www.ihu.unisinos.br/categorias/626521-o-nuncio-recorda-aos-bispos-alemaes-a-posicao-da-curia-nao-ao-conselho-sinodal. Acesso em: 17 maio 2024.

BASTANTE, Jesús. Cardeal Rainer María Woelki, "cada vez mais preocupado" com o futuro da Igreja alemã: "Caminhando para um beco sem saída". *Revista IHU On-Line*, São Leopoldo, 6 dez. 2023c. Disponível em: https://www.ihu.unisinos.br/categorias/634964-cardeal-rainer-maria-woelki-cada-vez-mais-preocupado-com-o-futuro-da-igreja-alema-caminhando-para-um-beco-sem-saida. Acesso em: 17 maio 2024.

BECK, Johanna. Im Anfang war die Missbrauchskrise. *In*: ANUTH, Bernhard S.; BIER, Georg; KREUTZER, Karsten. (eds.). *Der Synodale Weg-eine Zwischenbilanz*. Freiburg: Herder, 2021.

BINNINGER, Christoph; GERL-FALKOVITZ, Hanna-Barbara; MENKE, Karl-Heinz; OHLY, Christoph. (eds.). *Unterscheidung der Geister*: Klarstellungen zum Synodalen Weg. Regensburg: F. Pustet, 2023.

BOBBIO, Norberto. *A teoria das formas de governo*. Brasília: UnB, 1980.

BROCKHAUS, Hannah. Linha do tempo dos pronunciamentos da Santa Sé sobre o Caminho Sinodal Alemão. *ACI Digital*, Lima, 21 nov. 2023. Disponível em: https://www.acidigital.com/noticia/56753/linha-do-tempo-dos-pronunciamentos-da-santa-se-sobre-o-caminho-sinodal-alemao. Acesso em: 17 maio 2024.

Caminho sinodal entre Alemanha e Vaticano. As intervenções de Bätzing, Ladaria e Ouelet. *Revista IHU On-Line*, São Leopoldo, 29 nov. 2022. Disponível em: https://www.ihu.unisinos.br/categorias/624335-caminho-sinodal-entre-alemanha-e-vaticano. Acesso em: 17 maio 2024.

Cardeal Müller vê paralelos entre o nazismo e o Caminho Sinodal alemão. *Revista IHU On-Line*, São Leopoldo, 7 fev. 2020. Disponível em: https://www.ihu.unisinos.br/78-noticias/596136-cardeal-mueller-ve-paralelos-entre-o-nazismo-e-o-caminho-sinodal-alemao. Acesso em: 17 maio. 2024.

Carta de Roma aos bispos alemães: "A missão do bispo está em risco". *Revista IHU On-Line*, São Leopoldo, 22 fev. 2024. Disponível em: https://www.ihu.unisinos.br/636719-carta-de-roma-aos-bispos-alemaes-a-missao-do-bispo-esta-em-risco. Acesso em: 17 maio 2024.

CORECCO, Eugenio. Natura e struttura della "sacra potestas" nella dottrina e nel nuovo Codice di diritto canonico. *Analecta Cracoviensia*, v. 26, p. 471-497, 1994.

DE MEY, Peter. The "Synodal Way" (Synodaler Weg) As An Act of Reception of the Documents of Vatican II. *In*: LEUVEN ENCOUNTERS IN SYSTEMATIC THEOLOGY, 14, 2023. *Annals*. Leuven: Faculty of Theology and Religious Studies, 2023.

DER SYNODALE WEG. *Vorlage des Synodalforums I*: Macht und Gewaltenteilung in der Kirche: Gemeinsame Teilnahme und Teilhabe am Sendungsauftrag (30 Sept.-2 Okt. 2021). Bonn: Der Synodale Weg, 2021. Disponível em: https://www.synodalerweg.de/fileadmin/Synodalerweg/Dokumente_Reden_Beitraege/beschluesse-broschueren/SW3-Grundtext_MachtundGewaltenteilunginderKirche_2022_NEU.pdf. Acesso em: 28 mar. 2023.

DER SYNODALE WEG. *Satzung des Synodalen Ausschusses*. Bonn: Der Synodale Weg, 2023. Disponível em: https://www.synodalerweg.de/fileadmin/Synodalerweg/Dokumente_Reden_Beitraege/Synodaler-Ausschuss/Satzung-des-Synodalen-Ausschusses.pdf. Acesso em: 17 maio 2024.

DIMAGGIO, Paul J.; POWELL, Walter W. A gaiola de ferro revisitada: isomorfismo institucional e racionalidade coletiva nos campos organizacionais. *RAE*, v. 45, n. 2, p. 74-89, 2005.

DROBINSKI, Matthias. A declaração do Vaticano. O Caminho Sinodal Alemão corre o risco de morrer. *Revista IHU On-Line*, São Leopoldo, 27 jul. 2022. Disponível em: https://www.ihu.unisinos.br/categorias/620708-a-declaracao-do-vaticano-o-caminho-sinodal-alemao-corre-o-risco-de-morrer. Acesso em: 17 maio 2024.

EBERTZ, Michael N.; EBERHARDT, Monika; LANG, Anna. *Kirchenaustritt als Prozess*: gehen oder bleiben? Eine empirisch gewonnene Typologie. Münster: LIT, 2012.

EBERTZ, Michael N. Kirche als Organisation von Organisationen. Am katholischen Beispiel. *In*: HEISER, Patrick; LUDWIG, Christian. (eds.). *Sozialformen der Religionen im Wandel*. Wiesbaden: Springer, 2014.

EBERTZ, Michael N. Die Entgrenzung des kirchlichen Feldes in der Gegenwart. *In*: KOPP, Stefan. (ed.). *Kirche im Wandel*. Ekklesiale Identität und Reform. Freiburg: Herder, 2020.

FRANZISKUS. *Schreiben von Papst Franziskus an das pilgernde Volk Gottes in Deutschland*. 29 Juni. 2019. Rom: Der Heilige Stuhl, 2019. Disponível em: https://www.vatican.va/content/francesco/de/letters/2019/documents/papa-francesco_20190629_lettera-fedeli-germania.html. Acesso em: 17 maio 2024.

GABRIEL, Karl. *Häutungen einer umstrittenen Institution*: zur Soziologie der katholischen Kirche. Frankfurt am Main: Campus, 2023.

HALL, Peter A.; TAYLOR, Rosemary C. R. As três versões do neo-institucionalismo. *Lua Nova*, São Paulo, n. 58, p. 193-223, 2003.

HILPERT, Konrad; LEIMGRUBER, Stephan; SAUTERMEISTER, Joche; WERNER, Gunda. Sexueller Missbrauch von Kindern und Jugendlichen im Raum von Kirche: Analysen, Bilanzierungen, Perspektiven. Freiburg: Herder, 2020.

HOFF, Gregor M. *In Auflösung*: über die Gegenwart des römischen Katholizismus. Freiburg: Herder, 2023.

KASPER, Walter. A Igreja Católica: essência, realidade, missão. São Leopoldo: Unisinos, 2012.

KAUFMANN, Franz-Xaver. *Kirchenkrise*: wie überlebt das Christentum? Freiburg: Herder, 2011.

KEHL, Medard. Syn-odos: o elemento estruturo-sinodal na Igreja Católica. *Didaskalia*, Lisboa, v. 45, n. 1, p. 135-144, 2015.

KLÄDEN, Tobias; BERNDT, Sebastian. Das Arbeitspapier "Kirche und gesellchaftliche Kommunikation". *In*: FREITER, Reinhard; HARTMANN, Richard; SCHMIEDL, Joachim (eds.). *Die Würzburger Synode*: die Texte neu gelesen. Freiburg im Breisgau: Herder, 2016.

KNOPS, Stephan. Die Würzburger Synode: Krisenindiz-Zeitdiagnose-Zukunftsplan. *In*: GRAULICH, Markus; RAHNER, Johanna. (eds.). *Synodalität in der katholischen Kirche*. Die Studie der Internationalen Theologischen Kommission im Diskurs. Freiburg: Herder, 2020.

KREUTZER, Ansgar. Communio-Leib Christi-Volk Gottes: ekklesiologische Leitbilder in der individualisierten Gesellschaft. *In*: REMÉNYI, Matthias; WENDEL, Saskia. (eds.). *Die Kirche als Leib Christi*. Freiburg: Herder, 2017.

LABUDDA, Michaela; LEITSCHUH, Marcus C. *Synodaler Weg-Letzte Chance?* Standpunkte zur Zukunft der katholischen Kirche. Paderborn: Bonifatius, 2020.

LAMB, Christopher. Críticos questionam estrutura e autoridade do Sínodo. *Revista IHU On-Line*, São Leopoldo, 27 out. 2023. Disponível em: https://www.ihu.unisinos.br/categorias/633696-criticos-questionam-estrutura-e-autoridade-do-sinodo. Acesso em: 17 maio 2024.

LORENZO, José. O núncio na Alemanha também interrompe o Caminho Sinodal. *Revista IHU On-Line*, São Leopoldo, 13 jun. 2023. Disponível em: https://www.ihu.unisinos.br/categorias/629523-o-nuncio-na-alemanha-tambem-interrompe-o-caminho-sinodal. Acesso em: 17 maio 2024.

LORENZO, José. Os leigos alemães colocam seus bispos em apuros: ou estão com o Vaticano ou com eles. *Revista IHU On-Line*, São Leopoldo, 20 fev. 2024. Disponível em: https://www.ihu.unisinos.br/categorias/636660-os-leigos-alemaes-colocam-seus-bispos-em-apuros-ou-estao-com-o-vaticano-ou-com-eles. Acesso em: 17 maio 2024.

LÖWY, Michael. *A jaula de ferro*. Max Weber e o marxismo weberiano. São Paulo: Boitempo, 2014.

MATZUZZI, Matteo. Cardeal Kasper contra o Sínodo alemão. *Revista IHU On-Line*, São Leopoldo, 24 jun. 2022. Disponível em: https://ihu.unisinos.br/categorias/619802-cardeal-kasper-contra-o-sinodo-alemao. Acesso em: 17 maio 2024.

MGH. *Sexueller Missbrauch an Minderjährigen durch katholische Priester, Diakone und männliche Ordensangehörige im Bereich der Deutschen Bischofskonferenz*. Mannheim-Heidelberg-Gießen: s/n, 2018. Disponível em: https://www.dbk.de/fileadmin/redaktion/diverse_downloads/dossiers_2018/MHG-Studie-gesamt.pdf. Acesso em: 17 maio 2024.

MÖRSDORF, Klaus. Distinzione e rapporto fra potestà di ordine e di governo. *In*: Idem. *Fondamenti del diritto canonico*. Coll. "Monografie", v. 3. Venezia: Marcianum, 2008.

NEUVILLE, Heloïse. Igreja Católica na Alemanha corre o risco de um cisma silencioso. *Revista IHU On-Line*, São Leopoldo, 14 mar. 2023. Disponível em: https://www.ihu.unisinos.br/categorias/626939-igreja-catolica-na-alemanha-corre-o-risco-de-um-cisma-silencioso. Acesso em: 17 maio 2024.

O Vaticano freia as decisões do Sínodo da Igreja alemã. *Revista IHU On-Line*, São Leopoldo, 16 set. 2019. Disponível em: https://www.ihu.unisinos.br/78-noticias/592609-o-vaticano-refreia-as-decisoes-do-sinodo-da-igreja-alema. Acesso em: 17 maio 2024.

PARANHOS, Washington S.; PONTE, Moisés N. Q. Sinodalidade como "estilo". *Perspectiva Teológica*, Belo Horizonte, v. 54, n. 1, p. 11-19, 2022.

PESCH, Otto H. *Das Zweite Vatikanische Konzil* (1962-1965). Vorgeschichte–Verlauf–Ergebnisse–Nachgeschichte. Würzburg: Topos, 1993.

PONGRATZ-LIPPITT, Christa. O cardeal Kasper novamente critica o Caminho Sinodal alemão. *Revista IHU On-Line*, São Leopoldo, 1º nov. 2022. Disponível em: https://www.ihu.unisinos.br/categorias/623519-o-cardeal-kasper-novamente-critica-o-caminho-sinodal-alemao. Acesso em: 17 maio 2024.

PONGRATZ-LIPPITT, Christa. Outro "não" decisivo do Vaticano aos reformadores alemães. *Revista IHU On-Line*, São Leopoldo, 19 abr. 2023. Disponível em: https://www.ihu.unisinos.br/categorias/628020-outro-nao-decisivo-do-vaticano-aos-reformadores-alemaes. Acesso em: 17 maio 2024.

Quatro delegadas deixam o Caminho Sinodal Alemão e dizem que ele se afasta da Igreja universal. *ACI Digital*, Lima, 22 fev. 2023. Disponível em: https://www.acidigital.com/noticia/54542/quatro-delegadas-deixam-o-caminho-sinodal-alemao-e-dizem-que-ele-se-afasta-da-igreja-universal. Acesso em: 17 maio 2024.

RAHNER, Karl. Demokratie in der Kirche? *Stimmen der Zeit*, Freiburg, v. 182, p. 1-15, 1968.

RATZINGER, Joseph; MAIER, Hans. *Demokratie in der Kirche*: Möglichkeiten und Grenzen. Kevelaer: Lahn, 2000.

ROSANVALLON, Pierre. *La contrademocracia*: la política en la era de la desconfianza. Buenos Aires: Manantial, 2007.

RUH, Ulrich. Chronik der Ereignisse: Deutschland-deutschsprachiger Raum-Europa. *In*: HILPERT, Konrad; LEIMGRUBER, Stephan; SAUTERMEISTER, Jochen; WERNER, Gunda. (eds.). *Sexueller Missbrauch von Kindern und Jugendlichen im Raum von Kirche*. Freiburg: Herder, 2020.

SANTA SÉ. *Constituição dogmática "Lumen gentium" sobre a Igreja*. 21 nov. 1964. Roma: Santa Sé, 1964. Disponível em: https://www.vatican.va/archive/hist_councils/ii_vatican_council/documents/vat-ii_const_19641121_lumen-gentium_po.html. Acesso em: 17 maio 2024.

SANTA SÉ. *Constituição pastoral "Gaudium et spes" sobre a Igreja no mundo actual*. 7 dez. 1965. Roma: Santa Sé, 1965. Disponível em: https://www.vatican.va/archive/hist_councils/ii_vatican_council/documents/vat-ii_const_19651207_gaudium-et-spes_po.html. Acesso em: 17 maio 2024.

Santa Sé: o Caminho Sinodal alemão não pode tomar decisões doutrinais. *Revista IHU On-Line*, São Leopoldo, 22 jul. 2022. Disponível em: https://www.ihu.unisinos.br/categorias/620622-santa-se-o-caminho-sinodal-alemao-nao-pode-tomar-decisoes-doutrinais. Acesso em: 17 maio 2024.

SANTOS, Myrian S. *Memória colectiva e teoria social*. Coimbra: Universidade de Coimbra, 2012.

SCHLOSSER, Marianne; OEHLER, Alina; WÖRNER, Florian; PICKEN, Wolfgang. *Vollmacht und Verantwortung* – Thesen zur Kirchenreform. Regensburg: Synodale Beiträge, 2021. Disponível em: https://www.synodale-beitraege.de/de/synodalforen/synodalforum-i/vollmacht-und-verantwortung. Acesso em: 17 maio 2024.

SCHMITT, Carl. *Catolicismo romano y forma política*. Buenos Aires: Tecnos, 2011.

TARROW, Sidney. *Power in Movement*: Social Movements, Collective Action and Politics. Cambridge (UK): Cambridge University, 1994.

TROELTSCH, Ernst. *Die soziallehren der christlichen kirchen und gruppen*. Tübingen: Mohr Siebeck, 1923.

Vaticano: Papa critica Caminho Sinodal da Alemanha, que vê como fruto de "elites". *Revista IHU On-Line*, São Leopoldo, 28 jan. 2023. Disponível em: https://www.ihu.unisinos.br/categorias/625870-vaticano-papa-critica-caminho-sinodal-da-alemanha-que-ve-como-fruto-de-elites. Acesso em: 17 maio 2024.

VIDAL, José M. Georg Bätzing, após o processo sinodal alemão: "A Igreja pode e muda". *Revista IHU On-Line*, São Leopoldo, 15 mar. 2023. Disponível em: https://www.ihu.unisinos.br/categorias/626960-georg-baetzing-apos-o-processo-sinodal-alemao-a-igreja-pode-e-muda. Acesso em: 17 maio 2024.

VON BALTHASAR, Hans Urs. *Der antirömische Affekt*. Freiburg: Herder, 1974.

WATERS, M. Collegiality, Bureaucratization and Professionalization: A Weberian Analysis. *American Journal of Sociology*, Chicago, v. 94, n. 5, p. 945-972, 1989.

WATERS, M. A Neoweberian Typology of Policratic Administration. *Sociological Review*, London, v. 41, n. 1, p. 54-81, 1993.

WEBER, Max. Wirtschaft und Gesellschaft. Herrschaft. *In*: HANKE, Edith; KROLL, Thomas. (eds.). *Max Weber Gesamtausgabe*. V. I/22-4. Tübingen: Mohr Siebeck, 2009.

WEBER, Max. Wirtschaft und Gesellschaft. Soziologie. Unvollendet. 1919-1920. *In*: BORCHARDT, Knut; HANKE, Edith; SCHLUCHTER, Wolfgang. (eds.). *Max Weber Gesamtausgabe*. V. I/23. Tübingen: Mohr Siebeck, 2013.

WEBER, Max. Asketischer Protestantismus und Kapitalismus. Schriften und Reden (1904-1911). *In*: SCHLUCHTER, Wolfgang; BUBE, Ursula. (eds.). Max Weber Gesamtausgabe. V. I/9. Tübingen: Mohr Siebeck, 2014.

WEMANS, Jorge. Vaticano mostra novo cartão amarelo aos bispos alemães. *Revista IHU On-Line*, São Leopoldo, 31 jan. 2023. Disponível em: https://www.ihu.unisinos.br/625917-vaticano-mostra-novo-cartao-amarelo-aos-bispos-alemaes. Acesso em: 17 maio 2024.

WICKS, Jared. Six Texts by Prof. Joseph Ratzinger As *Peritus* before and during Vatican Council II. *Gregorianum*, Rome, v. 89, n. 2, p. 233-311, 2008.

WINKLER, Dietmar W.; CERNY-WERNER, Roland. *Synodalität als Möglichkeitsraum*: Erfahrungen–Herausforderungen–Perspektiven. Innsbruck: Tyrolia, 2023.

Capítulo 8
A nova correlação de forças na Igreja Católica do Brasil:
Teologia da Libertação, carismáticos e conservadores em disputa

Em novembro de 2022, um artigo de Pedro Ribeiro de Oliveira (2022), sociólogo vinculado à Igreja Católica, teve ampla repercussão no seio dessa organização[81]. Para ele, o crescimento dos setores tradicionalistas ampliou o dissenso no interior da instituição que estaria, exatamente por isso, profundamente rachada. Que essa mudança não é aparente e não é mero reflexo de turbulências momentâneas das eleições presidenciais de 2022 pode ser confirmado ainda pela pesquisa coordenada por Agenor Brighenti (2021; 2023), que demonstrou que a Teologia da Libertação (TdL) possui hoje muito menor aderência entre a parcela mais jovem do clero do que entre os padres em exercício há mais tempo[82]. Tais análises trazem-nos evidências muito fortes de mudanças significativas no seio da Igreja Católica no Brasil. No entanto, o esforço para compreender globalmente a natureza, as causas e o alcance dessas transformações tem ficado praticamente restrito aos agentes intelectuais ligados à Igreja, encontrando, por enquanto, escassa atenção no seio dos cientistas sociais.

No intuito de trazer essa discussão para o âmbito da pesquisa acadêmica *stricto sensu*, é necessário, para começar, resgatar uma importante lição das ciências sociais da religião. Trata-se da distinção entre "catolicismo" e "Igreja Católica" (Steil;

---

81. Em 3 de dezembro de 2022, o artigo foi objeto de discussão na Comissão de Justiça e Paz da Conferência Nacional dos Bispos do Brasil (CNBB) (conforme relata o artigo de Teixeira (2022)) e também motivou a realização de uma mesa redonda promovida pelo Instituto Humanitas Unisinos (cf. Fachin, 2023).

82. Segundo os dados da pesquisa (Brighenti, 2021, p. 135), 73,1% dos padres das décadas de 1970 e 1980 explicitaram uma visão claramente positiva da Teologia da Libertação e, quanto se trata dos padres mais jovens, esse índice cai para 40%.

Toniol, 2013), quer dizer, entre o *catolicismo popular* como realidade cultural, em sentido mais amplo, e o *campo institucional católico*, com seu aparato burocrático, suas organizações formais, seus grupos informais e sujeitos ativos na vida da Igreja, em sentido mais restrito[83]. Dessa forma, ao invés do novo rosto do *catolicismo*, o que implicaria verificar o que acontece hoje com o conjunto dos católicos (praticantes ou não), o que as pesquisas acima mencionadas captam, na verdade, é uma mudança no campo da *institucionalidade católica* (foco deste capítulo). Essa distinção, portanto, já nos ajuda a delimitar o escopo da presente análise, mas ainda nos deixa com muitas perguntas em aberto, como os determinantes causais da mudança, seu caráter e abrangência, bem como seus reflexos no interior do campo católico, sem esquecer ainda de sua relação com o conjunto da sociedade brasileira.

Não seria possível, nos limites deste capítulo, tratar simultaneamente de questões assim amplas, razão pela qual minha exposição busca, de modo mais circunscrito, caracterizar essas mudanças levando em consideração apenas seus determinantes internos, ou seja, considerando apenas os fatores atinentes ao campo católico em si mesmo[84]. Mais especificamente, na busca por apreender, em âmbito macrossociológico, o sentido das transformações atuais no seio da Igreja Católica, adoto uma perspectiva dual. A primeira, de *caráter diacrônico*, examina as transformações internas das principais "forças"[85] no campo católico: a Teologia da Libertação, a Renovação Carismática Católica (RCC) e os grupos conservadores[86]. A segunda perspectiva, de *caráter sincrônico*, busca localizar as posições de poder ocupadas por elas no campo católico e, a partir desse elemento, identificar suas estratégias discursivas, bem como delinear o novo cenário de correlação de forças entre elas.

A reflexão sobre as mudanças no campo católico será realizada em perspetiva *processual* e *estrutural*, o que demanda, por sua vez, escolhas teóricas diferenciadas.

---

83. A razão para empregar a expressão campo "institucional" católico deriva da ênfase dada no capítulo às suas forças organizadas (clericais ou leigas, formais ou informais), e não ao conjunto dos fiéis católicos em geral.

84. Dessa forma, determinantes externos ao campo, como as transformações econômicas, políticas, culturais e mesmo religiosas da sociedade brasileira e até da modernidade em geral não serão consideradas, salvo de modo incidental.

85. Emprego a noção de "força" ao invés de "organizações", "tendências" ou "movimentos", para abarcar tanto os sujeitos organizados formalmente quanto aqueles estruturados de modo informal ou que atuam individualmente em cada uma dessas vertentes católicas. Além disso, para Bourdieu (2021, p. 270), um campo social é sempre um campo de forças.

86. Nesse ponto, aproximo-me da tipologia de Oliveira (1999), com a diferença de que considero o catolicismo popular um elemento da cultura, e não do campo católico institucional.

A fim de compreender a *evolução interna* dos grupos de poder do campo católico, reinterpreto a literatura existente (fontes bibliográficas) a partir da teoria das mudanças institucionais. Para compreender o novo cenário de *correlação de forças* nesse campo, por sua vez, as fontes bibliográficas serão analisadas a partir da sociologia de Pierre Bourdieu (2021) e complementadas com as teorias políticas de Antônio Gramsci (1999) e Pierre Rosanvallon (2007). A meta é esboçar as linhas de um quadro teórico de nível macrossociológico que nos permita avançar na compreensão do sentido das transformações hoje em curso na Igreja Católica do Brasil.

1 A segunda geração das forças católicas e suas dinâmicas de evolução interna

Tanto a RCC, fundada no Brasil em 1969, quanto a TdL, que se inicia com Gustavo Gutiérrez, no Peru, em 1971, já ultrapassaram a marca de 50 anos de existência. O movimento tradicionalista de Plínio Arruda de Oliveira – Tradição, Família e Propriedade (TFP) – fundado em 1960, por sua vez, é bem mais antigo e já comemora 63 anos de vida. O que essas datas sinalizam é que a continuidade das três forças do campo institucional católico é dada hoje por uma geração[87] posterior aos seus fundadores. Em consequência, mais do que seu processo de institucionalização (que engloba as fases formativa e de consolidação), a principal tarefa teórica que nos cabe hoje é entender de que forma esse processo de transição geracional também se reflete em mudanças na configuração interna de cada uma dessas vertentes. Em que medida, em seu esforço de reprodução e ampliação, elas lograram preservar seus impulsos iniciais, ao mesmo tempo em que se viram impelidas a introduzir inovações ou mesmo rupturas em seu curso? Para responder a tais perguntas, podemos recorrer à teoria das mudanças institucionais. Essa é uma área de pesquisa teoricamente diversificada, mas que possui uma agenda de temas relativamente comum, voltada para a identificação dos condicionantes, a descrição das etapas e, principalmente, a caracterização das *dinâmicas* de mudança institucional (Tang, 2010), questão que será tratada a seguir.

1.1 Teologia da Libertação: crise teórica e burocratização

É bem verdade que a distinção entre a *Teologia da Libertação* (enquanto discurso perito) e o *Cristianismo da Libertação* (enquanto movimento social), pro-

---

[87]. A "geração" é entendida aqui não no sentido biográfico (uma geração a cada 25 anos, por exemplo), mas no sentido de horizonte histórico (Zinneker, 2003).

posta por Löwy (2000, p. 56-57), pode ser questionada teoricamente (Amaral, 2016). Mas ela traz uma importante contribuição analítica na medida em que nos permite entender como esse discurso teológico exerce a função de integração e coesão de uma complexa rede de organizações e agentes políticos e religiosos (Cristianismo da Libertação). Seguindo a praxe, emprego a expressão TdL para referir-me a ambos os aspectos, mas é importante não perder de vista a distinção analítica entre discurso e redes, pois ela permitirá apresentar a hipótese de que a relação entre esses dois fatores caminha para um processo de inversão.

Conforme Valério (2012), a história da TdL inicia-se com uma (1) primeira fase com seus textos de fundação (1968-1973), (2) continua depois com a fase de consolidação discursiva (1973-1979) e (3) expansão (1980-1990), até chegar (4) à sua readequação discursiva (de 1990 até o presente). Do ponto de vista teórico-analítico, não é difícil perceber que as três primeiras fases correspondem ao que na sociologia é designado como o processo de institucionalização, enquanto a última fase já diz respeito à sua evolução institucional. A esta análise caberia acrescentar apenas que o processo de *institucionalização* coincidiu também com a reestruturação organizacional da Igreja Católica no Brasil por meio da criação de mecanismos colegiados – como o Celam (Conselho Episcopal Latinoamericano e Caribenho) e a CNBB – e a difusão de um conjunto de pastorais sociais e de órgãos de assessoria estreitamente orientados por essa matriz teológica, como o Cimi (Conselho Indigenista Missionário), a CPT (Comissão Pastoral da Terra), a Comissão de Justiça e Paz etc. Esse fator acabou por viabilizar um "acoplamento estrutural"[88] entre as pastorais e as comissões orientadas pela matriz discursiva da TdL, por um lado, e o aparato burocrático-hierárquico oficial da Igreja, por outro lado.

Ao analisar as atuais mudanças da TdL, boa parte dos analistas (p. ex.: Vigil, 1998; Susin, 2000) tem diagnosticado uma crise oriunda de *fatores contextuais externos*, como o colapso do socialismo e mesmo uma ação orquestrada pelo Vaticano[89]. Este último fator, em particular, mesmo tendo contribuído para o

---

88. Segundo Luhmann (2016, p. 241), dois sistemas funcionam de maneira acoplada quando "ambos os sistemas se possibilitam reciprocamente".

89. Em 1984, a Congregação para a Doutrina da Fé examinou as obras do teólogo brasileiro Leonardo Boff e divulgou dois documentos sobre a Teologia da Libertação: a *Instrução sobre alguns elementos da "Teologia da Libertação"* (Sagrada Congregação para a Doutrina da Fé, 1984) e a *Instrução "Libertatis conscientia" sobre a liberdade cristã e a libertação* (Sagrada Congregação para a Doutrina da Fé, 1986).

controle eclesiástico dessa força católica, não representou sua supressão e, paradoxalmente, uma vez ultrapassado esse filtro, contribuiu para o seu reconhecimento oficial por parte das instâncias hierárquicas da Igreja. As mudanças da TdL possuem causas eminentemente *internas* que podem ser desdobradas em dois aspectos. O primeiro diz respeito a deslocamentos na sua estrutura epistemológica, enquanto o segundo está relacionado à modificação de suas bases (ou portadores) sociais.

No âmbito *epistemológico*, a TdL precisou confrontar-se com a perda de credibilidade teórica do marxismo, um dos principais componentes de seu método teológico (Soffiatti, 2009). Acompanhando as mudanças no campo ideológico da esquerda, seus intelectuais viram-se forçados a ampliar o escopo temático desse discurso (Sbardelotti, 2021; Guimarães; Sbardelotti; Barros, 2022). Embora certa preocupação com questões materiais ainda persista – como meio ambiente (Boff, 1995) e teologia econômica (Sung, 1994) –, o discurso da TdL passou a privilegiar cada vez mais agendas ligadas à dimensão cultural (gênero, raça, grupos LGBTQI+, decolonialidade etc.). Trata-se de uma mudança que não deixa intocada sua estrutura epistemológica, pois desloca a centralidade discursiva da opção preferencial pelos pobres (visão material), trocando-a por sujeitos plurais e difusos (visão cultural). Diluída em sua especificidade teórica, a TdL tornou-se cada vez mais um guarda-chuva teórico para a defesa de agendas liberal-progressistas. Essa crise epistemológica foi agravada pela dissidência de um de seus principais fundadores (Boff; Adorno, 2023), que passou a sustentar a impossibilidade de um método teológico fundamentado na categoria do "pobre". Foi a primeira vez que a TdL, enquanto discurso, viu-se confrontada, e desde dentro, na sua própria base teórica.

No âmbito de suas *bases sociais,* a transição temática acima detectada sugere que a ancoragem social da TdL deslocou-se dos estratos populares das comunidades eclesiais de base (CEBs) (que são os principais destinatários de sua ação) para as classes médias, formadas por padres e agentes leigos que atuam nas pastorais sociais (que são os principais sujeitos dessa ação). Embora essa hipótese necessite ainda de evidências empíricas, já é patrimônio da sociologia que entre estrutura mental e estrutural social existe uma relação de correspondência (Bourdieu, 2021, p. 245). Ora, são os segmentos sociais engajados nas pastorais sociais, mais do que os estratos de baixa renda (pressionados pelas questões materiais), que se identificam com as reivindicações simbólicas de reconhecimento que o novo discurso da TdL parece refletir, fator que confere plausibilidade a essa hipótese. Soma-se a essa crise que a nova geração de agentes intelectuais produtores desse discurso teológico não tem conseguido acumular níveis de "capital simbólico"[90] similares aos da geração pregressa. Embora não falte uma nova leva de especialistas formados a partir dessa matriz teológica, as figuras dominantes da TdL, ainda hoje, continuam a ser da geração fundadora (Leonardo Boff, Frei Betto, Carlos Mesters etc.). O envelhecimento dos seus referenciais simbólicos, por fim, é acompanhado por uma adesão cada vez menor dos jovens clérigos aos ideais da TdL (Brighenti, 2023), erodindo ainda mais a sustentação social desse discurso.

Apesar desses fatores de crise, a reprodução da TdL enquanto discurso é assegurada pelo amplo domínio de seus representantes nas instâncias produtoras do discurso teológico legítimo (cursos de pós-graduação e graduação em teologia, entidades científicas, editoras e principais revistas especializadas neste campo de conhecimento), bem como pelo fato de que seu repertório temático-discursivo (semântica) instrui as principais diretrizes oficiais da hierarquia católica brasileira. Mas esse dado indica uma mudança de função entre as dimensões semântica e estrutural da TdL: atualmente, tal semântica depende muito mais da inércia burocrática das instâncias controladas por seus agentes do que de seu dinamismo teórico. Ao invés de operar funcionalmente como elemento de coesão da rede sociopolítico-religiosa do *Cristianismo da Libertação*, garantindo sua manutenção e continuidade, pode-se dizer que é essa rede religiosa e política (estrutura), uma vez consolidada e constituída, que ainda permite as condições sociais de reprodução do repertório teórico (semântica) da *Teologia da Libertação*.

1.2 Renovação Carismática Católica: ciberativismo de massas e formação de vanguardas

Ainda que também possa ser compreendido como uma forma de catolicismo de reafiliados (Teixeira; Menezes, 2009, p. 24) ou um catolicismo de reavivamento (Mariz, 2006, p. 58), a maioria dos analistas sociais opta por definir o movimento da RCC como um tipo de "pentecostalismo católico" (Prandi, 1997). Essa designação condiz com suas origens ecumênicas (Mariz; Souza, 2015) e também capta como diversas características do movimento pentecostal (batismo no espírito, dom de lín-

---

90. Bourdieu (2020, p. 111) dirá que o capital simbólico (diferentemente do capital cultural) é um "capital de reconhecimento".

guas, curas e milagres etc.) foram absorvidas e integradas no catolicismo e engendraram comunidades emocionais em profunda afinidade eletiva com o padrão de conduta religiosa individualizada da sociedade contemporânea. Ao mesmo tempo, esse conceito não exclui, antes explica, o fato de que a RCC constitui, ao adotar os métodos pentecostais, uma tentativa de contraofensiva católica para frear o trânsito de seus fiéis para outras denominações religiosas (Oro, 1996; Oro; Alves, 2013).

A RCC vem sendo amplamente estudada no Brasil, seja para compreender suas crenças (Silva, 2014) e práticas religiosas (Maués, 2000; Urrego-Romero, 2019), seja para investigar seus componentes morais (Machado, 1996) e atuação social (Mariz, 2016) e política (Procópio, 2018). O movimento foi trazido ao Brasil em 1969 pelos padres Haroldo J. Rahm e Edward John Dougherty e sua história pode ser dividida em: (1) fase de fundação (anos de 1960 e 1970), (2) consolidação social e cultural (anos de 1980 e 1990) e, atualmente, (3) fase midiática (Carranza, 2011; Rubens, 2017). Na releitura analítica aqui proposta, podemos entender as fases de fundação e consolidação como parte do processo de *institucionalização* da RCC, enquanto no momento posterior já nos encontramos diante de processos de *mudança institucional*.

Três são os principais mecanismos sociais envolvidos no processo de *institucionalização* da RCC: (a) gênese e difusão, (b) estruturação organizacional e (c) reconhecimento eclesiástico. O primeiro pode ser explicado a partir de uma perspectiva objetivo-estrutural que enfatiza o papel das redes transnacionais (modelo político-institucional) de circulação religiosa que possibilitaram seu ingresso no Brasil, ou a partir de uma perspectiva individual-subjetiva (modelo centralizado na expansão simbólica e nas interações rituais) que enfatiza o papel do compartilhamento do carisma dos seus pioneiros (Oro; Rickli; Steil, 2012; Campos; Maurício Jr., 2013; Oliveira Rodrigues, 2013).

Após o momento inicial de gestação e difusão, a fase de institucionalização prossegue por meio da consolidação de sua estrutura organizacional. Ela realiza-se, por um lado, pela fundação de Grupos de Oração, Reuniões de Cura e realização de Cenáculos, formas organizacionais que garantiram sua rápida difusão pelo Brasil; por outro lado, pela estruturação posterior de órgãos permanentes de coordenação que chegaram ao seu formato atual em 1999. Em 1994, a RCC foi regulada por meio de um documento da CNBB (1994), mecanismo que também conduziu a um processo de normalização do movimento, pois ele precisou refrear as características que colidem ou concorrem com a mediação institucional-sacramental da Igreja Católica (como batismo no espírito, curas, repouso no espírito etc.). A estruturação organizacional e a normalização eclesiástica permitem-nos dizer que a fase de institucionalização da RCC é marcada por uma dupla dinâmica da racionalização que é ao mesmo teórica (controle e moderação do elemento pneumático) e prática (estruturação organizacional).

A partir dos anos de 2000, a RCC começou a apresentar indícios de um desenvolvimento institucional diferenciado, ampliando e estimulando elementos seminais já presentes em seu meio. Essa fase nova é marcada especialmente por duas iniciativas complementares. De um lado, a RCC insere-se decididamente nos meios de comunicação social de massas (Carranza, 2011). Nesse contexto, ganham especial notoriedade a fundação de complexos de rádio e televisão, como a TV Século XXI (em 1980), a TV Canção Nova (1989) e a TV Evangelizar (2011), bem como a projeção midiática dos padres cantores (Souza, 2005). De outro lado, começam a difundir-se rapidamente as Fraternidades e Comunidades de Vida (Silva, 2020), dentre as quais destacam-se a Canção Nova (1978), a Comunidade Shalom (1982) e a Toca de Assis (1994), entre outras. Mesmo ordem religiosas vêm promovendo uma simbiose entre formas clássicas de espiritualidade (franciscana, carmelita etc.) e formas carismáticas (como o Instituto Hesed, fundado em 1997). Esse conjunto de entidades tem sido um importante protagonista do mais recente ativismo católico carismático nas redes sociais.

Essas iniciativas sugerem importantes mutações na dinâmica de reprodução institucional da RCC. Sem abandonar o trabalho de base, centrado nos grupos de oração (localizados nas paróquias), a RCC passou a priorizar com ainda mais força sua atuação no âmbito do espaço cibermidiático e na promoção de eventos religiosos (presenciais ou virtuais) de massa. Essa transição da atuação direta nas "bases" para a ação via "cúpulas" também é o elemento que caracteriza as Comunidades de Vida, na medida em que estas são pensadas como espaços para formação de quadros clericais e leigos avançados (vanguardas) que visam atuar na difusão de seu ideário (evangelização). A dinâmica de mutação institucional da RCC na atualidade pode, pois, ser categorizada analiticamente como um processo combinado de massificação e de constituição de vanguardas, tornando esse movimento e sua semântica religiosa (que vai muito além das suas fronteiras oficiais) uma das mais poderosas forças do campo institucional católico.

1.3 Conservadores: os novos movimentos e a inclusão liminar do tradicionalismo católico

Embora alguns analistas prefiram os termos "integrismo" (Poulat, 1969; Pierucci, 1992; Portella, 2013) ou "tradicionalismo" (Passos, 2020) para designar a terceira grande força do campo institucional católico, esses dois termos acabam por deixar de fora o conjunto dos assim chamados "novos movimentos" eclesiais (Maués, 2012). Para abarcar todo esse conjunto diversificado de sujeitos[91] em um conceito mais abrangente, sirvo-me do termo "conservadorismo" (Biroli; Vaggione; Machado, 2020), pois entendo que seu uso no campo das ideologias políticas não representa nenhum impedimento para designar também certas tendências intracatólicas (Caldeira; Silveira, 2021).

No conjunto desse universo conservador, o *tradicionalismo* é a mais antiga das atuais forças católicas brasileiras e suas raízes estão ligadas ao projeto de restauração eclesial que se inicia no começo do século XX como forma de reação contra a separação republicana entre Igreja e Estado (Beozzo, 1984). Seus principais representantes nesse período foram os intelectuais ligados ao Centro Dom Vital (de 1922). Nos anos de 1960, com o *aggionarmento* promovido pelo Concílio Vaticano II, e com a instauração de uma ditadura militar, a liderança do tradicionalismo foi assumida por Plínio Arruda de Oliveira e pelo movimento da TFP (Zanotto, 2010). Eles contaram com o apoio de lideranças episcopais (Dom Castro Meyer e Dom Geraldo Proença Sigaud) que desempenharam um importante papel na oposição às reformas conciliares (Caldeira, 2011). Ao rejeitarem as inovações do Concílio, esses grupos acabaram autoexcluindo-se da Igreja como instituição e adotaram uma dinâmica com traços fortemente sectários[92].

A partir dos pontificados de João Paulo II (1979-1995) e de Bento XVI (1995-2013), criaram-se as condições para novos desenvolvimentos no tradicionalismo católico brasileiro. Ambos os papas reintegraram parte dos grupos tradicionalistas antes excomungados no seio da Igreja oficial[93], bem como permitiram a retoma-

---

91. Eles são chamados na Igreja Católica de "novos movimentos" e podem ter origem internacional (como Catecumenato Cristão, Movimento dos Focolares, *Opus Dei*, Comunhão e Libertação, Nova Aliança, Movimento de Schönstatt e Neo-Catecumenato) ou mesmo ser fruto de iniciativas nacionais (Encontro de Casais com Cristo (ECC), Cursilhos de Cristandade etc.).

92. Nesse mesmo grupo cabe elencar ainda entidades importantes, como a Associação Cultural Monfort (fundada por Orlando Fedelli em 1983) e a Fraternidade Sacerdotal São Pio X, fundada na França por Marcel Lefebvre (1905-1991) em 1970.

93. Por meio da Carta *Quattuor Abhinc Annos* (3 out. 1984) e da Carta Apostólica *Ecclesia Dei* do Papa João Paulo II (2 jul. 1988).

da de celebração da missa na forma anterior ao último concílio (missa tridentina) (Bento XVI, 2007). Com a porta aberta, uma parte das forças tradicionalistas no Brasil desligou-se de seus predecessores e fundou um conjunto de organizações que receberam legitimação oficial da Igreja, como ilustram especialmente os casos da Associação Arautos do Evangelho (fundada em 1997 por João Clá Dias), oriunda da TFP (Zanotto, 2015), ou de entidades anteriormente ligadas aos dissidentes de Lefebvre (como a Administração Apostólica Pessoal São João Maria Vianney, reconhecida em 2002), bem como o Centro Dom Bosco (fundado no Rio de Janeiro em 2016). O tradicionalismo católico, portanto, encontra-se em um novo ciclo.

Esse rápido quadro histórico já nos permite identificar gradações que podem servir de base para classificar as forças conservadoras em um *continuum* ideológico cujo divisor de águas é o Concílio Vaticano II. Dessa forma, podemos distinguir dois conjuntos de forças conservadoras: os tradicionalistas e os novos movimentos. Na esfera tradicionalista, contudo, há que se levar em conta uma nova subdivisão. Assim, temos de um lado o (a) *ultratradicionalismo* que entende o Concílio como ruptura com a tradição (apostasia), defende a missa em latim como única forma litúrgica válida e em alguns casos nega peremptoriamente a legitimidade dos papas reinantes (sedevacantismo). Já o (b) *neotradicionalismo*, uma vez que está situado na zona liminar da fronteira católica oficial, pratica um exercício de "*reframing*" (Goffman, 2012) que retoma grande parte do mesmo repertório discursivo anterior, mas sem negar explicitamente a legitimidade da Igreja Católica pós-Concílio ou mesmo dos papas reinantes. Os ultratradicionalistas, situados fora da institucionalidade católica, entendem que só eles são a Igreja legítima, enquanto os neotradicionalistas, reconhecidos oficialmente, endossam a visão de uma Igreja mista (um corpo bipartido), formada por aqueles que se mantiveram fiéis à tradição e aqueles que delas se desviaram, situação que eles pretendem reverter a partir de dentro da própria Igreja.

A diferença entre esses grupos é bastante tênue e eles partilham, no plano sociopolítico, da total rejeição das visões modernas de mundo, sejam as de cunho liberal (antimodernismo), sejam mesmo as de esquerda (anticomunismo/antipetismo). Mas eles não são idênticos aos assim chamados (c) *novos movimentos*. Estes, ainda que conservadores no plano moral, não derivam da linhagem tradicionalista e, em alguns casos, compartilham, mesmo que desprovidos de uma ênfase tão acentuadamente pneumática, de elementos de uma espiritualidade comunitário-emocional similar à RCC. Mesmo assim, não se trata de uma forma de pentecostalismo católico. A despeito desse caráter híbrido (pneumático e ascético), a identidade dos novos movimentos não se assenta em torno da oposição ao Vaticano II e da rejeição completa da Modernidade, mas, sim, na propositura de uma ética católica tradicional adaptada às condições seculares que, em última instância, eles pretendem transformar (Costa, 2004). Nos termos da sociologia de Weber, enquanto os grupos ultra/neotradicionalistas representam uma forma de *fuga do mundo*, os novos movimentos fomentam comunidades místico-emocionais portadoras de uma forma católica de *ascetismo intramundano*.

2 A luta simbólica entre as forças católicas: reposicionamentos e estratégias discursivas

O tópico anterior analisou a trajetória de desenvolvimento dos agentes ou forças do campo católico no Brasil; o presente tópico visa abordar suas práticas discursivas (Barreiros, 2023). Com efeito, a compreensão dos processos de evolução interna das atuais forças católicas é condição preliminar para entender sua influência e seu peso relativo no campo institucional católico, foco de minha atenção doravante. Mas antes de prosseguir é preciso resguardar-se ainda de algumas limitações analíticas que prejudicam a compreensão das dinâmicas de poder no campo católico. A primeira é aquela que tende a reduzir o aparato hierárquico eclesiástico a uma espécie de zona neutra ou espaço vazio cujo preenchimento seria disputado pelas forças católicas por meio do alinhamento de bispos. As estruturas oficiais católicas (CNBB, dioceses, paróquias, pastorais etc.) e seus dirigentes (cardeais, bispos, padres diáconos, religiosos etc.), na medida em que são detentores de lógicas de funcionamento e interesses específicos, não são elementos inertes e passivos e precisam ser considerados como uma variável que possui peso causal independente nas disputas de poder. Se esta primeira visão simplesmente exclui a especificidade da variável organização da análise, a segunda tendência iguala, de maneira equivocada, as forças internas do campo institucional católico com a hierarquia, como se elas fossem realidades idênticas, com a mesma natureza, peso e importância[94]. O aparato

---

[94]. Essa tendência é bastante generalizada entre os intelectuais orgânicos da TdL que apresentam tipologias nas quais o modelo institucional de Igreja é equiparado aos demais. Assim, em Libânio (1999), por exemplo, temos, depois da (1) Igreja institucional, (2) a Igreja carismática, (3) a Igreja da pregação e (4) a Igreja da práxis libertadora. No estudo de Brighenti (2023), temos a igreja institucional e a igreja carismática opostas às igrejas da evangelização e da libertação.

burocrático da Igreja está em posição superior às tendências intracatólicas, que são reguladas por ela. Por esse motivo, a análise estrutural das tomadas de posição *entre* as forças católicas precisa considerar adicionalmente o tipo de relação dessas forças *com* os interesses e as dinâmicas da Igreja Católica enquanto organização político-religiosa.

Partindo dessa compreensão, Pierre Bourdieu (2021) entende o campo religioso como um espaço de disputa entre a Igreja como dominação burocrática, (ou seja, enquanto detentora do monopólio de um capital de graça institucional ou sacramental) contra os profetas e suas seitas (dominação carismática) ou contra a magia e os feiticeiros (dominação tradicional). Podemos perfeitamente adequar a sociologia do campo religioso de Bourdieu (em sentido amplo) para realizar uma sociologia do campo institucional católico (em sentido restrito). Tal operação implica considerar, em contraste com a lógica do aparato eclesiástico, as forças católicas acima descritas como agentes "cuja pretensão consiste em produzir e distribuir bens de salvação de um tipo novo e propensos a desvalorizar os antigos" (Bourdieu, 2021, p. 60). De que forma (estratégias discursivas) e com quais resultados (atual posição na estrutura do campo institucional católico) essas forças têm realizado essa tarefa? É o que discutiremos a seguir.

2.1 A oficialização da Teologia da Libertação: de nova forma de ser Igreja a magistério papal

Apesar de ter sido bem cedo assumido pelas instâncias oficiais da Igreja Católica do Brasil e na América Latina (em Medellín, Puebla, Santo Domingo e Aparecida), o discurso intelectual dos peritos da TdL sempre apresentou sua visão teórica da Igreja (eclesiologia) como um processo de superação e remodelação da estrutura hierárquica católica. Esse "*novo modelo* de Igreja que nasce a partir dos pobres" (Boff, 1982, p. 23; sem itálico no original) e das CEBs é entendido como uma radicalização que vai além do modelo de Igreja do Vaticano II. Ele estaria na origem de " 'uma estrutura alternativa' na qual o carisma seria o princípio de organização" (Boff, 1982, p. 234). Tais pretensões revolucionárias acabaram sendo bloqueadas e reabsorvidas pelas intervenções vaticanas de 1984 e 1986, o que, paradoxalmente, permitiu que as forças da TdL consolidassem seu poder no aparato burocrático-eclesiástico e nas principais instâncias produtoras de discursos (peritos) legítimos da Igreja Católica. Nos termos de Bourdieu, vale dizer que essa força conseguiu ocupar rapidamente a *posição dominante* no campo institucional católico do Brasil.

Complementando esse parecer com uma explicação gramsciana, podemos dizer também que as forças da TdL realizaram uma *guerra de movimento*[95], ocupando assim o núcleo do aparelho político católico. No entanto, a ação combinada das transformações socioculturais mais amplas (globalização, informatização etc.) e religiosas (avanço pentecostal), acompanhadas da consolidação de forças contrárias no campo institucional católico, vêm reduzindo fortemente a adesão das novas gerações de padres ao ideário da TdL. Dessa forma, começa a configurar-se uma perda progressiva de *hegemonia*[96], qual seja, um esvaziamento da capacidade da TdL na condução moral e espiritual (ideológica) do campo institucional católico.

Na medida em que essa realidade vai sendo percebida pelas forças da TdL, sua tradicional estratégia discursiva de "subversão" começa a ser complementada por uma nova estratégia discursiva de "conservação". Isso faz com que a TdL represente-se de maneira dúplice. De um lado, ela ainda se coloca como um modelo de pastoral "evangelizador-libertadora" em contraposição ao modelo "institucional-carismático": conforme essa estratégia de subversão, a relação da TdL (heterodoxia) com a hierarquia (ortodoxia) seria de exterioridade. Por outro lado, agora se reivindica também, ao lado da denúncia da "involução eclesial", que "a *tradição libertadora* nada mais é que o desdobramento mais consequente da renovação conciliar" (Brighenti, 2023, p. 139; sem itálico no original). Nessa nova chave discursiva, a visão institucional do Concílio Vaticano II e a visão de Igreja expressa nas Conferências Episcopais da América Latina (Medellín, Puebla etc.) são postas em relação de continuidade intrínseca, o que significa que o discurso da TdL representa a visão oficial da instituição (ortodoxia). Sintomático dessa oficialização do discurso, um documento de análise de conjuntura apresentado na 60ª Assembleia da CNBB, em 2023, chega a afirmar que aqueles que não partilham desse

---

95. Na concisa exposição de Coutinho, a guerra de movimento está "voltada para a conquista e conservação do Estado em sentido restrito" (Coutinho, 1999, p. 147). Já a guerra de posição diz respeito à "direção político-ideológica e do consenso dos setores majoritários da população, como condição para o acesso ao poder de Estado e para sua posterior conservação" (Coutinho, 1999, p. 147).

96. Ainda conforme Coutinho (1999, p. 128), "no âmbito da sociedade civil, as classes buscam exercer *hegemonia*, ou seja, buscam ganhar aliados para suas posições mediante a *direção política* e o *consenso*". Já "por meio da sociedade política, ao contrário, as classes exercem sempre uma *ditadura*, ou mais precisamente, uma *dominação* mediante *coerção*" (Coutinho, 1999, p. 199).

"magistério" estariam em "cisma" com a Igreja[97]. Com a eleição do Papa Francisco, cujas raízes teológicas assentam-se na versão argentina da TdL (Scannone, 2019), essa postura viu-se ainda mais reforçada e legitimada. Ao passarem do *status* de alternativas (heterodoxia) para oficiais (ortodoxia), as forças da TdL visam blindar seu discurso e, ao invés de apelar para a força transformadora das bases (dominação carismática), tal discurso fica revestido de uma forma de legitimação ancorada na tradição latino-americana (dominação tradicional) e na legalidade institucional (dominação burocrática).

2.2 A hegemonia emergente da Renovação Carismática Católica

A RCC foi considerada por Mariz (2003) como uma "Igreja dentro da Igreja". Vista por essa chave, a estrutura organizacional carismática acaba sendo interpretada pela ótica do paralelismo concorrencial. Essa constatação não significa que se devam ignorar as conexões internas entre a RCC e o aparato burocrático-eclesiástico da Igreja, dadas especialmente pelo trânsito de eclesiásticos de uma esfera a outra (Miranda, 1999), bem como pelo lugar estratégico ocupado pelo ritual católico da missa nas celebrações carismáticas, conectando, portanto, a dimensão ritual/sacramental (Igreja dispensadora da graça) com a dimensão místico-terapêutica das celebrações carismáticas. Mas ela ressalta corretamente que, diferentemente da TdL, cuja rede opera de modo acoplado às instâncias burocráticas da hierarquia, existe uma forte autonomia das estruturas organizacionais da RCC.

Esse paralelismo estrutural é o ponto de partida para entender por que, segundo as lentes de Bourdieu, podemos dizer que a RCC encontra-se situada na fração inferior das forças dominantes do campo institucional católico. Isso não está em contradição com o fato de que, embora situada no âmbito externo do aparato burocrático-eclesiástico, a extensa rede de grupos de oração, comunidades de vida e ciber/tele/evangelistas confere à RCC uma sólida posição nos meios produtores do discurso católico de massa. Nos termos da teoria ampliada do Estado de Gramsci (Coutinho, 1999), isso significa dizer que o lugar ocupado por ela não é a *sociedade política*, mas as trincheiras da *sociedade civil*[98]. Essa mesma teoria também nos auxi-

---

97. Conforme diz o documento (Conferência Nacional dos Bispos do Brasil, 2023, p. 40; sem itálico no original): "as gerações que estão sendo formadas nos seminários e conventos poderá [*sic*] levar à rejeição dessa tradição, numa clara manifestação de *cisma* com o *magistério* eclesial gestado durante e depois do Concílio".

98. Conforme esclarece Coutinho (1999, p. 126-127), na teoria ampliada do Estado a sociedade

lia a entender que o poder relativo da RCC no jogo de poder do campo institucional católico reside em sua capacidade de promover uma *guerra de posição*.

Para a efetivação dessa guerra de posição, a estratégia discursiva da RCC consiste no reforço dos marcadores sociais de diferença católica, os assim chamados três brancos: a devoção à Eucaristia (um dos *loci* de realização dos rituais carismáticos), a devoção ao Papa (fidelidade institucional) e muito especialmente a devoção a Maria (diferença em relação ao pentecostalismo). Isso lhe permite reforçar seus laços com os interesses institucionais do aparato eclesiástico e demarcar sua diferença em relação aos pentecostais e às forças da TdL, ao mesmo tempo em que sustenta sua estratégia de reconversão católica realizada por meio de eventos presenciais ou cibermidiáticos de massa. Funções similares são desempenhadas pela teologia da batalha espiritual (combate aos demônios [Mariz, 1999]), elemento presente nos rituais de cura e libertação da RCC e que também é uma forma de contraposição às tendências concorrentes da RCC no campo religioso (Carranza, 2002, p. 175-228).

Por esses meios, a RCC consegue estabelecer uma conexão com as formas de religiosidade fluidas, emocionais e individualizadas da Modernidade tardia (Hervieu-Léger, 2008). Mas também já se observou que, ao contrário do planejado, esse recurso também pode favorecer movimentos de trânsito religioso. Ou seja, o que devia ser a porta de reentrada na Igreja pode acabar funcionando como porta de saída (Steil, 2006; Fernandes, 2008, p. 164-168). A despeito disso, a RCC vem forjando uma poderosa semântica cuja racionalidade estético-expressiva tem-se disseminado amplamente entre os agentes leigos engajados nas atividades da Igreja Católica (catequistas, equipes de liturgia etc.). Embora limitada pela sua parcial inserção no âmbito das estruturas hierárquicas e pelo seu fraco investimento na produção teológica especializada (discurso legítimo), trata-se de uma força hegemônica emergente do campo institucional católico.

2.3 O tradicionalismo católico como contrapoder e seus mecanismos de institucionalização da desconfiança

Os grupos ultra ou neotradicionalistas situam-se ambos próximos da linha da fronteira divisória entre ortodoxia e heterodoxia: enquanto os primeiros estão

---

política representa o aparelho governamental no sentido clássico, enquanto a sociedade civil é "formada pelo conjunto de organizações responsáveis pela elaboração e/ou difusão de ideologias".

claramente situados fora da divisa católica oficial, os segundos situam-se nela de modo liminar. Como estes últimos, em especial, contestam veladamente o *status* de legitimidade do conjunto da Igreja e da hierarquia católica atuais, eles encontram-se em uma situação frágil que se tornou ainda mais incerta com as restrições impostas pelo Papa Francisco ao uso da missa em latim[99]. Apesar dessas diferenças, ambos encontram-se na posição dominada do campo de poder institucional católico.

Essa posição subordinada é o fator condicionante de suas estratégias discursivas de "subversão" (Bourdieu, 2020, p. 117). Elas envolvem, primeiramente, a necessidade de autolegitimação. Quanto mais distante o grupo envolvido estiver da oficialidade católica, tanto mais cresce a necessidade de criação de mecanismos de legitimação religiosa extrainstitucionais. Essa necessidade pode ser preenchida pelo recurso às revelações pessoais ou às aparições marianas, pois ambos representam canais diretos de manifestação do sagrado (Steil; Mariz, 2003). Já para os grupos integrados ao aparato oficial é o dever dos leigos alertar à hierarquia sobre os desvios da Igreja que cumpre a função de legitimar simbolicamente o questionamento da institucionalidade vigente[100].

Para compreender metodologicamente o conteúdo e as formas de mobilização das forças ultra ou neotradicionalistas, os analistas têm destacado o potencial amplificador que as redes sociais proporcionam para a difusão do repertório discursivo de suas organizações, grupos e *influencers* (Souza; Lanfranchi, 2022). Tais estudos vêm avançando sempre mais na compreensão dos mecanismos sociopolíticos envolvidos na mobilização do espaço cibernético (Guimarães; Sbardelotti; Barros, 2022). Minha proposta consiste em também contribuir no entendimento da questão mobilizando conceitos da teoria política de Pierre Rosanvallon (2021).

Rosanvallon descreve como a crescente desconfiança dos cidadãos com respeito a seus governantes tem estimulado a formação de mecanismos contrademocráticos que ajudam a corrigir as limitações das instituições políticas, mas também podem degenerar em formas de populismo antidemocrático. Essa desconfiança é produzida por meio de três modalidades que me parecem bastante apropriadas para

---

99. O *Motu Proprio "Traditionis Custodes"* (16 jul. 2021) revoga a autorização dada por Bento XVI em 2007 (Francisco, 2021).

100. O Código de Direito Canônico da Igreja Católica (Santa Sé, 1983, art. 212, § 3º) estabelece que "de acordo com a ciência, a competência e o prestígio de que gozam, têm os leigos o direito e, às vezes, até o dever de manifestar aos pastores sagrados a própria opinião sobre o que afeta o bem da Igreja".

entender as estratégias discursivas dos "contrapoderes" neotradicionalistas (para fazer uso da terminologia de Rosanvallon). Elas serão apresentadas e rapidamente ilustradas com exemplos. A primeira é formada pelo controle e consiste em procedimentos de vigilância e denúncia cujo propósito é colocar à prova a reputação ou a credibilidade de um poder (a infiltração comunista na CNBB [Küster, 2020]). A segunda modalidade do contrapoder consiste na multiplicação de poderes de sanção e impedimento, com o propósito de vetar ou bloquear iniciativas ("Não doe para a Campanha da Fraternidade" [FLSP-OFC, 2021]). Por fim, temos os processos de judicialização (processo contra a produtora e o grupo satírico Porta dos Fundos[101]).

Para Rosanvallon (2007), mais do que um instrumento neutro, a *internet* é uma forma política que "se adapta às funções de vigilância, de denúncia e de desqualificação" (Rosanvallon, 2007, p. 81). Ela "é a expressão realizada desses poderes" (Rosanvallon, 2007, p. 81). Assim, mais do que simplesmente fazer um uso neutro do espaço cibernético, o contrapúblico neotradicionalista assume a lógica das mídias sociais como "um espaço generalizado de vigilância e de avaliação do mundo" (Rosanvallon, 2007, p. 82). É esse aspecto que lhe confere, a despeito de sua inferioridade numérica, um peso tão relevante. De fato, o ingresso de setores neotradicionalistas na oficialidade católica e seu intenso ativismo digital afetou fortemente, a dinâmica das lutas simbólicas no campo católico.

3 O que há de novo debaixo do Sol?

Entender as mudanças na Igreja Católica no Brasil requer, primeiramente, não ignorar os elementos de continuidade do campo católico institucional. Isso porque, levando-se em consideração a história longa, desde o Concílio Vaticano II, esse campo é marcado pelas lutas simbólicas entre três forças principais: a Teologia da Libertação, a Renovação Carismática Católica e os grupos conservadores (novos movimentos e tradicionalistas). Nesse sentido, não há nada de estruturalmente novo no campo católico brasileiro. Isso em nada contradiz o fato de que tais forças, que agora se encontram em um segundo ciclo geracional, apresentam dinâmicas de evolução diferenciadas, fator que afeta a correlação de poder entre elas. Com efeito, enquanto a TdL passa por um processo de revisão e erosão de suas bases sociais, a RCC adentrou em um novo ciclo institucional proporcionado por um amplo traba-

---

101. A disputa sobre o especial de Natal "A Primeira Tentação de Cristo" (2019) foi analisada por Figueiredo de Farias e Pessoa (2021).

lho de massas e de constituição de vanguardas, enquanto os grupos neotradicionalistas, uma vez reincluídos na oficialidade institucional, desdobraram-se em novos grupos e organizações que são bastante ativos na esfera virtual.

No bojo desse processo de evolução interna, a TdL ainda ocupa a posição dominante, mas vê sua liderança hegemônica ser paulatinamente corroída nas bases pela ampla difusão de uma nova semântica religiosa produzida pela RCC e pelos novos movimentos, ao mesmo tempo em que se vê diretamente confrontada em sua legitimidade pelo contrapúblico formado pelas redes neotradicionalistas. As posições ocupadas por essas forças, por sua vez, condicionam suas estratégias discursivas, que são cada vez mais conservadoras no caso da TdL e abertamente subversivas no caso dos contrapúblicos neotradicionalistas.

Frente a tal cenário, essas forças também apresentam, em nível conjuntural e relacional, diferentes estratégias de aliança e oposição. Elas variam em função das circunstâncias e do seu posicionamento em relação a questões (*issues*) específicas do campo político e do campo eclesial. No campo político, as forças carismáticas, os novos movimentos, bem como os contrapúblicos neotradicionalistas, situam-se todos em clara oposição à agenda político-cultural de esquerda. Enquanto aquelas aderiram à guerra cultural, as forças da TdL, na medida em que incorporaram pautas identitárias, continuam a manter seus laços simbólicos com a nova esquerda. Já no plano eclesial, como as forças progressistas e as forças carismáticas apoiam-se, cada uma a seu modo, no magistério conciliar e papal para legitimar suas posições e disseminar seu repertório discursivo, elas encontram-se do mesmo lado na oposição à agenda anticonciliar e antipapal dos contrapúblicos das redes neotradicionalistas. Mas isso em nada diminui a oposição mútua entre carismáticos e progressistas quanto à legitimidade e à oportunidade da TdL, caso no qual os carismáticos estão alinhados com as forças conservadoras. Ocorre, todavia, que enquanto no pentecostalismo católico essa oposição à TdL é mais pontual, no neotradicionalismo das redes digitais ela é aberta e constante, gerando constantes focos de tensão. Também não faltam ataques de setores tradicionalistas às forças carismáticas. Sob o aspecto relacional e conjuntural, portanto, as relações internas e as disputas entre as forças católicas são complexas e multidimensionais.

Observando-se o campo católico em perspectiva conjuntural e relacional, pode-se de fato concluir que o nível de tensões e antagonismos em seu interior acentuou-se na medida em que a transição das questões materiais para as pós-materiais como eixo de disputa do campo político (Inglehart; Welzel, 2005) refrata nesse meio. Assim, mais do que simplesmente plural, o campo católico da atualidade apresenta traços cada vez mais conflitivos ou agonísticos (Mouffe, 2013). No entanto, tais novidades não devem obscurecer o fato de que em termos estruturais o campo católico brasileiro apresenta uma configuração de forças já bastante consolidada historicamente e cujas mudanças vão-se operando de maneira gradual. Como qualquer campo autônomo, também o católico é atravessado por lutas, o que aliás não é uma realidade nova para uma organização religiosa que, na medida em que se compreende como a representação institucional do sagrado, possui mecanismos historicamente consolidados para sintetizar catolicamente todo esse complexo de oposições (Schmitt, 1984).

Referências

AMARAL, Roniere R. *Milagre político*: catolicismo da libertação. São Paulo: Anablume, 2016.

BARREIROS, B. C. Uma pragmática sociológica? Sobre as possibilidades da análise das práticas discursivas a partir de Bourdieu. *Sociologia & Antropologia*, Rio de Janeiro, v. 13, n. 1, 2023.

BENTO XVI. *Carta apostólica de sua santidade Bento XVI dada sob forma de* motu proprio *"Summorum pontificum"*. 7 jul. 2007. Roma: Santa Sé, 2007. Disponível em: https://www.vatican.va/content/benedict-xvi/pt/motu_proprio/documents/hf_ben-xvi_motu-proprio_20070707_summorum-pontificum.html. Acesso em: 17 maio 2024.

BEOZZO, José O. A Igreja entre a Revolução de 1930, o Estado Novo e a redemocratização. *In*: FAUSTO, Boris. (org.). *História geral da civilização Brasileira*, v. 3: O Brasil republicano: economia e política (1930-1964). São Paulo: Difel, 1984.

BIROLI, Flávia; VAGGIONE, Juan M.; MACHADO, Maria D. C. Introdução: matrizes do neoconservadorismo religioso na América Latina. *In*: Idem. *Gênero, neoconservadorismo e democracia*. São Paulo: Boitempo, 2020.

BOFF, Clodovis M.; ADORNO, Leandro R. *A crise da Igreja Católica e a Teologia da Libertação*. São Paulo: Ecclesia, 2023.

BOFF, Leonardo. *Ecologia*: grito da terra, grito dos pobres. São Paulo: Ática, 1995.

BOFF, Leonardo. *Igreja*: carisma e poder. Ensaios de eclesiologia militante. Petrópolis: Vozes, 1982.

BOURDIEU, Pierre. Gênese e estrutura do campo religioso. *In*: Idem. *A economia das trocas simbólicas*. São Paulo: Pespectiva, 1974.

BOURDIEU, Pierre. *Sociologia geral*. v. 1: Lutas de classificação. Petrópolis: Vozes, 2020.

BOURDIEU, Pierre. *Sociologia geral*. v. 2: *Habitus* e campo. Petrópolis: Vozes, 2021.

BRIGHENTI, Agenor. *O novo rosto do clero*: perfil dos padres novos no Brasil. Petrópolis: Vozes, 2021.

BRIGHENTI, Agenor. *O novo rosto do catolicismo brasileiro*. Petrópolis: Vozes, 2023.

CALDEIRA, Rodrigo C. *Os baluartes da tradição*: o conservadorismo católico brasileiro no Concílio Vaticano II. São Paulo: CRV, 2011.

CALDEIRA, Rodrigo C.; SILVEIRA, Emerson J. S. Catholic Church and Conservative-Traditionalist Groups: the Struggle for the Monopoly of Brazilian Catholicism in Contemporary Times. *International Journal of Latin American Religions*, v. 5, n. 2, p. 384-410, 2021.

CAMPOS, Roberta B. C.; MAURÍCIO JR., Cleonardo. As formas elementares da liderança carismática: o verbo e a imagética na circulação do carisma pentecostal. *Mana*, Rio de Janeiro, v. 19, n. 2, p. 249-276, 2013.

CAMURÇA, Marcelo A. Sombras na catedral: a influência *New Age* na Igreja Católica e o holismo da teologia de Leonardo Boff e Frei Betto. *Numen*, Juiz de Fora, v. 1, n. 1, p. 85-125, 1998.

CARRANZA, Brenda. *Renovação Carismática Católica*. Origens, mudanças e tendências. Aparecida: Santuário, 2002.

CARRANZA, Brenda. *Catolicismo midiático*. São Paulo: Ideias & Letras, 2011.

CONFERÊNCIA NACIONAL DOS BISPOS DO BRASIL. *Orientações pastorais sobre a renovação carismática católica*. São Paulo: Paulinas, 1994.

CONFERÊNCIA NACIONAL DOS BISPOS DO BRASIL. *Análise de conjuntura eclesial – Inapaz (19/04/2023)*. Brasília: Conferência Nacional dos Bispos do Brasil, 2023. Disponível em: https://infovaticana.com/wp-content/uploads/2023/04/Analise-de-Conjuntura-Eclesial-1.pdf. Acesso em: 10 maio 2024.

COSTA, António J. B. F. J. *Sociologia dos novos movimentos eclesiais*: focolares, carismáticos e neocatecumenais em Braga. Minho: Universidade do Minho, 2004.

COUTINHO, Carlos N. *Gramsci*: um estudo sobre seu pensamento político. Rio de Janeiro: Civilização Brasileria, 1999.

FACHIN, Patrícia. Ciclo de Estudos "Opção Francisco: a Igreja e a mudança epocal". *Revista IHU On-Line*, São Leopoldo, 18 maio 2023. Disponível em: https://www.ihu.unisinos.br/628767-como-estamos-enfrentando-a-crise-ciclo-de-estudos-opcao-francisco-a-igreja-e-a-mudanca-epocal. Acesso em: 17 maio 2024.

FERNANDES, Sílvia R. A. *Novas formas de crer*: católicos, evangélicos e sem-religião nas cidades. Rio de Janeiro: Ceris, 2008.

FIGUEIREDO FARIAS, Andressa; PESSOA, Taís Tavares Vieira. Associação Centro Dom Bosco de Fé e Cultura *versus* Porta dos Fundos e Netflix: direito na arte e a colisão de direitos fundamentais. *Revista de Direito, Arte e Literatura*, Florianópolis, v. 7, n. 1, p. 60-76, 2021.

FLSP-OFC. *Quem está por trás da Campanha da Fraternidade!?* Para onde vai o nosso dinheiro? Dois vídeos necessários dão todas as respostas. 11 fev. 2021. São Paulo: Fraternidade Laical São Próspero – O Fiel Católico, 2021. Disponível em: https://www.ofielcatolico.com.br/2021/02/quem-esta-por-tras-da-campanha-da.html. Acesso em: 17 maio 2024.

FRANCISCO. *Carta apostólica en forma de* motu proprio *del sumo pontífice Francisco "Traditionis custodes" sobre el uso de la liturgia romana antes de la reforma de 1970.* 16 jul. 2021. Roma: Santa Sé, 2021. Disponível em: https://www.vatican.va/content/francesco/es/motu_proprio/documents/20210716-motu-proprio-traditionis-custodes.html. Acesso em: 17 maio 2024.

GOFFMAN, Erving. *Os quadros da experiência social*: um perspectiva de análise. Petrópolis: Vozes, 2012.

GRAMSCI, Antônio. *Cadernos do cárcere*. v. 1. Rio de Janeiro: Civilização Brasileira, 1999.

GUIMARÃES, Edward; SBARDELOTTI, Emerson; BARROS, Marcelo. (orgs.). *50 Anos de Teologias da Libertação*: memória, revisão, perspectivas e desafios. 2 v. São Paulo: Recriar, 2022.

HERVIEU-LÉGER, Danièle. *O peregrino e o convertido*: a religião em movimento. Petrópolis: Vozes, 2008.

INGLEHART, Ronald; WELZEL, Christian. *Modernization, Cultural Change and Democracy*: The Human Development Sequence. Cambridge (UK): Cambridge University, 2005.

KÜSTER, Bernardo B. *A Igreja foi infiltrada*. 5 out. 2020. Disponível em: https://www.youtube.com/watch?v=e1J1yQTub-A. Acesso em: 17 maio 2024.

LIBANIO, João B. *Cenários de Igreja*. São Paulo: Loyola, 1999.

LÖWY, Michel. *A guerra dos deuses*: religião e política na América Latina. Petrópolis: Vozes, 2000.

LUHMANN, Niklas. *Gesellschaftsstruktur und Semantik*. Frankfurt am Main: Suhrkamp, 1980.

LUHMANN, Niklas. *Sistemas sociais*: esboço de uma teoria geral. Petrópolis: Vozes, 2016.

MACHADO, Maria D. C. *Carismáticos e pentecostais*: adesão religiosa na esfera familiar. Campinas: Autores Associados, 1996.

MARIZ, Cecília L. A teologia da batalha espiritual: uma revisão da bibliografia. *BIB – Revista Brasileira de Informação Bibliográfica em Ciências Sociais*, São Paulo, n. 47, p. 33-48, 1999.

MARIZ, Cecília L. A Renovação Carismática Católica: uma igreja dentro da Igreja? *Civitas*, Porto Alegre, v. 3, n. 1, p. 169-186, 2003.

MARIZ, Cecília L. Catolicismo no Brasil contemporâneo: reavivamento e diversidade. *In*: TEIXEIRA, Faustino; MENEZES, Renata. (orgs.). *As religiões no Brasil*: continuidades e rupturas. Petrópolis: Vozes, 2006.

MARIZ, Cecília L. Ação social de pentecostais e da Renovação Carismática Católica no Brasil. O discurso de seus líderes. *Revista Brasileira de Ciências Sociais*, São Paulo, v. 31, n. 92, 2016.

MARIZ, Cecília L.; SOUZA, Carlos H. Carismáticos e pentecostais: os limites das trocas ecumênicas. *Contemporânea*, São Carlos, v. 5, n. 2, p. 381-381, 2015.

MAUÉS, Raymundo H. Algumas técnicas corporais na Renovação Carismática Católica. *Ciencias Sociales y Religión*, Porto Alegre, v. 2, n. 2, p. 119-151, 2000.

MAUÉS, Raymundo H. Os novos movimentos eclesiais e a ética familiar católica: uma nova cristandade? *Revista Tomo*, São Cristóvão, n. 14, p. 67-97, 2009.

MAUÉS, Raymundo H. Movimentos eclesiais católicos e Modernidade: uma igreja em transformação. *Revista de Antropologia*, São Paulo, v. 55, n. 2, p. 857-897, 2012.

MEDEIROS, Fernanda F.; SILVA, Aline A.; SOUZA, Alzirinha R.; SBARDELOTTO, Moisés; GOMES, Vinícius B. *Influenciadores digitais católicos*: efeitos e perspectivas. São Paulo: Ideias & Letras e Paulus, 2024.

MIRANDA, Júlia. *Carisma, sociedade e política*. São Paulo: Relume-Dumará, 1999.

MOUFFE, Chantal. *Agonistics*: Thinking the World Politically. London: Verso, 2013.

OLIVEIRA RODRIGUES, Ronaldo. Transnacionalização religiosa: fluxos e redes. *Cadernos de Campo*, São Paulo, v. 22, n. 22, p. 358-362, 2013.

OLIVEIRA, Pedro A. R. O catolicismo: das CEBs à Renovação Carismática. *Revista Eclesiástica Brasileira*, Petrópolis, v. 59, n. 236, p. 823-835, 1999.

OLIVEIRA, Pedro A. R. A Igreja Católica do Brasil está rachando. *Revista IHU On-Line*, São Leopoldo, 11 nov. 2022. Disponível em: https://www.ihu.unisinos.br/categorias/623848-a-igreja-catolica-do-brasil-esta-rachando-artigo-de-pedro-a-ribeiro-de-oliveira. Acesso em: 17 maio 2024.

ORO, Ari P. *Avanço pentecostal e reação católica*. Petrópolis: Vozes, 1996.

ORO, Ari P.; ALVES, Daniel. Renovação Carismática Católica: movimento de superação da oposição entre catolicismo e pentecostalismo? *Religião & Sociedade*, Rio de Janeiro, v. 33, n. 1, p. 122-144, 2013.

ORO, Ari P.; RICKLI, João; STEIL, Carlos A. (orgs.). *Transnacionalização religiosa*: fluxos e redes. São Paulo: Terceiro Nome, 2012.

PALÁCIO, Carlos. Trinta anos de teologia na América Latina. *In*: SUSIN, Luiz C. (org.). *O mar se abriu*: trinta anos de teologia na América Latina. São Paulo: Loyola, 2000.

PASSOS, José D. *A força do passado na fraqueza do presente*: o tradicionalismo e suas expressões. São Paulo: Paulinas, 2020.

PIERUCCI, Antônio F. Fundamentalismo e integrismo: os nomes e a coisa. *Revista USP*, São Paulo, n. 13, p. 144-156, 1992.

PORTELLA, Rodrigo. Saudades da civilização católica: integrismo, tradicionalismo e exclusivismo no catolicismo contemporâneo. *Revista Brasileira de História das Religiões*, Maringá, v. 5, n. 15, 2013.

POULAT, Émile. "Modernisme" et" intégrisme". Du concept polémique à l'irénisme critique. *Archives de sociologie des religions*, v. 14, n. 27, p. 3-28, 1969.

PRANDI, Reginaldo. *Um sopro do espírito*. São Paulo: USP, 1997.

PROCÓPIO, Carlos E. P. Catequistas, artistas ou socialmente engajados: as formas de inserção política do catolicismo carismático. *Caminhos*, Goiânia, v. 16, n. 1, p. 113-126, 2018.

ROSANVALLON, Pierre. *La contrademocracia*: la política en la era de la desconfianza. Buenos Aires: Manantial, 2007.

ROSANVALLON, Pierre. *O século do populismo*: história, teoria, crítica. São Paulo: Ateliê de Humanidades, 2021.

RUBENS, Pedro. Renovação carismática como movimento pós-conciliar: 50 anos depois, balanço e perspectivas. *Revista Eclesiástica Brasileira*, Petrópolis, v. 77, n. 308, p. 852-879, 2017.

SAGRADA CONGREGAÇÃO PARA A DOUTRINA DA FÉ. *Instrução sobre alguns elementos da "Teologia da Libertação"*. Roma: Sagrada Congregação para a Doutrina da Fé, 1984. Disponível em: https://www.vatican.va/roman_curia/congregations/cfaith/documents/rc_con_cfaith_doc_19840806_theology-liberation_po.html. Acesso em: 17 maio 2024.

SAGRADA CONGREGAÇÃO PARA A DOUTRINA DA FÉ. *Instrução "Libertatis conscientia" sobre a liberdade cristã e a libertação*. Roma: Sagrada Congregação para a Doutrina da Fé, 1986. Disponível em: https://www.vatican.va/roman_curia/congregations/cfaith/documents/rc_con_cfaith_doc_19860322_freedom-liberation_po.html. Acesso em: 17 maio. 2024.

SANTA SÉ. *Código de Direito Canônico promulgado por S. S. o Papa João Paulo II*. Braga: Apostolado da Oração, 1983. Disponível em: https://www.vatican.va/archive/cod-iuris-canonici/portuguese/codex-iuris-canonici_po.pdf. Acesso em: 17 maio. 2024.

SBARDELOTTI, Emerson. Teologia da Libertação: 50 anos de uma experiência pé no chão! *Revista Encontros Teológicos*, Florianópolis, v. 36, n. 2, p. 391-412, 2021.

SCANNONE, Juan C. *A teologia do povo*: raízes teológicas do Papa Francisco. São Paulo: Paulinas, 2019.

SCHMITT, Carl. *Römischer Katholizismus und Politische Form*. Stuttgart: Klett-Cotta, 1984.

SILVA, Emanuel F. Novas comunidades: a retomada "carismática" da tradição católica? *Conhecer: Debate entre o Público e o Privado*, Fortaleza, v. 10, n. 25, p. 35-57, 2020.

SILVA, Janete R. Movimento neopentecostal, Renovação Carismática Católica e a reformulação da teodiceia cristã na contemporaneidade. *Sociedade e Estado*, Brasília, v. 29, n. 3, 2014.

SILVEIRA, Emerson J. S. Tradicionalismo católico e espaço público: a "guerra cultural" dos clérigos ultraconservadores. *Revista Eclesiástica Brasileira*, Petrópolis, v. 75, n. 300, p. 935-957, 2015.

SOFIATI, Flávio M. Tendências católicas: perspectivas do cristianismo da libertação. *Estudos de Sociologia*, Araraquara, v. 14, n. 26, p. 121-140, 2009.

SOFIATI, Flávio M.; COELHO, Allan S.; CAMILO, Rodrigo A. L. Afinidades entre marxismo e cristianismo da libertação: uma análise dialético-compreensiva. *Trans/Form/Ação*, Marília, v. 41, n. 4, p. 115-134, 2018.

SOUZA, André R. *Igreja in concert*: padres cantores, mídia e *marketing*. São Paulo: Annablume, 2005.

SOUZA, Ney; LANFRANCHI, Marcelo. O avanço do fundamentalismo católico nas redes sociais no Brasil. *Revista de Cultura Teológica*, São Paulo, n. 102, p. 193-213, 2022.

STEIL, Carlos A. Renovação Carismática Católica: porta de entrada ou de saída do catolicismo? Uma etnografia do Grupo São José, em Porto Alegre (RS). *Religião e Sociedade*, Rio de Janeiro, v. 24, n. 1, p. 11-36, 2006.

STEIL, Carlos A.; MARIZ, Cecília L. (orgs.). *Maria entre os vivos*: reflexões teóricas e etnografias sobre aparições marianas no Brasil. Porto Alegre: UFRGS, 2003.

STEIL, Carlos A.; TONIOL, Rodrigo F. O catolicismo e a Igreja Católica no Brasil à luz dos dados sobre religião no censo de 2010. *Debates do NER*, Porto Alegre, v. 14, n. 24, p. 223-243, 2013.

SUNG, Jung M. *Teologia e economia*: repensando a Teologia da Libertação e utopias. Petrópolis: Vozes, 1994.

SUSIN, Luiz C. (org.). *O mar se abriu*: trinta anos de teologia na América Latina. São Paulo: Loyola, 2000.

TANG, Shiping. *A General Theory of Institutional Change*. London: Routledge, 2010.

TEIXEIRA, Faustino. A ruptura interna no tecido católico brasileiro. *Revista IHU On-Line*, São Leopoldo, 5 dez. 2022. Disponível em: https://www.ihu.unisinos.br/categorias/624521-a-ruptura-interna-no-tecido-catolico-brasileiro. Acesso em: 17 maio 2024.

TEIXEIRA, Faustino; MENEZES, Renata. Catolicismo plural: uma introdução. *In*: Idem (eds.). *Catolicismo plural*: dinâmicas contemporâneas. Petrópolis: Vozes, 2009.

URREGO-ROMERO, John E. Estilo de vida carismático no catolicismo: proximidades sociológicas às crenças e práticas de renovação carismática católica. *Cuestiones Teológicas*, Medellín, v. 46, n. 106, p. 379-409, 2019.

VALÉRIO, Mairon E. *O continente pobre e católico*. Tese (Doutorado em História). Instituto de Filosofia e Ciências Humanas, Universidade Estadual de Campinas, Campinas, 2012.

VIGIL, José M. Mudança de paradigma na Teologia da Libertação? *Revista Eclesiástica Brasileira*, Petrópolis, v. 58, n. 230, p. 311-328, 1998.

ZANOTTO, Gizele. Tradição, Família e Propriedade (TFP): um movimento católico no Brasil (1960-1995). *Locus*, Juiz de Fora, v. 16, n. 1, p. 87-101, 2010.

ZANOTTO, Gizele. Os Arautos do Evangelho no espectro católico contemporâneo. *Revista Brasileira de História das Religiões*, Maringá, v. 4, n. 10, 2015.

ZINNECKER, Jürgen. "Das Problem der Generationen". Überlegungen zu Karl Mannheims kanonischem Text. *In*: REULECKE, Jürgen. (ed.). *Generationalität und Lebensgeschichte im 20. Jahrhundert*. München: De Gruyter, 2003.

Capítulo 9
A crise da Teologia da Libertação:
condicionantes macroestruturais

É bastante comum que as recentes transformações da Teologia da Libertação (doravante TdL), que perde cada vez mais espaço na Igreja Católica do Brasil, sejam percebidas por alguns intelectuais como "involução" (Ribeiro, 2003; Sung, 2008; Brighenti, 2021). O problema é que essa é uma noção limitada analiticamente porque nos fornece muito mais uma avaliação do que propriamente uma explicação e uma compreensão teórica precisa do que acontece hoje com essa corrente da Igreja Católica. Para além desses julgamentos críticos, a proposta deste capítulo é identificar alguns determinantes macroestruturais do processo social que modificou a posição da TdL no contexto do catolicismo brasileiro. Embora o fator discursivo seja levado em consideração, não se trata de acompanhar o debate sobre o processo de revisão teórica da TdL (Camurça, 1998; Steil, 1999), mas de identificar as condições sociais que explicam seu declínio relativo e seu reposicionamento como um dos segmentos que disputam atualmente a direção da esfera religiosa católica.

Combinando elementos das sociologias de Max Weber e de Niklas Luhmann, o argumento central a ser desenvolvido é que o declínio da TdL como corrente hegemônica do catolicismo no Brasil tem como seu elemento central um progressivo processo de desalinhamento (categorizado sociologicamente como uma forma de desacoplamento) entre a lógica institucional do aparato sacramental-hierárquico da Igreja Católica e a lógica específica das redes do *Catolicismo* da Libertação (ao invés de *Teologia* da Libertação, como será explicado mais adiante). Esse processo, por sua vez, foi acompanhado, no âmbito externo, por mudanças nas esferas da religião e da política que sustentavam esse acoplamento. Mas esse desalinhamento não significa seu desaparecimento, pois ele desdobra-se em um processo interno de reposicionamento do Cristianismo da Libertação na esfera católica. Essa vertente representa hoje uma importante *subcultura* desse universo religioso. Tais argumentos serão detalhados ao longo do texto.

O trabalho é de cunho teórico-analítico e assume a premissa de que processos sociais de longo prazo, ainda que sejam resultado dos efeitos não planejados, nem por isso deixam de ser estruturados: existe uma lógica subjacente à mudança (Elias, 1993). Tais processos precisam ser explicados tanto no plano microssocial (psicogênese) quanto no macrossocial (sociogênese), o que requer esclarecer que a opção em nos concentramos nos condicionantes macroestruturais é apenas uma escolha metodológica que não nega o papel codeterminante da ação na vida social. Outras variáveis de análise precisam ser posteriormente integradas na reflexão e redimensionar a explicação aqui proposta. De todo modo, espera-se que ao fim possamos obter um quadro analítico que integre as diversas publicações e pesquisas já realizadas sobre o assunto.

Tendo esse objetivo em mente, a primeira parte do capítulo apresenta os marcos teóricos da análise. A segunda parte, a partir de uma releitura da produção teórica existente (metodologia), desenvolve duas tarefas simultâneas. De um lado, procura reconstruir, em três fases históricas, a constelação existente entre as esferas política, religiosa e católica no Brasil, ao mesmo tempo em que descreve suas linhas internas de desenvolvimento. Essa reconstrução visa demonstrar como esses fatores incidem sobre o processo de reposicionamento do Catolicismo da Libertação na esfera católica brasileira.

1 Um marco teórico em perspectiva weberiana

Para entender os fatores envolvidos no processo de desenvolvimento da TdL, adotaremos o conceito de *diferenciação social*; para categorizar teoricamente quais as estruturas envolvidas nesse processo, servimo-nos do conceito de *esferas sociais*. Esses e outros conceitos adicionais (como acoplamento estrutural), além de nosso entendimento sociológico do caráter da *Igreja Católica* enquanto instituição religiosa, bem como do *Catolicismo da Libertação* enquanto tendência em seu interior, serão compreendidos segundo a perspectiva de Max Weber, conforme passamos a explicar doravante.

1.1 A Modernidade e a diferenciação de suas esferas de valor

O conceito de diferenciação social refere-se ao fato de que a Modernidade caracteriza-se pelo surgimento de domínios específicos da vida social: economia, política, direito, ciência, religião, arte, educação e assim por diante (Schwinn;

Greve; Kroneberg, 2011). Na tradição sistêmico-funcionalista (Luhmann, 1997), na qual ocupa um lugar determinante, a diferenciação social é concebida como uma nova forma de integração social, resultado de um processo de surgimento contínuo de um conjunto de sistemas que cumprem funções necessárias para a manutenção da vida em sociedade. Para o funcionalismo, em síntese, diferenciação *social* é sinônimo de diferenciação *funcional*.

Porém, a visão de que a sociedade moderna caracteriza-se por domínios diferenciados com suas próprias lógicas de funcionamento não é uma exclusividade do funcionalismo sistêmico. A ideia (ainda que não o termo) está presente também em outros horizontes teóricos (Bruun, 2008), dentre eles a sociologia praxiológica de Pierre Bourdieu (Bongaerts, 2011) e a sociologia compreensiva de Max Weber (Schimank, 2010). As interpretações desses dois autores possuem fortes semelhanças, não só porque rejeitaram uma compreensão funcional da diferenciação, mas também porque o primeiro parte diretamente de Weber para elaborar sua teoria dos campos sociais (Bourdieu, 1971). Para o sociólogo francês, esses campos possuem graus relativos de autonomia e organizam-se conforme os atores sociais estão posicionados em relação a determinados capitais em disputa que os colocam na posição dominante ou subordinada (Bourdieu, 2020). Já em Max Weber (2016), a Modernidade caracteriza-se por um conjunto de esferas de valor e ordens de vida que possuem sua legalidade própria (valores), instituições específicas e modos determinados de ação social.

A despeito dessas semelhanças gerais, as duas teorias diferem no modo como concebem o nível micro e o nível macro de análise sociológica (Hutt, 2007). Enquanto em Bourdieu as práticas sociais são pré-reflexivas, em Max Weber a ação social é dotada de intencionalidade. Em nível macro, Bourdieu confere um caráter mais político à sua teoria dos campos, enquanto em Weber as esferas são pensadas a partir do registro macro-micro, que distingue entre os níveis da cultura, da estrutura e da ação (Schluchter, 2005). Max Weber também vai além de Bourdieu ao conceber o conjunto da ordem social como um arranjo específico entre as esferas sociais. É da constelação de esferas sociais que resulta o perfil de uma sociedade concreta (Sigmund *et alii*, 2008). Outra diferença é que além de considerar a legalidade própria de cada uma, Weber também discute os diversos tipos de relação entre as esferas sociais, principalmente as dinâmicas de afinidade eletiva e de conflito entre elas (Schwin, 2020).

Dada sua maior abrangência, adoto a teoria da diferenciação social de Weber como referência, pois nela podem ser integradas com relativa facilidade as contribuições da teoria dos campos de Pierre Bourdieu e, eliminando seus aspectos funcionalistas e sistêmicos, o conceito de acoplamento estrutural[102] e de especialização de Niklas Luhmann (Krause, 2001, p. 68-72). O primeiro conceito será lido aqui como uma modalidade específica de afinidade eletiva, de tal forma que um determinado fenômeno social passa a depender retroativamente do outro. O segundo conceito será explicado no seu momento oportuno.

1.2 A lógica social da Igreja Católica e do Catolicismo da Libertação

Ainda que a compreensão da diversidade do catolicismo no Brasil (popular, carismático, da libertação, conservador/tradicionalista etc.) seja fundamental para compreender a complexidade interna desse universo religioso (Sofiati; Moreira, 2018), não se pode simplesmente equiparar a Igreja Católica na sua dimensão institucional a uma forma de catolicismo ao lado dos demais. São os diferentes tipos de catolicismo que gravitam, com maior ou menor distância, e em diferentes modos de conexão, em torno do aparato institucional da Igreja Católica. Por isso, é fundamental entender qual é a lógica social dessa instituição.

Max Weber oferece importantes aportes nesse sentido, pois, ainda que o protestantismo seja seu tema central, nem por isso lhe falta uma ampla teorização do catolicismo (Stark, 1968). Do ponto de vista sistemático, sua visão da Igreja Católica desenrola-se em dois planos distintos. No âmbito da sua sociologia da religião, ela articula-se em torno da distinção Igreja/seita, ao passo que na perspectiva da sua sociologia política, a Igreja representa uma forma específica de dominação carismática.

A distinção Igreja/seita refere-se, em primeiro lugar, a duas formas de relação das organizações religiosas com o mundo: enquanto as seitas caracterizam-se pela sua separação da realidade secular, as igrejas constituem organizações abertas ao mundo (Schlamelcher, 2017, p. 231-248). Na primeira só se ingressa por meio de rigorosos mecanismos de seleção, enquanto na Igreja já se nasce dentro dela (Lerner, 1988). Dessa diferença resulta que as seitas dão maior acento à dimensão moral da conduta religiosa (ascese), enquanto a Igreja compreende-se como uma

---

[102]. Também Habemas (1981) realizou, sem adotar pressupostos funcionalistas, a incorporação dos conceitos de acoplamento e desacoplamento em seu sistema teórico. Uma discussão ampla da relação teórica entre Luhmann e Weber pode ser encontrada em Schwinn (2013).

instituição dispensadora da graça (Weber, 2013). É por esse motivo que os sacramentos são tão essenciais para essa vertente do cristianismo (Hahn, 1988).

Além disso, a dispensa dos sacramentos favorece o surgimento de uma corporação sacerdotal especializada. No âmbito de sua sociologia política, Weber mostrou como a Igreja é resultado da transformação do movimento carismático de Jesus e das comunidades carismáticas do cristianismo nascente em uma forma rotinizada e objetivada de carisma (Weber, 2013). O conjunto dos sacerdotes, enquanto portadores de um carisma de cargo, formam uma hierocracia que é base da Igreja Católica (Tyrell, 2003). Na visão weberiana, portanto, a Igreja Católica é uma instituição essencialmente sacramental e hierocrática (hierárquica). São esses dois elementos que definem sua lógica social.

Mas como compreender sociologicamente a Teologia da Libertação? Até o presente momento, a definição mais usada é a de Michel Löwy (2000), que distingue entre os "textos" da TdL e o "movimento" do Cristianismo da Libertação. Essa dualidade é bastante pertinente, mas necessita de algumas revisões (Valério, 2012) – a começar pelo fato de que, mesmo presente em outras denominações cristãs, a TdL é um fenômeno predominantemente católico, motivo pelo qual, seguindo Amaral (2016), emprego o conceito mais restrito de "Catolicismo da Libertação". Além disso, a divisão entre "texto" e "movimento" de Löwy necessita ser mais precisamente caracterizada teoricamente e mais bem detalhada empiricamente. Por esse motivo, sob o aspecto teórico, emprego o conceito de "semântica" para referir-me teoricamente à dimensão discursiva da TdL e a expressão "estrutura" para referir-me teoricamente ao seu formato social (Luhmann, 2016). Vejamos agora os aspectos empíricos dessa dupla dimensão.

Na dimensão semântica, ainda que a TdL esteja materializada em textos, falta apontar seus produtores sociais, que são principalmente intelectuais (na sua maioria teólogos) presentes em diversas instituições produtoras de bens simbólicos, como editoras, universidades etc. Quanto a seu conteúdo, essa semântica teológica articula-se especialmente em torno da opção pelos pobres e pelo método ver/julgar/agir (Boff, 1978, p. 696-705). Já na dimensão estrutural, ao invés de "movimento" (Löwy, 2000) ou "tendência" (Sofiati, 2009), entendo que o Catolicismo da Libertação fica mais bem caracterizado em seu formato social como uma "rede". Além disso, há que se diferenciar analiticamente as redes eclesiais e as redes sociopolíticas do Catolicismo da Libertação, ainda que empiricamente elas estejam bastante entrelaçadas. A primeira diz respeito aos organismos criados pela TdL no seio da estrutura católica, como as comunidades eclesiais de base (CEBs), as pastorais sociais e todo um conjunto de órgãos e organismos de planejamento e assessoria pastoral que atuam prioritariamente no âmbito interno da Igreja. As redes sociopolíticas, por sua vez, referem-se a indivíduos, entidades e organizações que atuam diretamente na esfera político-social, ou seja, na esfera exterior da Igreja, e que estão estreitamente vinculados a movimentos sociais de base[103]. No entanto, como se trata de redes bastante entrelaçadas e cujas diferenças não são empiricamente tão demarcadas (entre interno e externo), falaremos sempre de redes "sócio-eclesiais" – com hífen, enfatizando assim seu caráter híbrido.

Em exercício de síntese podemos dizer então que, do ponto de vista morfológico, o Catolicismo da Libertação constitui uma rede flexível e dinâmica de indivíduos e organizações de cunho intelectual, eclesial e sociopolítico, que compartilha uma semântica teológico-política determinada e que se encontra presente, em maior ou menor grau de formalização, em diversos espaços e níveis de organização da Igreja Católica, atuando no âmbito interno ou no âmbito externo dessa instituição.

Do ponto de vista de sua lógica social, essa rede intelectual, eclesial e sociopolítica foi muito bem caracterizada por Pedro Ribeiro de Oliveira (1999; cf. também 2015) como um tipo de religiosidade escatológico-messiânica. Dessa maneira, a dimensão religiosa funde-se com a dimensão política, operação viabilizada especialmente pela ideia de que a construção do Reino da Deus, lida em chave sociopolítica, constitui o eixo da missão da Igreja. A partir dessa leitura, o Catolicismo da Libertação filiou-se à metanarrativa socialista da dependência vigente nos anos de 1970 que, naquele momento, parecia ser o veículo mais concreto de uma mudança social (Sofiati; Coelho; Camilo, 2018). Ao superar a oposição católica ao marxismo, essa corrente logrou ativar a afinidade eletiva entre a dimensão escatológica latente naquela corrente política e a escatológica cristã (Löwy, 1989).

2 A dinâmica processual de mudança do Catolicismo da Libertação no Brasil

Com base nos conceitos apresentados, já estamos munidos de instrumentos teóricos para efetuar uma análise dos processos estruturais de longa duração responsáveis pelo enfraquecimento contínuo do Catolicismo da Libertação na Igreja.

---

103. Um bom exemplo são as entidades analisadas por Freire (2022).

A grande questão a responder é: como essa rede passou de uma força capaz de direcionar, com sua semântica e suas estruturas específicas, praticamente todo o conjunto do aparelho institucional da Igreja Católica no Brasil, para uma subcultura no interior da esfera católica, especializando-se cada vez mais em sua atuação? Para responder a essa pergunta, vamos dividir nossa análise em três grandes ciclos históricos, como segue abaixo.

2.1 O acoplamento entre Igreja institucional e Catolicismo da Libertação

Estudos sobre a história de desenvolvimento do Cristianismo da Libertação precisam evitar considerá-lo de maneira isolada, como se ele evoluísse progressivamente no interior da Igreja Católica (Valério, 2012). Por esse viés, a situação da Igreja e da sociedade na fase de gênese da TdL até são levados em conta, mas são considerados apenas como contextos externos que facilitaram o desenvolvimento e a acensão hegemônica do Catolicismo da Libertação (Libânio, 1987). Como já observou criticamente Westphal (2011), é como se um pequeno movimento intelectual interno à Igreja fosse vencendo paulatinamente todas as barreiras que encontrou até chegar a impor-se a todo conjunto dessa entidade.

A abordagem aqui proposta pretende ir além dessa visão linear e coloca em foco a coevolução entre Igreja institucional e Cristianismo da Libertação. O argumento é que as ideias e os agentes do Cristianismo da Libertação ajudaram a remodelar a semântica e as estruturas da Igreja Católica na América e no Brasil, ao mesmo tempo em que as elites eclesiásticas dominantes no aparato eclesiástico privilegiaram e institucionalizaram essa tendência no seio da organização. Dessa forma, ocorreu um processo simbiótico de coevolução entre ambos ou, mais precisamente, um processo de acoplamento, aqui entendido como uma modalidade do que Weber designava como afinidade eletiva. Mais do que uma atração e reforço mútuo entre dois fatores, no acoplamento estrutural, que Luhmann também chamou de interpenetração (Corsi, 1996, p. 21-24), dois sistemas passam a operar de tal modo que a lógica de funcionamento de um também é determinante para a lógica de funcionamento do outro. O resultado dessa interpenetração é que Igreja institucional passou a orientar-se pela semântica do Catolicismo da Libertação e a privilegiar estrategicamente estruturas e formas de atuação decorrentes de sua lógica messiânica, que reconverte a missão religiosa em missão política.

Esse acoplamento só foi possível porque na década de 1960 o Concílio Vaticano II (1962-1965) abalou a sólida estrutura católica moldada desde o Concílio de Trento (1540-1545) e reforçada no Concílio Vaticano I (1870). O conjunto dos documentos do Concílio revisou a compreensão da Igreja, entendida agora (embora não exclusivamente) como "Povo de Deus", e reposicionou-a de maneira aberta frente ao mundo moderno (Nacke, 2010). Desencadeou-se assim um processo de mudança e transformação que se encontrou paralelamente com a emergência da uma nova forma de pensar teológico na América Latina, que é justamente a Teologia da Libertação (Silva; Baptista, 2020). O surgimento dessa corrente de pensamento e das redes ligadas a ela encontrou uma Igreja em estado de revisão profunda e é por isso que essas duas realidades, em vez de estarem concomitantes e isoladas, puderam vincular-se mutuamente.

De fato, na América Latina foi a rede intelectual e eclesial do Cristianismo da Libertação que forneceu os principais instrumentos teóricos (teologia) e práticos (pastoral) de adaptação do Concílio para essa realidade continental (Taborda, 2019, p. 115). A semântica da opção pelos pobres que resultou de Medellín (1968) e que deu origem à Teologia da Libertação como discurso especializado (Gutiérrez, 2000) impregnou uma série de documentos e planos de pastoral em diversos níveis da Igreja (como Puebla, em 1979, ou os documentos da CNBB) e forneceu as diretrizes básicas para a atuação da entidade naquele período (Sbardelotti, 2019, p. 7-21; Gonçalves, 2021). Sob aspecto estrutural, procurou-se modificar o formato do catolicismo em dois aspectos. No plano eclesial elegeram-se as comunidades eclesiais de base (CEBs) (Valle; Pitta, 1994) como uma forma popular-igualitária de organização da Igreja (Boff, 2008), ao mesmo tempo em que, a partir da articulação dessas entidades com os movimentos sociais de cunho popular, passou-se a priorizar a missão política da Igreja. Na formulação sintética de Libânio (1981, p. 279-311), a "Igreja constitui o povo oprimido que se organiza para a libertação".

Esse processo de acoplamento entre o aparato institucional da Igreja e as redes do Catolicismo da Libertação nunca foi monolítico nem deixou de encontrar resistências, mas acabou sendo a opção hegemônica da elite eclesiástica naquele ciclo histórico. Todavia, ele não foi um processo que se explica apenas pelo que estava acontecendo no interior da esfera católica. Se ele se concretizou é porque nessa fase uma determinada constelação da esfera religiosa e da esfera política criou as condições macrossociais adequadas para viabilizar os processos de coevolução entre a renovação do aparato institucional da Igreja e as redes intelectuais e sócio-eclesiais do Catolicismo da Libertação.

No âmbito da *esfera religiosa* já estava em curso a transição da segunda para a terceira onda do pentecostalismo no Brasil (Mariano, 1999). Ainda assim, o início do processo de pluralização religiosa não será suficientemente visível a ponto de modificar a supremacia numérica dos católicos frente aos adeptos de outras agremiações, além de não alterar a percepção de que a esfera religiosa era essencialmente católica (Pierucci; Prandi, 1996; Pierucci, 2010). A falta de concorrentes significativos na esfera religiosa aliviou a necessidade da organização católica de garantir a fidelização dos seus membros e de concentrar-se prioritariamente na oferta de bens de salvação no mercado religioso. Desobrigada do atendimento ao estritamente espiritual, a Igreja sentia-se livre para reconverter a visão religiosa em visão sociopolítica.

Já na *esfera política*, a vigência de um regime militar no Brasil (1964-1985), que controlava os partidos e reprimia os movimentos sociais, levou a Igreja Católica a ocupar de modo supletivo o lugar da sociedade civil e transformar-se em um dos mais importantes atores de oposição à ditadura (Alves, 1984). Estimulada pela hierarquia católica no topo, esse processo também foi viabilizado na base pelas redes de dupla militância de clérigos e leigos nas CEBs e nas organizações populares (Krischke; Mainwaring, 1986). Não menos importante, essa costura foi reforçada ainda pela semântica do povo organizado, matriz discursiva compartilhada tanto pelo Cristianismo da Libertação quanto pelos novos movimentos sociais que surgiram nesse período (Sader, 1988). Em função desse fator, setores do Cristianismo da Libertação foram uma das principais forças que deram origem ao Partido dos Trabalhadores (PT), que também emergia, em grande parte, do novo sindicalismo e dos novos movimentos sociais (Martins, 1994; Secco, 2011). No entanto, a constelação de esferas sociais que permitiu o processo de acoplamento entre Cristianismo da Libertação e Igreja institucional começou a modificar-se em meados da década de 1980, como veremos a seguir.

2.2 *O desacoplamento entre Igreja institucional e Catolicismo da Libertação*

O processo movido pela Congregação para a Doutrina da Fé que resultou na condenação do livro *Igreja, carisma e poder* (Boff, 2022), em 1984, e o fim do regime militar, em 1985, são os primeiros sinais do começo do processo de desacoplamento entre a Igreja institucional e o Cristianismo da Libertação. Mas eles desenrolam-se em esferas distintas e, portanto, com lógicas, temporalidades e efeitos específicos de cada um.

As mudanças na *esfera do catolicismo* iniciam-se em 1979, com a eleição de João Paulo II (1979-2005). Esse pontificado não pode ser entendido de maneira simplista como uma tentativa de restauração conservadora aos moldes anteriores ao Concílio Vaticano II, embora tenha adotado uma hermenêutica de seu legado que visava encerrar a era de mudanças pós-conciliares e a estabilizar a situação da Igreja Católica (Caldeira, 2013, p. 155-173). O governo de João Paulo II retomou a dimensão sacramental-hierárquica da Igreja ainda latente dos documentos conciliares (Abreu, 2023). Consequentemente, a Igreja voltou a compreender-se como instituição dispensadora da graça que está organizada de maneira hierárquica (*Hierarchica Communio*). Além de reforçar o papel do papado, com suas viagens e seu carisma pessoal, João Paulo II dotou a Igreja de um novo Código de Direito Canônico e de um novo Catecismo, estabilizando tanto a estrutura quanto o ensinamento eclesial. Mais tarde, o principal assessor de João Paulo II – Josef Ratzinger – foi eleito como Papa Bento XVI (2005-2013) e deu continuidade a essa hermenêutica da reforma na continuidade (Assunção, 2016).

Foi essa retomada da estrutura (hierárquica) e da missão (religioso-sacramental) da Igreja que levou o organismo vaticano comandado por Josef Ratzinger a colidir com o projeto de uma Igreja popular organizada em CEBs cujo objetivo era promover o reino de Deus a partir da opção pelos pobres (Portella; Carvalho, 2022, p. 206-228)[104]. Os documentos que condenaram Leonardo Boff (em 1984) (Sagrada Congregação para a Doutrina da Fé, 1984) e ampliaram o sentido do conceito de libertação (em 1986) (Sagrada Congregação para a Doutrina da Fé, 1986), além de uma cuidadosa política de nomeações episcopais, tiveram como objetivo principal transpor a lógica sacramental-hierárquica (religiosa) da estrutura católica para a América Latina e o Brasil (Lacerda, 2010; Béraud, 2019). Seu momento culminante foi o ano de 1992, quando o Vaticano conseguiu maior controle sobre a IV Conferência Geral do Episcopado Latino-Americano em Santo Domingo e pôde, em parte, impor sua agenda de uma nova evangelização da

---

104. Os embates anteriores do Vaticano com a TdL em Puebla (1979) e com a Igreja da Nicarágua são analisados por Kruip (2020).

América Latina (Valentini, 1993, p. 5-18). Mesmo assim, deve-se lembrar que o Vaticano não condenou integralmente a TdL e, desse modo, teve o efeito paradoxal de conferir *status* de legitimidade a essa corrente teológica e a toda rede a ela ligada (João Paulo II, 1986).

Para além das intenções do papa e do Vaticano, a retomada da centralidade da dimensão sacramental-hierárquica do aparato institucional da Igreja tornou-se muito mais efetiva no âmbito da esfera católica brasileira devido à repercussão interna do crescimento das igrejas evangélicas e dos sem religião, nos anos de 1990. A terceira onda do pentecostalismo rompeu definitivamente as barreiras sectárias do mundo evangélico e, ao aliar a atuação nos meios de comunicação social com um discurso centrado na Teologia da Prosperidade, permitiu que uma multiplicidade de novas igrejas passassem a captar cada vez mais adeptos, quebrando assim o monopólio da Igreja Católica na *esfera religiosa* (Antoniazzi, 1994; Mariz, 2006).

O principal efeito desse incremento da pluralização na esfera religiosa foi reforçar a posição dos agentes da Igreja que defendiam a centralidade da dimensão sacramental e espiritual da entidade. Além de segmentos do episcopado (Ferreira, 2012), essa visão contou com o apoio de movimentos tradicionais na Igreja, como o *Opus Dei* e outros (Costa, 2004), e principalmente com o impulso de um movimento que também era oriundo das mudanças do Concílio Vaticano II: a Renovação Carismática Católica (RCC). Este último também é um movimento de tipo pentecostal que, com o uso dos meios de comunicação, propõe uma religiosidade emocional de massas, razões pelas quais se apresentou como um possível antídoto para o declínio numérico dos católicos (Silveira, 1998; Carranza, 2000).

Essas mudanças na esfera religiosa, aliadas ao reposicionamento de forças na esfera católica, foram fatores fundamentais no abalo da relação de retroalimentação entre o aparato institucional católico e as redes do Catolicismo da Libertação. Mas também mudanças na órbita da *esfera política* contribuíram decisivamente para essa direção. Inicialmente, porque a queda do Muro de Berlim (em 1989) e o posterior colapso da União Soviética (em 1991) atingiram em cheio o método teórico (semântica) da TdL, fortemente vinculado ao marxismo. Isso levou seus intelectuais a admitir abertamente que seu discurso precisava ser revisado (Betto, 1990, p. 922-929; Sofiati, 2013, p. 215-234).

Ademais, o processo de retomada da democracia no Brasil (1988 e 1989) levou a uma reorganização partidária e ao fortalecimento de uma sociedade civil cada vez mais autônoma, que não mais necessitava da tutela e da função supletiva que a Igreja promovera durante o regime de exceção (Avritzer, 2016). Esse fenômeno também forçava a Igreja institucional a afastar-se do envolvimento direto no âmbito externo do político e a concentrar-se prioritariamente em seu âmbito especificamente religioso.

Soma-se a isso o fato de que derrotas eleitorais consecutivas (1989, 1994 e 1998) levaram as forças de esquerda do Brasil a profissionalizarem-se cada vez mais (Samuels; Zucco, 2014, p. 129-158). Como consequência, elas deixaram de priorizar sua atuação no âmbito da sociedade civil e dos movimentos sociais e concentraram seus esforços na arena eleitoral (Martins, 2016). Quando chegaram ao poder (entre 2002 e 2017), longe de promover mudanças revolucionárias, foi a necessidade de adaptar-se aos imperativos da globalização e das formas de governo do presidencialismo de coalizão que se impôs (Singer, 2009; Perlatto, 2015). Enquanto as redes do Catolicismo da Libertação continuaram a atuar na sociedade civil, as forças de esquerda transladaram-se para a esfera eleitoral e para o âmbito do Estado. Dessa forma, as ligações tecidas entre eles nas bases populares enfraqueceram-se e a distância entre os dois segmentos foi ampliada.

A retomada da dimensão sacramental-hierárquica (espiritual) na esfera católica, acompanhada da pluralização crescente da esfera religiosa, bem como da autonomização da sociedade civil e dos partidos de esquerda em relação à Igreja Católica, representam sociologicamente um duplo processo de diferenciação social. Os dois primeiros constituem a causa da autonomização do religioso em relação ao político, enquanto o terceiro é a causa da autonomia do político em relação ao religioso. Em consequência desses processos, o Catolicismo da Libertação aumentou sua distância tanto do aparato eclesiástico, de um lado, quanto de seus vínculos com a esfera política, de outro lado. Essa nova constelação institucional de esferas sociais e seus efeitos na esfera católica erodiu as condições macroestruturais que sustentavam o acoplamento entre a Igreja institucional e o Catolicismo da Libertação.

2.3 O reposicionamento do Catolicismo da Libertação

A constelação de esferas sociais descrita não só se manteve constante no período subsequente como também as linhas de desenvolvimento da esfera política, religiosa e católica continuaram a atuar no sentido do desacoplamento estrutural entre Igreja institucional e Catolicismo da Libertação. Podemos remeter-nos a esses processos lembrando o que ocorreu no Brasil em 2013. Esse foi o ano das "Jornadas de Junho" (Gohn, 2015), um maciço conjunto de manifestações anticorrupção que enfraqueceu a legitimidade de todo o sistema político-representativo.

Na *esfera política*, os protestos de 2013 inauguraram um novo ciclo político (Bringel; Dominghes, 2018) que rompeu a polaridade entre PSDB (Partido da Social-Democracia Brasileira) *versus* PT, marca do período pós-ditadura (Sallum Jr.; Goulart, 2016). Enquanto nessa fase o que estava em disputa era uma agenda econômica e social de reformas (privatizações, Bolsa Família etc.), a partir de 2013 o eixo da disputa política transferiu-se para a esfera cultural (Melo, 2022). A crise de legitimidade do sistema político-partidário permitiu a rápida acensão de um político de carreira que se apresentou como *outsider* (Jair Messias Bolsonaro) que atuava de maneira inovadora nas redes sociais (Avritzer, 2020) e que dessa forma chegou ao poder (Avritzer; Kerche; Marona, 2021). Mais do que uma agenda de reformas econômicas, o bolsonarismo passou a investir na promoção da guerra cultural (Gerônimo, 2022) que impera atualmente nas sociedades ocidentais e que opõe setores favoráveis aos valores liberais (aborto, homossexualidade etc.) a setores favoráveis aos valores tradicionais (família, nação, religião etc.).

Nesse processo, o bolsonarismo conseguiu agregar a maior parte do conjunto das igrejas evangélicas que, com uma base social de extração de baixa renda (popular), tornaram-se a principal base de sustentação de valores conservadores na cultura brasileira (Almeida, 2020). Com efeito, os evangélicos já haviam ingressado na esfera política desde a Constituinte de 1986 e, ao invés de priorizar sua atuação nos movimentos sociais, sempre atuaram no seio dos partidos políticos, ocupando com bastante sucesso a esfera parlamentar (Arocena; Sotelo, 2021). Com a eleição de Bolsonaro, o complexo mundo evangélico chegava, de certo modo, ao centro do poder (Burity, 2018, p. 15-66).

Essa adesão de segmentos religiosos à guerra cultural não ficou restrita apenas ao mundo evangélico, mas refletiu-se também na esfera católica. Uma nova geração de indivíduos, redes, grupos e organizações de tipo tradicional-conservador (Passos, 2020) passou a organizar-se de maneira disseminada e descentralizada nas redes sociais (Caldeira; Silveira, 2021, p. 384-410). Apesar de numericamente reduzido, passou a adotar eficazes estratégias de deslegitimação, adotando como seus alvos preferenciais a CNBB e a Teologia da Libertação (Sales Jr., 2020, p. 99-122).

A mudança do eixo da esfera política para questões de valores, bem como a acensão de forças conservadoras no mundo evangélico e no mundo católico, criaram uma situação desfavorável para as redes do Catolicismo da Libertação, que, dada a sua afinidade com as forças de esquerda, passaram a sofrer os reflexos do antipetismo vigente em um sistema político cada vez mais polarizado (Fuks; Ribeiro; Borba, 2021). Mais do que autônoma, a esfera política tornou-se também antagônica às visões e práticas das redes sociopolíticas do Catolicismo da Libertação (Souza; Lanfranchi, 2022, p. 193-213). Uma situação totalmente diferente daquela dos primórdios dessa tendência.

Mas também no interior da Igreja Católica a posição do Cristianismo da Libertação encontrou condições cada vez mais adversas. Pesquisas recentes mostraram que a adesão às concepções e às práticas da TdL é cada vez menor entre a porção mais jovem do clero (Brighenti, 2023; Pereira, 2023). Tal cisão geracional entre os padres mostra que a retomada da dimensão hierárquico-sacramental da Igreja, que já vinha sendo promovida havia longa data pelas cúpulas eclesiásticas (Vaticano II e setores do episcopado nacional), chegou enfim às bases do clero. A manutenção do sistema paroquial e a marginalização das CEBs como nova forma de organização da Igreja viram-se acompanhadas da ressacralização do perfil do padre católico.

Em nível interno, o Catolicismo da Libertação também sente os efeitos da mudança geracional, pois sua geração fundadora, que detém grandes volumes de capital simbólico, vem sendo apenas lentamente substituída por uma nova geração de intelectuais que não gozam do mesmo prestígio. Mesmo assim, a rede intelectual do Catolicismo da Libertação ainda possui amplo controle de instâncias oficializadas da produção do discurso teológico nas universidades (cursos de graduação e pós-graduação em teologia), nas revistas científicas ou de pastoral, bem como nos livros das principais editoras católicas (Vozes, Paulinas, Paulus etc.). Este ainda representa um de seus principais recursos de poder.

Esse fator já indica que, mesmo que possamos falar em "declínio", esse termo nem de longe deve ser entendido como sinônimo de desaparecimento do Catolicismo da Libertação na esfera católica brasileira. Embora processos estruturais de longo prazo venham empurrando essa rede para uma posição mais periférica no conjunto da Igreja, ela ainda conta com a adesão de muitos clérigos (bispos, padres, religiosos etc.) e leigos, além de ordens religiosas, dioceses e paróquias, o que garante a sua força relativa. Mas como podemos caracterizar teoricamente a atual posição das redes intelectuais, eclesiais e sociais do Catolicismo da Libertação no universo católico?

Para isso, temos que levar em conta que o conjunto de transformações sociais mais amplas da sociedade brasileira (como a urbanização, a informatização e a individualização das relações sociais) reduziu o número de CEBs (Oliveira, 2009), *locus* na qual militância religiosa e militância política de base cruzavam-se. Por esse motivo, as redes do Catolicismo da Libertação ficaram mais restritas ao âmbito das pastorais sociais que, mesmo não sendo parte constitutiva da dimensão sacramental-hierárquica da Igreja, ainda estão solidamente institucionalizadas nos níveis paroquiais, diocesanos e nacionais. Na medida em que o aparato oficial da Igreja voltou a operar com base na sua lógica especificamente religiosa, podemos dizer que o Catolicismo da Libertação transformou-se em um setor interno do catolicismo brasileiro que atua de modo cada mais focado e especializado nos trabalhos sociopolíticos da Igreja. Essa setorialização também é favorecida pelo fato de que as redes sociopolíticas do Catolicismo da Libertação (Caritas, Ações Sociais Diocesanas, Pastoral da Criança e do Adolescente etc.) também se tornaram mais profissionalizadas, atuando prioritariamente por meio de projetos e financiamentos.

Em termos sociólogos, isso significa que o Catolicismo da Libertação passa por um processo de *especialização*, ou seja, exerce atividades cada vez mais definidas ou delimitadas no interior da esfera católica. Podemos definir essa especialização como uma *função de diaconia profética* (Luhmann, 2000, p. 243), o que significa que as redes eclesiais e sociopolíticas do Catolicismo da Libertação concentram-se cada mais em desenvolver um conjunto de iniciativas político--filantrópicas, muitas vezes articuladas com políticas públicas, que visam ir além do assistencialismo emergencial para subsidiar mudanças estruturais nas condições de desigualdade material, social e cultural da sociedade brasileira. Com efeito, a semântica da TdL evita que o conjunto das múltiplas pastorais e organismos sociais da Igreja atuem apenas no sentido do assistencialismo emergencial.

Em 2013, a eleição do Papa Francisco criou uma conjuntura bastante peculiar, pois levou a TdL em sua versão argentina – a Teologia do Povo – para o centro de poder da Igreja Católica, exatamente no momento em que as condições macroestruturais que permitiram a hegemonia da TdL no catolicismo latino-americano foram processualmente modificadas e enfraquecidas. Seria essa uma nova janela de oportunidade para que o Catolicismo da Libertação, dessa vez estimulado pela cúpula, consiga reverter os processos que minaram sua força no interior do aparelho eclesiástico?

De fato, os intelectuais da TdL discutem intensamente o seu futuro (Guimarães; Sbardelotti; Barros, 2022) e sugeriram até agora diferentes estratégias teóricas de revisão de seu discurso, que envolvem desde sua refundamentação cristológica (Boff, 2023), a substituição da metanarrativa marxista por uma metanarrativa místico-ecológica (Boff, 1993), o deslocamento da centralidade material para temas identitários e simbólicos, ou mesmo a tentativa de sua fixação oficial como "tradição" ou magistério latino-americano (Brighenti, 2021). Podemos perguntar-nos qual a real capacidade que essas reflexões, produzidas no nível semântico, têm para alterar processos estruturais efetivos que escapam da intenção dos atores sociais e que ainda exercem seus efeitos causais até o presente. De todo modo, elas nos lembram de que processos sociais não obedecem a leis deterministas e que a história está sempre aberta à contingência e à influência das escolhas humanas. Afinal, são os homens que fazem a história, ainda que façam dentro de condições que não são eles que escolhem (Marx, 2011).

3 Uma fórmula da contingência: o futuro a Deus pertence

Como explicar que a corrente que já foi dominante no catolicismo no Brasil tenha-se transformado em um segmento interno com uma força apenas relativa na Igreja Católica? Encontrar uma resposta para essa pergunta requer evitar os extremos do mero lamento com viés crítico, sem recair na tentação de entender esse declínio como se fosse sinônimo de desaparecimento ou mesmo de perda de importância dessa tendência. Com base nessa diretriz, procurou-se demonstrar que a hegemonia discursiva (semântica), além do predomínio estrutural das redes intelectuais, eclesiais e sociopolíticas do Catolicismo da Libertação na Igreja Católica, foram fruto de condições macroestruturais contingentes que foram sendo modificadas processualmente.

O predomínio do Catolicismo da Libertação pode ser explicado no *foro interno* da esfera católica porque seu surgimento coincidiu com o momento de renovação conciliar do catolicismo em nível global. A renovação da instituição católica e a emergência da Teologia da Libertação enquanto discurso, bem como de suas redes intelectuais e sócio-eclesiais, evoluíram de modo concomitante. Isso favoreceu um processo de acoplamento entre essas duas realidades, ou seja, as lógicas de funcionamento de ambas passaram a operar de maneira interdependente. Esse processo de acoplamento viu-se reforçado no *foro externo* pelo fato de que o quase monopólio da Igreja Católica na esfera religiosa e a necessidade de apoiar a sociedade civil na residência à ditadura permitiram que essa instituição procurasse reconverter sua missão especificamente religiosa em missão sociopolítica.

A evolução da lógica autônoma de cada uma dessas esferas modificou essas condições. A perda de hegemonia na esfera religiosa (ascensão dos evangélicos e dos sem religião), bem como a retomada da dimensão sacramental-hierárquica do aparato institucional católico, conduziram à retomada da dimensão religiosa em detrimento da dimensão política. No âmbito da esfera política, por sua vez, a autonomização das organizações da sociedade civil, bem como a transferência das forças de esquerda para o âmbito da competição partidária e do exercício da gestão estatal, também limitaram o espaço de inserção política da Igreja Católica. O crescimento de forças conservadoras no âmbito político (bolsonarismo) e religioso (evangelismo conservador), bem como mudanças geracionais (nova geração de padres), consolidaram ainda mais esses processos.

Esse duplo processo de autonomização – do religioso em relação ao político e do político em relação ao religioso – abalou o acoplamento entre a lógica de funcionamento do aparato institucional católico e a lógica messiânica do Catolicismo da Libertação, que se tornou uma subcultura ao interno da esfera católica. Isso obriga um reposicionamento dessa tendência no mundo católico. Embora sua densa rede intelectual continue muito influente, suas redes eclesiais (pastorais) atuam de modo cada vez mais estruturado e profissionalizado. Em virtude disso, elas concentram-se cada mais em desenvolver iniciativas político-filantrópicas, mais ou menos articuladas com políticas públicas, que visam ir além do assistencialismo emergencial e a subsidiar mudanças estruturais frente às condições de desigualdade material, social e cultural da sociedade brasileira.

O reposicionamento do Catolicismo da Libertação, de força hegemônica a força setorial na esfera católica, não significa que, dado o controle que ainda mantém na produção do discurso teológico, ele não conte com amplo apoio de segmentos do clero, de intelectuais, de leigos engajados, de dioceses, de congregações religiosas e de paróquias, que ainda mantêm influente o caráter político-messiânico de sua semântica e de suas redes. Mas a possibilidade de que essa dinâmica seja determinante para o conjunto da Igreja no Brasil parece, como quis mostrar a presente análise, fruto de uma constelação institucional das esferas católica, religiosa e política que não existe mais. E ainda que os seres humanos sejam autores da sua história, eles não mudam suas condições e nem podem fazer a história repetir-se (Marx, 2011). Isso não significa que o futuro não resta aberto, mas a partir daí vários cenários são possíveis: pode ser que tudo fique como está (petrificação), que velhas ideias renasçam ou mesmo que novas venham a surgir (Weber, 2020). Sobre qual cenário vai prevalecer, decide a contingência, ou como bem diz o ditado popular: "o futuro a Deus pertence".

Referências

ABREU, Carlos A. M. *João Paulo II*: síntese de um pontificado. Dissertação (Mestrado em Teologia). Faculdade de Teologia, Universidade Católica Portuguesa, Braga, 2023.

ALMEIDA, Ronaldo. Evangélicos à direita. *Horizontes Antropológicos*, Porto Alegre, v. 26, n. 58, p. 419-436, 2020.

ALVES, Maria H. M. *Estado e oposição no Brasil* (1964-1984). 2. ed. Petrópolis: Vozes, 1984.

AMARAL, Roniere R. *Milagre político*: catolicismo da libertação. São Paulo: Anablume, 2016.

ANTONIAZZI, Alberto. *Nem anjos nem demônios*: interpretações sociológicas do pentecostalismo. Petrópolis: Vozes, 1994.

ANTONIAZZI, Alberto. As religiões no Brasil segundo o censo de 2000. *Revista de Estudos da Religião*, São Paulo, v. 2, n. 3, p. 75-80, 2003.

AROCENA, Felipe; SOTELO, María V. Desde los márgenes de la sociedad al parlamento. evangélicos y política en Brasil, Argentina y Uruguay. *Cultura y Religión*, Iquique, v. 15, n. 2, p. 1-38, 2021.

ASSUNÇÃO, Rudy A. *O "espírito" da Modernidade na visão de Joseph Ratzinger-Bento XVI*. Tese (Doutorado em Sociologia Política). Centro de Filosofia e Ciências Humanas, Universidade Federal de Santa Catarina, Florianópolis, 2016.

AVRITZER, Leonardo. *Impasses da democracia no Brasil*. Rio de Janeiro: J. Olympio, 2016.

AVRITZER, Leonardo. *Política e antipolítica*: a crise do governo Bolsonaro. São Paulo: Todavia, 2020.

AVRITZER, Leonardo; KERCHE, Fábio; MARONA, Marjorie. *Governo Bolsonaro*: retrocesso democrático e degradação política. Belo Horizonte: Autêntica, 2021.

BÉRAUD, Christophe A. M. *As ilações políticas que se depreendem da reação da Igreja Católica Apostólica Romana à Teologia da Libertação na América Latina entre 1978-1986*: de *Libertatis Nuntius* a *Libertatis Conscientia*. Dissertação (Mestrado em Ciência Política e Relações Internacionais). Instituto de Estudos Políticos, Universidade Católica Portuguesa, Braga, 2019.

BETTO. A Teologia da Libertação ruiu com o muro de Berlim? *Revista Eclesiástica Brasileira*, Petrópolis, v. 50, n. 200, p. 922-929, 1990.

BOFF, Clodovis M.; ADORNO, Leandro R. *A crise da Igreja Católica e a Teologia da Libertação*. São Paulo: Ecclesia, 2023.

BOFF, Leonardo. Teologia da Libertação: o mínimo do mínimo. *Revista Eclesiástica Brasileira*, Petrópolis, v. 38, n. 152, p. 696-705, 1978.

BOFF, Leonardo. *Ecologia*: um novo paradigma. Ecologia, mundialização e espiritualização. São Paulo: Ática, 1993.

BOFF, Leonardo. *Eclesiogênese*: a reinvenção da Igreja. Rio de Janeiro: Record, 2008.

BOFF, Leonardo. *Igreja*: carisma e poder. Ensaios de eclesiologia militante. Petrópolis: Vozes, 2022.

BONGAERTS, Gregor. *Grenzsicherung in sozialen Feldern–Ein Beitrag zu Bourdieus Theorie gesellschaftlicher Differenzierung*. In: SCHWINN, T.; KRONEBERG, C.; GREVE, J. (eds.). *Soziale Differenzierung*. Berlin: Springer, 2011.

BOURDIEU, Pierre. Une interprétation de la théorie de la religion selon Max Weber. *European Journal of Sociology/Archives Européennes de Sociologie*, Cambridge (UK), v. 12, n. 1, p. 3-21, 1971.

BOURDIEU, Pierre. *Sociologia geral*. v. 1: Lutas de classificação. Petrópolis: Vozes, 2020.

BRIGHENTI, Agenor. O distanciamento do modelo pastoral do Vaticano II e da tradição libertadora. *Revista Pistis & Praxis*, Curitiba, v. 13, n. 3, p. 1130-1153, 2021.

BRIGHENTI, Agenor. *O novo rosto do catolicismo brasileiro*. Petrópolis: Vozes, 2023.

BRINGEL, Breno M.; DOMINGUES, José M. *Brasil*: cambio de era. Crisis, protestas y ciclos políticos. Madrid: Libros de la Catarata, 2018.

BRUUN, Hans H. Objectivity, Value Spheres, and "Inherent Laws" On some Suggestive Isomorphisms between Weber, Bourdieu, and Luhmann. *Philosophy of the Social Sciences*, London, v. 38, n. 1, p. 97-120, 2008.

BURITY, Joanildo. A onda conservadora na política brasileira traz o fundamentalismo ao poder. *In*: ALMEIDA, Ronaldo; TONIOL, Rodrigo. (orgs.). *Conservadorismos, fascismos e fundamentalismos*: análises conjunturais. Campinas: Unicamp, 2018.

CALDEIRA, Rodrigo C. O pontificado de João Paulo II e a herança do Concílio Vaticano II: em busca de uma interpretação normalizante. *Revista Brasileira de História das Religiões*, Maringá, n. 13, p. 155-173, 2013.

CALDEIRA, Rodrigo C.; SILVEIRA, Emerson J. S. Catholic Church and Conservative-Traditionalist Groups: the Struggle for the Monopoly of Brazilian Catholicism in Contemporary Times. *International Journal of Latin American Religions*, v. 5, n. 2, p. 384-410, 2021.

CAMARGO, C. P. F. Comunidades eclesiais de base: *In*: SINGER, P.; BRANT, V. C. (orgs.). *São Paulo*: o povo em movimento. 4. ed. São Paulo: Vozes, 1983.

CAMURÇA, Marcelo A. Sombras na catedral: a influência *New Age* na Igreja Católica e o holismo da teologia de Leonardo Boff e Frei Betto. *Numen*, Juiz de Fora, v. 1, n. 1, p. 85-125, 1998.

CARRANZA, Brenda. *Renovação Carismática Católica*. Origens, mudanças e tendências. Aparecida: Santuário, 2000.

CORSI, Giancarlo; ESPOSITO, Elena; BARALDI, Claudio. *Glosario sobre la teoría social de Niklas Luhmann*. Ciudad de México: Universidad Iberoamericana, 1996.

COSTA, António J. B. F. J. *Sociologia dos novos movimentos eclesiais*: focolares, carismáticos e neocatecumenais em Braga. Tese (Doutorado em Sociologia). Instituto de Ciências Sociais, Universidade do Minho, Braga, 2004.

ELIAS, Norbert. *O processo civilizador*. 2 v. São Paulo: Companhia das Letras, 1993.

ESQUIVEL, Juan C. Da sociedade política à sociedade civil: a presença pública da Igreja Católica brasileira num período de instabilidade política (1952-2004). *Projeto História*, São Paulo, v. 29, n. 1, p. 197-221, 2004.

FERREIRA, Rafael L. O retorno do conservadorismo: a posse de Dom José Cardoso Sobrinho e o desmonte eclesiástico na Igreja Católica em Pernambuco. *Revista Angelus Novus*, São Paulo, v. 3, n. 3, p. 208-226, 2012.

FREIRE, Américo. Teologia da Libertação brasileira em rede: Emaús, Ceseep e Movimento Fé e Política (1970-1990). *Revista de História*, São Paulo, n. 181, p. 1-28, 2022.

FUHSE, Jan A. Theorizing Social Networks: The Relational Sociology of and around Harrison White. *International Review of Sociology*, v. 25, n. 1, p. 15-44, 2015.

FUKS, Mário; RIBEIRO, Ednaldo; BORBA, Julian. From Antipetismo to Generalized Antipartisanship: The Impact of Rejection of Political Parties on the 2018 Vote for Bolsonaro. *Brazilian Political Science Review*, São Paulo, v. 15, n. 1, p. 1-28, 2021.

GERÔNIMO, Mirela J. Guerra cultural no Brasil: a ascensão de movimentos da nova direita. *In*: SEMINÁRIO NACIONAL DE SOCIOLOGIA, 4, 2022. *Anais*. Aracuju: Universidade Federal de Sergipe, 2022.

GOHN, Maria G. *Manifestações de junho de 2013 no Brasil e praças dos indignados no mundo*. Petrópolis: Vozes, 2015.

GONÇALVES, Paulo S. L. O espírito da *Theologia Mundi* do Concílio Vaticano II e sua incidência na teologia latino-americana e Caribenha. *Revista de Cultura Teológica*, São Paulo, n. 99, p. 124-159, 2021.

GUIMARÃES, Edward; SBARDELOTTI, Emerson; BARROS, Marcelo. (orgs.). *50 Anos de Teologias da Libertação*: memória, revisão, perspectivas e desafios. 2 v. São Paulo: Recriar, 2022.

GUTIÉRREZ, Gustavo. *Teologia da Libertação* – perspectivas. São Paulo: Loyola, 2000.

HABERMAS, Jürgen. *Theorie des kommunikativen Handelns*. Frankfurt am Main: Suhrkamp, 1981.

HAHN, Alois. *Sakramentale Kontrolle. In*: SCHLUCHTER, Wolfgang. (ed.). *Max Webers Sicht des okzidentalen Christentums*: Intepretation und Kritik. Frankfurt: Suhrkamp, 1988.

HUTT, Curtis. Pierre Bourdieu on the *Verstehende Soziologie* of Max Weber. *Method & Theory in the Study of Religion*, Leiden, v. 19, n. 3-4, p. 232-254, 2007.

JOÃO PAULO II. *Carta do Papa João Paulo II aos bispos da Conferência Episcopal dos Bispos do Brasil*. 9 abr. 1986. Roma: Santa Sé, 1986. Disponível em: https://www.vatican.va/content/john-paul-ii/pt/letters/1986/documents/hf_jp-ii_let_19860409_conf-episcopale-brasile.html. Acesso em: 17 maio 2024.

KRAUSE, Detlef. *Luhmann-Lexikon*. Eine Einführung in das Gesamtwerk von Niklas Luhmann. Sttutgart: UTB, 2001.

KRISCHKE, Paulo; MAINWARING, Scott. *A Igreja nas bases em tempos de transição*. 1974/1985. Porto Alegre: L&PM, 1986.

KRUIP, Gerhard. Der polnische Papst und die unverstandene Theologie der Befreiung: Johannes Paul II. und seine Reaktion auf die lateinamerikanischen Neuaufbrüche nach dem Konzil. *In*: GOERTZ, Stephan; STRIET, Magnus. (eds.). *Johannes Paul II*. Vermächtnis und Hypothek eines Pontifikats. Freiburg: Herder, 2020

LACERDA, Lucelmo. Roma locuta: causa finita? O repto da Igreja brasileira ao papado de João Paulo II. *Revista Eletrônica História em Reflexão*, Dourado, v. 4, n. 8, p. 1-23, 2010.

LERNER, Robert E. Waldenser, Lollarden und Taboriten. Zum Sektenbegriff bei Weber und Troeltsch. *In*: SCHLUCHTER, Wolfgang. (ed.). *Max Webers Sicht des okzidentalen Christentums*: Intepretation und Kritik. Frankfurt: Suhrkamp, 1988.

LIBÂNIO, João B. Igreja: povo oprimido que se organiza para a libertação. *Revista Eclesiástica Brasileira*, Petrópolis, v. 41, n. 162, p. 279-311, 1981.

LIBÂNIO, João B. *Teologia da Libertação*: roteiro didático para um estudo. São Paulo: Loyola, 1987.

LÖWY, Michael. Marxismo e cristianismo na América Latina. *Lua Nova*, São Paulo, n. 19, p. 5-22, 1989.

LÖWY, Michel. *A guerra dos deuses*: religião e política na América Latina. Petrópolis: Vozes, 2000.

LUHMANN, Niklas. *Die Gesellschaft der Gesellschaft*. Frankfurt am Main: Suhrkamp, 1997.

LUHMANN, Niklas. *Die Religion der Gesellschaft*. Frankfurt am Main: Suhrkamp, 2000.

LUHMANN, Niklas. *Sistemas sociais*: esboço de uma teoria geral. Petrópolis: Vozes, 2016.

MARIANO, Ricardo. *Neopentecostais*: sociologia do novo pentecostalismo no Brasil. São Paulo: Loyola, 1999.

MARTINS, Heloísa H. T. S. *Igreja e movimento operário no ABC*: 1954-1975. São Paulo: Hucitec, 1994.

MARIZ, Cecília L. Perspectivas sociológicas sobre o pentecostalismo e o neopentecostalismo. *Revista de Cultura Teológica*, São Paulo, n. 13, p. 37-52, 1995.

MARIZ, Cecília L. Catolicismo no Brasil contemporâneo: reavivamento e diversidade. *In*: TEIXEIRA, Faustino; MENEZES, Renata. (orgs.). *As religiões no Brasil*: continuidades e rupturas. Petrópolis: Vozes, 2006.

MARTINS, José S. *Do PT das lutas sociais ao PT do poder*. São Paulo: Contexto, 2016.

MARX, Karl. *O 18 de brumário de Luís Bonaparte*. São Paulo: Boitempo, 2011.

MELO, Marcus A. Por que a atual disputa presidencial é diferente das anteriores? *Folha de S. Paulo*, 11 set. 2022. Disponível em: https://www1.folha.uol.com.br/colunas/marcus-melo/2022/09/por-que-a-atual-disputa-presidencial-e-diferente-das-anteriores.shtml. Acesso em: 13 maio 2024.

NACKE, Stefan. *Die Kirche der Weltgesellschaft*. Berlin: Springer, 2010.

OFIATI, Flávio M. O novo significado da "opção pelos pobres" na Teologia da Libertação. *Tempo Social*, São Paulo, v. 25, n. 1, p. 215-234, 2013.

OLIVEIRA, Pedro A. R. O catolicismo: das CEBs à Renovação Carismática. *Revista Eclesiástica Brasileira*, Petrópolis, v. 59, n. 236, p. 823-835, 1999.

OLIVEIRA, Pedro A. R. Lideranças de CEBs no Brasil – um estudo comparativo: 1981-2000-2005. *Interações*, Belo Horizonte, v. 4, n. 6, p. 157-172, 2009.

PASSOS, José D. *A força do passado na fraqueza do presente*: o tradicionalismo e suas expressões. São Paulo: Paulinas, 2020.

PEREIRA, José C. *Operários da fé*. São Paulo: Matrix, 2023.

PERLATTO, Fernando. Decifrando o governo Lula: interpretações sobre o Brasil contemporâneo. *Revista de Ciências Humanas*, Viçosa, v. 15, n. 1, p. 256-272, 2015.

PIERUCCI, Antônio F. "*Bye bye*, Brasil": o declínio das religiões tradicionais no Censo 2000. *Estudos Avançados*, São Paulo, v. 18, n. 52, p. 17-28, 2004.

PIERUCCI, Antônio F. O. Sociologia da religião, uma sociologia da mudança. *In*: MARTINS, Carlos B. (coord.). *Horizontes das ciências sociais no Brasil*: sociologia. São Paulo: Barcarolla, 2010.

PIERUCCI, Antônio F.; PRANDI, Reginaldo. *A realidade social das religiões no Brasil*. São Paulo: Hucitec, 1996.

PORTELLA, Rodrigo; CARVALHO, Nilmar S. O retorno à grande disciplina: o pontificado de João Paulo II e a Igreja dos pobres no Brasil. *Revista de Cultura Teológica*, São Paulo, n. 101, p. 206-228, 2022.

RIBEIRO, Cláudio O. A Teologia da Libertação morreu? Um panorama da teologia latino-americana da libertação e questões para aprofundar o debate teológico na entrada do milênio. *Revista Eclesiástica Brasileira*, Petrópolis, v. 63, n. 250, p. 320-353, 2003.

RIBEIRO, Cláudio O. O messianismo político da teologia latino-americana da libertação. *Reflexão*, Campinas, v. 40, n. 1, p. 41-57, 2015.

SADER, Emir. *Quando novos personagens entraram em cena* – experiências, falas e lutas dos trabalhadores da grande São Paulo. Rio de Janeiro: Loyola, 1988.

SAGRADA CONGREGAÇÃO PARA A DOUTRINA DA FÉ. *Instrução sobre alguns elementos da "Teologia da Libertação"*. Roma: Sagrada Congregação para a Doutrina da Fé, 1984. Disponível em: https://www.vatican.va/roman_curia/congregations/cfaith/documents/rc_con_cfaith_doc_19840806_theology-liberation_po.html. Acesso em: 17 maio 2024.

SAGRADA CONGREGAÇÃO PARA A DOUTRINA DA FÉ. *Instrução "Libertatis Conscientia" sobre a liberdade cristã e a libertação*. Roma: Sagrada Congregação para a Doutrina da Fé, 1986. Disponível em: https://www.vatican.va/roman_curia/congregations/cfaith/documents/rc_con_cfaith_doc_19860322_freedom-liberation_po.html. Acesso em: 17 maio 2024.

SALES JR., Ronaldo L.; AGUIAR, Jórissa D. A fé do povo latino-americano: entre o cristianismo da libertação e as lutas populares. *Religião e Sociedade*, Rio de Janeiro, v. 40, n. 2, p. 99-122, 2020.

SALLUM JR., Brasílio; GOULART, Jefferson. O Estado brasileiro contemporâneo: liberalização econômica, política e sociedade nos governos FHC e Lula. *Revista de Sociologia e Política*, Curitiba, v. 24, n. 60, p. 115-135, 2016.

SAMUELS, David; ZUCCO, César. Lulismo, Petismo, and the Future of Brazilian Politics. *Journal of Politics in Latin America*, London, v. 6, n. 3, p. 129-158, 2014.

SBARDELOTTI, Emerson. De Medellín a Puebla: uma Igreja em saída. *Reveleteo – Revista Eletrônica Espaço Teológico*, São Paulo, v. 13, n. 24, p. 7-21, 2019.

SCHIMANK, Uwe. Max Webers Rationalisierungsthese–differenzierungstheoretisch und wirtschaftssoziologisch gelesen. *In*: MAURER, A. (ed.). *Wirtschaftssoziologie nach Max Weber*. Berlin: Springer, 2010.

SCHLAMELCHER, Jens. Kirche in der Gesellschaft. Versuch einer Verhältnisbestimmung auf Grundlage der Unterscheidung von Kirche und Sekte nach Max Weber und Ernst Troeltsch. *In*: POLLACK, Detlef; WEGNER, Gerhard. (eds.). *Die soziale Reichweite von Religion und Kirche*. Baden-Baden: Ergon, 2017.

SCHLUCHTER, Wolfgang. *Handlung, Ordnung und Kultur*. Tübingen: Mohr Siebeck, 2005.

SCHWINN, Thomas. *Max Weber und die Systemtheorie*: Studien zu einer handlungstheoretischen Makrosoziologie. Tübingen: Mohr Siebeck, 2013.

SCHWINN, Thomas. Wertsphären und Lebensordnungen. *In*: MÜLLER, H. P.; SIGMUND, S. (eds.). *Max Weber-Handbuch*. Stuttgart: J. B. Metzle, 2020.

SCHWINN, Thomas; GREVE, Jens; KRONEBERG, Clemens. *Soziale Differenzierung*. Berlin: Springer, 2011.

SECCO, Lincoln. *História do PT*, 1978-2010. Cotia: Ateliê, 2011.

SIGMUND, Steffen; ALBERT, Gert; BIENFAIT, Agathe; STACHURA, Mateusz. (eds.). *Soziale Konstellation und historische Perspektive*: Festschrift für M. Rainer Lepsius. Berlin: Springer, 2008.

SILVA, Wellington T.; BAPTISTA, Paulo A. N. A revolução nas origens da esquerda católica brasileira e a Teologia da Libertação. *Sociedade e Cultura*, Goiânia, v. 23, 2020.

SILVEIRA, Emerson J. S. A "sociologia" da Renovação Carismática. *Numen*, Juiz de Fora, v. 1, n. 1, 220-223, 1998.

SINGER, André. *Os sentidos do lulismo*: reforma gradual e pacto conservador. São Paulo: Companhia das Letras, 2009.

SOFIATI, Flávio M. Tendências católicas: perspectivas do cristianismo da libertação. *Estudos de Sociologia*, Araraquara, v. 14, n. 26, p. 121-140, 2009.

SOFIATI, Flávio M. O novo significado da "opção pelos pobres" na Teologia da Libertação. *Tempo Social*, São Paulo, v. 25, n. 1, p. 215-234, 2013.

SOFIATI, Flávio M.; COELHO, Allan S.; CAMILO, Rodrigo A. L. Afinidades entre marxismo e cristianismo da libertação: uma análise dialético-compreensiva. *Trans/Form/Ação*, Marília, v. 41, n. 4, p. 115-134, 2018.

SOFIATI, Flávio M.; MOREIRA, Alberto S. Catolicismo brasileiro: um painel da literatura contemporânea. *Religião e Sociedade*, Rio de Janeiro, v. 38, p. 277-301, 2018.

SOUZA, Ney; LANFRANCHI, Marcelo. O avanço do fundamentalismo católico nas redes sociais no Brasil. *Revista de Cultura Teológica*, São Paulo, n. 102, p. 193-213, 2022.

STARK, Werner. The Place of Catholicism in Max Weber's Sociology of Religion. *Sociological Analysis*, Oxford, v. 29, n. 4, p. 202-210, 1968.

STEIL, Carlos A. A Igreja dos pobres: da secularização à mística. *Religião e Sociedade*, Rio de Janeiro, v. 19, n. 2, p. 61-76, 1999.

SUNG, Jung M. Cristianismo de libertação: fracasso de uma utopia? *Estudos Teológicos*, Petrópolis, v. 48, n. 1, p. 39-63, 2008.

TABORDA, Francisco A. C. A conferência de Medellín como recepção do Vaticano II. *Perspectiva Teológica*, Belo Horizonte, v. 51, n. 1, p. 115-115, 2019.

TYRELL, Hartmann. Katholizismus und katholische Kirche. *In*: LEHMANN, Hartmut; QUÉDRAOGO, Jean M. (eds.). *Max Weber Religionssoziologie in interkuluturller perspektive*. Göttingen: Vandenhoeck & Ruprecht, 2003.

VALENTINI, Luiz D. A Conferência de Santo Domingo: depoimento pessoal. *Revista Eclesiástica Brasileira*, Petrópolis, v. 53, n. 209, p. 5-18, 1993.

VALÉRIO, Mairon E. A historiografia da Teologia da Libertação na América Latina e a questão dos pares assimétricos. *Fronteiras*, Dourado, v. 14, n. 25, p. 161-181, 2012.

VALLE, Rogério; PITTA, Marcelo. *Comunidades eclesiais católicas*: resultados estatísticos no Brasil. Petrópolis: Vozes, 1994.

WEBER, Max. *A ética econômica das religiões mundiais*. v. 1: confucionismo e taoísmo. Petrópolis: Vozes, 2016.

WEBER, Max. Wirtschaft und Gesellschaft. Soziologie. Unvollendet. 1919-1920. *In*: BORCHARDT, Knut; HANKE, Edith; SCHLUCHTER, Wolfgang. (eds.). *Max Weber Gesamtausgabe*. V. I/23. Tübingen: Mohr Siebeck, 2013.

WEBER, Max. *A ética protestante e o espírito do capitalismo*. Edição integral incluindo: "Anticríticas", "Igrejas e seitas na América do Norte". "As seitas protestantes e o espírito do capitalismo". Petrópolis: Vozes, 2020.

WESTPHAL, Euler R. Uma breve história da Teologia da Libertação: um olhar crítico sobre os primeiros 20 anos. *Vox Scripturae – Revista Teológica Brasileira*, São Bento do Sul, v. 19, n. 1, p. 68-98, 2011.

Capítulo 10
Uma nova geração de padres em Santa Catarina:
reflexões metodológicas

Nos últimos tempos, pesquisas sobre o perfil do atual clero católico no Brasil vêm trazendo importantes contribuições para entendermos os rumos da Igreja Católica no contexto nacional. Dentre elas, destaca-se o levantamento organizado por Agenor Brighenti (2021), que, entrevistando 1.155 padres, forneceu um rico retrato da visão de mundo e da visão eclesial, bem como dos modelos de ministério dos presbíteros na atualidade. Em direção similar, também José Carlos Pereira (2023), a partir de 1.858 entrevistas, investigou seu perfil, origem, formação, ministério, espiritualidade, saúde, vida cultural e relação com a política. Apesar de suas diferenças metodológicas, ambos os estudos identificam indícios de uma mudança cultural em representações, valores e práticas dos padres católicos brasileiros, especialmente das novas gerações, que se distanciam cada vez mais do ideário da Teologia da Libertação (TdL) para adotar um perfil que mescla elementos do modelo sacerdotal tradicional (ressacerdotalização) e os imperativos modernos da realização pessoal e da eficiência gerencial (Béraud, 2009).

Porém, mesmo com a existência de fortes indícios empíricos que corroboram uma tendência de mudança, ainda não se tem clareza sobre a sua real abrangência e, principalmente, não se conseguiu ainda investigar com mais cuidado quais seriam as causas dessas transformações. Além de um certo tom de espanto e lamento, pouco útil metodologicamente, as explicações existentes apelam para um raciocínio macroestruturalista que explica o fenômeno apelando para variáveis externas, como o individualismo religioso da Modernidade tardia (Passos, 2021), ou mesmo creditando tais transformações à linha programática adotada pelos papas João Paulo II (1978-2005) e Bento XVI (2005-2013) (Godoy, 2023).

Este último fator, em particular, não pode ser tomado isoladamente como se fosse a única ou mesmo a variável explicativa determinante dessa mutação: a cultura do clero católico não é um reflexo direto e imediato do papa vigente, sob pena de esposarmos um determinismo estrutural totalmente reducionista.

Visando contribuir para o aprofundamento da reflexão sobre os condicionantes dessa mudança cultural, bem como a subsidiar a discussão teológico-pastoral a esse respeito, este capítulo discute algumas questões teórico-metodológicas relacionadas aos assim chamados "padres novos" ou "novo clero" (Benedetti, 1999; cf. também: Medeiros; Fernandes, 2005; Serbin, 2008) e que, do ponto de vista teórico, sugere-se denominar "nova geração de padres". Com esse intuito, sistematizam-se alguns dados secundários sobre o perfil do clero diocesano das dez dioceses de Santa Catarina. Embora o caso catarinense seja bem mais delimitado e restrito que o cenário nacional, os dados sobre essa unidade da federação (com uma Circunscrição Eclesiástica) e suas dioceses serão utilizados como estudo de caso para refletir sobre o uso da *variável*[105] "geração de padres" a partir de três *indicadores*[106] distintos. Do ponto de vista da geração entendida em seu sentido etário, o indicador *ano de nascimento* situa o contexto de socialização religiosa familiar (primária) dos atuais padres, enquanto o indicador *ano de ordenação*, por sua vez, situa o contexto nos quais ocorre o processo de socialização organizacional do clero (secundária). Do ponto de vista da geração entendida em sentido histórico, o indicador que correlaciona o *ano de ordenação e o pontificado vigente* serve como instrumento metodológico para contextualizar um corte geracional entre os padres católicos.

A sistematização de dados tem caráter descritivo[107], mas a partir dela almeja-se apresentar e discutir elementos teóricos e metodológicos para o estudo so-

---

105. Conforme Richardson (1999, p. 117), a "variável" é um termo "que representa uma classe de objetos" e sua relação com outras variáveis podem ser independentes, intervenientes ou dependentes. Por tratar-se do objeto a ser explicado (efeito), a nova geração de padres pertence ao tipo das variáveis dependentes, qual seja, "aquelas afetadas ou explicadas pelas variáveis independentes" (Richardson, 1999, p. 129).

106. Segundo Jannuzzi (2004, p. 15), um "indicador social" "é uma medida em geral quantitativa dotada de significado social substantivo, usado para substituir, quantificar ou operacionalizar um conceito social abstrato, de interesse teórico (para pesquisa acadêmica) ou programático (para formulação de políticas)".

107. Na acepção de Marconi e Lakatos (2002, p. 22), a pesquisa descritiva "delineia o que é" e "aborda também quatro aspectos: descrição, registro, análise e interpretação de fenômenos atuais, objetivando o seu funcionamento no presente".

ciológico e a reflexão teológico-pastoral do perfil sociocultural do clero católico brasileiro. Mais do que determinar, do ponto de vista substantivo (qualitativo), como são e o que pensam atualmente os sacerdotes católicos de Santa Catarina, o capítulo propõe, do ponto de vista formal (quantitativo), contribuições para avançar teórica e metodologicamente na construção de instrumentos para a determinação do universo que está sendo pesquisado. Por isso, ao invés de responder "como" são os atuais padres de Santa Catarina, o intento é sugerir elementos que apontam para "quem" é, do ponto de vista da sociologia das gerações e a partir de indicadores metodológicos específicos, o atual clero no exercício do ministério sacerdotal nas dioceses de Santa Catarina e, *a fortiori*, do Brasil.

1 Perfil geral do clero em Santa Catarina

Santa Catarina constitui uma Circunscrição Eclesiástica que, além da sede em Florianópolis, inclui mais nove dioceses. Elas foram sendo criadas a partir de um processo de desmembramento que se inicia com a fundação do bispado da capital de Santa Catarina em 1908 e sua elevação à categoria de Arquidiocese em 1927, seguida da criação das dioceses de Joinville e Lages (em 1927), Tubarão (em 1954), Chapecó (em 1958), Caçador e Rio do Sul (em 1968), Joaçaba (em 1975), Criciúma (em 1998) e Blumenau (em 2000).

Os dados sobre o clero diocesano que atua hoje nas dioceses de Santa Catarina – o que não quer dizer que eles sejam catarinenses de nascimento – foram coletados na internet (portal eletrônico da CNBB e das dioceses[108]) ou foram adquiridos por meio de anuários e listas fornecidas pelas próprias dioceses até o fim do mês de abril de 2023 (fontes documentais)[109]. Da análise dos dados coletados resultou que o estado de Santa Catarina contava, à época da coleta de dados, com 826 presbíteros (somando seculares e religiosos) que se distribuem, em ordem descrente, da seguinte forma pelas dioceses (cf. Tabela 10.1 a seguir):

---

108. Os respectivos endereços eletrônicos das dioceses estão listados nas referências bibliográficas.
109. Criciúma, Blumenau, Rio do Sul e Joaçaba apresentaram versões impressas do *Anuário do clero*. As dioceses de Lages e Chapecó enviaram (por meio de correspondência eletrônica) uma relação com os dados solicitados. Os dados das demais dioceses foram obtidos a partir de seus respectivos portais eletrônicos.

Tabela 10.1 – Padres de Santa Catarina

	Diocese	N.
1.	Florianópolis	192
2.	Joinville	156
3.	Criciúma	86
4.	Chapecó	83
5.	Blumenau	70
6.	Tubarão	55
7.	Rio do Sul	52
8.	Caçador	47
9.	Lages	43
10.	Joaçaba	42
	Total	826

Fonte: elaboração própria.

Do total de 826 presbíteros, 571 pertencem ao clero diocesano e 255 são padres de ordens religiosas. Santa Catarina possui, pois, um clero predominantemente diocesano que perfaz 69% do total de presbíteros, frente a 31% de padres religiosos.

2 Perfil etário do clero em Santa Catarina

Passemos agora a um exame mais detalhado do perfil etário desses presbíteros diocesanos. Trata-se de um clero formado por padres mais velhos ou padres mais jovens? E como diferenciar esses dois conjuntos? Quem, nesse caso, pode ser considerado "jovem" ou "velho"? Responder a essa questão esbarra em uma série de dificuldades metodológicas. A primeira delas é que a tabela etária do Instituto Brasileiro de Geografia e Estatística (IBGE – 2023) distribui a população brasileira entre jovens (até 19 anos), adultos (20 a 59) e idosos (mais de 60 anos), índices que acrescentam muito pouco à definição da diferença entre gerações de padres.

Visando superar esse problema, complementaremos a tabela etária do IBGE com uma nova disposição de idades oriunda de pesquisas na área da saúde e que adotam como referência as orientações da Organização Mundial da Saúde (OMS) (Araújo; Scachetti; Oliveira Monteiro, 2023). Dessa maneira, podemos diferenciar, na faixa dos adultos, os *adultos jovens* (24 a 39 anos), os *adultos de meia-idade* (40 a 59 anos) e os *adultos idosos* (mais de 60 anos). Nos termos desta nossa pesquisa, essas mesmas faixas de idade serão utilizadas para discriminar entre (1) padres jovens, (2) padres de meia-idade e (3) padres idosos.

O primeiro indicador a considerar é a média de idade dos sacerdotes de Santa Catarina em geral, situação na qual encontramos os seguintes índices (cf. Tabela 10.2 a seguir):

Tabela 10.2 – Média de idade dos padres de Santa Catarina, por diocese

	Diocese	Média etária
1.	Chapecó	59
2.	Tubarão	58
3.	Lages	58
4.	Florianóplis	56
5.	Blumenau	56
6.	Rio do Sul	56
7.	Joaçaba	55
8.	Caçador	54
9.	Jonville	52
10.	Criciúma	51
	Média	55,5

Fonte: elaboração própria.

A média de idade dos sacerdotes atuantes em Santa Catarina, portanto, é de 55,5 anos, sendo Chapecó a diocese com a média mais alta (59 anos) e Criciúma, a mais baixa (51 anos).

Depois de termos examinado a pirâmide etária geral do clero catarinense como um todo, vejamos agora como os padres distribuem-se entre padres mais jovens (25 a 39 anos), padres de meia-idade (40 a 59 anos) e padres idosos (60 anos ou mais). Nesse caso, encontraremos, em termos percentuais, o seguinte quadro geracional (cf. Gráfico 10.1 a seguir):

Gráfico 10.1 – Agregados etários dos padres de Santa Catarina (em %)

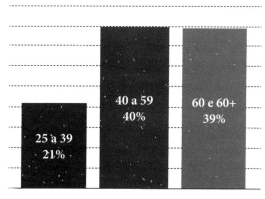

Fonte: elaboração própria.

A maior parte do clero catarinense está situada na faixa dos padres de meia-idade, que chega a 40% do total de presbíteros. Por apenas um ponto percentual de diferença temos os padres idosos, que perfazem um total de 39%. O número de padres situados no período da idade adulta jovem é de 21%, abaixo, portanto, de 1/4 do total. Em sua grande maioria (79%) os padres de Santa Catarina estão na idade madura e são ou "padres de meia-idade" ou "padres idosos".

3 Perfil etário-eclesiástico do clero de Santa Catarina

Ao empregar a expressão perfil "etário-eclesiástico" dos sacerdotes de Santa Catarina, referimo-nos à sua condição de padres em termos de *tempo de ministério* e em termos do *pontificado* no qual o conjunto do universo pesquisado foi ordenado.

Primeiramente, portanto, analisemos o percentual de sacerdotes ordenados no conjunto das dioceses de Santa Catarina de acordo com o tempo de exercício do ministério. Nesse caso, temos o seguinte quadro geral (cf. Gráfico 10.2, a seguir):

Gráfico 10.2 – Décadas de ministério dos padres de Santa Catarina (em %)

Fonte: elaboração própria.

*Nota: os valores acima ultrapassam 100% devido a problemas de arredondamento.

Os dados surpreendem, pois, enquanto vimos acima que a pirâmide etária dos padres de Santa Catarina é, em média, bastante alta, o Gráfico 2 nos mostra que o número de padres ordenados nas duas décadas mais recentes apresenta os maiores percentuais: 17% (dez anos de ministério) e 33% (na casa dos 20 anos de ministério), respectivamente. Juntos, esses dois segmentos somam 50% do total do clero. No próximo quadrante, temos os padres que estão no exercício do sacerdócio na faixa de 30 (12%) até 40 anos (21%), perfazendo um total de 33%

dos clérigos de Santa Catarina. Apenas 18% dos clérigos já estão em sua função há mais de 50 anos. Isso significa que, embora a pirâmide etária dos padres catarinenses indique envelhecimento, em se tratando de décadas de ordenação ou anos de exercício do ministério, a situação inverte-se e a maioria do clero pode ser situada nas décadas iniciais do sacerdócio (50%).

Um outro indicador que pode ser usado nas pesquisas recentes sobre o perfil do clero acena para a relação entre os papas em exercício e o número de ordenações sacerdotais no período. Para operacionalizar esse critério, classificamos os padres de Santa Catarina de acordo com os cinco pontificados nos quais eles foram ordenados, a saber: Pio XII e João XIII (1939 a 1963), Paulo VI (1964 a 1978), João Paulo II (1978 a 2005), Bento XVI (2005 a 2013) e Francisco (2013 a 2023). O quadro que obtivemos foi o seguinte (cf. Gráfico 10.3 a seguir):

Gráfico 10.3 – Ordenações dos padres por pontificado (em %)

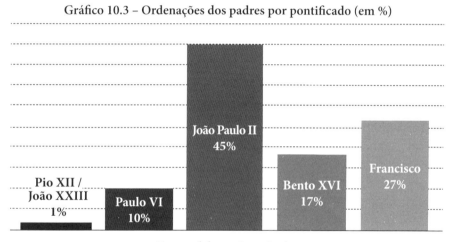

Fonte: elaboração própria.

Naturalmente, temos que considerar que os pontífices que exerceram seu ministério entre 1939 e 1978 (de Pio XII a Paulo VI) já estão distantes no tempo há no mínimo 45 anos, podendo chegar até 84 se recuarmos até Eugênio Pacelli (eleito em 1939). Não admira, pois, que apenas 1% dos padres atuais tenha sido ordenado nesse período. Sacerdotes que foram ordenados durante a reforma conciliar e nos anos imediatamente seguintes chegam hoje a apenas 10% do clero, o que indica que atualmente são poucos os padres que experimentaram como testemunhas o impacto das mudanças do Concílio Vaticano II na vida presbiterial e eclesial como um todo. Quase metade da geração dos padres da atualidade foi ordenada no longo pontificado de João Paulo II (27 anos), perfazendo um total de 45% do atual clero.

O período mais recente, que dista no tempo apenas 18 anos (já que em 2005 foi eleito o papa Bento XVI, seguido de Francisco, em 2013), concentra 44% dos sacerdotes ordenados. No conjunto, os padres da geração de João Paulo II até a atualidade perfazem 88% do total do clero atuando em Santa Catarina.

Como afirmamos no início do capítulo, há que ser cautela para não se propor uma leitura mecânica e determinista dos dados, como se cada classe de padres ordenados nos respectivos anos de pontificado dos últimos papas refletisse exatamente sua linha programática. Mas os dados indicam muito claramente que a grande maioria do clero catarinense (88%) foi ordenada no período de João Paulo II e nos pontificados posteriores, o que talvez ajude muito a explicar qual o perfil do clero na atualidade. Mas esse é um assunto que discutiremos com mais detalhe a seguir.

4 Discussão dos resultados: sociologia das gerações e processos de socialização

Esta pesquisa mostrou que o clero que atua na Circunscrição Eclesiástica de Santa Catarina possui as seguintes características:

1) É predominantemente *diocesano* (69%).

2) O conjunto das dioceses possui padres diocesanos na faixa etária da *meia-idade* (40%).

3) Em termos de anos de ordenação, *metade dos padres seculares exerce seu ministério de um até 20 anos* (50%), seguindo-se o grupo dos que estão na função entre três e quatro décadas (33%). Nesse caso, são os padres ordenados há menos tempo que predominam sobre os demais.

4) Por fim, a pesquisa também mostrou que a maioria dos padres hoje atuantes no estado de Santa Catarina foi ordenada durante (44%) ou depois (44%) do pontificado de *João Paulo II*, totalizando 88% dos clérigos.

Fundamental para a compreensão teórica do perfil do clero brasileiro na atualidade é sua remissão à sociologia das gerações[110], exercício que até agora não foi realizado nas pesquisas em andamento. Trata-se de uma área na qual encontramos, a partir de Karl Mannheim (1927), uma visão multidimensional do conceito, entendido, na acepção desse pensador, como *posição geracional* (indiví-

---

110. Sobre a sociologia das gerações em perspectiva aplicada, veja-se Weller e Bassalo (2020).

duos que compartilham a mesma localização temporal), *contexto geracional* (indivíduos que compartilham a mesma situação histórica) ou *unidade geracional* (indivíduos que compartilham a mesma consciência histórica)[111]. Seguindo essa diretriz, a maior parte da literatura a respeito (Mauger, 2015) distingue entre uma dimensão predominantemente biográfico-etária (ou geração no sentido familiar) e outra mais histórico-cultural (geração no sentido social) do conceito. Na tipologia de Jürgen Zinnecker (2001), por exemplo, temos a geração entendida como indivíduos nascidos no mesmo ano, como grupo etário (jovens, adultos, velhos etc.) e como gerações históricas. Adotando esta última orientação, os dados aqui coletados podem ser situados nessa dupla dimensão. Assim, os indicadores de ano de nascimento e de ano de ordenação situam-se no contexto das gerações etárias, enquanto o indicador ano de ordenação/papa reinante remete à ideia de geração compreendida como horizonte histórico.

4.1 Gerações etárias

Do ponto de vista etário, uma das principais conclusões da sistematização de dados foi constatar padrões estatísticos diferentes em relação às variáveis *ano de nascimento* e *ano de ordenação*, como se demonstra abaixo (cf. Gráfico 10.4 a seguir):

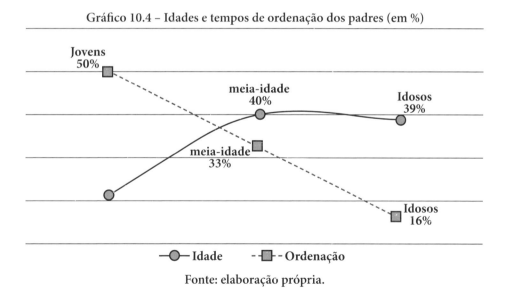

Gráfico 10.4 – Idades e tempos de ordenação dos padres (em %)

Fonte: elaboração própria.

---

111. Uma revisão da teoria desse autor é realizada por Weller (2010).

Podemos ver claramente como as curvas do ano de nascimento (idade) e ano de ordenação (tempo de ministério) seguem trajetórias contrárias: enquanto os padres jovens (21%) são o menor grupo em se tratando de ano de nascimento (que depois sobe para um patamar estável de idade, atingindo 40% nos padres de meia-idade e 39% nos padres idosos), temos uma situação contrária em se tratando de ano de ordenação. Nesse caso, o maior percentual encontra-se entre os padres mais jovens (50%); depois ele segue uma trajetória de declínio: 33% de padres de meia-idade sacerdotal e 18% idosos em termos de tempo de ministério.

A conclusão a que se chega é que a variável analítica "nova geração de padres" pode variar a depender de optarmos pelo indicador ano de nascimento ou pelo indicador do ano de ordenação. Se adotamos o primeiro indicador, o número de padres jovens diminui; se adotamos o segundo indicador, o número de padres jovens aumenta. Definir o que é um "padre jovem" diz respeito à idade ou diz mais respeito aos anos dedicados ao sacerdócio? Qual desses indicadores revela-nos mais sobre quem são os padres católicos?

Essa diferença metodológica no uso de indicadores já tinha sido apontada nas pesquisas realizadas com o clero dos Estados Unidos por Sullins (2013). Acompanhando estudos que mostram que o clero daquele país vem-se tornando mais conservador (Vermurlen; Gegnerus; Cranney, 2023), ele defende que essa mudança não é tanto o resultado reflexo de mudanças culturais amplas, mas de processos de seleção institucional. Ao partir da sociologia das organizações, ele assume a hipótese de que é o processo de socialização dos futuros clérigos nos seminários, bem como as orientações morais da hierarquia católica (magistério, papa e bispos), que representam os fatores determinantes para explicar o processo de maior conformidade dos padres com a moral oficial da Igreja Católica. Tal seria o motivo pelo qual o indicador "ano de ordenação" acaba sendo mais significativo na análise do que o indicador do ano de nascimento.

A pesquisa de Sullins é importante na medida em que chama a atenção para as implicações teóricas e metodológicas do uso de indicadores para entender as formas de vida do clero católico. Além disso, ele é pioneiro ao introduzir os fatores da cultura organizacional no estudo dos padres. Mas, apesar de suas contribuições, não consideramos que a variável "ano de nascimento" seja completamente desprovida de relevância analítica. Conforme a sociologia de Pierre Bourdieu

(2021), é fundamental distinguir entre fases diferentes do processo de socialização. A *socialização primária*, que se realiza nos anos iniciais de vida, especialmente no espaço da família, dos grupos e de outras relações primárias, com efeito difere das formas de *socialização secundária* que afeta a trajetória de vida das pessoas e que, para os jovens, realiza-se especialmente nos espaços do ensino superior ou começa diretamente nos ambientes de trabalho[112].

Trata-se de uma distinção particularmente útil para a presente discussão, pois lembra que entender o perfil dos padres católicos implica começar investigando seu contexto da formação familiar, suas experiências religiosas iniciais, sua participação em atividades da comunidade religiosa e, muito em particular, o processo de tomada de decisão de ingressar em um seminário (vocação[113]). Para entender esse processo de socialização primária, o indicador "ano de nascimento" representa um elemento-chave, pois ajuda a localizar o período e o contexto nos quais ele se realizou.

4.2 Gerações históricas

Com o ingresso no seminário começa uma segunda etapa de socialização que, no caso de instituições como os seminários, envolve a formação de uma nova identidade (Benelli, 2008). Esse processo também continua à medida que os jovens padres adentram nos trabalhos das paróquias e adaptam-se ao ambiente cultural e organizacional da sua diocese. Nesse âmbito, é o indicador "ano de ordenação" que se mostra o recurso mais adequado para contextualizar o processo.

É nesse contexto que precisamos discutir de que forma a linha magisterial de um papa pode incidir no processo de socialização de um padre. Como o contato mais intenso com as diretrizes papais acontece nos seminários, podemos supor que essa influência é maior durante o processo de socialização secundária, mas ainda estamos longe de entender quais os mecanismos envolvidos nesse processo. Uma das principais dúvidas consiste em como tratar metodologicamente essa influência. Uma hipótese é que os padres ordenados na primeira parte da era João Paulo II, por exemplo, apesar da linha estabilizadora adotada pelo papa polonês[114],

---

112. Uma discussão atualizada desse conceito pode ser encontrada em Lahire (2015).
113. Sobre esse tema, cf. Seidl (2012); cf. também Fernandes (2009). Na literatura internacional, veja-se Stravinskas (2010) e Gautier e Do (2020).
114. Sobre o perfil do papado de João Paulo II, veja-se Caldeira (2013) e Portella e Carvalho (2022).

ainda parecem refletir o clima de mudança e inovação promovidos não só pelo Concílio Vaticano II, mas também pela hegemonia da Teologia da Libertação no Brasil. Ao mesmo tempo, cabe a hipótese de que, após um longo período à frente da Igreja, a linha programática de João Paulo II começou a incidir de maneira mais forte na segunda metade de seu papado, adentrando ainda no pontificado de Bento XVI[115]. Esse critério, que divide o papado em duas partes, nos deixaria com o ano de 1991 ou 1992. Trata-se, de fato, de um ano emblemático, na medida em que foi o ano em que um dos principais expoentes brasileiros da Teologia da Libertação (Leonardo Boff) deixou o sacerdócio[116], ao mesmo tempo em que a Conferência de Santo Domingo indicava uma forte inflexão teológica nas orientações vaticanas dirigidas para a América Latina (Libânio, 2006).

Dessa forma, embora os anos de 1990 ainda representem um período de transição, adotar o corte anos 1970-1980 e anos 1990 em diante para distinguir duas gerações entre os padres brasileiros parece ser uma decisão que se justifica metodologicamente. Todavia, mais do que o ano de nascimento, que toma como indicador a idade dos entrevistados, como fez a pesquisa coordenada por Brighenti (2021), os indicadores de ano de ordenação e de exercício do magistério mostram-se um instrumento muito mais adequado para ajudar a localizar empiricamente a fração do clero socializada sob o influxo da formação sacerdotal.

5 Compreender a nova geração de padres: aprendizados e desafios metodológicos

A pesquisa aqui apresentada é de caráter descritivo e realizou um levantamento e uma sistematização de dados sobre (1) o perfil etário, (2) o tempo de exercício do ministério e (3) a correlação entre ano de ordenação e pontificado, dos padres seculares que atuam nas dez dioceses de Santa Catarina (Brasil). Os dados mostraram que nesta unidade de análise temos um clero predominantemente diocesano (69%), segmento no qual o perfil etário é de meia-idade (média de 55,5 anos), que em sua maioria (50%) ainda se encontra na primeira metade do exercício do ministério (nas duas primeiras décadas de um total de seis) e que foi ordenado predominantemente durante ou depois do pontificado de João Paulo II (88%).

---

115. Para uma apreciação desse pontificado, veja-se Assunção (2018).
116. Para uma narrativa pessoal do evento, veja-se Boff (1999).

Tais dados foram utilizados como recurso para sugerir avanços teóricos e metodológicos na pesquisa sobre o perfil sociocultural do clero católico no Brasil. A pesquisa indica que, do ponto de vista teórico, a distinção entre a *dimensão etária* e a *dimensão histórica* é fundamental para analisar gerações de padres no exercício de seu ministério. Com efeito, novas gerações de padres do ponto de vista etário e novas gerações de padres no sentido de experiência compartilhada ou horizonte histórico são elementos que precisam ser separados analiticamente. Sob o aspecto metodológico, o capítulo também reflete sobre a importância analítica dos *indicadores ano de nascimento* e *ano de ordenação*, pois cada um deles remete-nos para contextos diferentes do processo de socialização do clero: a socialização primária no caso do ano de nascimento e a socialização secundária no caso do ano de ordenação. Já o *indicador que correlaciona ano de ordenação com o papa reinante na época* remete-nos ao contexto histórico-geracional do clero brasileiro. Essa diferenciação conceitual permite situar a gênese temporal de duas gerações históricas diferentes de padres da atualidade: aqueles mais fortemente influenciados e identificados com a Teologia da Libertação e uma nova geração alinhada com um processo de recomposição do ideal sacerdotal (Béraud, 2009).

A pesquisa sociológica sobre o perfil atual do clero católico no Brasil ainda apresenta muitos outros desafios teóricos e empíricos, entre eles a dificuldade em operacionalizar metodologicamente as faixas etárias sob o aspecto das pirâmides etárias, fases etárias (jovens, maduros e idosos) ou mesmo agrupamentos de anos de ordenação/papa vigente. Apesar das dificuldades, este capítulo, somando-se aos esforços já realizados, espera ser uma reflexão que contribua para o entendimento de como é, atualmente, o presbítero da Igreja Católica.

Referências

ARAÚJO, Fernanda R.; SCACHETTI, Rodolfo E.; OLIVEIRA MONTEIRO, Nancy R. Autopercepção de qualidade de vida em adultos de uma região litorânea do estado de São Paulo. *Unisanta Law and Social Science*, Santos, v. 12, n. 1, p. 269-284, 2023.

ARQUIDIOCESE DE FLORIANÓPOLIS. *Diocesanos*. Florianópolis: Arquidiocese de Florianópolis, 2023. Disponível em: https://arquifln.org.br/presbiteros/diocesanos-2/. Acesso em: 26 abr. 2023.

ASSUNÇÃO, Rudy A. *Bento XVI, a Igreja Católica e o "espírito da Modernidade"*. São Paulo: Paulus, 2018.

BENEDETTI, Luiz R. O "novo clero": arcaico ou moderno? *Revista Eclesiástica Brasileira*, Petrópolis, v. 59, n. 233, p. 88-126, 1999.

BENELLI, Silvio J. Estudo psicossocial de um seminário teológico: a formação do clero católico em análise. *Estudos de Psicologia*, Natal, v. 13, n. 3, p. 203-211, 2008.

BÉRAUD, Céline. Prêtres de la génération Jean-Paul II: recomposition de l'idéal sacerdotal et accomplissement de soi. *Archives de sciences sociales des religions*, Paris, n. 133, p. 45-66, 2006.

BÉRAUD, Céline. Mutations de la formation pour le clergé catholique: entre idéal sacerdotal et valorisation de la compétence. *In*: DEMAZIÈRE, Didier; GADEA, Charles. (dir.). *Sociologie des groupes professionnels*. Acquis récents et nouveaux défis. Paris: La Découverte, 2009.

BOFF, Leonardo. Balanço aos sessenta: entre a cátedra de Pedro e a cadeira de Galileu Galilei. *Numen*, Juiz de Fora, v. 2, n. 2, p. 141-156, 1999.

BOURDIEU, Pierre. *Sociologia geral*. V. 1: Lutas de classificação. Petrópolis: Vozes, 2021.

BRIGHENTI, Agenor. (org.). *O novo rosto do clero*: perfil dos padres novos no Brasil. Petrópolis: Vozes, 2021.

CALDEIRA, Rodrigo C. O pontificado de João Paulo II e a herança do Concílio Vaticano II: em busca de uma interpretação normalizante. *Revista Brasileira de História das Religiões*, Maringá, edição especial, p. 155-173, 2013.

CNBB-REGIONAL SUL 4. *Arquidioceses*. Florianópolis: Confederação Nacional dos Bispos do Brasil, Regional Sul 4, 2023. Disponível em: https://cnbbsul4.org.br/arquidioceses/. Acesso em: 26 abr. 2023.

DIOCESE DE BLUMENAU. *Quem somos*. Blumenau: Diocese de Blumenau, 2023. Disponível em: https://diocesedeblumenau.org.br/quem-somos/. Acesso em: 26 abr. 2023.

DIOCESE DE CAÇADOR. *Nosso objetivo*. Caçador: Diocese de Caçador, 2023. Disponível em: https://www.diocesedecacador.org.br/. Acesso em: 26 abr. 2023.

DIOCESE DE CHAPECÓ. *Diocese*. Chapecó: Diocese de Chapecó, 2023. Disponível em: https://diocesechapeco.org.br/. Acesso em: 26 abr. 2023.

DIOCESE DE CRICIÚMA. *Clero*. Criciúma: Diocese de Criciúma, 2023. Disponível em: https://www.diocesecriciuma.com.br/clero. Acesso em: 26 abr. 2023.

DIOCESE DE JOAÇABA. *Clero*. Joaçaba: Diocese de Joaçaba, 2023. Disponível em: https://diocesedejoacaba.org.br/clero/. Acesso em: 26 abr. 2023.

DIOCESE DE JOINVILLE. *Clero*. Joinville: Diocese de Joinville, 2023. Disponível em: https://www.diocesejoinville.com.br/clero. Acesso em: 25 abr. 2023.

DIOCESE DE LAGES. *Clero diocesano*. Lages: Diocese de Lages, 2023. Disponível em: https://www.diocesedelages.com.br/clerodiocesano.php. Acesso em: 26 abr. 2023.

DIOCESE DE RIO DO SUL. *Clero*. Rio do Sul: Diocese de Rio do Sul, 2023. Disponível em: https://www.dioceseriodosul.com.br/Z1HgFayuPtuzfEkuvs48J5Zkzt8fa_02_E6sxEl bbtM%3A. Acesso em: 26 abr. 2023.

DIOCESE DE TUBARÃO. *Presbíteros da Diocese*. Tubarão: Diocese de Tubarão, 2023. Disponível em: https://diocesetb.org.br/cleros/categoria/presbiterosdioc. Acesso em: 26 abr. 2023.

FERNANDES, Sílvia R. A. Interfaces entre juventude e vocação. Uma análise qualitativa no Rio de Janeiro. *Revista Eclesiástica Brasileira*, Petrópolis, v. 69, n. 274, p. 361-387, 2009.

FERREIRA, Joel S.; CRUZ, Rafael P. V.; ASSIS, Tayla C.; DELLAGRANA, Rodolfo A. Comportamento sedentário de adultos e idosos durante a pandemia de covid-19. *Journal of Health & Biological Sciences*, Fortaleza, v. 9, n. 1, p. 1-5, 2021.

GAUTIER, Mary L.; DO, Thu T. *Recent Vocations to Religious Life*: A Report for the National Religious Vocation Conference. Washington: Center for Applied Research in the Apostolate, 2020.

GODOY, Manoel J. Os "padres novos" frente aos paradigmas eclesiais. *In*: BRIGHENTI, Agenor. (org.). *O novo rosto do catolicismo brasileiro*. Petrópolis: Vozes, 2023.

IBGE. *Pirâmide etária*. Rio de Janeiro: Instituto Brasileiro de Geografia e Estatística, 2023. Disponível em: https://educa.ibge.gov.br/jovens/conheca-o-brasil/populacao/18318-piramide-etaria.html#:~:text=Em%202021%2C%20os%20grupos%20de,10%2C2%25%20da%20popula%C3%A7%C3%A3o. Acesso em: 23 jun. 2023.

JANNUZZI, Paulo M. *Indicadores sociais no Brasil*: conceitos, medidas e aplicações. 3. ed. Campinas: Alínea, 2004.

LAHIRE, Bernard. A fabricação social dos indivíduos: quadros, modalidades, tempos e efeitos de socialização. *Educação e Pesquisa*, São Paulo, v. 41, n. especial, p. 1393-1404, 2015.

LIBANIO, João B. A caminho da V Conferência de Aparecida. *Perspectiva Teológica*, Belo Horizonte, v. 38, n. 105, p. 187-187, 2006.

MANNHEIM, Karl. Das problem der generationen. *Kölner Vierteljahrshefte für Soziologie*, Köln, n. 7, p. 157-185, 1927.

MARCONI, Marina A.; LAKATOS, Eva M. *Técnicas de pesquisa*. 5. ed. São Paulo: Atlas, 2002.

MAUGER, Gérard. *Âges et générations*. Paris: La Découverte, 2015.

MEDEIROS, Katia M. C.; FERNANDES, Sílvia R. A. *O padre no Brasil*: interpelações, dilemas e esperanças. São Paulo: Loyola, 2005.

PASSOS, João D. Individualização religiosa e novo perfil do presbiterato. *In*: BRIGHENTI, Agenor. (org.). *O novo rosto do clero*: perfil dos padres novos no Brasil. Petrópolis: Vozes, 2021.

PEREIRA, José C. *Operários da fé*. São Paulo: Matrix, 2023.

PORTELLA, Rodrigo; CARVALHO, Nilmar S. O retorno à grande disciplina: o pontificado de João Paulo II e a Igreja dos pobres no Brasil. *Revista de Cultura Teológica*, São Paulo, n. 101, p. 206-228, 2022.

RICHARDSON, Roberto J. *Pesquisa social*: métodos e técnicas. 3. ed. São Paulo: Atlas, 1999.

SEIDL, Ernesto. Sociologia da vocação religiosa: reprodução familiar e reprodução da Igreja. *Sociologias*, Porto Alegre, v. 14, n. 29, p. 240-272, 2012.

SERBIN, Kenneth P. *Padres, celibato e conflito social*: uma história da Igreja Católica no Brasil. São Paulo: Companhia das Letras, 2008.

STRAVINSKAS, Peter M. J. The Sociology of a Priestly Vocation. *Catholic Social Science Review*, Steubenville, v. 15, p. 311-321, 2010.

SULLINS, D. Paul. Institutional Selection for Conformity: The Case of US Catholic Priests. *Sociology of Religion*, Oxford, v. 74, n. 1, p. 56-81, 2013.

VERMURLEN, Brad; REGNERUS, Mark; CRANNEY, Stephen. The Ongoing Conservative Turn in the American Catholic Priesthood. *Sociological Spectrum*, v. 43, n. 2-3, p. 72-88, 2023.

WELLER, Wivian. A atualidade do conceito de gerações de Karl Mannheim. *Sociedade e Estado*, Brasília, v. 25, n. 2, p. 205-224, 2010.

WELLER, Wivian; BASSALO, Lucélia M. B. A insurgência de uma geração de jovens conservadores: reflexões a partir de Karl Mannheim. *Estudos Avançados*, São Paulo, v. 34, n. 99, p. 391-408, 2020.

ZINNECKER, Jürgen. Children in Young and Aging Societies: The Order of Generations and Models of Childhood in Comparative Perspective. *Advances in Life Course Research*, v. 6, p. 11-52, 2001.

Capítulo 11
O perfil social e eclesial dos bispos:
um estudo a partir do caso de Santa Catarina

Foi apenas em 1908, já no bojo do processo de reorganização institucional da Igreja Católica frente à proclamação da República (1889), que Santa Catarina obteve a fundação de um bispado sediado em seu território[117]. Em 1927, a sé episcopal de Florianópolis é elevada à categoria de Arquidiocese e conta hoje com nove dioceses sufragâneas. Desde a fundação desse primeiro bispado, Santa Catarina já teve um total de 48 bispos, que, em diferentes períodos, atuaram nas circunscrições eclesiásticas existentes em seu território.

Seguindo as investigações desenvolvidas atualmente no campo da sociologia, a proposta deste capítulo é apresentar um levantamento descritivo sobre algumas características sociais da elite eclesiástica das dioceses catarinenses ao longo de sua história[118]. A partir desse caso específico, pretende-se levantar elementos para compreender os processos de continuidade e de ruptura na composição social e nas carreiras eclesiásticas dos bispos. Para realizar esse estudo, o texto está organizado da seguinte forma. Os tópicos iniciais possuem um caráter preliminar. O primeiro realiza uma caracterização das principais abordagens epistemológicas empregadas na pesquisa sobre os episcopados nacional e catarinense. O segundo propõe um quadro histórico para entender o perfil e a atuação dos bispos que atuaram em Santa Catarina no contexto dos ciclos do catolicismo nesse estado. Esses dois elementos servirão como base para que, na terceira parte, possamos realizar a investigação das bases socioculturais e das trajetórias eclesiásticas dessa parcela do episcopado brasileiro. A meta consiste em levantar elementos para compreender os processos de continuidade e de ruptura na composição social e nas carreiras eclesiásticas dos bispos.

---

117. Esse processo é bem descrito em Besen (1990; 2007).

118. Portanto, o universo pesquisado não são os bispos nascidos em Santa Catarina ("catarinenses"), mas sim os bispos que, independentemente de seu local de nascimento, atuaram ou ainda exercem seu ministério no estado. É nesse sentido que se emprega aqui a expressão "episcopado catarinense".

1 Abordagens teóricas: história e sociologia

No Brasil, o estudo dos bispos nas ciências humanas é realizado principalmente nos campos disciplinares da *história* e da *sociologia*. Na área da *história* podemos encontrar, por sua vez, diferentes modelos de pesquisa. O primeiro, bastante comum, ocupa-se, de maneira idiográfica[119], com o estudo de personalidades episcopais específicas que tiveram algum impacto na história geral ou eclesial do Brasil[120], ou mesmo pesquisas que concentram seus estudos na atuação dos bispos em contextos mais específicos, muito em particular nas dioceses em que atuaram.[121] Para além dessa perspectiva singularizante, também existem estudos que buscam analisar o conjunto dos bispos como uma categoria social que precisa ser examinada como um "corpo" e cujas características modificam-se ao longo do tempo[122].

No caso de Santa Catarina, já existe relativa quantidade de literatura acumulada enfocando o perfil e o papel de bispos que foram importantes na história do estado. Todavia, essa produção está bastante concentrada no estudo de figuras como Dom Joaquim Domingues de Oliveira (Colombi, 2014; D'Ávila, 2014; Oliveira, 2014; Martendal, 2014; Vicente, 2014), Dom Afonso Niehues (Vicente, 1990; Vieira, 1993; Naspolini, 2008; Batista, 2014; Della Giustina, 2014; Feller, 2014; Goedert, 2014; Krieger, 2014; Martendal, 2014; Pereira, 2014; Tiengo Pontes, 2018) e Dom José Gomes[123], deixando em segundo plano bispos que atuaram em outras regiões do estado. Também podemos encontrar importantes estudos sobre os bispos catarinenses enquanto categoria social em pesquisas que abordam a história de Santa Catarina em geral[124], ou mesmo a história da Igreja

---

119. A diferença entre os métodos idiográficos (ênfase no particular) e nomotéticos (ênfase no geral) é discutida em Weber (1994).

120. A produção bibliográfica desse tipo é imensa e não seria possível oferecer aqui um levantamento de monografias que analisaram algum dos bispos que atuaram no Brasil. Uma sistematização nominal completa dos bispos no Brasil pode ser encontrada em Altemeyer Jr. (2018).

121. Ilustrativos dessas abordagens são os estudos dedicados a Dom Hélder Câmara, como Piletti e Praxedes (1997) e Barros (2011). Da mesma forma, sobre o Cardeal Paulo Evaristo Arns há Rodrigues (2008) e Passos (2022). Referência no estudo dos bispos conservadores é o trabalho de Caldeira (2011).

122. Exemplos de trabalhos que procuram entender o episcopado como um conjunto são, dentre outros, os de Rubert (1969), Azzi (1978), Neves (1999), Aiva (2006), Lanza (2006), Câmara (2009), Aquino (2012), Costa (2013), Silva Gomes (2018) e Ferreira (2022).

123. A produção sobre o perfil e a atuação política desse bispo é significativa: Uczai (2002), Brighenti e Nötzold (2009), Gomes (2013), Lovera (2013), Silva (2017), Oliveira Gomes (2021) e Silva (2022).

124. Os trabalhos mais tradicionais são os de Cabral (1967) e Piazza (1977).

Católica nesse estado (na perspectiva da história eclesiástica)[125]. Mais recentemente, a produção historiográfica tem priorizado a atuação política do episcopado catarinense, enfocando especialmente sua relação com as elites políticas do estado (história política)[126]. Existem igualmente contribuições relevantes oriundas do campo da história cultural que investigam temas como a relação entre os catolicismos popular e romanizado[127], a influência da Igreja Católica no sistema educacional catarinense[128] ou mesmo a relação entre catolicismo e processos de nacionalização étnica[129]. Embora nesses trabalhos a ação dos bispos não seja o foco primário da pesquisa, sua atuação acaba sendo bastante contemplada, razão pela qual também são importantes para o entendimento do seu perfil.

A segunda perspectiva disciplinar pode ser localizada no campo da *sociologia* e visa caracterizar os padrões sociais e culturais, bem como as trajetórias eclesiásticas do episcopado nacional. Essa abordagem tem como um de seus marcos principais o estudo de Sérgio Micelli (1984; 1988), que, a partir da sociologia de Pierre Bourdieu (Bourdieu; Saint Martin, 1982)[130], discute como, no período de transição do padroado para a República, ocorreu o processo de expansão organizacional e de "estadualização" do poder eclesiástico. O estudo é pioneiro na caracterização das origens sociais do episcopado desse período. Para o autor, os estratos sociais nos quais são recrutados os bispos dessa época são a aristocracia imperial, os ramos empobrecidos do patriarcado rural e os chamados filhos da Igreja (presbíteros de origem humilde).

Dando sequência a essa linha de pesquisa, os estudos subsequentes perguntaram-se em que medida tais características foram sendo alteradas com o passar do tempo[131]. Ademais, avançaram no estudo das carreiras eclesiásticas e na com-

---

125. Por enquanto, o trabalho mais abrangente foi realizado por Besen (2014). O autor também escreveu *História de padres em Santa Catarina* (Besen, 2015).

126. São vários os trabalhos sobre esse tema: Serpa (1993; 1997), Besen (1995), Souza (1996), Caspary (2002), Souza e Otto (2008) e Bianchezzi (2012).

127. Entre eles podemos citar Dallabrida (1993), Alves (1999) e Aquino (2013).

128. Sobre educação e Igreja Católica em Santa Catarina, podem ser consultados com proveito Heerdt (1992), Alves (1998), Dallabrida (2001; 2005) e Nascimento (2010).

129. Uma ampla revisão bibliográfica e um sólido estudo empírico sobre esses conflitos culturais podem ser encontrados em Alves (2005), Otto (2005), Bianchezzi (2008) e Souza e Otto (2008).

130. Dentre os estudos que retomam a perspectiva de Bourdieu, cabe citar ainda Grémion e Levillain (1986) e Vassort-Rousset (1986).

131. Caso dos estudos de Neris (2013; 2014).

preensão dos mecanismos envolvidos na ascensão dos clérigos católicos ao episcopado. Nessa direção, Seidl (2009) observou que, ao longo da segunda metade do século XX, o padrão de nomeações episcopais sofre importantes modificações. Por ser menos atrativa para as elites, ela passou a ser composta majoritariamente por indivíduos de estratos de baixa renda ou das classes médias, oriundas de famílias extensas, de forte religiosidade, normalmente de origens alemã e italiana (sem contar o alto número de bispos nascidos no exterior). Seus pais tiveram baixa escolarização, foram poucos os que concluíram o ensino médio e foram ainda mais raros os que chegaram ao ensino superior. Como conclui o autor, "é provável que nenhum outro grupo dirigente seja recrutado em meios sociais tão modestos" (Seidl, 2009, p. 46). Quanto aos mecanismos de escolha desses bispos, Seidl destacou como elementos centrais "a valorização de um perfil religioso romanizado, incluindo circulação pelo exterior e o acúmulo de competências culturais e de gestão" (Seidl, 2009, p. 59).

Apesar de sua importância e das contribuições que pode trazer à compreensão do episcopado como categoria social, o emprego do enfoque sociológico no estudo dos bispos de Santa Catarina ainda é uma tarefa que não foi realizada. Tendo em vista essa lacuna, o presente estudo pretende-se uma contribuição inicial e preliminar para a investigação sociológica dos bispos que atuaram nas dioceses de Santa Catarina.

2 O episcopado em Santa Catarina no contexto dos ciclos históricos da Igreja Católica no estado

Uma análise do perfil global dos bispos que atuaram no território catarinense requer que se leve minimamente em conta os diferentes momentos históricos em que eles exerceram o seu ministério. Ocorre que realizar essa tarefa de contextualização esbarra na dificuldade de que não possuímos trabalhos que discutam ampla e globalmente a evolução da Igreja Católica em Santa Catarina enquanto instituição até a atualidade[132]. Na falta de pesquisas que abarquem o período mais recente, temos que nos aventurar em caminho inexplorado e propor uma periodização geral que, tomando o Concílio Vaticano II (1962-1965) como marco

---

132. O trabalho de Hélcion Ribeiro (1988) que propõe uma periodização em "três tempos"; apesar de rico em informações, possui uma finalidade muito mais teológica do que propriamente analítico-descritiva. Além disso, só contempla essa história até 1988.

fundamental, ajude-nos a identificar, em consonância com os processos que afetaram o catolicismo no Brasil, os principais ciclos históricos-*institucionais*[133] da Igreja Católica no solo catarinense. É o que esboçaremos doravante.

2.1 Ciclo da institucionalização eclesiástica (1908-1965)

O primeiro desses períodos[134] inicia-se com o breve episcopado do primeiro bispo de Santa Catarina: Dom João Becker (1908-1914)[135]. Depois dele vem o longo período em que Dom Joaquim Domingues de Oliveira esteve à frente da Diocese e depois Arquidiocese de Florianópolis (1914-1965). Na fase inicial, a ação dos bispos foi voltada para a montagem da estrutura eclesiástica necessária para o funcionamento de uma diocese, como a ereção de paróquias, criação de um seminário[136], instalação de ordens religiosas (masculinas e femininas), bem como a elaboração de diretrizes pastorais (cartas, sínodos etc.), entre outras tarefas. Eles também precisaram acompanhar pastoralmente a imigração europeia, o que envolveu um processo de reacomodação da religiosidade popular diante do catolicismo romanizado trazido pelos padres e religiosos europeus, além de desencadear conflitos entre o clero de origem nacional e o clero de origem alemã[137]. Em termos políticos, a oposição institucional entre Igreja e Estado do início da República foi caminhando paulatinamente para uma aproximação pessoal entre o episcopado e as oligarquias estaduais[138]. Ademais, por ser um período atravessado por duas guerras mundiais (1914 a 1918 e 1939 a 1945), a Igreja Católica em Santa Catarina viu-se confrontada com seus reflexos nos processos de nacionalização das comunidades de imigrantes (italiana e germânica), o que também levou a conflitos políticos e intraeclesiásticos (Alves, 2005).

---

133. Tendo em vista essa opção metodológica, não se trata de realizar uma periodização histórica que trate do catolicismo, com todos os seus aspectos, em sentido amplo, mas apenas da evolução da institucionalidade eclesiástica (com ênfase nos bispos), em sentido bastante específico.

134. Tendo em vista a finalidade deste estudo, não será contemplada a fase anterior à instalação da Diocese de Florianópolis. Mas ela constitui um ciclo próprio que podemos chamar de "primórdios da evangelização em Santa Catarina". Sobre esse período ainda permanece como referência a obra de Piazza (1977).

135. A atuação desse bispo no contexto da chamada "restauração católica" é analisada por Arthur Rambo (2002).

136. Fundado em 11 de fevereiro de 1927 na cidade de Brusque. Sobre essa instituição pode-se consultar Besen (2002) e Souza (2005).

137. Boas indicações desse período encontram-se em Correia (1988).

138. Esse tema é aprofundado nas obras de Besen (1995) e Serpa (1997).

Constitui uma continuidade desse processo de institucionalização da estrutura eclesiástica a elevação de Florianópolis ao posto de Arquidiocese (em 1927) e a concomitante criação das dioceses de Joinville[139] e Lages. Em termos sociológicos, vale dizer: se o primeiro momento do processo de institucionalização foi a da *gênese*, agora já estamos diante da institucionalização entendida como *consolidação* do aparato eclesiástico. Para tanto, os dois primeiros prelados nomeados para as novas sedes episcopais foram, respectivamente, dois padres de ordens religiosas: Dom Daniel Henrique Hostin (1929-1973)[140], da Ordem dos Frades Menores (OFM) (franciscanos), e Dom Pio de Freitas Silveira (1929-1954), da Congregação da Missão.

A criação das dioceses de Tubarão (em 1954)[141] e Chapecó (em 1958) (Heiner, 1994; Diel, 1996) representa um novo esforço de *expansão* da ocupação territorial da Igreja Católica para a região meso-sul e, especialmente, para o oeste de Santa Catarina[142]. Para elas, foram nomeados, respectivamente, o franciscano Dom Anselmo Pietrulla (1955-1981) e Dom José Thurler (1959-1962). Mas é importante acrescentar que agora já estamos nas etapas finais deste primeiro ciclo de institucionalização do aparelho eclesiástico em terras catarinenses. Nessa etapa final, em particular na década de 1950, a Igreja Católica no Brasil já prenuncia, especialmente com a fundação da CNBB em 1952[143], um processo de modernização de suas estruturas e de suas formas de atuação. É justamente nesse período final do primeiro ciclo eclesial em Santa Catarina que Dom Gregório Warmeling assumiu a Diocese de Joinville (em 1957), enquanto em Lages, em 1959, Dom Afonso Niehues assumia a condição de Bispo Coadjutor (Silva, 2008). O Bispo Auxiliar de Joinville, Dom Inácio João Dal Monte, da Ordem dos Capuchinhos, ficou apenas três anos na região norte do estado (1949-1952), mesma situação do bispo coadjutor de Florianópolis (Dom Felício César da Cunha Vasconcelos) que ficou na capital entre 1957 e 1965.

---

139. Processo bem analisado por Francisco (2007).

140. O perfil desse bispo é analisado em Rodrigues (2020).

141. Analisada em Soratto (2002).

142. Esse processo de ocupação territorial é bem analisado por Cardoso (2007, p. 18-31). Sobre a Igreja no oeste de Santa Catarina, veja-se Tedesco e Diel (2007).

143. Uma exposição histórica bastante detalhada dessa iniciativa encontra-se em Queiroga (1977).

2.2 Ciclo da modernização: o Aggiornamento conciliar e ascensão da Teologia da Libertação (1965-1992)

Com a realização e o término do Concílio Vaticano II (1962-1965) começa uma nova etapa para as dioceses e os bispos catarinenses. Conforme documenta José Oscar Beozzo (2005), dos oito bispos catarinenses à época, cinco participaram de todas as sessões conciliares[144] e, juntamente com os que foram nomeados logo depois, receberam a tarefa de realizar a adaptação (*Aggiornamento*) da Igreja em Santa Catarina aos novos tempos[145].

O momento que simboliza o início desse novo ciclo é a transferência de Dom Afonso Niehues para Florianópolis (em 1962), bem como sua elevação ao posto de arcebispo (no ano de 1965). Esse mesmo processo de adaptação teve que ser realizado por bispos que ocuparam seus cargos ainda antes do Concílio, como o Bispo de Tubarão, Dom Anselmo Pietrulla (1955-1981), e Dom Gregório Warmeling (1957-1980), de Joinville. Outros tornaram-se prelados durante a assembleia conciliar (caso de Dom Wilson Laus Schmidt (1962-1968), em Chapecó) ou logo após a sua realização (como Dom Honorato Piazera (1966-1973), em Lages (Pereira, 2016)). Com esse mesmo desafio tiveram que lidar os bispos das recém-criadas dioceses de Rio do Sul (Dom Tito Buss, de 1969 até 2000) e Caçador (Dom Orlando Octacílio Dotti, entre 1969 e 1976), ambas erigidas em 1968[146]. Por fim, já em tempo posterior (1975), foi criada a Diocese de Joaçaba, que teve como seu primeiro bispo Dom Henrique Müller, que permaneceu à frente desta até 1999[147].

Embora não existam uma investigação sistemático-comparativa sobre o processo de recepção e implementação das diretrizes do Concílio Vaticano II em Santa Catarina (Spiess, 2016), alguns estudos permitem-nos inferir importantes características desse processo[148]. Inicialmente, ele foi coordenado pelo Regional Sul 3 da CNBB, que, à época, incluía Santa Catarina e Rio Grande do Sul. A partir

---

144. Dom Joaquim Domingues de Oliveira participou apenas da primeira sessão; Dom Frei Felício C. C. Vasconcelos participou da segunda sessão, mas não da terceira, sendo que na última já era arcebispo de Ribeirão Preto. Já Dom Daniel Hostin (Lages) nunca foi a Roma participar do Concílio.
145. Dom Anselmo Pietrulla, Afonso Niehues, Dom Gregório Warmeling, Dom José Thurler e Dom Wilson Laus Schmdit foram os bispos que participaram das quatro sessões do Concílio.
146. Sobre a criação dessa diocese, veja-se Wiggers (2007).
147. São poucas as informações sobre essa diocese. Algumas indicações podem ser encontradas em Rodrigues (2018).
148. Para uma perspectiva desse processo na óptica de uma ordem religiosa, veja-se a interessante pesquisa de Gascho (1998). Sobre essa mesma congregação, veja-se ainda Kantovitz (2017; 2019) e Otto (2018).

das diretrizes comuns da CNBB e de seus regionais, cada diocese foi criando, a seu modo, suas próprias iniciativas. Pereira (2016) mostra como, a partir dessas linhas gerais, a Diocese de Lages elaborou diversos Planos de Pastoral (1967, 1969 e 1970), ao mesmo tempo em que foi criada a Coordenação Diocesana de Pastoral. Modelo similar foi adotado em Florianópolis com a criação do Secretariado Arquidiocesano de Pastoral (com seu coordenador), Comissões de Catequese e Liturgia e a promoção do diaconato permanente (a partir de 1969)[149]. Fruto desse processo conjunto de renovação conciliar dos bispos de Santa Catarina foi a criação do Regional Sul 4 da CNBB (em 1969[150]) e a fundação do Itesc (Instituto Teológico de Santa Catarina) (Kretzer, 2019; Souza; Campigoto; Fabrício, 2019), em 1973.

No decorrer da década de 1970, após a realização da Conferências Episcopais Latino-Americanas de Medellín (1968) e de Puebla (1979), consolida-se cada vez mais na Igreja Católica no Brasil a Teologia da Libertação. Sua ampla hegemonia nesse período representou um novo incremento ao processo de modernização da Igreja Católica, mas dessa vez feita levando em consideração o contexto latino-americano da dependência. A partir desse modelo teológico e eclesiológico, a problemática sociopolítica passou a estar no centro da atuação do episcopado brasileiro e catarinense.

Mas da mesma forma como seria enganoso considerar que havia absoluta unidade em torno de suas ideias, também seria equivocado dividir rigidamente todos os bispos de Santa Catarina em apenas dois grupos opostos: partidários ou adversários da Teologia da Libertação. Isso também não quer dizer que essa tendência não deixasse de provocar importantes divergências entre os bispos do estado. Por um lado, a Teologia da Libertação recebeu um apoio decisivo de Dom José Gomes, que assumiu a Diocese de Chapecó em 1968 (até 1998) e que, além de priorizar a organização da diocese em torno das comunidades eclesiais de base (CEBs), foi responsável pelo engajamento da Igreja Católica com diversos movimentos e organizações da sociedade civil da região[151]. Por outro lado, existem registros de forte oposição do franciscano Dom Henrique Müller, que governou a Diocese de Joaçaba entre 1975 e 1999[152].

---

149. De acordo com a descrição de Besen (2014, p. 159-163).

150. Diversos textos sobre esse instituto foram publicados na *Revista Encontros Teológicos*, entre eles Niehues (1993), Brandes (2003), Brighenti (2003), Ribeiro (2003), Piendibene e Piendibene (2003), Pereira (2003) e Besen (2013).

151. Dentre os trabalhos que analisam a atuação política de Dom José Gomes, pode-se consultar ainda Piana (2009) e Brighenti (2012).

152. As disputas no interior do episcopado são descritas por Kurz ao analisar os conflitos na definição do perfil e da direção do Instituto Teológico de Santa Catarina (cf. Kretzer, 2019, p. 55-57).

O Bispo de Joinville, Dom Gregório Warmeling (1957-1994), também é identificado por membros de sua diocese como um "amante da Teologia da Libertação"[153] e como um "bispo profeta" que assumiu essa linha de pensamento e a opção preferencial pelos pobres[154]. Durante seu governo, ele apoiou a ação nas periferias realizadas pelo Pe. Luiz Facchini (1942-2018), que também exerceu a função de Coordenador de Pastoral entre os anos de 1972 e 1975[155]. Além disso, em 1978, ele deu acolhimento à Fraternidade Esperança, congregação formada por religiosas dissidentes das Irmãs da Divina Providência e que optou pela inserção entre os pobres, bem como às Catequistas Franciscanas, outra ordem religiosa feminina que se engajou profundamente no campo sociopolítico (Souza, 2021).

Outro representante dessa linha teológica foi o Bispo da Diocese de Tubarão, Dom Osório Bebber (entre 1980 e 1992), que liderou a realização de um Sínodo da Diocese de Tubarão (1984-1986) e que, a partir dessa perspectiva, instruiu os planos pastorais da diocese até os anos de 1990 (Brighenti, 2022). Esse bispo foi transferido em 1999 para Joaçaba, diocese na qual deu continuidade à linha pastoral existente, até 2003 (Costa, 2015). Já em Lages, sob a liderança de Dom Oneres Marchiori (que era bispo auxiliar entre 1983 e 1987, mas passou ao cargo de bispo diocesano, de 1987 a 1989), a diocese também assumiu um perfil mais cada vez mais progressista, tendo como prioridade a organização das CEBs (Munarim, 1990; Costa, 2008; Locks, 2008) que desde 1997 reúnem-se para a celebração da Festa das Tendas[156].

Quanto à sede arquidiocesana de Florianópolis, Besen (2014, p. 173) assinala que Dom Afonso Niehues (1965-1991) atuou em prol dos perseguidos pelo regime militar (1964-1985)[157]. Apesar dos conflitos internos que afetaram a Congregação das Irmãs da Divina Providência que optaram pela inserção nas periferias, motivando mesmo a nomeação de uma comissão de investigação nomeada por Roma em seu território[158], ele permitiu o desenvolvimento de iniciativas pastorais dos setores mais à esquerda da Igreja Católica, bem como a remodelação da Ação Social Arquidiocesana (que superou uma atuação meramente assistencialista)[159].

---

153. É o que declara Facchini (2001, p. 105).
154. Conforme afirma Busarello (2001, p. 105, 107).
155. Conforme informações disponíveis em Balsanella, Pacheco e Peretti (2019).
156. Segundo o estudo de Moreira (2010).
157. Sobre esse assunto, consulte-se Bianchezzi (2012) e Santos (2019).
158. Esses conflitos são descritos por Bianchezzi (2005).
159. A atuação social desse bispo é descrita em Vicente (2014).

Ademais, ele não desestimulou a inserção de padres e religiosas nas periferias urbanas da capital catarinense[160] e em 1980 permitiu que um padre da diocese fosse à Nicarágua para apoiar a revolução sandinista (Besen, 2009). Durante esse período diversos tipos de pastorais sociais foram sendo incorporados ao arranjo institucional de sua arquidiocese e das demais dioceses do estado[161].

2.3 Ciclo da reestabilização institucional (1992 até o presente)

A eleição de Dom Eusébio Oscar Scheid (1992-2001) para a Arquidiocese de Florianópolis, bem como a visita de João Paulo II ao estado de Santa Catarina (em 1992), simbolizam uma nova geração de bispos. Dom Eusébio, cujo prestígio junto ao Vaticano pode ser atestado pelo fato de que foi escolhido pessoalmente pelo papa como representante da Santa Sé na Conferência de Santo Domingo (1992), sem contar o fato de que foi nomeado posteriormente para o cargo de arcebispo do Rio de Janeiro (2001-2021), estava especialmente alinhado com a nova linha programática implementada pelo papa polonês. Com efeito, o longo pontificado de João Paulo II (1979-2005), seguido do período do seu colaborador mais importante (Josef Ratzinger), depois Papa Bento XVI (2005-2013), tinha por meta restabelecer a identidade sacramental-institucional da Igreja Católica. Por isso, para além de juízos de valor (normalmente negativos[162]), proponho-me a denominar essa fase, de maneira analítico-descritiva, como *ciclo de restabilização institucional*.

A linha programática do arcebispo dehoniano Dom Eusébio Oscar Scheid continuou depois com mais dois bispos da Congregação dos Padres do Sagrado Coração de Jesus que assumiram o governo da Arquidiocese de Florianópolis: Dom Sebastião Murilo Krieger (2002-2011), que antes já tinha sido bispo auxiliar de Florianópolis[163], e Dom Wilson Jönck (em exercício desde 2011, sendo que um ano antes (2010) ele tinha sido brevemente bispo na Diocese de Tubarão. Também

---

160. As formas de organização popular em Florianópolis e a atuação dos padres nos morros da cidade são analisadas em diversos trabalhos, como os de Luckmann (1991), Piacentini (1991), Krischke (1992), Sell (1997) e Fantin (1997).

161. Como documentam os trabalhos de Weber (1990), Machado (2007) e Silva (2008).

162. É o caso de expressões como "inverno eclesial", "involução eclesial", "retrocesso" e outras que, além do saudosismo, manifestam dificuldades em discutir cientificamente as transformações do presente.

163. Ele foi auxiliar em Florianópolis entre 1985 e 1991. Depois assumiu a Diocese de Maringá (1991) e posteriormente ainda a Arquidiocese de Ponta Grossa (2007). Em 2002, retornou, agora como arcebispo, a Florianópolis.

podem ser considerados prelados mais próximos da orientação papal de Woytila/ Ratzinger o bispo de Criciúma, de linha carismática, Dom Jacinto Inácio Flach (em exercício desde 2009), e o bispo de Blumenau, Dom José Negri (2009-2015), que sucedeu o primeiro Bispo Dom Angélico Sândalo Bernardino (2000-2009), considerado de orientação progressista[164]. Já em Joinville, Dom Orlando Brandes (1994-2006), um padre que anteriormente atuava na Renovação Carismática Católica, e de seu sucessor Dom Irineu Roque Scherer (2007 a 2016), procuraram conferir à diocese uma atuação pastoral mais plural e ao mesmo tempo mais moderada em sua dimensão sociopolítica[165].

Do foi dito, não se deve concluir apressadamente que a mudança de perfil do episcopado significa que ele tenha-se tornado completamente homogêneo. Além do caso do perfil "progressista" de Dom Angélico em Blumenau, que já citamos, em Chapecó o sucessor de Dom José Gomes, Dom Manoel João Francisco (1998-2014), um dos expoentes nacionais da causa ecumênica[166], deu continuidade à linha pastoral que já existia na diocese[167]. Também em Caçador a Teologia da Libertação passou a ser a orientação predominante com a liderança de Dom Luiz Colussi (1983-1996), sendo depois retomada por Dom Luiz Carlos Eccel (1998-2010) e por Dom Severino Clasen (2011-2020). O primeiro deles não apenas apoiou a formação de CEBs e acolheu em seu território diversas edições da Romaria da Terra[168], como também estimulou o processo pelo qual a diocese pauta-se pelos princípios de uma "Igreja participativa, comprometida com os problemas do povo e da Igreja Libertadora" (Tomazi; Casara, 2019, p. 63). Por fim, em Lages, Dom Guilherme Antônio Werlang, bispo local desde 2018, vem dando continuidade à opção da diocese pelas CEBs, promovida pelo seu antecessor, Dom Oneres

---

164. A nomeação desse bispo foi considerada pelos analistas como sua remoção de São Paulo para abrir caminho para as reformas efetuadas pelo Cardeal Cláudio Hummes, na época arcebispo de São Paulo. Sobre o assunto, cf. Antenore (2000).

165. Esse processo reflete-se, entre outros elementos, no maior espaço concedido para os grupos de jovens da Renovação Carismática Católica, como mostra Frainer (2015).

166. Em 2011, ele foi eleito Presidente do Conselho Nacional de Igrejas Cristãs (Conic), cargo que ocupou até 2015. Em 2019, foi eleito Presidente da Comissão Episcopal Pastoral para o Ecumenismo e o Diálogo Inter-Religioso da CNBB.

167. É o que atesta o conteúdo de sua entrevista para o 15º Intereclesial das CEBs (CEBs do Brasil, 2022). Cf. também Oro e Cenci (2018).

168. Estudos que abordam o papel das romarias no contexto da relação entre Igreja e questões agrárias em Santa Catarina são, entre outros, Schwade (1992), Pagoto (2009), Paim e Siqueira (2014), Silva (2018) e Guimarães *et alii* (2020).

Marchiori, e que se traduz hoje especialmente com a organização atual das chamadas Tendas do Senhor, que acontecem desde 1997 (Moreira, 2010).

Contudo, em que pese sua influência, a linha programática adotada por cada bispo individualmente nem sempre se reflete automaticamente nas instâncias de decisão colegiada e no clero das diversas dioceses, que, muitas vezes, possuem uma cultura eclesial fortemente institucionalizada que vigora de maneira autônoma. O contrário também é verdadeiro, ou seja, de maneira independente da visão de seus bispos, pesquisas recentes indicam que a geração mais recente dos presbíteros católicos vem-se distanciando paulatinamente da linha da Teologia da Libertação e tem abraçado o ideário de ressacralização da figura do padre[169]. Hoje cada vez mais plural, também existem na Igreja Católica em Santa Catarina padres ligados às Comunidades de Vida[170], de inspiração carismática, e há mesmo a presença de institutos de perfil tradicionalista, como é o caso dos Arautos do Evangelho na Diocese de Joinville (cf. Arautos do Evangelho, s/d).

Diante de um catolicismo que perde cada vez mais adeptos no Brasil e frente a uma Igreja em profunda transformação interna, dos dez bispos à frente das dioceses de Santa Catarina, apenas três foram nomeados pelo Papa Francisco (2013 até o presente) e governam, respectivamente, as dioceses de Rio do Sul (Dom Onécimo Alberton, de 2015 a 2023[171]), Caçador (Dom Cleocir Bonetti, desde 2021) e Tubarão (Dom Adilson Pedro Busin, desde 2023).

3 Os bispos em Santa Catarina: bases socioculturais e carreiras eclesiásticas

Nesta terceira parte do capítulo apresenta-se a análise do perfil sociocultural e eclesiástico dos 48 bispos que já exerceram ou exercem seu ministério em território catarinense. A sistematização leva em conta dois conjuntos de variáveis. A *variável sociocultural* busca levantar elementos que nos indiquem as posições sociais dos bispos que atuaram no território catarinense. Para tanto, serão utilizados como indicadores sua nacionalidade e seu estado de origem. A *variável eclesiástica*, por sua vez, intenta identificar os elementos da trajetória "profissional" dos bispos nomeados para dioceses existentes no estado.

---

169. Esse processo está bem documentado na pesquisa coordenada por Brighenti (2021).
170. É o caso da comunidade do Divino Oleiro, da Arquidiocese de Florianópolis, fundada em 1997, na cidade de Camboriú. Informações disponíveis em Comunidade Divino Oleiro (s/d).
171. No fim de 2023, Dom Onécimo foi nomeado bispo auxiliar de Florianópolis.

Os dados serão sistematizados levando em conta todo o período histórico em questão, ou seja, desde a fundação do Bispado de Florianópolis até o presente[172]. Mas é preciso diferenciar claramente a geração dos bispos pré-conciliares (entre 1908 e 1962), formados na tradição tridentina e ultramontana, da geração de bispos pós-conciliares (a partir de 1966)[173], conforme se mostra na Tabela 11.1 a seguir:

Tabela 11.1– Período histórico de nomeação de bispos em Santa Catarina

Período	N.	%
Pré-Vaticano II	11	23%
Pós-Vaticano II	37	77%
Total	48	100%

Fonte: elaboração própria.

A maioria dos bispos (77%) que atuam ou atuaram em Santa Catarina é do período posterior ao Concílio Vaticano II e possui compreensão e vivência do episcopado muito distintas das do período anterior. Evidentemente, isso não significa que a transição conciliar tenha-se realizado de maneira abrupta, tendo em vista o impacto da participação e da posterior implementação do Concílio Vaticano II naqueles bispos formados antes desse período. Esse processo de mudança de perspectiva (conversão) pode ser bem ilustrado pelo caso de Dom Gregório Warmeling, em Joinville. Conforme destaca Besen, "o Concílio do Vaticano II (1962-1965) despertou em Dom Gregório um entusiasmo incontido" (Besen, 2015, p. 97). Além disso, ele documenta também que Dom Gregório Warmeling (Besen, 2015, p. 98):

> fez parte do grupo de bispos que nas Catacumbas de São Calixto assinaram o "Pacto das Catacumbas": ao retornarem às suas dioceses renunciariam a toda ostentação, a tudo o que simbolizasse poder e prestígio. Retornando à Diocese, Dom Gregório abandonou vestes e ornamentos episcopais principescos, assumindo as vestimentas dos padres e leigos. Alugou o Palácio episcopal e foi morar num apartamento, mais tarde trocado por uma casa.

---

172. O levantamento de dados ocorreu até o dia 30 de outubro 2023 e, portanto, não inclui eventuais mudanças no episcopado de Santa Catarina após essa data.

173. Adotei como critério de corte o ano de encerramento do Concílio (1965). Assim, bispos nomeados antes dessa data serão considerados "pré-conciliares", ao passo que são "pós-conciliares" aqueles que se seguem a esta data.

Uma das principais diferenças desses dois períodos é que o tempo de exercício do episcopado é bastante superior no primeiro: o primeiro arcebispo de Florianópolis, por exemplo, ficou no cargo por 53 anos, seguido dos 44 anos de Dom Daniel Hostin à frente de Lages e dos 25 anos Dom Pio de Freitas à frente de Joinville. Os bispos nomeados no fim ou durante o período conciliar também ficaram, em regra, longos períodos no comando de suas dioceses, como é o caso de Gregório Warmeling (37 anos), em Joinville, e de Dom Anselmo Pietrulla (26 anos), em Tubarão. Esse padrão ainda pode ser observado nos bispos nomeados logo depois do Concílio, pois seus tempos de governo, ainda que menores que os mencionados, não deixaram de ser longosa: Dom Tito Buss permaneceu 31 anos em Rio do Sul, Dom José Gomes ficou 30 anos em Chapecó, Dom Anselmo Pietrulla governou Tubarão por 26 anos, Dom Afonso Nieheus esteve 25 anos em Florianópolis, Dom Henrique Müller governou 24 anos em Joaçaba e Dom João O. Marchiroi foi bispo em Lages por 22 anos.

Contribui para a longevidade do governo diocesano o fato de que nos períodos anteriores ao Concílio os bispos de Santa Catarina serem eleitos para o episcopado com idade menor do que a atual: média de 42 anos[174], contra os 50 anos de média dos atuais dez bispos em exercício no estado. Além disso, não havia a idade limite de 75 anos para apresentar a renúncia, como acontece hoje. Consequentemente, nos períodos posteriores, o tempo dos bispos à frente de suas dioceses diminui progressivamente e cai a uma média de apenas dez anos de governo.

3.1 Condições socioculturais

Passemos, em seguida, à análise do aspecto sociocultural dos bispos, em relação ao qual escolhemos como indicador o estado de nascimento dos prelados. Em termos de nacionalidade, a grande maioria dos bispos que atuaram em Santa Catarina são nascidos no Brasil. Dos quatro que nasceram em países estrangeiros (dois na Alemanha, um em Portugal e um na Itália), dois são do período pré-conciliar e, mesmo assim, vieram ao Brasil ainda na infância. No período posterior, somente um prelado, de uma ordem missionária (Pime – Pontifício Instituto das Missões), já veio da Itália ao Brasil em idade madura. A elite eclesiástica de Santa Catarina é, portanto, desde o seu início, majoritariamente nacional e, quanto à sua origem estadual, apresenta o seguinte perfil:

---

174. Dom Joaquim Domingues de Oliveira, por exemplo, foi eleito ao episcopado com apenas 36 anos de idade.

Tabela 11.2 – Estado de origem dos bispos em Santa Catarina

Origem	N.	%
Santa Catarina	25	52%
Rio Grande do Sul	12	25%
São Paulo	3	6%
Paraná	2	4%
Minas Gerais	1	2%
Rio de Janeiro	1	2%
Total	**44**	**100%**

Fonte: elaboração própria.

Nenhum bispo que atuou em Santa Catarina provém das regiões Norte, Nordeste ou Centro-Oeste do Brasil: todos são da região Sul ou Sudeste. Em Santa Catarina, ele é majoritariamente sulista: 83% do total é oriundo dessa região e mais da metade (52%) nasceu no próprio estado. Embora a opção pelo clero do Sul como base do episcopado nacional tenha sido uma tendência histórica, deve-se levar em conta o fato de que em Santa Catarina ela explica-se também por questões pragmáticas, pois é bastante lógico que a escolha de bispos recaia sobre indivíduos familiarizados com a realidade sociocultural e religiosa da região em que atuarão.

Em termos históricos, também é importante destacar que o perfil sociocultural do episcopado em Santa Catarina é mais *heterogêneo* no período pré-conciliar. Contribui para isso, em primeiro lugar, o caráter peculiar do primeiro arcebispo de Florianópolis, que, ao contrário dos bispos que exerceram seu ministério no mesmo período, é o que mais se aproxima de uma condição social positivamente privilegiada. Com efeito, Dom Joaquim Domingues de Oliveira provinha de uma família de origens portuguesas que atuava no ramo da construção civil[175]. O mais longevo dos bispos que estiveram em Santa Catarina, no tempo em que eles ainda eram considerados "Príncipes da Igreja", foi também aquele que pode ser considerado um dos raros membros da elite eclesiástica do estado, que também pertencia ao mundo social das elites socioeconômicas. No mesmo período em questão, Dom Pio de Freitas Silveira (Joinville) também não provinha da região Sul (ele era de Minas Gerais), mesmo caso de seu auxiliar, Dom Inácio João Dal Monte (de São Paulo). Entre os bispos nomeados para as três primeiras dioceses do estado, somente Dom Daniel Hostin (Lages) era nascido em Santa Catarina.

---

175. Conforme informação disponível em Besen (2014, p. 25).

Contudo, a partir do fim do Concílio Vaticano II (a partir de 1966), à exceção de apenas três nomes[176] (8%), os demais 34 bispos nomeados para Santa Catarina serão catarinenses (58%), gaúchos (29%) ou paranaenses (5%), consolidando definitivamente o perfil regionalizado do episcopado atuante nesse estado: 92% de prelados oriundos da região Sul. Dada essa maior *homogeneidade*, podemos supor que as origens sociais do episcopado de Santa Catarina sejam similares àquelas que já foram identificadas pelos pesquisadores em relação ao caso dos bispos no Rio Grande do Sul (Seidl, 2003). Suas origens sociais estão localizadas na fração inferior dos estratos sociais, muito em particular em famílias nucleares de bases rurais com profunda formação religiosa das pequenas e médias cidades do estado de Santa Catarina.

3.2 Carreiras eclesiásticas

O estudo da trajetória eclesiástica ou profissional dos bispos catarinenses tem por meta identificar quais são as características levadas em conta pela nunciatura apostólica e pelo Vaticano na escolha dos padres que serão sagrados bispos (Seidl, 2009). Nos termos da sociologia de Pierre Bourdieu (2021), trata-se de apontar qual a natureza e a quantidade de capital (social, cultural e simbólico) que um candidato ao episcopado acumula ao longo de sua trajetória e que possibilita sua acensão na esfera eclesiástica.

O primeiro indicador considerou se a passagem dos padres por ordens religiosas ou sua pertença ao clero de uma diocese constitui um critério relevante de escolha. Quanto a esse ponto, os dados indicam o seguinte:

Tabela 11.3 – *Status* canônico dos presbíteros escolhidos para o episcopado em Santa Catarina: diocesano ou religioso

Status	N.	%
Diocesano	24	50%
Religioso	24	50%
Total	48	100%

Fonte: elaboração própria.

Até o momento, os números mostram um equilíbrio de nomeações entre essas duas categorias canônicas de presbíteros que se distribuem em parcelas (50%) ri-

---

176. Trata-se dos dois primeiros bispos de Blumenau: Dom Angélico Bernardino (de São Paulo) e Dom José Negri (da Itália), além de Dom Irineu Andreassa, de Lages.

gidamente iguais. Esse mesmo equilíbrio repete-se ao longo dos dois grandes períodos históricos da Igreja em Santa Catarina, pois, até antes do encerramento do Concílio, dos dez bispos nomeados para o estado, cinco eram do clero diocesano e os demais cinco pertenciam a alguma ordem religiosa. Isso também acontece no período posterior, no qual 19 bispos são, respectivamente, religiosos ou diocesanos. Portanto, nada parece indicar que o pertencimento do prelado a um ou outro estatuto canônico do sacerdócio seja uma variável causal decisiva em sua promoção ao episcopado.

Vejamos, em seguida, a qual ordem religiosa pertenceram ou pertencem esses bispos:

Tabela 11.4 – Ordens religiosas de origem dos bispos em Santa Catarina

Ordem	N.	%
Franciscanos	7	15%
Dehonianos	4	8%
Capuchinhos	4	8%
Salesianos	2	4%
Combonianos	1	2%
C. Missão	1	2%
Scalabriano	1	2%
Consolata	1	2%
MSF	1	2%
PIME	1	2%
Schoenstatt	1	2%
Total	24	100%

Fonte: elaboração própria.

As três ordens religiosas que mais tiveram bispos em Santa Catarina são os franciscanos (15%), os dehonianos (8%) e os capuchinhos (8%). As duas primeiras ordens religiosas estão presentes no estado desde o início da evangelização de seu território (Röwer, 1944; Dirksen, 2005) e tiveram dois bispos nomeados ainda antes do Concílio Vaticano II. Os demais cinco prelados são posteriores a esse período. Os padres capuchinhos contribuíram com a breve passagem de Dom Inácio Dal Monte por Joinville e, no período pós-conciliar, com bispos que atuaram nas regiões do centro ou do meio-oeste do estado, como em Caçador e Joaçaba (Destéfani, 1998). Os padres do Sagrado Coração de Jesus, por sua vez, têm todos os seus quatro membros nomeados no período posterior à era conciliar, começando com Dom Honorato Piazera (Lages) e passando depois pelos três nomes que exerceram ou ainda exercem seu múnus em Florianópolis: Murilo Krieger, Eusébio Scheid e Wilson Jönck.

Outro fator que pode ser decisivo na promoção de um presbítero ao episcopado é sua trajetória acadêmica em nível de pós-graduação. Além de muni-lo com qualidades intelectuais supostamente aptas à direção de uma diocese, se essa formação for realizada em Roma, pode ser interpretada como indicador de sua adesão às orientações oficiais da Igreja (índice de ortodoxia). Quanto a esse ponto, temos os seguintes números:

Tabela 11.5 – Trajetória de estudo dos bispos em Santa Catarina

Estudos	N.	%
Internacional	19	40%
Nacional	29	60%
Total	48	100%

Fonte: elaboração própria.

Os dados mostram que o percentual dos bispos que obtiveram formação de alto nível em instituições de ensino internacionais é significativo e chega à ordem de 40%. Praticamente todas elas foram realizadas em Roma e somente um bispo fez sua formação no Instituto Teológico de Paris.

Além de sua trajetória formativa, outro elemento a ser levado em consideração na promoção ao episcopado é sua trajetória profissional. Trata-se principalmente do conjunto de competências e habilidades adquiridas pelos presbíteros enquanto gestores e administradores, além de suas capacidades de coordenação e liderança. Nesse caso, é importante verificar quais são as funções administrativas (pastorais) que eles desempenharam antes de suas nomeações.

Como esse é um indicador complexo que exige a revisão de toda a trajetória de um presbítero até ser escolhido como bispo (nomeações para paróquias, transferências, cargos administrativos etc.), nosso estudo concentrou-se apenas no indicador magistério. Nesse caso, consideramos se a passagem do presbítero pela docência ou pela formação de padres e religiosos em seminários e conventos mostrava-se um elemento recorrente dos escolhidos para compor a elite do clero. Os números que obtivemos foram os seguintes:

Tabela 11.6 – Trajetória profissional dos bispos em Santa Catarina

Campo de atuação	N.	%
Magistério	28	58%
Somente pastoral	20	42%
Total	48	100%

Fonte: elaboração própria.

Os dados mostram que a passagem pela função formativa, como professor, reitor ou outra tarefa de aconselhamento, entre outras, constitui um item bastante significativo na eleição ao episcopado: é uma característica de 58% dos presbíteros que se tornaram bispos em Santa Catarina.

Uma vez que a escolha de um bispo para uma diocese é responsabilidade do Vaticano, pode-se supor que ele tende a refletir as linhas programáticas adotadas pelos papas reinantes. Mas é preciso evitar entender esse alinhamento de maneira simples e automática, pois o órgão responsável por essa nomeação tem sob seus cuidados um número enorme de nomeações a serem feitas, sem esquecer o fato de que o processo de escolha é mediado pela ação de um Núncio Apostólico que realiza um processo de investigação dos potenciais candidatos. Trata-se, portanto, de um processo complexo que envolve diversas instâncias e variáveis, não excluídas as redes de poder e influência entre os clérigos. Tomando como indicador cada vez que os papas nomearam[177] um bispo para Santa Catarina, obtivemos os seguintes números:

Tabela 11.7 – Papas que nomearam os bispos em Santa Catarina

Pontificado	N.	%
Papas pré-Vaticano II	17	28%
Paulo VI	6	10%
João Paulo II	23	38%
Bento XVI	11	18%
Francisco	3	5%
Total	60	100%

Fonte: elaboração própria.

---

177. O indicador refere-se ao ano e ao pontífice que realizou sua designação para uma sede episcopal no estado (incluindo as transferências internas). Não se trata do ano de sua escolha como bispo e nem de sua sagração. Por esse motivo, o número total é superior a 48 (que é a quantidade total de bispos).

Desde que Dom João Becker foi eleito Bispo de Florianópolis até o presente, dez papas já governaram a Igreja Católica. Do total de nomeações para as dioceses catarinenses, 28% foram realizadas por papas que reinaram antes do Concílio Vaticano II (ou seja, antes que João XXIII tenha realizado sua abertura, em 1962). A grande maioria (72%), pois, é do período posterior à reforma conciliar.

Tomando por marco apenas os papas do período pós-Concílio, Paulo VI indicou apenas 10% do episcopado que atuou em Santa Catarina. Ele fica longe de João Paulo II, que é o campeão das indicações para as sedes episcopais de Santa Catarina, que chegam a 38%. Somando as nomeações do papa polonês (38%) com aquelas realizadas por Bento XVI (18%), temos que ambos foram responsáveis por 56% do total geral de indicações episcopais. Se formos levar em consideração apenas o período pós-Concílio, esse índice alcança o elevado número de 79%. Dos atuais bispos em exercício no estado, sete (70%) são oriundos dos pontificados de João Paulo II e Bento XVI e três (30%) foram nomeados pelo atual Papa Francisco. Tanto em termos históricos de longo prazo, quanto em termos atuais (horizonte de curto prazo), o episcopado em Santa Catarina é, pelo menos em se tratando dos papas que os indicaram, o reflexo da era Wojtyla/Ratzinger, ainda que, como já destacamos, desse fato não se siga nenhum alinhamento automático do bispo nomeado com a linha do papa vigente.

4 Os bispos ao longo das gerações: continuidades e mudanças

Desde o início da fundação do Bispado de Florianópolis (1908) até o presente, Santa Catarina já teve um total de 48 bispos. Eles podem ser classificados em duas grandes gerações. No período de 1908 até 1962, data de abertura do Concílio Vaticano II, o estado contava apenas com cinco dioceses (Florianópolis, Joinville, Lages, Tubarão e Chapecó) que foram governadas por 11 bispos (33% do total). Depois da realização do Concílio (de 1966 até hoje) foram erigidas mais cinco dioceses (Rio do Sul, Caçador, Joaçaba, Criciúma e Blumenau) e ao longo desses próximos 57 anos Santa Catarina teve à sua frente um total de mais 37 prelados (77% do total). Essa diferença numérica entre os dois períodos explica-se não apenas pelo aumento do número de dioceses (que duplicou), mas também porque a idade dos escolhidos para o episcopado tornou-se maior, além do fato de que os bispos renunciam aos seus cargos quando atingem os 75 anos de idade.

Independentemente das diferenças entre essas duas gerações de bispos (anterior e posterior ao Concílio), as bases sociais de recrutamento e seleção do episcopado catarinense permaneceram basicamente as mesmas: 83% do total dos bispos de Santa Catarina provêm da região Sul e mais da metade (52%) nasceu no próprio estado. Desde o fim do Concílio Vaticano II, o índice de bispos oriundos da região Sul chega a 92%. Dada a configuração sociocultural dessa região do Brasil, formada predominantemente por médias e pequenas cidades, pode-se inferir que os bispos tendem a advir da fração inferior dos estratos sociais, muito em particular em famílias nucleares de bases rurais com profunda formação religiosa.

Em termos eclesiásticos, o cenário é mais complexo, pois temos que levar em conta que o perfil teológico-doutrinal do episcopado modifica-se na medida em que a Igreja Católica em Santa Catarina vivencia diferentes ciclos eclesiais. Após o perfil tridentino-ultramontano do primeiro ciclo, segue-se a fase da modernização trazida pela renovação conciliar (*Aggionarmento*) e pela ascensão da Teologia da Libertação, até desembocar no terceiro e atual ciclo, marcado pela retomada da identidade institucional e sacramental da Igreja. A despeito dessas mudanças históricas, é possível perceber alguns padrões de seleção de bispos relativamente constantes: (1) a primeira delas é a tendência em equilibrar a escolha dos bispos entre aqueles que são oriundos do clero diocesano e aqueles provenientes do clero secular, que perfazem, cada um, 50% dos nomes indicados para Santa Catarina. (2) Constata-se ainda que a passagem por funções de magistério (58% do total) é um traço importante daqueles que passam a compor a elite do clero. (3) A circulação internacional (especialmente a formação em Roma) dos presbíteros escolhidos como bispos, um suposto indicador de sua ortodoxia, foi menor do que esperado, mas mesmo assim chegou ao expressivo número de 40% dos indicados.

Comparando as duas variáveis em questão, ou seja, a dimensão sociocultural e a dimensão eclesiástica, vemos que elas seguem tendências opostas. Enquanto o perfil sociocultural da elite eclesiástica foi tornando-se cada vez mais homogêneo, seu perfil eclesial, mais sensível aos ciclos históricos da Igreja, bem como às escolhas papais, foi tornando-se mais heterogêneo. Esse dado sugere que a origem social do clero e sua trajetória eclesiástica são variáveis que seguem lógicas sociais próprias e independentes, não havendo indícios de determinação da primeira sobre a segunda.

Referências

AIVA, José P. Os bispos do Brasil e a formação da sociedade colonial (1551-1706). *Textos de História*, Brasília, v. 14, n. 1-2, p. 11-36, 2006.

ALTEMEYER JR., Fernando. *Perfil episcopal da Igreja Católica (1551-2018)*. São Paulo: Paulus, 2018.

ALVES, Elza D. *Discurso religioso católico e normatização de comportamentos*: São Ludgero, Santa Catarina (1900-1980). Dissertação (Mestrado em História). Centro de Filosofia e Ciências Humanas, Universidade Federal de Santa Catarina, Florianópolis, 1998.

ALVES, Elza D. *Nos bastidores da cúria*: desobediências e conflitos relacionais no intra-clero catarinense (1892-1955). Tese (Doutorado em História). Centro de Filosofia e Ciências Humanas, Universidade Federal de Santa Catarina, Florianópolis, 2005.

ALVES, Márcia. *Entre a folia e a sacristia*: as (re)significações e intervenções da elite clerical e civil na festa do divino em Florianópolis (1896-1925). Dissertação (Mestrado em História). Centro de Filosofia e Ciências Humanas, Universidade Federal de Santa Catarina, Florianópolis, 1999.

ANTENORE, Armando. Vaticano transfere bispo progressista de São Paulo. *Folha de S. Paulo*, 20 abr. 2000. Disponível em: https://www1.folha.uol.com.br/fsp/brasil/fc2004200013.htm. Acesso em: 16 maio 2024.

AQUINO, Maurício. Modernidade republicana e diocesanização do catolicismo no Brasil: as relações entre Estado e Igreja na Primeira República (1889-1930). *Revista Brasileira de História*, São Paulo, n. 32, p. 143-170, 2012.

AQUINO, Maurício. O conceito de romanização do catolicismo brasileiro e a abordagem histórica da Teologia da Libertação. *Revista Horizonte*, Belo Horizonte, v. 11, n. 32, p. 1485-1505, 2013.

ARAUTOS DO EVANGELHO. Joinville, s/d. Disponível em: https://arautosjoinville.com/. Acesso em: 16 maio 2024.

AZZI, Riolando. O episcopado brasileiro frente à Revolução de 1930. *Síntese*, Belo Horizonte, v. 5, n. 12, p. 47-78, 1978.

BALSANELLA, Rebecca W.; PACHECO, Rita C.; PERETTI, Clélia. Entre memória e história. Pastorais sociais na Diocese de Joinville (anos 1960-1990). In: MONTEIRO, Solange A. S. (org.). *Religião e sociedade*: hegemonia ou submissão. Ponta Grossa: Atena, 2019.

BARROS, Marcelo. *Dom Helder Câmara*: profeta para os nossos dias. São Paulo: Paulus, 2011.

BATISTA, Fernando A. Dom Afonso, o Bispo do Pão e da Paz. *Revista Encontros Teológicos*, Florianópolis, v. 29, n. 2, p. 163-178, 2014.

BEOZZO, José O. *A Igreja do Brasil no Concílio Vaticano II (1959-1965)*. São Paulo: Paulinas, 2005.

BESEN, José A. Monsenhor Francisco Xavier Topp. *Revista Encontros Teológicos*, Florianópolis, v. 5, n. 2, p. 27-31, 1990.

BESEN, José A. Igreja e política em Santa Catarina. *Revista Encontros Teológicos*, Florianópolis, v. 10, n. 2, p. 65-70, 1995.

BESEN, José A. *Seminário de Azambuja*: 1927-2002. Florianópolis: AESA, 2002.

BESEN, José A. A criação da Diocese de Florianópolis em 1908. *Revista Encontros Teológicos*, Florianópolis, v. 22, n. 3, p. 5-8, 2007.

BESEN, José A. *Padre Osmar Pedro Müller*. Itajaí, 2009. Disponível em: https://pebesen.wordpress.com/padres-da-igreja-catolica-em-santa-catarina/padre-osmar-pedro-muller/. Acesso em: 16 maio 2024.

BESEN, José A. Itesc – 40 ANOS: o Instituto Teológico de Santa Catarina: 1973-2012. *Revista Encontros Teológicos*, Florianópolis, v. 28, n. 1, p. 5-16, 2013.

BESEN, José A. *História na Igreja em Santa Catarina*. Florianópolis: Academia Catarinense de Letras, 2014.

BESEN, José A. *História de padres em Santa Catarina*. São Paulo: Mundo e Missão, 2015.

BIANCHEZZI, Clarice. *Religiosas dissidentes*: memórias de tensões na Igreja Católica de Florianópolis (1968-1978). Monografia (Graduação em História). Universidade do Estado de Santa Catarina, Florianópolis, 2005.

BIANCHEZZI, Clarice. Imigrantes de origem alemã e a presença da Igreja Católica em Santa Catarina. *In*: ENCONTRO REGIONAL DE HISTÓRIA, 19, 2008. *Anais*. São Paulo: Universidade de São Paulo, 2008.

BIANCHEZZI, Clarice. Dom Afonso Niehues: memórias da rede de proteção aos perseguidos pelo regime militar em Santa Catarina. *Revista Expedições: Teoria da História & Historiografia*, Morrinhos, v. 3, n. 2, p. 113-129, 2012.

BOURDIEU, Pierre. *Sociologia geral*. v. 1: Lutas de classificação. Petrópolis: Vozes, 2021.

BOURDIEU, Pierre; SAINT MARTIN, Monique. La sainte famille: l'épiscopat français dans le champ du pouvoir. *Actes de la Recherche en Sciences Sociales*, Paris, v. 44, n. 1, p. 2-53, 1982.

BRANDES, Orlando. Itesc: espiritualidade e mística. *Revista Encontros Teológicos*, Florianópolis, v. 18, n. 3, p. 75-80, 2003.

BRIGHENTI, Agenor. ITESC: uma instituição regional, acadêmica e colegiada. *Revista Encontros Teológicos*, Florianópolis, v. 18, n. 3, p. 45-62, 2003.

BRIGHENTI, Agenor. *O novo rosto do clero*: perfil dos padres novos no Brasil. Petrópolis: Vozes, 2021.

BRIGHENTI, Agenor. O exercício do *sensus fidelium* no sínodo da Diocese de Tubarão. *Perspectiva Teológica*, Belo Horizonte, v. 54, n. 1, p. 21-44, 2022.

BRIGHENTI, Clóvis A. *O movimento indígena no oeste catarinense e sua relação com a Igreja Católica na Diocese de Chapecó/SC nas décadas de 1970 e 1980*. Tese (Doutorado em História). Centro de Filosofia e Ciências Humanas, Universidade Federal de Santa Catarina, Florianópolis, 2012.

BRIGHENTI, Clóvis A.; NÖTZOLD, Ana L. V. Dom José Gomes e as terras indígenas: análise de uma experiência de intervenção em políticas públicas. *Revista Cadernos do Ceom*, Chapecó, v. 22, n. 30, p. 207-225, 2009.

BUSARELLO, Mildo. Dom Gregório, um bispo profeta. *In*: CARON, Lurdes. (org.). *Dom Gregório Warmeling*: pastor e profeta. Blumenau: Odorizzi, 2001.

CABRAL, Oswaldo R. Subsídios para a história eclesiástica de Santa Catarina: a Diocese de Florianópolis, sua criação, seus prelados. *Revista de História*, São Paulo, v. 35, n. 72, p. 417-461, 1967.

CALDEIRA, Rodrigo C. *Os baluartes da tradição*: o conservadorismo católico brasileiro no Concílio Vaticano II. Curitiba: CRV, 2011.

CÂMARA, Fernando. A Arquidiocese do Rio de Janeiro e seus bispos. *Revista do Instituto do Ceará*, Fortaleza, n. 123, p. 25-40, 2009.

CARDOSO, Karina V. A Igreja Católica no estado de Santa Catarina e suas territorialidades. *Espaço e Cultura*, Rio de Janeiro, n. 21, p. 18-31, 2007.

CASPARY, Alceu. *O discurso católico em Santa Catarina no período de 1960/1964 e sua relação com a legitimação do golpe de Estado*. Dissertação (Mestrado em História). Centro de Filosofia e Ciências Humanas, Universidade Federal de Santa Catarina, Florianópolis, 2002.

CEBS DO BRASIL. *15º Intereclesial*. Rondonópolis, 2022. Disponível em: https://cebsdobrasil.com.br/entrevista-com-dom-manoel-joao-francisco/. Acesso em: 16 maio 2024.

COLOMBI, Dionízio L. Dom Joaquim Domingues de Oliveira visto por um de seus secretários. *Revista Encontros Teológicos*, Florianópolis, v. 29, n. 2, p. 79-84, 2014.

COMUNIDADE DIVINO OLEIRO. Governador Celso Ramos, s/d. Disponível em: https://divinooleiro.com.br/home. Acesso em: 16 maio 2024.

CORREIA, Ana M. M. C. *A expansão da Igreja em Santa Catarina, a reação anti-clerical e a questão do clero nacional (1892-1920)*. Dissertação (Mestrado em História). Centro de Filosofia e Ciências Humanas, Universidade Federal de Santa Catarina, Florianópolis, 1988.

COSTA, Elton L. *Igreja e ecologia*: um diálogo entre as dioceses de Rio Branco/AC e Tubarão/SC (1970-1990). Tese (Doutorado em História). Centro de Filosofia e Ciências Humanas, Universidade Federal de Santa Catarina, Florianópolis, 2015.

COSTA, Iraneidson S. "Eu ouvi os clamores do meu povo": o episcopado profético do Nordeste brasileiro. *Horizonte*, Belo Horizonte, v. 11, n. 32, p. 1461-1484, 2013.

COSTA, Lúcia D. S. *Canção popular nas comunidades eclesiais de base*: análise do papel educativo e social nas décadas de 70/80 em Lages/SC. Dissertação (Mestrado em Educação). Centro de Ciências da Educação, Universidade Federal de Santa Catarina, Florianópolis, 2008.

D'ÁVILA, Edison. Minhas lembranças de Dom Joaquim e outras memórias. *Revista Encontros Teológicos*, Florianópolis, v. 29, n. 2, p. 59-64, 2014.

DALLABRIDA, Norberto. *A sombra do campanário*: o catolicismo romanizado na área de colonização italiana no Médio Vale do Itajaí-Açú (1892-1918). Dissertação (Mestrado em História). Centro de Filosofia e Ciências Humanas, Universidade Federal de Santa Catarina, Florianópolis, 1993.

DALLABRIDA, Norberto. *A fabricação escolar das elites:* o Ginásio Catarinense na Primeira República. Florianópolis: Cidade Futura, 2001.

DALLABRIDA, Norberto. Modos de educação católica em Florianópolis: final do século XIX e meados do século XX. *Revista Educação em Questão*, Natal, v. 23, n. 9, p. 102-118, 2005.

DELLA GIUSTINA, Elias. Dom Afonso Niehues e o Regional Sul IV. *Revista Encontros Teológicos*, Florianópolis, v. 29, n. 2, p. 151-162, 2014.

DESTÉFANI, Dionysio. *Presença dos capuchinhos nos estados do Paraná e Santa Catarina.* Curitiba: Cúria Provincial, 1998.

DIEL, Paulo F. A reforma católica e o catolicismo popular caboclo no Oeste de Santa Catarina e Sudoeste do Paraná (1903-1958). *Revista de Cultura Teológica*, São Paulo, v. 4, n. 15, p. 105-120, 1996.

DIRKSEN, Valberto. Presença e missão dehoniana no Sul do Brasil. *Revista Encontros Teológicos*, Florianópolis, v. 20, n. 1, p. 139- 154, 2005.

FABRÍCIO, Edison L. O laicato na emergência do Regional Sul IV da CNBB: da centralidade à colegialidade eclesiástica em tempos de ditadura (1969-1975). *Revista Encontros Teológicos*, Florianópolis, v. 34, n. 1, p. 11-44, 2019.

FACCHINI, Luiz. Dom Gregório Warmeling e a Teologia da Libertação. *In*: CARON, Lurdes. (org.). *Dom Gregório Warmeling*: pastor e profeta. Blumenau: Odorizzi, 2001.

FANTIN, Maristela. *Construindo cidadania e dignidade*. Experiências populares de educação e organização no Morro do Horácio. Florianópolis: Insular, 1997.

FELLER, Vitor G. Fidelidade à vinha: teologia teórica e prática de Dom Afonso Niehues. *Revista Encontros Teológicos*, Florianópolis, v. 29, n. 2, p. 85-98, 2014.

FERREIRA, Rafael L. O episcopado brasileiro em tempos de ditadura militar. *Revista Aedos*, Porto Alegre, v. 13, n. 30, p. 266-271, 2022.

FRAINER, Jean D. *Primavera ou inverno pastoral?* Uma análise sociológica das transformações na Pastoral da Juventude em Santa Catarina. Dissertação (Mestrado em Sociologia Política). Centro de Filosofia e Ciências Humanas, Universidade Federal de Santa Catarina, Florianópolis, 2015.

FRANCISCO, José C. Desenvolvimento religioso do Norte de Santa Catarina: Diocese de Joinville. *Revista Encontros Teológicos*, Florianópolis, v. 22, n. 3, p. 95-104, 2007.

GASCHO, Maria L. *Catequistas franciscanas*: uma antecipação do "aggiornamento" em Santa Catarina (1915-1965). Dissertação (Mestrado em História). Centro de Filosofia e Ciências Humanas, Universidade Federal de Santa Catarina, Florianópolis, 1998.

GOEDERT, Valter M. Dom Afonso Niehues e o diaconado permanente. *Revista Encontros Teológicos*, Florianópolis, v. 29, n. 2, p. 123-140, 2014.

GOMES, José. *Sermões do bispo Dom José Gomes*. Chapecó: Mitra Diocesana de Chapecó, 2013.

GRÉMION, Catherine; LEVILLLAIN, Philippe. *Les lieutenants de Dieu*: les évêques de France et la République. Paris: Fayard, 1986.

GUIMARÃES, Luiz E.; BRAGA, Antônio M. C.; LANZA, Fábio; PIOVANI, L. P. Conflitos agrários e o catolicismo liberacionista: Romaria da Terra (PR, SC) e os arquivos do SNI. *Revista Relegens Thréskeia*, v. 9, n. 2, p. 284-307, 2020.

HEERDT, Moacir. *As escolas paroquiais em Santa Catarina (1890-1930)*. Dissertação (Mestrado em História). Universidade do Estado de Santa Catarina, Florianópolis, 1992.

HEINER, Luís. *História da Igreja do Oeste catarinense e Sudoeste do Paraná*. Chapecó: Mitra Diocesana de Chapecó, 1994.

KANTOVITZ, Geane. *Irmãs Catequistas Franciscanas*: memórias sobre a prática docente no ensino primário de Santa Catarina (1935-1965). Tese (Doutorado em Educação). Centro de Ciências da Educação, Universidade Federal de Santa Catarina, Florianópolis, 2017.

KANTOVITZ, Geane. Irmãs Catequistas Franciscanas: entre a rigidez e o carisma franciscano (SC, 1935-1965). *Revista Brasileira de História da Educação*, Maringá, v. 18, p. 1-26, 2019.

KRETZER, Altamiro A. A criação do Regional Sul 4 e do Itesc: dialética do catolicismo. *Revista Encontros Teológicos*, Florianópolis, v. 34, n. 1, p. 45-64, 2019.

KRIEGER, Murilo. Dom Afonso Niehues: um incansável trabalhador na vinha do Senhor. *Revista Encontros Teológicos*, Florianópolis, v. 29, n. 2, p. 115-122, 2014.

KRISCHKE, Paulo J. O movimento de bairros ligados às CEBs de Florianópolis: a dimensão participativa numa cultura política em transição. *Revista de Ciências Humanas*, Florianópolis, v. 8, n. 12, p. 71-96, 1992.

LANZA, Fábio. *Matrizes ideológicas dos arcebispos paulistanos (1956-85)*: um olhar sob o prisma do semanário *O São Paulo*. Tese (Doutorado em Ciências Sociais). Pontifícia Universidade Católica de São Paulo, São Paulo, 2006.

LOCKS, Geraldo A. *Grupos de família*: o modo de ser CEB em Lages/SC. Tese (Doutorado em Antropologia Social). Centro de Filosofia e Ciências Humanas, Universidade Federal de Santa Catarina, Florianópolis, 2008.

LOVERA, Clair J. *Os sermões do bispo Dom José Gomes*. Florianópolis: Premier, 2013.

LUCKMANN, Lígia H. H. *Cotidiano e democracia na organização da UFECO (União Florianopolitana de Entidades Comunitárias)*. Dissertação (Mestrado em Sociologia Política). Centro de Filosofia e Ciências Humanas, Universidade Federal de Santa Catarina, Florianópolis, 1991.

MACHADO, Marilane. *Do institucional ao comunitário*: a Pastoral da Saúde em Florianópolis (1970-1990). Dissertação (Mestrado em História). Centro de Filosofia e Ciências Humanas, Universidade Federal de Santa Catarina, Florianópolis, 2007.

MARTENDAL, Carlos. D. Joaquim e D. Afonso, dois tempos de Igreja, duas visões sobre os leigos. *Revista Encontros Teológicos*, Florianópolis, v. 29, n. 2, p. 39-48, 2014.

MICELI, Sérgio. Fontes para o estudo da elite eclesiástica brasileira, 1890-1940. *BIB – Revista Brasileira de Informação Bibliográfica em Ciências Sociais*, São Paulo, n. 18, p. 45-70, 1984.

MICELI, Sérgio. *A elite eclesiástica brasileira*. Rio de Janeiro: Bertrand Brasil, 1988.

MOREIRA, José R. *Uma Igreja e uma sociedade sem exclusões*: a Festa das Tendas na Diocese de Lages. Dissertação (Mestrado em Teologia). Faculdades EST, São Leopoldo, 2010.

MUNARIM, Antonio. *A práxis dos movimentos sociais na região de Lages*. Dissertação (Mestrado em Educação). Centro de Ciências da Educação, Universidade Federal de Santa Catarina, Florianópolis, 1990.

NANDI, Domingos V. Itesc 30 anos. *Revista Encontros Teológicos*, Florianópolis, v. 18, n. 3, p. 96-104, 2003.

NASCIMENTO, Divino F. S. *A educação católica no ensino público em Santa Catarina*: discursos e acordos entre os poderes religioso e laico (1930-1937). Dissertação (Mestrado em Educação). Centro de Ciências da Educação, Universidade Federal de Santa Catarina, Florianópolis, 2010.

NASPOLINI, Antenor. *Crônica*: Dom Afonso Niehues: o cardeal que São Ludgero merecia. Luanda: Angola, 2008.

NERIS, Wheriston S. As transformações da elite eclesiástica no Bispado do Maranhão. *Revista Tomo*, Aracaju, n. 22, p. 257-302, 2013.

NERIS, Wheriston S. *A elite eclesiástica no bispado do Maranhão*. São Paulo: Paco, 2014.

NEVES, Guilherme P. *A ação dos bispos e a orientação tridentina em São Paulo* (1745-1796). Dissertação (Mestrado em História). Instituto de Filosofia e Ciências Humanas, Universidade Estadual de Campinas, Campinas, 1999.

NIEHUES, Afonso. Anotações para a história do Itesc. *Revista Encontros Teológicos*, Florianópolis, v. 8, n. 1, p. 33-37, 1993.

OLIVEIRA, José E. O homem que foi Dom Joaquim Domingues de Oliveira. *Revista Encontros Teológicos*, Florianópolis, v. 29, n. 2, p. 64-78, 2014.

OLIVEIRA GOMES, Paulo. Dom José Gomes e as origens dos movimentos sociais no Oeste de Santa Catarina. *In*: ROCHA, Humberto J.; TEDESCO, João C.; MYSKIW, Antônio M. (orgs.). *História dos movimentos sociais de luta pela terra no Sul do Brasil (1940-1980)*. Passo Fundo: Acervus, 2021.

ORO, Ivo P.; CENCI, Rosângela. (orgs.). *Diocese de Chapecó*: 60 anos de caminhada. Chapecó: Diocese de Chapecó, 2018.

OTTO, Clarícia. *Catolicidades e italianidades*: jogos de poder no Médio Vale do Itajaí-Acú e no Sul de Santa Catarina. Tese (Doutorado em História). Centro de Filosofia e Ciências Humanas, Universidade Federal de Santa Catarina, Florianópolis, 2005.

OTTO, Clarícia. Memória coletiva sobre a gênese e institucionalização da Congregação das Irmãs Catequistas Franciscanas. *História Oral*, Rio de Janeiro, v. 21, n. 1, p. 173-192, 2018.

PAGOTO, Terezinha. *A reforma agrária no Oeste de Santa Catarina e os conflitos pela terra*. Dissertação (Mestrado em História). Instituto de Filosofia e Ciências Humanas, Universidade de Passo Fundo, Passo Fundo, 2009.

PAIM, Elison A.; SIQUEIRA, Gustavo H. CPT e MST: formação e ocupação no Oeste catarinense. *Revista Santa Catarina em História*, Florianópolis, v. 8, n. 1, p. 40-56, 2014.

PAIVA, José P. Os bispos do Brasil e a formação da sociedade colonial (1551-1706). *Textos de História*, Brasília, v. 14, n. 1-2, p. 11-36, 2006.

PASSOS, João D. Renovação conciliar e identidade episcopal: o perfil original de Paulo Evaristo Arns. *Revista de Cultura Teológica*, São Paulo, v. 30, número especial, p. 37-55, 2022.

PEREIRA, Ney B. As atas do primeiro decênio do Itesc. *Revista Encontros Teológicos*, Florianópolis, v. 18, n. 3, p. 17-44, 2003.

PEREIRA, Reginaldo. Dom Afonso Niehues: um pastor no Planalto Serrano. *Revista Encontros Teológicos*, Florianópolis, v. 29, n. 2, p. 197-204, 2014.

PEREIRA, Reginaldo. *A evangelização na Diocese de Lages à luz do concílio Vaticano II*: 1965-2010. Dissertação (Mestrado em Teologia). Escola de Educação e Humanidades, Pontifícia Universidade Católica do Paraná, Curitiba, 2016.

PIACENTINI, Telma A. *O Morro da Caixa D'Água*. O significado político-pedagógico dos movimentos de educação popular na periferia de Florianópolis/SC. Florianópolis: UFSC, 1991.

PIANA, Marivone. *Música e movimentos sociais*: as marcas da simbologia religiosa no MST. Tese (Doutorado em Sociologia Política). Centro de Filosofia e Ciências Humanas, Universidade Federal de Santa Catarina, Florianópolis, 2009.

PIAZZA, Walter. *A Igreja em Santa Catarina*: notas para sua história. Florianópolis: Imprensa Oficial do Estado de Santa Catarina, 1977.

PIENDIBENE, Daniel R.; PIENDIBENE, Marta R. S. Nossos anos no Itesc. *Revista Encontros Teológicos*, Florianópolis, v. 18, n. 3, p. 81-94, 2003.

PILETTI, Nelson; PRAXEDES, Walter. *Dom Helder Câmara*: entre o poder e a profecia. São Paulo: Ática, 1997.

QUEIROGA, Gervásio F. *CNBB*: comunhão e corresponsabilidade. São Paulo: Paulinas, 1977.

RAMBO, Arthur B. Restauração católica no Sul do Brasil. *História: Questões & Debates*, Curitiba, v. 36, n. 1, p. 279-304, 2002.

RIBEIRO, Hélcion. *Da periferia um povo se levanta*. São Paulo: Paulinas, 1988.

RIBEIRO, Hélcion. Itesc, entre notas e memórias. *Revista Encontros Teológicos*, Florianópolis, v. 18, n. 3, p. 64-73, 2003.

RODRIGUES, Cátia R. *A Arquidiocese de São Paulo na gestão de D. Paulo Evaristo Arns (1970-1990)*. Dissertaçao (Mestrado em História Social). Faculdade de Filosofia, Letras e Ciências Humanas, Universidade de São Paulo, São Paulo, 2008.

RODRIGUES, Roberto C. O avanço do processo de romanização da Igreja Católica na região de Joaçaba-SC durante as décadas de 1920 a 1980. *Semina*, Passo Funbdo, v. 17, n. 2, p. 302-319, 2018.

RODRIGUES, Roberto C. *A atuação de Dom Daniel Hostin no processo de recatolização no Vale do Rio do Peixe*. Dissertação (Mestrado em História). Instituto de Filosofia e Ciências Humanas, Universidade de Passo Fundo, Passo Fundo, 2020.

RÖWER, Basílio. *Os franciscanos no Sul do Brasil*. Petrópolis: Vozes, 1944.

RUBERT, Arlindo. Os bispos do Brasil no Concílio Vaticano I (1869-1870). *Revista Eclesiástica Brasileira*, Petrópolis, v. 29, n. 1, p. 103-120, 1969.

SANTOS, Jailton L. V. *Igreja Católica e ditadura militar em Florianópolis (1964-1985)*. Monografia (Graduação em História). Centro de Filosofia e Ciências Humanas, Universidade Federal de Santa Catarina, Florianópolis, 2019.

SCHWADE, Elisete. *A luta não faz parte da vida... e a vida*: o projeto politico-religioso de um assentamento no Oeste catarinense. Dissertação (Mestrado em Antropologia). Centro de Filosofia e Ciências Humanas, Universidade Federal de Santa Catarina, Florianópolis, 1992.

SEIDL, Ernesto. *A elite eclesiástica no Rio Grande do Sul*. Tese (Doutorado em Ciência Política). Instituto de Filosofia e Ciências Humanas, Universidade Federal do Rio Grande do Sul, Porto Alegre, 2003.

SEIDL, Ernesto. Caminhos que levam a Roma: recursos culturais e redefinições da excelência religiosa. *Horizontes Antropológicos*, Porto Alegre, v. 15, n. 31, p. 263-290, 2009.

SELL, Carlos E. *ONGs*: trabalho de base ou formação de redes? Um olhar sobre o Cedep. Dissertação (Mestrado em Sociologia Política). Centro de Filosofia e Ciências Humanas, Universidade Federal de Santa Catarina, Florianópolis, 1997.

SERPA, Élio C. Bispos: elites dirigentes e catolicismo popular em Santa Catarina. *Estudos Ibero-Americanos*, Porto Alegre, v. 19, n. 2, p. 69-84, 1993.

SERPA, Élio C. *Igreja e poder em Santa Catarina*. Florianópolis: UFSC, 1997.

SILVA, Claiton M. Da "luta pela terra" à "luta pela terra": romarias, mudança climática e a apropriação simbólica da Guerra do Contestado (Santa Catarina, Brasil). *Revista Inclusiones*, v. 5, número especial, p. 202-213, 2018.

SILVA, Tiago A. *A práxis política da Igreja Católica na Diocese de Chapecó/SC (1970 e 1980)*. Dissertação (Mestrado em História). Instituto de Filosofia e Ciências Humanas, Universidade de Passo Fundo, Passo Fundo, 2017.

SILVA, Tiago A. Dom José Gomes e a metodologia popular dos grupos de reflexão na Diocese de Chapecó-SC. *Revista Teopráxis*, Passo Fundo, v. 39, n. 133, p. 50-60, 2022.

SILVA, Victória G. *Juventude operária católica em Santa Catarina (1948-1970)*: trajetória, memórias e experiências. Dissertação (Mestrado em História). Centro de Filosofia e Ciências Humanas, Universidade Federal de Santa Catarina, Florianópolis, 2008.

SILVA GOMES, Edgar. O inconstitucional como *modus operandi*: a expansão da hierarquia eclesiástica durante a Primeira República. *Revista Pluri*, São Paulo, v. 1, n. 1, p. 103-116, 2018.

SORATTO, Delotide C. F. *Poderes locais e a implantação da Diocese de Tubarão (1940-1960)*. Dissertação (Mestrado em História). Centro de Filosofia e Ciências Humanas, Universidade Federal de Santa Catarina, Florianópolis, 2002.

SOUZA, Eliton F. A ditadura militar e os religiosos que mudaram de lado. *Revista Brasileira de História das Religiões*, Maringá, v. 14, n. 42, p. 87-108, 2021.

SOUZA, Rogério L. K. *Construção de uma ordem*: catolicismo e ideal nacional em Santa Catarina (1930-1945). Dissertação (Mestrado em História). Centro de Filosofia e Ciências Humanas, Universidade Federal de Santa Catarina, Florianópolis, 1996.

SOUZA, Rogério L. *Domus dei et porta coeli*: educação, controle, construção do corpo e da alma... O seminário de Azambuja entre as décadas de 1960 e 1980. Tese (Doutorado em História). Centro de Filosofia e Ciências Humanas, Universidade Federal de Santa Catarina, Florianópolis, 2005.

SOUZA, Rogério L. K.; CAMPIGOTO, José A.; FABRÍCIO, Edison L. O laicato na emergência do Regional Sul IV da CNBB: da centralidade à colegialidade eclesiástica em tempos de ditadura (1969-1975). *Revista Encontros Teológicos*, Florianópolis, v. 34, n. 1, p. 11-44, 2019.

SOUZA, Rogério L.; OTTO, Clarícia. (orgs.). *Faces do catolicismo*. Florianópolis: Insular, 2008.

SPIESS, Marcos A. A crise das vocações pós-Vaticano II: reflexões a partir da reprodução social do clero catarinense. *Sacrilegens*, Juiz de Fora, v. 13, n. 1, p. 41-57, 2016.

TEDESCO, Adayr M.; DIEL, Paulo F. A Igreja na região do Grande Oeste até a criação das dioceses de Palmas e Chapecó. *Revista Encontros Teológicos*, Florianópolis, v. 22, n. 3, p. 65-94, 2007.

TIENGO PONTES, Gustavo. As correspondências de Dom Afonso Niehues no Arquivo Histórico da Arquidiocese de Florianópolis: notas de pesquisa. *Revista Santa Catarina em História*, Florianópolis, v. 12, n. 1-2, p. 21-36, 2018.

TOMAZI, Gilberto; CASARA, João C. (orgs.). *Diocese de Caçador*: memórias jubilares. Passo Fundo: Berthier, 2019.

UCZAI, Pedro. (org.). *Dom José Gomes*: mestre e aprendiz do povo. Chapecó: Argos, 2002.

VASSORT-ROUSSET, Brigitte. *Les évêques de France en politique*. Paris: Fondation Nationale des Sciences Politiques, 1986.

VICENTE, Vilmar A. *Dom Afonso Niehues*: pastor da vinha do Senhor. Florianópolis: Imprensa Oficial do Estado de Santa Catarina, 1990.

VICENTE, Vilmar A. O pensamento social de Dom Afonso Niehues. *Revista Encontros Teológicos*, Florianópolis, v. 29, n. 2, p. 99-114, 2014.

VIEIRA, Paulo L. M. Dom Afonso Niehues. *Revista Encontros Teológicos*, Florianópolis, v. 8, n. 2, p. 50-52, 1993.

WEBER, Max. A objetividade do conhecimento nas ciências sociais. *In*: COHN, Gabriel. (org.). *Max Weber*. Coleção "Grandes Cientistas Sociais". São Paulo: Ática, 1994.

WEBER, Normelio P. *Pastoral da Juventude em Santa Catarina e a gestação de militantes do movimento popular*. Dissertação (Mestrado em Sociologia Política). Centro de Filosofia e Ciências Humanas, Universidade Federal de Santa Catarina, Florianópolis, 1990.

WIGGERS, Andréas. A Igreja no Planalto Catarinense. *Revista Encontros Teológicos*, Florianópolis, v. 22, n. 3, p. 105-120, 2007.

Epílogo
No limiar da nova aurora

A era de Francisco chegou ao seu limiar. Qual será seu legado? E o que se pode esperar dos rumos da Igreja Católica no futuro? Para responder a essas questões complexas, adotaremos quatro passos: (1) inicialmente, faremos uma breve recapitulação das principais diretrizes do projeto de reforma de Francisco. (2) Em seguida, analisaremos como essas reformas foram recebidas pelos fiéis, pelo clero e pelos bispos, o que nos ajudará a compreender a atual situação da Igreja. (3) No terceiro momento, examinaremos o perfil do colégio cardinalício que elegerá o sucessor de Francisco, buscando identificar indícios de continuidade ou de uma possível mudança na condução da Igreja. (4) Por fim, refletiremos sobre um dos grandes dilemas do catolicismo contemporâneo, discutindo como alguns dos principais intelectuais católicos da atualidade enxergam a relação entre a Igreja e a modernidade.

1 A Igreja que Francisco sonhou

Diferentemente da dupla João Paulo II (1978–2005) e Bento XVI (2005-2013), que se dedicou a enfrentar a crise do pós-Vaticano II e estabilizar os rumos da Igreja, Francisco assumiu o pontificado diante de uma Igreja exaurida e desgastada. Além de lidar com o descontrole administrativo do Vaticano, a instituição necessitava urgentemente reagir para se adaptar a uma sociedade cada vez mais secularizada e a um mundo globalizado técnica e economicamente, mas fragmentado cultural e politicamente. Diante desse cenário, sua única opção foi implementar um novo ciclo de reformas na Igreja.

No capítulo quarto deste livro (*Uma Igreja em saída: o perfil do pontificado de Francisco*), analisamos as principais diretrizes de seu pontificado e demonstramos que seu programa de reformas se concentrou em quatro eixos fundamentais: (1) reforma administrativa, (2) reforma eclesial (sinodalidade), (3) reforma moral e (4) reforma geopolítica. Cada uma dessas reformas tem um alcance progressivamente mais amplo: enquanto a reforma administrativa está voltada para o funcionamento do Vaticano como instituição burocrática, a reforma eclesial redefine o papel da hierarquia na Igreja. A reforma moral, por sua vez, impacta diretamente a vida prática dos fiéis, e a reforma geopolítica extrapola os limites institucionais, posicionando a Igreja Católica no cenário sociopolítico global. A seguir, recapitulamos, brevemente, esses aspectos:

- A *reestruturação da administração vaticana* teve como prioridade o aperfeiçoamento dos mecanismos legais para prevenir e punir abusos sexuais cometidos e acobertados por membros do clero. Com a promulgação da Constituição Apostólica *Praedicate Evangelium* (2022), Francisco também reformulou a estrutura da Cúria Romana, buscando maior transparência financeira e combatendo sua tendência de operar como um aparato burocrático voltado à preservação de interesses internos.

- A *reforma político-eclesial* de Francisco está fundamentada no conceito de sinodalidade, promovendo uma nova visão da identidade e do papel da Igreja. Ao expandir o princípio da colegialidade – até então restrito aos bispos – para o mundo dos leigos, ele reforça uma concepção mais democrática da Igreja, na qual todos os batizados compartilham a responsabilidade pela missão evangelizadora.

- A *reforma moral* busca reduzir o abismo entre a moral oficial da Igreja, especialmente no campo da reprodução e da vida familiar, e a realidade vivida pela maioria dos fiéis, que frequentemente não seguem integralmente os princípios normativos da instituição. Com a Exortação Apostólica *Amoris Laetitia* (2016), Francisco ampliou o papel da consciência individual na moral católica, permitindo que casais em segunda união, após discernimento com um sacerdote, possam receber a Eucaristia. Em 2023, por meio do documento *Fiducia Supplicans*, do Dicastério para a Doutrina da Fé, o papa autorizou sacerdotes a conceder bênçãos a casais do mesmo sexo. Além disso, para responder às demandas por maior igualdade entre homens e mulheres na Igreja, nomeou para cargos de relevância no Vaticano religiosas como Rafaella Petrini (Governadora da Cidade do Vaticano) e Simona Bambrilla (Dicastério para os Religiosos)[178].

---

178. https://www.ihu.unisinos.br/648918-por-que-francisco-escolheu-a-irma-petrini-para-o-governo-do-vaticano?fbclid=IwY2xjawIsK7pleHRuA2FlbQIxMAABHQ5ckoD9jibfn2qKj2eaCiJ9m-IL6frAVJ4d9u3YC_eXt--44BuryXpsog_aem_XOpVkCEL5mQeMvI-D4Xheg.

• No *campo geopolítico*, Francisco procurou responder à crise da globalização incentivando a preservação ambiental (*Encíclica Laudato Si'*, 2015) e promovendo a fraternidade universal (*Encíclica Fratelli Tutti*, 2019). Diferentemente da abordagem de João Paulo II, que priorizou o combate à chamada "cultura da morte" (aborto, eutanásia etc.), Francisco centrou sua atuação na esfera política. Ele criticou abertamente o neoliberalismo, os governos nacionalistas e populistas contemporâneos e as políticas anti-imigratórias, ao mesmo tempo em que manteve uma posição de distanciamento em relação aos interesses das grandes potências. Seu foco tem sido dar voz às periferias geográficas e existenciais, reforçando o compromisso da Igreja com os mais vulneráveis.

Diante dessas iniciativas, surgem muitas perguntas: qual o sentido dessas reformas? Para onde elas conduzem a Igreja Católica? Qual é, de fato, o seu alcance? Estaríamos diante de uma revolução na Igreja?

Nos primeiros dias do pontificado de Francisco, analistas entusiasmados enxergaram nele um líder revolucionário. O fato de ter optado por morar na Casa Santa Marta, em vez do Palácio Apostólico, foi interpretado como um gesto simbólico de ruptura (Franco, 2013; Politi, 2015). Curiosamente, essa mesma percepção foi compartilhada por setores ultraconservadores da Igreja. O arcebispo Carlo Maria Viganó, ex-núncio (embaixador) do Vaticano em Washington e posteriormente excomungado, chegou a afirmar que Francisco havia usurpado a Cátedra de São Pedro[179].

Por outro lado, Francisco também não agradou totalmente os setores mais progressistas do catolicismo global, especialmente sua ala mais avançada, representada pelo Caminho Sinodal da Alemanha (ver o capítulo *Democracia na Igreja: o Caminho Sinodal da Alemanha*). Um sinal dessa insatisfação foi a publicação, em 2024, do livro *O Papa das Decepções*, do estudioso alemão Ulrich Meier (2024), cujo subtítulo provocador questiona: "Por que Francisco não é um verdadeiro reformador"? Mas será isso verdade?

Na realidade, Francisco esteve longe de ser um revolucionário, como querem crer os setores ultraconservadores, e tampouco correspondeu às expectativas de mudanças radicais dos ultraliberais. É evidente, contudo, que sua posição esteve mais próxima da segunda tendência. Prova disso é que ele restringiu severamente a celebração da missa em latim[180], contrariando os tradicionalistas, e mantEve um

---

179. https://www.ihu.unisinos.br/categorias/640700-arcebispo-vigano-um-misterio-do-vaticano.

180. https://www.ihu.unisinos.br/categorias/619948-a-revolucao-liturgica-de-francisco-poe-fim-as-missas-tradicionalistas-e-restaura-a-reforma-conciliar-em-toda-a-igreja-do-rito-romano.

canal de diálogo com as propostas de renovação apresentadas pelo Caminho Sinodal da Alemanha.

Ainda assim, fica claro que Francisco foi, acima de tudo, um reformador, não um revolucionário. Seu projeto de renovação seguiu um processo gradual, sempre ancorado nas diretrizes do Concílio Vaticano II. Embora tenha imprimido uma marca própria ao seu governo, ele não rompeu com a tradição da Igreja nem perdeu o vínculo com seus predecessores (João Paulo II e Bento XVI). Seu modelo de reformas *profundas, mas dentro da ordem*, explorou as brechas institucionais para permitir variações no sistema eclesial e moral vigente. Dentro desse equilíbrio delicado, Francisco tensionou a estrutura da Igreja até os limites do possível.

2 A Igreja que Francisco deixou

Para muitos sociólogos da religião, o pluralismo de visões de mundo é uma das consequências mais significativas da secularização (Berger, 2017). Em uma cultura secular, não apenas se intensifica a diferenciação entre perspectivas seculares e religiosas, mas também se amplia a diversidade de visões religiosas dentro de uma mesma sociedade. Esse pluralismo, porém, não se limita ao campo externo das religiões: ele penetra no interior das próprias igrejas, levando fiéis que compartilham uma mesma tradição religiosa a interpretar e viver sua fé de maneiras distintas.

As reformas promovidas pelo Papa Francisco enfrentaram esse cenário de pluralismo e não ficaram imunes às polarizações presentes tanto na sociedade quanto no meio eclesial. Isso fica evidente ao analisarmos como suas iniciativas geraram reações diversas entre os fiéis católicos e seus pastores, especialmente entre padres e bispos, refletindo as tensões existentes no interior da própria Igreja.

2.1 A visão dos fiéis católicos

Não dispomos de opinião que represente, de forma abrangente, todo o universo de 1,39 bilhão de católicos no mundo. No entanto, levantamentos significativos realizados nos Estados Unidos e na América Latina fornecem importantes indicadores sobre a percepção dos fiéis em relação ao papa.

Dada a centralidade da figura papal no imaginário simbólico dos católicos, é natural que os pontífices apresentem altas taxas de aprovação. Esse fenômeno pode ser observado nos dados referentes aos Estados Unidos. Antes de analisarmos a avaliação do pontificado de Francisco, vejamos primeiro como os católicos norte-americanos percebiam João Paulo II e Bento XVI:

Tabela 1 – Estados Unidos: Avaliação dos papas

Ano	Muito favorável	Parcialmente favorável	Aprovação
JOÃO PAULO II			
1987	48%	43%	91%
1990	53%	40%	93%
1996	49%	44%	93%
BENTO XVI			
2005	17%	50%	67%
2007	31%	43%	74%
2008 (1)[181]	36%	38%	74%
2008 (2)	49%	34%	83%
2013	32%	41%	74%

Fonte: Tevington (2024).

João Paulo II foi o mais amado entre os papas recentes, mantendo sua taxa de aprovação sempre acima de 90%. No entanto, ao analisar a distribuição entre os que se declaravam *muito favoráveis* e *pouco favoráveis*, percebe-se uma divisão equilibrada, com aproximadamente 50% em cada grupo.

Bento XVI começou seu pontificado com uma aprovação relativamente baixa, de 67%. No entanto, sua popularidade cresceu ao longo dos anos, alcançando 74% ao final de seu papado. O número de fiéis que se declaravam *muito favoráveis* ao papa alemão era de apenas 17% em 2005, mas quase dobrou até 2013, chegando a 32%.

Papa Francisco também mantém uma taxa de aprovação elevada entre os católicos norte-americanos, girando em torno de 80%. No entanto, ao longo de seu pontificado, essa taxa tem apresentado um declínio progressivo:

---

181. A indicação de parênteses, nesta e nas próximas tabelas, indica que mais de uma avaliação foi realizada naquele ano.

Tabela 2 – Estados Unidos: Avaliação de Francisco

Ano	Muito favorável	Parcialmente favorável	Aprovação
2013 (1)	43%	41%	84%
2013 (2)	37%	42%	79%
2014	51%	34%	85%
2015 (1)	57%	33%	90%
2015 (2)	52%	34%	86%
2015 (3)	62%	20%	81%
2017	47%	40%	87%
2018 (1)	45%	39%	84%
2018 (2)	30%	42%	72%
2020 (1)	35%	42%	77%
2020 (2)	32%	49%	82%
2021 (1)	31%	52%	82%
2021	34%	49%	83%
2024	26%	49%	75%
2025	23%	55%	78%

Fonte: Tevington (2024).

Francisco iniciou seu pontificado com uma taxa de aprovação geral de 84% em 2013, índice que se manteve estável até 2018. No entanto, a partir desse ano, sua popularidade começou a cair, atingindo 78% em 2025. Essa queda se torna ainda mais expressiva quando analisamos o grupo que se declara *muito favorável* ao papa: em 2015, ano da publicação da encíclica *Laudato Si'* (sobre ecologia), esse percentual chegou a 62% – o mais alto entre os três papas pesquisados. Contudo, na pesquisa realizada em 2025, esse número caiu para apenas 23%.

As razões para essa diminuição não são completamente claras, mas os dados sugerem uma forte relação com a polarização política. A pesquisa aponta que, entre aqueles que se identificam como republicanos (posicionados mais à direita no espectro político), a desaprovação ao papa chega a 35%. Esse quadro indica que a crescente divisão política da atualidade se reflete diretamente na forma como Francisco é avaliado.

Na América Latina, a aprovação ao papa continua alta, mas também apresentou um declínio gradual. O caso do Chile é emblemático: entre 2014 e 2024, a aprovação caiu de 79% para 64%[182]. Na Argentina, sua terra natal, a queda foi ainda mais acentuada: em 2014, Francisco registrava um impressionante índice de aprovação de 98% entre os católicos argentinos, mas, em 2024, esse número caiu para 74%:

Gráfico 1 – Aprovação do Papa Francisco na América Latina

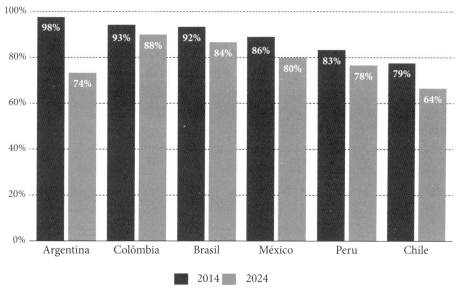

Fonte: Tevington (2024).

Essas altas taxas de aprovação podem ser interpretadas de formas divergentes. Por um lado, elas sugerem que o papa está em sintonia com o desejo de mudanças da maioria dos fiéis, que aliás se mostram favoráveis a opiniões bastante liberais, como se vê a seguir:

---

[182]. Contribuiu, certamente, para isso, abusos cometidos pelo clero e que comprometeram o conjunto da cúpula eclesiástica daquele país. Vide: https://www.ihu.unisinos.br/categorias/632251-chile-secularizacao-inacabada.

Tabela 3 – Católicos dos Estados Unidos e da América Latina favoráveis a:

País	Métodos contraceptivos	Mulheres sacerdotisas	Comunhão recasados	Padres casados	Reconhecimento do casamento homossexual
Argentina	86%	71%	77%	64%	70%
EUA	83%	64%	74%	55%	64%
Chile	80%	69%	73%	62%	59%
Colômbia	75%	56%	72%	54%	42%
Peru	75%	49%	63%	38%	30%
México	69%	47%	53%	38%	46%
Brasil	63%	83%	73%	50%	43%

Fonte: Evans e Starr (2021).

Reformas profundas no campo da moralidade da Igreja são vistas com maior simpatia em países de cultura liberal, como Estados Unidos, Chile e Argentina, onde a maioria dos católicos apoia o uso de métodos contraceptivos, a ordenação de mulheres, a comunhão para divorciados recasados, o casamento de padres e o reconhecimento das uniões homoafetivas. Por outro lado, em países com uma cultura mais tradicional, como Colômbia, Peru, México e Brasil, os católicos tendem a ser mais conservadores em relação a essas questões, demonstrando maior resistência, especialmente quanto à ordenação de mulheres, ao casamento de padres e ao reconhecimento de uniões homoafetivas.

No entanto, essas percepções variam significativamente quando comparamos católicos que frequentam a missa semanalmente com aqueles que são menos assíduos na prática religiosa dominical:

Tabela 4 – Opinião dos católicos dos Estados Unidos sobre permissão da Igreja para:

	NÃO		SIM	
	Missa: frequência semanal	Missa: frequência mensal ou +	Missa: frequência semanal	Missa: frequência mensal ou +
Controle de natalidade	35%	8%	62%	90%
Comunhão de recasados	41%	15%	57%	81%
Casamento dos padres	43%	24%	53%	75%
Ordenação de mulheres	56%	27%	41%	71%
Casamento homoafetivo	65%	37%	33%	61%

Fonte: Tevington (2024).

Os católicos praticantes tendem a adotar posturas mais conservadoras em questões morais. Nesse grupo, 65% se opõem ao reconhecimento do casamento entre pessoas do mesmo sexo, e 56% são contra a ordenação de mulheres. No entanto, demonstram uma leve abertura em relação a outros temas: 53% aceitam a possibilidade do casamento dos padres, 57% apoiam a comunhão para divorciados recasados e 62% são favoráveis ao uso de métodos contraceptivos.

Por outro lado, os católicos não praticantes manifestam opiniões significativamente mais liberais, o que pode ser interpretado como um reflexo de lacunas na ação evangelizadora da Igreja. Um exemplo dessa desconexão é o fato de que 69% dos católicos nos Estados Unidos acreditam que a hóstia e o vinho consagrados pelo padre são apenas símbolos, enquanto apenas 31% creem na transubstanciação. Já entre aqueles que frequentam a missa semanalmente, essa crença sobe para 67% (Smith, 2019). Diante desse cenário, não surpreende que a maioria dos católicos tenha posições morais que divergem das doutrinas da Igreja.

2.2 *A visão dos padres*

Em 2022, um estudo realizado no Brasil revelou que a nova geração de padres é, em geral, mais conservadora do que a anterior (Brigenthi, 2023). Observa-se um contraste marcante entre os sacerdotes formados nas décadas de 1970 e 1980 – que refletiam o espírito de mudança do Concílio Vaticano II e a ascensão da Teologia da Libertação – e os padres mais jovens, que se alinham à postura estabilizadora de João Paulo II e Bento XVI.

Para a nova geração de padres, privilegiar as CEBs (25%) e os preconceitos em relação à Renovação Carismática Católica (23%) não corresponde mais aos modelos de pastoral necessários na atualidade. Entre os seminaristas, esse índice de desconfiança em relação às CEBs chega a 44%. Para essa nova geração, o grande problema do Concílio Vaticano II não é que ele está emperrado por causa da Cúria Romana (12%). Eles entendem que é preciso corrigir seus abusos, como responderam 64% deles. Eles também não acham, como os padres progressistas da geração anterior, que a tradição latino-americana de Medellín/Puebla e Aparecida esteja estancada (7.5%) ou retrocedendo (4.5%), mas avançando, sobretudo com Aparecida, como dizem 74.6% dos padres de linha mais carismática/institucional.

No que diz respeito ao Concílio Vaticano II, os novos padres não acreditam que ele esteja emperrado devido à resistência da Cúria Romana (apenas 12% compartilham dessa visão). Em vez disso, 64% consideram necessário corrigir os abusos decorrentes de sua implementação. Eles também não acham que a tradição latino-americana de Medellín, Puebla e Aparecida está estagnada (7,5%) ou em retrocesso (4,5%), a maioria dos novos padres, especialmente aqueles com perfil mais carismático e institucional, acredita que esse caminho segue avançando, especialmente com o impulso dado pelo Documento de Aparecida (74,6%).

Essa tendência não se restringe ao Brasil. Diversos estudos internacionais indicam que os padres da atualidade, em geral, são mais conservadores do que as gerações anteriores.

Nos *Estados Unidos*, um levantamento publicado em 2023 revelou que o número de padres progressistas está em declínio contínuo[183]. Os dados apresentados por Vemurlen, Regnerus e Cranney (2023) mostram um padrão semelhante ao observado no Brasil: quanto mais jovem o sacerdote, mais conservadora tende a ser sua postura. A proporção de padres que se identificavam como "um pouco progressistas" ou "muito progressistas" era de quase 70% entre os ordenados no período de 1965 a 1969. No entanto, esse percentual caiu para menos de 5% entre aqueles ordenados em 2020 ou posteriormente. Atualmente, nenhum sacerdote se declarou "muito progressista", e apenas 17% afirmaram ser "moderadamente progressistas". Por outro lado, 39% dos padres entrevistados se descreveram como "moderadamente tradicionais" ou "muito tradicionais", sendo que 6% pertencem a essa última categoria.

Os entrevistados também responderam como eles percebem a evolução do perfil dos seus demais colegas e o resultado foi o seguinte:

Tabela 5 – Percepção dos padres dos Estados Unidos sobre padres mais jovens

	2002	2021
Muito mais conservadores	28.6%	43.7%
Um pouco mais conservadores	47.3%	47.8%
Permaneceram iguais	13.1%	6.7%
Um pouco mais liberais	9%	1.8%
Muito mais liberais	2%	0%

Fonte: Vemurlen *et al.* (2023).

---

183. Reflexões sobre essas mudanças também podem ser encontradas nos seguintes artigos: https://www.ihu.unisinos.br/categorias/634114-padres-americanos-mais-jovens-se-identificam-cada-vez-mais-como-conservadores-diz-novo-relatorio; https://www.ihu.unisinos.br/categorias/625049-estados-unidos-metade-dos-jovens-sacerdotes-rejeita-as-reformas-do-papa-francisco, https://ihu.unisinos.br/categorias/634088-padres-progressistas-dos-eua-enfrentam-extincao-progressiva

Existe a percepção de que os padres mais jovens se tornaram um pouco mais conservadores (43.7%) ou até mesmo muito mais conservadores (47.8%). Nenhum considerou que existem padres jovens com perfil muito liberal.

Essa percepção se confirma se olharmos o que os padres norte-americanos pensam sobre a doutrina moral da Igreja Católica. Conforme as décadas em que eles foram ordenados, constata-se que, quanto mais novo é o padre, mais ele segue a doutrina tradicional da Igreja.

Tabela 6 – Padres dos Estados Unidos: comportamentos considerados pecado conforme década de ordenação

	1970 1979	1980 1989	1990 1999	2000 2009	2010 +
Sexo não marital	37.8%	47.8%	59.8%	84.7%	86.6%
Aborto	56%	66.4%	74%	83.6%	89.5%
Controle de natalidade	14%	20.4%	38.6%	62.5%	74.8%
Homossexualidade	34.9%	41%	54.3%	80.7%	88.5%

Fonte: Vemurlen *et al.* (2023).

Os padres mais jovens concordam que o aborto (89%), a homossexualidade (88.5%), o sexo fora do casamento (86%) e o controle de natalidade (74.8%) devem ser considerados pecados, uma percepção bem diferente de seus colegas mais velhos.

Essa visão moral ajuda a explicar por que os padres mais jovens discordam das propostas das alas mais liberais e reformistas da Igreja Católica, como a tabela 7 deixa evidente.

Tabela 7 – Padres dos Estados Unidos: oposição a reformas na Igreja

	1970 1979	1980 1989	1990 1999	2000 2009	2010+
Ordenação de mulheres ao diaconato	13.4%	31.1%	45.7%	63%	71.1%
Ordenação de mulheres sacerdotisas	26.1%	43.2%	58.7%	79.6%	88.9%
Padres casados	7.9%	17.3%	25.9%	39.8%	54.9%

Fonte: Vemurlen *et al.* (2023).

As propostas mais radicais, como ordenação de mulheres (como diáconas ou sacerdotistas), são fortemente rejeitadas (71.1% e 88.9%, respectivamente), embora a revisão da lei do celibato tenha sido considerada possível por 54.9% dos jovens presbíteros.

Outro país que possui uma boa documentação sobre o que pensam os padres mais jovens é a *Alemanha*. Um estudo realizado pela Universidade de Bochum coletou dados entre os 847 padres ordenados entre 2010 e 2021, além de 1.688 ex-seminaristas desse mesmo período[184]. A pesquisa mostrou que eles não têm as mesmas opiniões progressistas dos bispos alemães reunidos no Caminho Sinodal. Perguntados sobre como reformar a Igreja, eles disseram o seguinte:

Tabela 8 – Seminaristas da Alemanha: como reformar a Igreja?

80.3%	Trabalho espiritual de melhor qualidade.
75.7%	Maior foco na transmissão dos conteúdos da fé.
36.8%	Aumentar participação dos leigos. Leigos devem ter mais poder.
30.3%	Democratizar a Igreja. Reformar autoridade eclesiástica.
29.6%	Abolição do celibato. Padres devem se casar. Casados podem ser ordenados.
25.7%	Ordenação de mulheres deve ser permitida.
4.6%	Reformas são necessárias.
29.6%	Outras propostas.

Fonte: Sellman e Katsuba (2024).

Apenas cerca de um quarto dos entrevistados acredita que a saída para a crise da Igreja naquele país seja o caminho de reformas radicais, como a ordenação de mulheres ou a democratização da Igreja. Para eles, o que a Igreja precisa mesmo é de uma "reforma espiritual" (80.3%) e de uma "mudança pastoral" (75.7%). Sobre as polêmicas propostas de reforma moral do Caminho Sinodal, apenas 39.2% concordaram inteiramente com a ideia de que "a Igreja deveria aproveitar a oportunidade para repensar sua moral sexual".

Os dados disponíveis sobre a *França* não são tão extensos, mas também indicam que os valores tradicionais estão sendo reafirmados pelos futuros padres da Igreja. Em uma pesquisa realizada em 2023 pelo jornal católico *La Croix*[185], quase

---

[184]. Dados disponíveis em: https://www.dbk.de/fileadmin/redaktion/diverse_downloads/presse_2024/2024-084c-Pressegespraech-Vorstellung-der-Priesterstudie-Praesentation-zap.pdf.

[185]. Dados disponíveis em: https://www.la-croix.com/religion/enquete-exclusive-qui-sont-les-pretres-de-demain-20231221#:~:text=Un%20environnement%20familial%20catholique%20solide&text=%C3%80%2072%20%25%2C%20ils%20viennent%20d,d%C3%A9terminantes%20de%20leur%20itin%C3%A9raire%20spirituel.

metade dos 430 seminaristas entrevistados (de um total de 673) já havia participado de uma comunidade tradicionalista e planeja usar a batina regularmente.

Sobre a missa em latim, as opiniões se dividem: um terço dos seminaristas afirmou que, embora não corresponda às suas expectativas, não possuem objeções à sua celebração; 7% esperam celebrá-la com frequência e 14% gostam de alternar entre os dois ritos. Além disso, 39% indicaram Bento XVI como o papa que mais influenciou sua formação. No entanto, isso não significa que os seminaristas rejeitam a Igreja atual. A grande maioria (83%) declarou sentir afinidade com o Papa Francisco, e 58% consideram que o Concílio Vaticano II "ainda precisa ser plenamente implementado". Outros 24% acreditam que sua aplicação gerou desvios que precisam ser corrigidos, enquanto apenas 1% rejeita o Concílio, considerando que ele "foi longe demais na reforma da Igreja". Quanto ao papel das mulheres e à evolução do sacerdócio, uma parcela significativa dos seminaristas se mostra relativamente aberta. Mais de 40% defendem que as mulheres deveriam ter maior reconhecimento e responsabilidades dentro da Igreja. Em relação ao celibato sacerdotal, a maioria o apoia, e apenas 29% defendem que homens casados deveriam poder ser ordenados.

Embora não tenhamos um retrato completo das opiniões dos padres católicos ao redor do mundo, a amostra coletada em quatro países (Brasil, Estados Unidos, Alemanha e França), distribuídos por três continentes, é bastante representativa. Os dados revelam uma mesma tendência: a geração pró-mudança do Concílio Vaticano II perdeu força, enquanto os padres da atualidade refletem uma busca por estabilidade doutrinal e eclesiástica, alinhando-se mais aos papados de João Paulo II e Bento XVI. Embora o Papa Francisco seja considerado progressista, a base da Igreja permanece significativamente mais conservadora.

2.3 A visão dos bispos

Sendo uma categoria social pertencente à elite do clero e caracterizada por um forte espírito de corpo, não é de se esperar que os bispos expressem abertamente suas opiniões sobre o papa em pesquisas de opinião. O sociólogo Pierre Bourdieu (1996) denomina essa cumplicidade de *illusio*, um investimento que, apesar das disputas internas, todos os envolvidos em um jogo fazem para preservar seus interesses comuns.

Portanto, para compreender o discreto e reservado mundo dos bispos, é necessário adotar uma estratégia diferente: observar como algumas conferências episcopais de países influentes têm se posicionado em relação ao pontificado de Francisco. Quais episcopados manifestaram apoio público a seus projetos? E quais foram os que mais resistiram às reformas implementadas por Jorge Mario Bergoglio?

Embora seja considerado um papa progressista, Francisco manteve um relacionamento tenso com o grupo de bispos mais radicais da Igreja Católica contemporânea: os bispos da *Alemanha*. Desde que eles transformaram o Caminho Sinodal (criado em 2019) em uma nova forma de organização eclesial na qual bispos e leigos governam em condições de igualdade, o papa precisou intervir. Em 2019, ele mandou uma Carta ao povo de Deus que está em peregrinação na Alemanha[186], na qual afirma que a saída para a Igreja da Alemanha não podia se limitar apenas à questão do poder.

O apoio de praticamente todo o episcopado alemão ao Caminho Sinodal obrigou o papa, que precisou evitar rupturas, a adotar uma estratégia cuidadosa. Os órgãos do Vaticano acompanham o processo e todas as decisões tomadas no Caminho Sinodal são discutidas pelos dois lados[187]. Mesmo assim, as ousadas propostas do Caminho Sinodal provocaram a manifestação contrária de muitos bispos de outros países, mostrando o quanto a Igreja se encontra dividida quanto à agenda de reformas eclesiais e morais defendidas pelos bispos alemães[188].

Francisco foi muito duro com os *setores tradicionalistas* da Igreja, especialmente com aqueles que defendem a missa em latim, que foi severamente limitada. Ele também depôs bispos que o criticavam explicitamente e forçou bispos simpáticos da causa tradicionalista a renunciar aos seus cargos (como Joseph Strickland/Texas e Dominique Rey/Fréjus-Toulon)[189]. Depois do Sínodo sobre a Família (2026/2027), ele também sofreu a aberta oposição de cinco cardeais (Walter Brandmüller, Raymond Leo Burke, Juan Sandoval Íñiguez, Robert Sarah

---

186. https://press.vatican.va/content/salastampa/it/bollettino/pubblico/2019/06/29/0561/01164.html.

187. https://ihu.unisinos.br/categorias/636790-roma-freia-o-caminho-sinodal-alemao.

188. https://www.ihu.unisinos.br/categorias/640518-o-caminho-sinodal-da-alemanha-enfrenta-reacoes-de-fora-e-de-dentro.

189. https://www.ihu.unisinos.br/634144-em-movimento-muito-raro-papa-demite-o-bispo-conservador-dos-eua-strickland-nomeado-por-ratzinger.; https://www.ihu.unisinos.br/categorias/647745-as-razoes-para-a-demissao-do-bispo-conservador-de-frejus-toulon.

e Joseph Zen Ze-kiun), que questionaram publicamente a abertura dada à comunhão dos recasados.

Dentre os episcopados nacionais que mais mostraram reticências ao Papa Francisco destacam-se os bispos dos *Estados Unidos*. Embora ele tenha nomeado nomes de sua linha teológica para lugares importantes (como o cardeal Robert McElroy para Washington e Dom Nelson Jesús Pérez para Filadélfia), em 2022 os bispos dos EUA escolheram d. Thymoti Broglio, um nome da ala contrária a Francisco, para presidir a Conferência Episcopal daquele país[190].

Em sua grande maioria, os bispos da *América Latina*, continente de origem de Francisco, não se opuseram publicamente ao papa. Mas, ainda que ele encontre muito apoio entre os setores ligados à Teologia da Libertação, os bispos não tiveram papel destacado na defesa do papa no âmbito das disputas eclesiásticas globais. Os bispos da Ásia também mantiveram silêncio sobre o acordo do Vaticano com a China (que visa regular a nomeação de bispos naquele país)[191], que não provocou maiores abalos no continente asiático.

Com a publicação de *Fiduccia Suplicans* (2023), que permitia a benção para casais do mesmo sexo, a oposição às medidas reformistas de Francisco escalonou. A medida provocou a reação de praticamente todos os bispos do *continente africano*[192]. Em 11 de janeiro de 2024, o cardeal congolês Fridolin Ambongo Besungu, presidente do Secam (Simpósio das Conferências Episcopais da África e Madagascar), falando em nome dos bispos africanos, publicou uma declaração que se chamava *Nenhuma benção para casais homossexuais nas Igrejas africanas*. Outra reação forte foi do Santo Sínodo da Igreja Ortodoxa Copta, que, sob a liderança do Patriarca de Alexandria Tawadros II, emitiu um decreto em 7 de março de 2024, anunciando a "suspensão do diálogo teológico" com o Vaticano[193]. Foi um abalo profundo e o Vaticano teve que agir para esclarecer os pontos mais controversos daquela declaração.

---

190. https://www.ihu.unisinos.br/categorias/623961-bispos-elegem-arcebispo-anti-francisco-como-novo-presidente.

191. https://www.ihu.unisinos.br/categorias/645132-acordo-china-santa-se-confirmacao-e-relancamento-artigo-de-lorenzo-prezzi.

192. https://www.ihu.unisinos.br/categorias/635878-a-revolta-da-igreja-africana-contra-os-casais-homossexuais.

193. https://www.ihu.unisinos.br/categorias/635692-reacoes-a-fiducia-supplicans-comunicado-do-dicasterio-para-a-doutrina-da-fe.

No mundo episcopal, o cenário parece ser de fragmentação e divisão. Os bispos mais progressistas demonstram frustração com os recuos do Papa Francisco, especialmente diante de sua recusa em permitir a ordenação sacerdotal de mulheres ou sua promoção ao diaconato, além da negativa à ordenação de diáconos casados na Amazônia[194]. Por outro lado, os bispos mais conservadores se opõem frontalmente a medidas como a comunhão para recasados e a bênção a casais do mesmo sexo. Entre esses dois polos, um grande número de bispos mantém silêncio. Após mais de uma década de pontificado, o episcopado mundial reflete um quadro de forte divisão e incerteza.

2.4 Conclusão: as tensões entre a base e a cúpula da Igreja

Uma análise retrospectiva revela que a Igreja Católica enfrenta, hoje, múltiplos conflitos internos. Mais do que um simples embate entre "conservadores" e "progressistas", seu grande desafio é harmonizar as diferentes visões e expectativas de suas bases e lideranças, que parecem seguir em direções distintas:

- O Papa Francisco adota uma postura profundamente reformadora.
- O episcopado, por sua vez, encontra-se dividido entre o apoio, a oposição e a passividade diante de seu projeto de reformas eclesiais e morais.
- A nova geração de padres tem demonstrado uma inclinação crescente por valores e práticas mais tradicionais.
- Os fiéis católicos, em geral, apoiam o papa, mas há diferenças significativas: os católicos praticantes tendem a ter posturas mais tradicionais, enquanto os não praticantes manifestam opiniões mais liberais.

3 Francisco preparou a sua sucessão?

À primeira vista, a quantidade de cardeais nomeados por Francisco ao longo de seu pontificado sugere que será difícil que o próximo papa se afaste de sua linha de governo. No entanto, uma análise mais detalhada das posições teológicas desses cardeais em relação aos temas mais polêmicos da Igreja revela uma divisão significativa. Diante desse cenário, a continuidade do legado de Francisco pode não ser tão garantida quanto parece à primeira impressão.

---

194. https://www.acidigital.com/noticia/52190/bispo-alemao-se-diz-decepcionado-com-o-papa-por-nao-mudar-doutrina-sexual-catolica.

3.1 A composição do Colégio dos Cardeais

O Colégio dos Cardeais sofreu uma notável ampliação desde o Pontificado de Pio XII, quando ainda era composto de apenas 62 membros. Esse número caiu para 51 em 1958 (quando foi eleito João XXIII) e chegou a 80 cardeais na eleição de Paulo VI (em 1963). A partir daí, o colégio se internacionalizou rapidamente, chegando a 111 cardeais em 1978 (nos dois Conclaves que elegeram, consecutivamente, João Paulo I e João Paulo II).

O primeiro Conclave do século XXI foi realizado em 2005 e os 115 votantes elegeram Josef Ratzinger, que se tornou Bento XVI. Na eleição de Jorge Mario Bergoglio, em 2013, o número de eleitores foi exatamente o mesmo. Francisco realizou 10 consistórios (como é chamada a cerimônia de investidura dos cardeais) ao longo de seu governo e elevou o número de cardeais para o total de 140 eleitores. Trata-se de um aumento notável, pois João Paulo II e Bento XVI, juntos, somam apenas a metade disso: 5 consistórios.

O ritmo de elevações cardinalícias de Francisco foi de um consistório por ano, com exceção de 2021. O gráfico abaixo mostra como foi essa impressionante evolução:

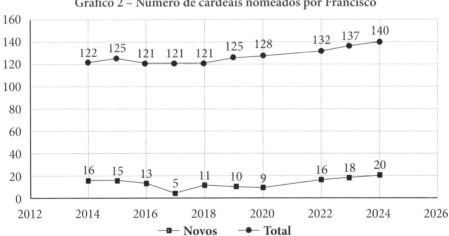

Gráfico 2 – Número de cardeais nomeados por Francisco

Fonte: elaboração própria.

No final de seu pontificado, esse ritmo de nomeações se acentuou e passou de uma média de 10 por ano para cerca de quase 20 a cada consistório realizado.

O dado mais evidente de que Francisco influenciou a composição do Conclave que escolherá seu sucessor é a comparação entre o número de cardeais nomeados por ele e por seus antecessores. Atualmente, restam apenas 5 cardeais nomeados por João Paulo II, 23 nomeados por Bento XVI e 110 cardeais criados por Francisco. Em termos percentuais, o quadro é o seguinte:

Gráfico 3 – Número de cardeais nomeados pelos papas

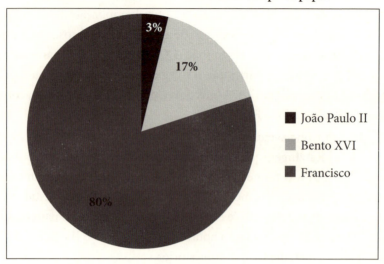

Fonte: elaboração própria.

Como quase 80% dos cardeais foram nomeados por Francisco, pode-se presumir que sua sucessão será tranquila e que o próximo papa seguirá plenamente a linha de seu pontificado. No entanto, essa leitura apresenta algumas ressalvas.

O primeiro é que o Colégio de Cardeais é bastante fragmentado, como já se pode perceber olhando a sua composição de acordo com os continentes dos quais eles provêm.

Tabela 9 – Número de cardeais por continente

Geografia	Cardeais	Percentual	Direito voto	Percentual
África	30	11,9 %	18	13,04 %
América do Norte	36	14,29 %	20	14,06 %
América do Sul	32	12,7 %	18	13,14 %
Ásia	37	14,68 %	24	17,52 %
Europa	114	45,24 %	54	39,42 %
Oceania	3	1,19 %	3	2,17 %
Total	252	100 %	137	100 %

Fonte: elaboração própria.

A Europa é a região do mundo que possui o maior número de cardeais eleitores (40%). Em seguida vem Ásia (17%), América do Norte (14%), América do Sul (13%) e África (13%), com números equilibrados. Já a Oceania tem apenas 3 cardeais. Essa diversidade já representa um grande desafio para a articulação dos cardeais.

O segundo grande problema é que a maioria dos cardeais foi nomeada há pouco tempo, como vemos abaixo.

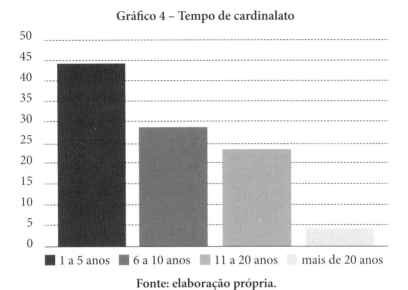

Gráfico 4 – Tempo de cardinalato

Fonte: elaboração própria.

Quase metade dos cardeais (44%) foi nomeada apenas nos últimos cinco anos. Quando consideramos um período de dez anos, esse número sobe para 72%. Além disso, como Francisco convocou poucas reuniões com o conjunto dos cardeais, o contato pessoal entre eles foi limitado, dificultando a formação de redes e um conhecimento mais direto entre seus membros.

Assim, embora 80% dos cardeais tenham sido nomeados por Francisco, vários fatores sugerem que o Colégio Cardinalício é pouco articulado e coeso. Além da diversidade geográfica – com cardeais provenientes de diferentes continentes e, muitas vezes, de dioceses periféricas[195] –, muitos deles estão há pouco tempo no cargo. Esse cenário torna a busca por um nome de consenso para suceder a Francisco uma tarefa complexa e desafiadora.

3.2 O perfil teológico dos cardeais

Para compreender melhor esse processo, é necessário ir além do aspecto quantitativo e analisar o perfil teológico e eclesial dos cerca de 140 cardeais responsáveis por eleger o próximo líder da Igreja. Que grupos e tendências existem entre eles?

---

195. https://www.ihu.unisinos.br/categorias/644535-papa-da-enfase-as-periferias-e-amigos-ao-nomear-21-novos-cardeais.

Uma das poucas publicações que tentou classificar os cardeais com base em temas polêmicos da atualidade foi coordenada pelos vaticanistas Edward Pentin e Diane Montagna[196]. Entre os 252 cardeais existentes (nem todos com direito a voto), eles selecionaram uma amostra de 41 para uma análise detalhada de suas posições sobre os seguintes temas: 1) Ordenação diaconal de mulheres, 2) Bênção de casais do mesmo sexo, 3) Celibato opcional, 4) Restrição da missa em latim, 5) Acordo do Vaticano com a China, 6) Igreja sinodal, 7) Foco na mudança climática, 8) Revisão da *Humanae Vitae*, 9) Comunhão para divorciados recasados e 10) Caminho Sinodal da Alemanha.

Todas essas pautas estão associadas a uma visão progressista e, em sua maioria, foram incorporadas ao pontificado de Francisco – com exceção do apoio irrestrito ao Caminho Sinodal da Alemanha, do celibato opcional e da ordenação diaconal de mulheres. Essa amostra representa uma abordagem significativa e já permite traçar um panorama aproximado do perfil político-teológico dos cardeais. Este levantamento mostra, por exemplo, quais são as políticas de Francisco que mais encontraram apoio e as que menos encontraram apoio entre os cardeais:

Tabela 10 – Apoio dos cardeais favoritos às reformas de Francisco

	Sim	Não	Ambíguo	Desconh/
Igreja Sinodal	51%	10%	22%	17%
Foco no clima	46%	10%	2%	41%
Comunhão recasados	12%	11%	15%	46%
Benção homoafetivos	12%	47%	11%	7%
Acordo com China	12%	12%	5%	71%

Fonte: College of Cardinal Report.

O projeto de uma Igreja sinodal e a ênfase na questão climática, dois pilares centrais do pontificado de Francisco, foram os temas que mais encontraram respaldo na amostra analisada, com 51% e 46% de apoio, respectivamente. Esse relativo consenso sugere que a Igreja deve continuar avançando nessa direção.

Por outro lado, a bênção para casais do mesmo sexo foi o tema que encontrou maior rejeição, sendo desaprovada por 47% dos 41 cardeais analisados. Quanto ao acordo do Vaticano com a China, a maioria dos cardeais optou por não se posicionar

---

196. COLLEGE of Cardinal Report. Disponível em: https://collegeofcardinalsreport.com/cardinals/?_voting_status=voting&_age=70-80.

publicamente: 71% não revelaram sua opinião, possivelmente por se tratar de uma questão sensível e regional da Igreja.

Os cardeais também se mostraram divididos ou indecisos sobre a comunhão para divorciados recasados. Apenas 12% expressaram apoio explícito, enquanto 11% se declararam contrários. A maioria (46%) preferiu não divulgar sua posição sobre o tema, evidenciando que esse ainda é um ponto de debate dentro do colégio cardinalício.

Vejamos, agora, um segundo grupo de posicionamentos dos cardeais sobre temas polêmicos, seja porque alguns são defendidos pelas alas mais progressistas da Igreja, seja porque outros são prioridade das alas mais conservadoras.

Tabela 11 – Cardeais x Temas polêmicos

	Sim	Não	Ambíguo	Desconh/
Diaconisas	5%	46%	20%	29%
Caminho Sinodal	5%	32%	7%	56%
Revisão da moral	12%	29%	7%	51%
Celibato opcional	10%	39%	22%	29%
Missa em latim	15%	29%	24%	32%

Fonte: College of Cardinal Report.

Duas das propostas mais radicais – a admissão de mulheres ao diaconato e a revisão da lei do celibato – enfrentam forte rejeição entre os cardeais analisados, com 46% e 39% de oposição, respectivamente. O *Caminho Sinodal* alemão, que inclui um conjunto de propostas inovadoras para a Igreja, também encontra resistência: 29% dos cardeais rejeitam suas diretrizes, embora a posição de 56% da amostra permaneça desconhecida. Da mesma forma, uma revisão geral da moral sexual católica, conforme proposta na encíclica *Humanae Vitae*, obteve pouco apoio, sendo aceita por apenas 12% dos cardeais, enquanto a opinião de 51% deles não é conhecida. A questão da missa em latim revela o cenário mais fragmentado. Apenas 15% dos cardeais defendem sua proibição, enquanto quase o dobro (29%) apoia sua permissão. No entanto, seu futuro permanece incerto, pois uma parcela significativa dos cardeais não tem uma posição clara (24%) ou não manifestou opinião sobre o tema (32%).

Com os dados coletados por Glenda e Wenn, é possível dar um passo além e situar os cardeais dentro de um espectro que vai da "esquerda" a "direita" no mundo católico. Para essa classificação, foram considerados *ultraconservadores* os cardeais que deram entre 7 e 10 respostas negativas aos temas analisados, e *conservadores* aqueles que registraram entre 4 e 6 respostas negativas. Na outra ponta, os *ultraliberais* foram aqueles que deram entre 7 e 10 respostas positivas às questões progressistas, enquanto os *liberais* foram aqueles com 4 a 6 respostas positivas. Todos os demais foram classificados como pertencentes ao centro do espectro político-eclesiástico.

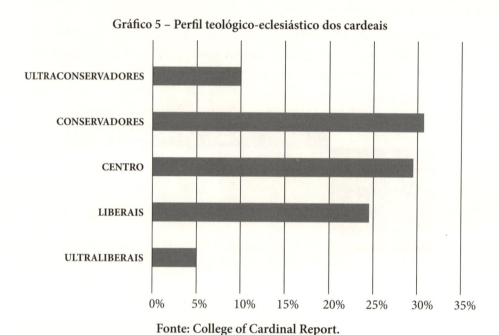

Gráfico 5 – Perfil teológico-eclesiástico dos cardeais

Fonte: College of Cardinal Report.

Na amostra dos 41 cardeais analisados, o grupo de orientação conservadora e ultraconservadora constitui uma ligeira maioria, com 42%. Em seguida, aparecem os cardeais moderados de centro (29%) e, com a mesma proporção, os cardeais de tendência liberal ou ultraliberal (29%). De forma geral, é possível notar que essas tendências se distribuem de maneira relativamente equilibrada, cada uma representando aproximadamente um terço dos cardeais. Esse quadro sugere que o colégio cardinalício reflete uma diversidade de posicionamentos dentro da Igreja.

No entanto, para obter uma visão mais clara da disputa pelo trono papal, é necessário analisar os principais nomes de cada um desses grupos político-eclesiásticos. Considerando a pontuação dos cardeais na lista dos 10 temas atualmente em debate na Igreja, os nomes que mais se destacam em cada espectro ideológico são os seguintes:

Tabela 12 – Lideranças do Colégio de Cardeais

Ultraliberais	Liberais	Centro[197]	Conserv/	Ultraconserv/
J. Hollerich	V. Fernandes	O`Malley	A. Bagnasco	R. Burke
M. Zuppi	P. Parolin	G. Rys	D. Duke	G. Müller
	L. Tagle	Maung Bo	D. Sturla	P. Pont
	C Schönnborn	C. Retes		R. Sarah
	S. Brislin	H. Sik		

		M. Piazenza		
		P. Erdó		
		P. Pizzaballa		

Fonte: College of Cardinal Report.

Os nomes apresentados não devem ser vistos necessariamente como os candidatos mais competitivos na eleição papal – essa especulação é secundária. O que a lista evidencia são as principais lideranças públicas das diferentes correntes eclesiástico-teológicas que atualmente dividem a Igreja. Além disso, essa diversidade de nomes demonstra que, embora 80% do Colégio Cardinalício tenha sido nomeado por Francisco, ele não é um bloco homogêneo ou coeso. Por essa razão, é precipitado afirmar com certeza que a sucessão de Francisco representará, automaticamente, a continuidade da linha liberal-reformista em seu governo da Igreja.

Mesmo que a atual linha reformista continue a orientar os rumos da Igreja, ainda não sabemos se o sucessor de Francisco será escolhido entre os cardeais que integram seu governo – como Pietro Parolin, Luis Antonio Tagle, Matteo Zuppi ou Mario Grech –, garantindo uma continuidade direta, ou se surgirá um nome com a mesma orientação teológica, mas pertencente a outro grupo, trazendo novos temas, linguagens e preocupações. Também não se pode descartar a possibilidade de que setores mais conservadores consigam articular um nome de consenso, como Péter Erdő, para redefinir os rumos da Igreja. A forma como essas correntes vão se organizar e como articularão suas estratégias e selecionarão candidatos que representem suas visões teológicas será determinante para o perfil do próximo pontificado. Considerando, pois, toda essa diversidade e complexidade, o cenário é muito menos previsível do que se possa imaginar.

---

197. Na parte superior dessa coluna encontram-se os cardeais alinhados a centro-esquerda e na parte inferior, os cardeais de centro-direita.

4 O grande dilema: a Igreja e a modernidade

No cerne das disputas que atualmente marcam o catolicismo está um dilema que há muito tempo divide a Igreja: qual deve ser sua relação com a Modernidade?

Para um grupo, a Igreja deve valorizar os aspectos positivos do mundo moderno, estabelecendo um diálogo construtivo e colaborativo, o que implica a necessidade de adaptar sua mensagem às realidades e aos desafios do tempo presente. Já para a ala oposta, a missão essencial da Igreja é anunciar a mensagem de Jesus para o mundo, o que inevitavelmente exigirá certo grau de tensão e confronto com a cultura secular. Dessa perspectiva, a maior preocupação deve ser a preservação e a transmissão fiel do depósito da fé, ainda que isso resulte em incompreensões e rejeições.

O conflito entre essas duas visões está presente na Igreja desde o início da era contemporânea e foi assumindo diferentes perfis ao longo desse período. Conforme Hellemans (2021), podemos esquematizar esses posicionamentos em quatro fases. Em cada uma delas temos uma atitude diferente da Igreja frente ao mundo e imagens muito diferentes que ela faz de si mesma.

Tabela 13 – Relação Igreja e Modernidade

Fase	Relação com o mundo	Imagem da Igreja
Revolução Francesa até 1878	Rejeição de uma desordem imoral	Vítima temporária da agitação revolucionária
Leão XII até anos 60	Competição com uma ordem hostil	Contrapoder lutando contra um inimigo
Vaticano II	Aliança	Parceira da Modernidade
Pós-1968	Voz alternativa	Grupo minoritário sitiado

Fonte: Hellemans (2001, p. 119).

No Concílio Vaticano II (1962-1965), por meio da Constituição Apostólica *Gaudium et Spes* (1964), a Igreja Católica rompeu definitivamente com as ideias antimodernas do *Syllabus de Todos os Erros* (1864), promulgado por Pio IX (1846-1878), reconhecendo como legítimos diversos valores da Modernidade. No entanto, essa abertura gerou debates já na época, pois até mesmo teólogos progressistas, como Karl Rahner, consideravam que o documento apresentava uma visão excessivamente otimista da realidade contemporânea (Faggioli, 2013).

Contrariando as expectativas de um novo florescimento da fé, o período pós-conciliar foi marcado por uma profunda crise na Igreja: milhares de padres e religiosas abandonaram suas vocações, enquanto a crescente influência da cultura secular contribuiu para o afastamento de muitos fiéis da prática religiosa[198]. Esse contexto acentuou as divisões sobre a relação da Igreja com o mundo moderno. Para um setor, a crise foi resultado de uma abertura excessiva e indiscriminada, que permitiu a entrada de valores mundanos na Igreja, tornando necessária uma correção das interpretações equivocadas do Concílio Vaticano II. Já para o grupo oposto, o afastamento dos fiéis foi causado justamente pela interrupção do processo de modernização e adaptação da Igreja.

Atualmente, os intelectuais católicos têm buscado revisitar essas leituras polarizadas, tentando superar a dicotomia entre aceitar ou rejeitar a Modernidade. O desafio, para eles, não é abandonar os princípios do Concílio Vaticano II, mas repensá-los à luz de uma sociedade que mudou significativamente desde então.

Dentre eles, Charles Taylor (1999) propõe a ideia de uma modernidade católica. Assim como a Igreja buscou evangelizar a China respeitando e dialogando com a cultura local no chamado *Projeto Ricci*, o catolicismo contemporâneo deveria evitar tanto o confronto direto quanto a nostalgia do passado, priorizando um diálogo autêntico com a cultura moderna e reconhecendo seus valores. Nos anos mais recentes, após um estudo mais aprofundado sobre a secularização e o desencantamento do mundo – fenômenos que transformaram a fé católica em apenas mais uma opção subjetiva entre muitas (Taylor, 2010) –, ele revisou alguns aspectos dessa visão. Sem abandonar sua proposta de integração entre catolicismo e Modernidade, Taylor argumenta que a evangelização do mundo atual exige discernimento: identificar quais aspectos da cultura moderna podem ser integrados à fé cristã e quais devem ser desafiados ou transformados (Taylor, 2021).

A necessidade de uma nova evangelização também é central no pensamento de George Weigel (2022). Diferentemente de Rod Dreher (2019), que defende a *opção beneditina* – uma estratégia de isolamento em comunidades resilientes focadas na fé e na tradição diante de um mundo hostil –, Weigel acredita que o Concílio Vaticano II foi fundamental para a renovação da Igreja, permitindo-lhe enfrentar os desafios da Modernidade. Para ele, não se trata nem de rejeitar a Modernidade nem de fazer concessões a ela, mas de engajar-se com o mundo oferecendo uma visão cristocêntrica da humanidade. Weigel também argumenta

---

198. https://www.ihu.unisinos.br/categorias/185-noticias-2016/560486-os-numeros-da-vida-religiosa-50-anos-depois-do-concilio-a-crise-ainda-nao-passou.

que o próximo papa (Weigel, 2020) deve colocar Cristo no centro de todas as iniciativas da Igreja, promovendo uma nova evangelização capaz de responder às necessidades espirituais do nosso tempo.

Essa perspectiva tem pontos de contato com as reflexões do pensador tcheco Tomáš Halík (2016, 2023). Ele não enxerga o mundo secularizado como um inimigo da fé, mas como um fenômeno complexo que representa tanto um desafio quanto uma oportunidade para o cristianismo. Halík rejeita tanto a nostalgia por um passado religioso quanto o medo exagerado de um futuro secular. Em sua visão, a secularização pode ser um processo que impulsiona a renovação da Igreja, pois a fé já não pode mais ser simplesmente uma tradição herdada, mas deve se tornar uma escolha pessoal e madura. Por isso, ele propõe um diálogo com aqueles que não se identificam mais com as igrejas institucionais (*sem religião*) e que buscam o divino em formas de espiritualidade subjetiva.

Embora existam diferenças significativas entre esses pensadores, também há importantes pontos de convergência. Todos reconhecem que a situação atual difere daquela do período do Concílio Vaticano II, quando Igreja e Mundo eram concebidos como duas entidades que deveriam dialogar. Superar essa visão dualista implica reconhecer que a Igreja existe dentro de um mundo pluralista, onde ela é apenas uma entre muitas vozes – algumas favoráveis, outras contrárias a ela.

Diante desse novo cenário, todos esses autores buscam caminhos que superem a dicotomia entre *fuga do mundo* e *acomodação ao mundo*. O desafio é promover um catolicismo que seja capaz de dialogar com os valores da Modernidade sem deixar de criticar seus antivalores, engajar-se no mundo promovendo uma visão cristocêntrica do ser humano e, ao mesmo tempo, escutar e alimentar a busca contemporânea pelo sagrado. Assim, a colaboração com o mundo, o anúncio de Cristo e o diálogo com aqueles que buscam a espiritualidade aparecem como estratégias complementares para uma Igreja que não pode se manter alheia à Modernidade, mas também não pode simplesmente render-se a ela.

Referências

Acordo China Santa-Sé. *Revista IHU-Online*, São Leopoldo, 23.out. 2024. https://www.ihu.unisinos.br/categorias/645132-acordo-china-santa-se-confirmacao-e-relancamento-artigo-de-lorenzo-prezzi. Acesso em: 12 de março de 2025.

As razões para a demissão do bispo conservador de frejus-toulon. *Revista IHU-Unisinos*, São Leopoldo, 10 jan. 2025. Disponível em: https://www.ihu.unisinos.br/categorias/647745-as-razoes-para-a-demissao-do-bispo-conservador-de-frejus-toulon. Acesso em: 12 mar. 2025.

A revolta da Igreja Africana contra os casais homossexuais. *Revista IHU-Online*, São Leopoldo, 11 jan. 2024. Disponível em: https://www.ihu.unisinos.br/categorias/635878-a-revolta-da-igreja-africana-contra-os-casais-homossexuais. Acesso em: 11 maio 2025.

Arcebispo Viganó. *Revista IHU-Online*, São Leopoldo, 25 jun. 2024. Disponível em: https://www.ihu.unisinos.br/categorias/640700-arcebispo-vigano-um-misterio-do-vaticano. Acesso em: 11 maio 2025.

A revolução litúrgica de Francisco põe fim às missas tradicionalistas. *Revista IHU-Online*, São Leopoldo, 30 jun. 2022. Disponível em: https://www.ihu.unisinos.br/categorias/619948-a-revolucao-liturgica-de-francisco-poe-fim-as-missas-tradicionalistas-e-restaura-a-reforma-conciliar-em-toda-a-igreja-do-rito-romano. Acesso em: 15 mar. 2025.

BERGER, Peter L. *Os múltiplos altares da modernidade*: rumo a um paradigma da religião numa época pluralista. Petrópolis: Vozes, 2017.

BEVILACQUA, Arnaud. Enquête exclusive: qui sont les prêtres de demain? *La Croix*, 2023. Disponível em: https://www.la-croix.com/religion/enquete-exclusive-qui-sont-les-pretres-de-demain-20231221. Acesso em: 11 maio 2025.

Bispo alemão se diz decepcionado com o papa por não mudar doutrina sexual católica. *ACI Digital*, 25 maio 2022. Disponível em: https://www.acidigital.com/noticia/52190/bispo-alemao-se-diz-decepcionado-com-o-papa-por-nao-mudar-doutrina-sexual-catolica. Acesso em: 11 maio 2025.

Bispos elegem arcebispo anti-Francisco como novo presidente. *Revista IHU-Online*, São Leopoldo, 16 nov. 2022. Disponível em: https://www.ihu.unisinos.br/categorias/623961-bispos-elegem-arcebispo-anti-francisco-como-novo-presidente. Acesso em: 11 maio 2025.

BOURDIEU, Pierre. *Razões práticas*: sobre a teoria da ação. Campinas: Papirus, 1996.

CARROLL, Anthony J.; HELLEMANS, Staf. Afterword: From Catholic Modernity to Religious Modernities. *NTT Journal for Theology and the Study of Religion*, v. 75, n. 3/4, p. 508-543, 2021.

CATHOLIC Project. Disponível em: https://catholicproject.catholic.edu/wp-content/uploads/2023/10/Further-Insights-NSCP-Nov-2023-rev.pdf. Acesso em: 11 maio 2025.

COLLEGE of Cardinal Report. Disponível em: https://collegeofcardinalsreport.com/cardinals/?_voting_status=voting&_age=70-80. Acesso em: 11 maio 2025. Chile, secularização inacabada. *Revista IHU-Online*, São Leopoldo, 11. set. 2023. Disponível em: https://www.ihu.unisinos.br/categorias/632251-chile-secularizacao-inacabada. Acesso em: 16 mar. 2025.

DREHER, Rod. *A opção beneditina*: um plano para cristãos em uma sociedade pós-cristã. Tradução de Carlos Brito Ferreira. São Paulo: Record, 2019.

Em movimento muito raro papa demite o bispo conservador dos EUA. *Revista IHU-Online*, São Leopoldo, 11. nov. 2023. Disponível em: https://www.ihu.unisinos.br/634144-em

-movimento-muito-raro-papa-demite-o-bispo-conservador-dos-eua-strickland-nomeado-por-ratzinger. Acesso em: 12 mar. 2025.

Estados Unidos: metade dos sacerdotes rejeita as reformas do papa Francisco. *Revista IHU-Online*, São Leopoldo, 22 dez. 2022. Disponível em: https://www.ihu.unisinos.br/categorias/625049-estados-unidos-metade-dos-jovens-sacerdotes-rejeita-as-reformas-do-papa-francisco. Acesso em: 11 maio 2025.

EVANS, Jonathan; STARR, Kelsey Jo. *Many Catholics in the U.S. and Latin America want the Church to allow birth control and to let women become priests:* most view Pope Francis favorably, though his ratings have dropped. Washington, D.C.: Pew Research Center, 2021, Disponível em: https://www.pewresearch.org/religion/2024/09/26/many-catholics-in-the-us-and-latin-america-want-the-church-to-allow-birth-control-and-to-let-women-become-priests/?gad_source=1&gclid=Cj0KCQjw7dm-BhCoARIsALFk4v9QpTuCZqdZP9Ba0WpJT1q-Q1kgmJdjT_0hKGTUkk-V81TDIMxjUywaAokIEALw_wcB. Acesso em: 16 mar. 2025.

FAGGIOLI, Massimo. *Vaticano II:* A luta pelo sentido. Tradução de Jaime A. Clasen. São Paulo: Paulinas, 2013.

FRANCISCO. *Carta ao povo de Deus em peregrinação na Alemanha*. Disponível em: https://press.vatican.va/content/salastampa/it/bollettino/pubblico/2019/06/29/0561/01164.html. Acesso em: 11 maio 2025.

França: crescem os padres conservadores. *Revista IHU-Online*, São Leopoldo, 1 out. 2021. Disponível em: https://www.ihu.unisinos.br/categorias/613341-franca-crescem-os-padres-conservadores. Acesso em: 11 maio 2025.

FRANCO, Massimo. The possible revolution of Pope Francis. *Survival*, v. 55, n. 6, p. 115-122, 2013.

HALÍK, Tomás. *A noite do confessor*. Petrópolis: Vozes, 2016.

HALÍK, Tomás. *O entardecer do cristianismo:* a coragem de mudar. Petrópolis: Vozes, 2023.

HELLEMANS, Staf. From 'catholicism against modernity' to the problematic 'modernity of catholicism'. *Ethical Perspectives*, v. 8, n. 2, p. 117-127, 2001.

MEIER, Michael. *Der Papst der Enttäuschungen: Warum Franziskus kein Reformer ist.* Verlag Herder GmbH, 2024.

O caminho sinodal alemão enfrenta reações de fora e de dentro. *Revista IHU-Online*, São Leopoldo, 19 jun. 2024. Disponível em: https://www.ihu.unisinos.br/categorias/640518-o-caminho-sinodal-da-alemanha-enfrenta-reacoes-de-fora-e-de-dentro. Acesso em: 11 maio 2025.

Os números da vida religiosa 50 anos depois do concílio. *Revista IHU-Online*, São Leopoldo, 27 set. 2016. Disponível em: https://www.ihu.unisinos.br/categorias/185-noticias-2016/560486-os-numeros-da-vida-religiosa-50-anos-depois-do-concilio-a-crise-ainda-nao-passou. Acesso em: 11 maio 2025.

Padres americanos mais jovens se identificam cada vez mais como conservadores. *Revista IHU-Online*, São Leopoldo, 10 nov. 2023. Disponível em: https://www.ihu.unisinos.br/categorias/634114-padres-americanos-mais-jovens-se-identificam-cada-vez-mais-como-conservadores-diz-novo-relatorio. Acesso em: 11 maio 2025.

Padres progressistas dos EUA enfrentam extinção progressiva. *Revista IHU-Online*, São Leopoldo, 10 nov. 2023. Disponível em: https://ihu.unisinos.br/categorias/634088-padres-progressistas-dos-eua-enfrentam-extincao-progressiva. Acesso em: 11 maio 2025.

Papa dá ênfase às periferias e amigos ao nomear 21 novos cardeais. *Revista IHU-Online*, São Leopoldo, 08 out. 2024. Disponível em: https://www.ihu.unisinos.br/categorias/644535-papa-da-enfase-as-periferias-e-amigos-ao-nomear-21-novos-cardeais. Acesso em: 17 mar. 2025.

POLITI, Marco. *Pope Francis among the wolves:* The inside story of a revolution. Columbia University Press, 2015.

Porque Francisco escolheu a irmã petrina para o governo do Vaticano? *Revista IHU-Online*, São Leopoldo, 26 fev. 2025. Disponível em https://www.ihu.unisinos.br/648918-por-que-francisco-escolheu-a-irma-petrini-para-o-governo-do-vaticano?fbclid=IwY2xjawIsK7pleHRuA2FlbQIxMAABHQ5ckoD9jibfn2qKj2eaCiJ9m-IL6frAVJ4d9u3YC_eXt--44BuryXpsog_aem_XOpVkCEL5mQeMvI-D4Xheg. Acesso em: 13 mar. 2025.

PRIESTERSTUDIE. Disponível em: https://www.dbk.de/fileadmin/redaktion/diverse_downloads/presse_2024/2024-084c-Pressegespraech-Vorstellung-der-Priesterstudie-Praesentation-zap.pdf. Acesso em: 11 maio 2025.

SELLMANN, Matthias; KATSUBA, Nikita (Orgs.). *Wer wird Priester? Ergebnisse einer Studie zur Soziodemografie und Motivation der Priesterkandidaten in Deutschland (im Auftrag der DBK)*. 1. ed. Würzburg: Echter Verlag, 2024.

SMITH, Gregory A. *Just one-third of U.S. Catholics agree with their church that Eucharist is body, blood of Christ*. Washington, D.C.: Pew Research Center, 2024.

TAYLOR, Charles. *A Catholic modernity?* Nova York: Oxford University Press, 1999.

TAYLOR, Charles. *A Catholic modernity 25 years on*. NTT Journal for Theology and the Study of Religion, v. 75, n. 3/4, p. 482-507, 2021.

TAYLOR, Charles. *Uma era secular*. Tradução de Arthur Rosa. São Leopoldo: Unisinos, 2010.

TEVINGTON, Patricia; NORTEY, Justin; SMITH, Gregory A. *Majority of U.S. Catholics express favorable view of Pope Francis: but his ratings have dipped since 2021 and become politically polarized over the past decade*. Washington, D.C.: Pew Research Center, 2024.

VERMURLEN, Brad; REGNERUS, Mark; CRANNEY, Stephen. The ongoing conservative turn in the American Catholic priesthood. *Sociological Spectrum*, v. 43, n. 2-3, p. 72-88, 2023.

WEIGEL, George. *The next pope:* the office of Peter and a church in mission. San Francisco: Ignatius Press, 2020.

WEIGEL, George. *To sanctify the world:* the vital legacy of Vatican II. New York: Basic Books, 2022.

Lista dos textos originais

SELL, Carlos E. A multiplicidade da secularização: a sociologia da religião na era da globalização. *Política & Sociedade*, Florianópolis, v. 16, n. 36, p. 44-73, 2017.

SELL, Carlos E. Vaivém autenticamente humano: a sociologia do catolicismo em *A ética protestante e o espírito do catolicismo* de Max Weber. *In*: SENEDA, Marcos; CUSTÓDIO, Henrique F. F. (orgs.). *Max Weber*: religião, valores e teoria do conhecimento. Uberlândia: UFU, 2016.

SELL, Carlos E. A institucionalização eclesiológica das comunidades paulinas: repensando a perspectiva de Max Weber. *Encontros Teológicos*, Florianópolis, v. 38, n. 1, p. 177-224, 2023.

SELL, Carlos E. Reforma minha Igreja – linhas de força e perfil do pontificado de Francisco. *Revista Eclesiástica Brasileira*, Petrópolis, v. 83, n. 325, p. 280-305, 2023.

SELL, Carlos E. O povo é uma categoria mítica: o populismo no Papa Francisco. *Revista Brasileira de História das Religiões*, Maringá, v. 15, n. 43, p. 215-237, 2022.

SELL, Carlos E. "Nada será como antes": a controvérsia eclesiástica sobre o Sínodo dos Bispos da Amazônia (2017-2019). *Revista Eclesiástica Brasileira*, Petrópolis, v. 80, n. 316, p. 282, 2020.

SELL, Carlos E. Como pesquisar a nova "geração" de padres no Brasil? Reflexões teórico-metodológicas a partir da análise do perfil demográfico dos padres diocesanos de Santa Catarina. *Revista Encontros Teológicos*, Petrópolis, v. 38, n. 3, p. 1105-1132, 2023.

Sell, Carlos E. O perfil dos bispos em Santa Catarina (1908-2023): origens sociais e trajetórias eclesiásticas. *Revista Encontros Teológicos*, Florianópolis, v. 39, n. 1, p. 267-302, 2024.

Conecte-se conosco:

 facebook.com/editoravozes

 @editoravozes

 @editora_vozes

 youtube.com/editoravozes

 +55 24 2233-9033

www.vozes.com.br

Conheça nossas lojas:
www.livrariavozes.com.br

Belo Horizonte – Brasília – Campinas – Cuiabá – Curitiba
Fortaleza – Juiz de Fora – Petrópolis – Recife – São Paulo

  Vozes de Bolso

EDITORA VOZES LTDA.
Rua Frei Luís, 100 – Centro – Cep 25689-900 – Petrópolis, RJ
Tel.: (24) 2233-9000 – E-mail: vendas@vozes.com.br